普通高等教育经管类专业系列教材

市场营销学

第6版

熊国钺　吴泗宗 ◎主　编
元明顺　刘艳玲 ◎副主编

清华大学出版社

北　京

内容简介

本书集中了多位在市场营销学理论与实践上有着丰富经验与卓越成就的专家教授的经验和见解，结合数字时代营销理念和实务中出现的新变化，介绍营销管理如何在各行业、各领域的市场竞争中发挥作用，解决营销问题。本书第 1 版被列入教育部重点推荐财经类教材，第 3 版为普通高等教育"十一五"国家级规划教材，第 4 版为"十二五"普通高等教育本科国家级规划教材。现第 6 版在前 5 版的基础上，对营销管理的理论和应用进行了更深入的研究。

本书结合中国企业的营销实践，全面而系统地介绍了市场营销的理论和方法，共 15 章，内容包括市场营销的概念及演变、市场营销环境分析、消费者行为分析、竞争战略、STP 战略、顾客满意战略、品牌战略、产品策略、服务策略、定价策略、渠道策略、促销策略、数字营销新趋势、洞察营销新科技、政治营销等。各章首提炼了本章的知识点，帮助读者更好地掌握营销相关知识；文中设置"好学深思"板块，帮助学生树立正确的营销品格和诚信的价值观；章后附有丰富的案例，突出市场营销理论与实践相互影响和相互促进的特征；同时，本书每节附有"即测即评"板块，学生可通过扫描二维码进行在线测试，以更好地把握和吸收营销理论及方法。

本书适合用作高等院校工商管理及相关专业本科生、研究生的教材，也可作为企业管理人员全面提高营销理论与实务能力的读本。

图书在版编目(CIP)数据

市场营销学 / 熊国钺，吴泗宗主编. —6 版. —北京：清华大学出版社，2024.2 (2025.1重印)
普通高等教育经管类专业系列教材
ISBN 978-7-302-65417-9

Ⅰ.①市…　Ⅱ.①熊…②吴…　Ⅲ.①市场营销学－高等学校－教材　Ⅳ.①F713.50

中国国家版本馆 CIP 数据核字(2024)第 019943 号

责任编辑：高　岫
封面设计：马筱琨
版式设计：思创景点
责任校对：马遥遥
责任印制：刘海龙

出版发行：清华大学出版社
网　　　址：https://www.tup.com.cn，https://www.wqxuetang.com
地　　　址：北京清华大学学研大厦 A 座　　　邮　　编：100084
社 总 机：010-83470000　　　邮　　购：010-62786544
投稿与读者服务：010-62776969，c-service@tup.tsinghua.edu.cn
质 量 反 馈：010-62772015，zhiliang@tup.tsinghua.edu.cn

印 装 者：北京鑫海金澳胶印有限公司
经　销：全国新华书店
开　本：185mm×260mm　　　印　张：20.25　　　字　数：532 千字
版　次：2000 年 6 月第 1 版　　2024 年 3 月第 6 版　　印　次：2025 年 1 月第 3 次印刷
定　价：69.00 元

产品编号：097613-02

前　言

从 1979 年始，市场营销理念被引进中国已有 44 年的历史。在这四十余年中，市场营销的理念在中国不断被吸收和实践，熏染、培养和造就了一批深谙市场运作的企业家，成就了一批能在国内、国际市场纵横捭阖的企业；同时，中国巨大的、充满活力的市场所提供的活生生的素材、来自市场第一线的成败事例，也充实、丰富了对企业经营具有强烈指导意义的市场营销。

市场营销在中国真可谓"春风得意马蹄疾"，既见证了中国的改革开放，又伴随着中国的发展而发展。市场营销改变了中国的企业，中国的企业又充实和发展了市场营销。

面对经济全球化、企业生存数字化的紧逼，以及移动互联的深入普及，以人工智能、量子计算、大数据、生物基因等为代表的第四次工业革命已融入我们的生活，使企业面对着急剧变化和激荡的市场，旧有的商业模式和商业逻辑正在遭受撞击，甚至将被重塑。它迫使企业必须在营销活动中做出巨大的变革。

科学技术的发展，导致消费者消费习惯、消费偏好和消费方式的改变；同时，在市场加速构建的新技术体系中，企业之间的竞争焦点已从单一产品转变为技术产品体系和生态体系的竞争。面对科学技术的飞速发展，市场急剧变化，传统的营销受到制约，我们中国的企业顺势而为，积极探索，寻找解决所面临问题的新钥匙。随着以"线上"为基本特征的、非接触的生活方式、消费方式和学习方式的产生，企业也逐步踏入"线上营销"的轨道。对于企业来说，"线上营销"是一个崭新的内容，不迅速掌握由此而衍生的一系列营销方式，如"直播带货""抖音广告""网络品牌推广""论坛贴吧"等，势必被淘汰出局。在现有的经典的市场营销相关教材里，这些内容亟待填充。

中国是具有五千年文化的文明古国，在中国璀璨的文化中，有着大量从事经济活动和商业活动的探索和论述。时至今日，其中的经商哲理既是中华文明的宝藏，又对我们如今从事经济活动具有指导意义。把这些充满智慧的哲理纳入市场营销著作，是我们的责任所在。

灿烂悠久的中国文化，加之近一个世纪艰苦卓绝的奋斗，中国人民创造了彪炳史册的人间奇迹，其间可歌可泣的故事不胜枚举。如何将此传播到全世界，"讲好中国故事""营销中国"，以及如何加强政府和民众的沟通等，是市场营销的应有之义。为此，我们邀请北京大学国际关系学院博士、盘古智库学术委员会委员、长期从事政治营销的旅加学者孙鸿先生撰写"政治营销"一章。

基于以上所述，探索既能与经典市场营销最基本的理论架构保持一致，又能适应科学技术发展且能与中国具体实践相结合的市场营销，是摆在中国学者和企业家面前的重任。

与本教材前 5 版相比，第 6 版从内容到形式都做了较大的改动，具体如下。

(1) 紧扣立德树人宗旨，体现课程思政元素。党的二十大报告指出："全面贯彻党的教育方针，落实立德树人根本任务，培养德智体美劳全面发展的社会主义建设者和接班人。"本书在完整介绍市场营销学理论框架的同时，结合中国企业的本土营销实践，在内容上深入挖掘课程思政元素，设置"好学深思"板块，帮助学生树立正确的营销品格和诚信的价值观。

(2) 案例习题更丰富，让教学更加轻松。本书对课堂案例和章后案例进行了大幅度更新，保证案例的时效性,便于授课教师进行教学设计,开展教学创新,提升教学质量。同时,本书增设"即测即评"板块,学生可通过扫描二维码进行在线测试,以便更好地把握和吸收营销理论和方法。

(3) 数字教材新尝试,让知识获取多元化。本书以二维码形式,给学生提供课外阅读材料和知识点讲解视频,既可以辅助授课教师的课堂教学,又可以开阔学生的视野,帮助学生自主学习。本书链接全球大型的学分课程运营服务平台——智慧树在线教育网,实现与慕课资源的有效结合,读者可在网站搜索框中输入"营销管理",找到本教材配套课程,获取更多、更有效的学习资源。

全书共15章,由熊国钺、吴泗宗任主编,元明顺、刘艳玲任副主编,并由熊国钺总撰定稿。参加本书编写的有吴泗宗(第1章、第6章),王奕俊(第2章),元明顺(第3章),王志远(第4章),苏靖(第5章),熊国钺(第7章),刘艳玲(第8章),王婉(第9章),赖红波(第10章),施蕾(第11章),耿裕清(第12章),郑鑫(第13章、第14章),孙鸿(第15章)。

我们都是从事市场营销教学与科研的大学教师,深感科技的发展与时代的变化对企业营销的冲击,深谙移动互联、大数据运作的企业家才是保持中国经济持续发展的不竭动力。为了培养更多优秀的人才,以最快速度完成新版《市场营销学》的撰写,既是历史和时代赋予我们的重任,也是我们的责任所在。"如战鼓,催征人,快马加鞭。"

同时,我们深深知道,以我们现有的水平和能力,是难以完成这个重任的,但我们愿做探索者,更希望抛砖引玉,大家共同探索和完成这个重任。本书是我们集体研究和探索的初步小结,书中不足和不妥之处在所难免,还望读者批评及不吝赐教。

本书适合作为高等院校工商管理及相关专业本科生、研究生的市场营销学教材,也可作为相关从业人员全面提高营销理论与实务能力的读本。本书配套的教学课件、知识点手册、案例素材、扩展资料、习题及解析等教学资源可以通过扫描下方左侧的二维码获取,教学视频可以通过扫描下方右侧的二维码观看。

教学资源

教学视频

在本书的编写过程中,我们参考和引用了大量文献,在此向原作者致以诚挚的谢意。本书的出版得到清华大学出版社的大力支持,同时获得同济大学本科和研究生教材出版基金资助,在此一并表示衷心的感谢!

吴泗宗于同济园

2023年12月

目　　录

市场营销的概念及演变

学习目标

- 掌握市场营销的核心概念
- 了解市场营销观念的演变过程
- 熟悉市场营销组合概念的发展历程
- 学习新时代市场营销的新变化
- 恪守营销道德与职业规范

第 1 章知识点

视频：营销的
核心框架

引入案例
荒岛卖鞋的故事

　　一家制鞋公司无意中发现了一个土著居住的荒岛，于是派销售人员到荒岛去了解公司的鞋能否找到销路。一个星期后，这位销售员打电报回来说："这里的人不穿鞋，因而没有市场。"制鞋公司决定派最好的市场分析员到这个荒岛进行市场调查。一星期后，市场分析员打电报回来说："这里的人不穿鞋，因此是一个巨大的市场。"制鞋公司总经理为了弄清情况，再次派他的营销副总经理去解决这个问题。两个星期后，营销副总经理打电报回来说："这里的人不穿鞋，然而他们有脚病，穿鞋对脚有好处。不过，我们必须重新设计我们的鞋子，因为他们的脚比较小。我们还要进行市场教育，告诉他们穿鞋的益处，这需要花费一笔钱。另外，我们在开始之前必须寻求部落首领的帮助。这里的人没有什么钱，但是这个岛上有我品尝过的最甜的菠萝。我估计鞋的潜在销售需要三年以上的时间，我们的一切成本将包括推销菠萝给一家欧洲超级连锁市场的费用。综合各方面因素，我得出的结论是，我们可获得投资报酬的 30% 的利润。所以我认为，我们应该去开拓。"

　　思考题： 为什么前两个人看到的场景相同，却得出不同的结论？营销副总做的事情和前两个人又有什么不同？

1.1　市场营销的核心概念

　　"市场营销"这个词，是商业社会中使用频率最高的词之一，它常常见诸报纸、杂志及其他新闻媒体。然而，对"市场营销"概念的理解，许多人认为仅仅是销售和广告，也有人把营销等同推销，更有甚者把营销当作忽悠，事实证明这都是市场营销遭受的误解。历经百年沧桑，市场营销已从过去的"跑江湖"

视频：被误解
的营销

和推销术，演变成能为企业管理人员提供一整套经营"思想、态度、策略和战术"的体系。何为市场营销？最官方的解释是美国市场营销协会(American Marketing Association，AMA)在2008年给出的定义：市场营销既是一种行为、一套制度，也是创造、传播、传递和交换对消费者、代理商、合作伙伴和全社会有价值的物品的过程。我们则更倾向于美国西北大学教授菲利普·科特勒(Philip Kotler)给出的定义：企业为从顾客处获得利益回报而为顾客创造价值并与之建立稳固关系的过程。这个定义包括一

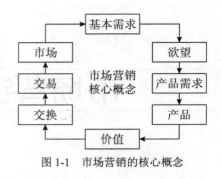

图1-1 市场营销的核心概念

系列的核心概念：基本需求、欲望、产品需求、产品、价值、交换、交易、市场等，如图1-1所示。

1.1.1 需要、欲望与需求

市场营销最基本的概念是人的需要(needs)。需要是人类与生俱来的本能，也是人类经济活动的起点。人的需要是一个非常复杂的体系，心理学家马斯洛(A. H. Maslow)将其分解为5个层次，依其重要性分别是：①生理需要；②安全需要；③社交需要；④受尊重需要；⑤自我实现需要。马斯洛认为，只有前一层次的需要被基本满足之后，人们才会去追求下一层次的需要。也就是说，只有当生理需要得到满足之后，人们才会追求安全需要；而只有当安全需要得到满足之后，人们才会追求社交需要，以此类推。人的需要并非市场营销活动所造成的，它们是人的内在基本构成。

视频：痛点、痒点、卖点和爆点

欲望(wants)指的是人们为了满足以上基本需要所渴望的"特定方式"或"特定物"。人们欲望的形成会受到文化和个性的影响。南方人饥饿时对米饭有欲望，而北方人也许对面条有欲望。市场营销人员虽然无法创造人的需要，却可以采用各种营销手段来创造人们的欲望，并开发及销售特定的服务或产品来满足这种欲望。在得到购买能力的支持时，欲望就转化为需求(demands)。一个人可能会有无限的欲望，却只有有限的财力。他必须在他的购买力范围内选择最佳产品来满足自己的欲望。在这种情况下，他的欲望就变成了需求。因而，营销人员最重要的任务就是分辨出消费者的购买力层次，提供相对应的产品来最大限度地满足他们的需求。

1.1.2 产品与价值

广义来说，任何一个"有形体"的实物或"无形体"的服务，只要它能够满足一个团体或个人的需求和欲望，就可称之为产品(product)。在这里最重要的是，一个产品必须要与购买者的欲望相结合。一个厂家的产品越是与消费者的欲望相匹配，其在商场竞争中的成功率就越大。

那么，一个消费者怎样在众多的产品中做出选择以满足自己的需求呢？这里首先要理解两个概念：一个是产品选择系列，另一个是需求系列。产品选择系列指的是为了满足某种需求可供选择的各类产品(或服务)，而需求系列指的是促使一个消费者产生某种欲望的各类需求。一个消费者往往根据自己的价值(value)观念来评估产品选择系列，然后选出一个能极大满足自己需求系列的产品。在这里，我们必须强调，真正决定产品价值的因素是一种产品或一项服务本

身给人们所带来的极大满足，而不是生产成本。

1.1.3 交换与交易

交换(exchange)是市场营销理论的中心。如果没有买卖交易式的交换行为，单单用产品去满足特定的需要，还不足以构成市场营销活动。人类对需求或欲望的满足可以通过各种方式，如自产自用(打猎、捕鱼自己吃)、强取豪夺(偷盗或打劫)、乞讨(乞讨要钱)、交换(买卖)等。但其中，只有"交换"才符合市场营销的基本精神。

市场交换一般包含以下 5 个因素。

(1) 有两个以上买卖(或交换)者。

(2) 交换双方都拥有另一方想要的东西或服务(价值)。

(3) 交换双方都有沟通及向另一方运送货品或服务的能力。

(4) 交换双方都拥有自由选择的权利。

(5) 交换双方都觉得值得与对方交易。

交换能否发生取决于是否满足以上 5 个条件。如果满足了条件，交换的双方就可以进行洽商，寻求适合的产品或服务、谈判价格和其他交换条件。一旦达成交换协议，交易也就产生了。交易(transaction)是交换的最基本单位，它对交换双方都有贸易价值。可以把交换看作一个过程，而交易更侧重的是一个结果。

1.1.4 市场与市场营销

美国的市场营销学家菲利普•科特勒将市场(market)定义如下："市场是由所有潜在客户组成的。这些客户具有一个共同的特殊需求和欲望，并愿意和有能力进行交换以满足这种需求和欲望。"在这里，市场已不简单地是一个商品交换的地点，而是一群有需求、有一定购买力并且乐意交易的人。

视频：营销的真正含义

市场营销是指企业为从顾客处获得利益回报而为顾客创造价值并与之建立稳固关系的过程。这个过程可以包括 5 个阶段(见图 1-2)，分别是①市场调研；②产品开发；③定价、渠道、促销；④销售；⑤售后工作。当没有①②③⑤，只剩下了④，营销就变成了推销。因此，管理大师彼得•德鲁克(Peter F. Drucker)说："营销的目的就是使推销变得多余。"汽车销售之神乔•吉拉德(Joe Girard)也说："销售，绝不是降低身份去取悦客户，而是像朋友一样给予合理的建议。你刚好需要，我刚好专业，仅此而已。"我们从中可以看出，营销的本质是提升销售成功的概率。

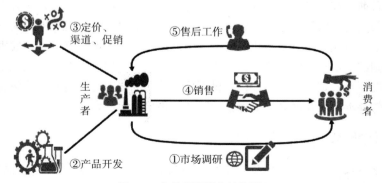

图 1-2 市场营销概念结构图

1.1.5　互联网营销

在当今社会，互联网技术，正以一种改变一切的力量，在全球范围掀起一场影响人类所有层面的深刻变革。之前区域的限制、信息传输的阻碍等限制人类交流与互通的问题，在互联网时代到来之后，都将不攻自破。而互联网营销作为一种借助互联网而兴起的营销方式，也将打破各种限制，让全球营销互通成为现实。

互联网营销，也称网络营销，产生于 20 世纪 90 年代，是信息传播方式的变革和计算机技术日趋成熟的产物。互联网营销是指以互联网为媒体，以新的方式、方法和理念，通过一系列营销策划，制定和实施的营销活动。传统营销的 4P 策略在互联网营销中依然有用武之地，只不过有了新的表现形式和内容。新型互联网营销基于互联网平台，利用信息技术与软件工具满足公司与客户之间交换概念、产品、服务等活动，同时可以通过在线活动创造、宣传、传递客户价值，并且对客户关系进行管理，以达到一定的营销目的。在互联网营销中，我们最为熟悉的方式就是"电商"。

这里所说的"电商"不是单纯的电子商务。电子商务是指在互联网、企业内容网或增值网(VAN，value added network)以电子交易的方式进行交易和相关服务的活动，是传统商业活动各环节的电子化、网络化的新型商业模式。除此之外，"电商"还可以指借助互联网进行产品推广、宣传和营销的商家，也指运用电子商务模式从事营销活动的企业或个人。

■ 即测即评

请扫描二维码进行在线测试。

第 1.1 节习题

1.2　市场营销观念的演变

市场营销观念是随着商品经济的发展而产生和演进的。近年来，西方的市场营销学者就市场营销观念的发展阶段做了不同的划分，但其内涵基本相同。

视频：营销观念
的演变

1.2.1　生产观念阶段

生产观念从工业革命至 1920 年间主导了西方企业的经营策略思想。在这段时间内，西方经济处于一种卖方市场的状态。市场产品供不应求，选择甚少，只要价格合理，消费者就会购买。市场营销的重心在于大量生产，解决供不应求的问题，消费者的需求和欲望并不受重视。目前，许多第三世界国家仍处在这一阶段。生产观念虽然是卖方市场的产物，但它却时常成为某些公司的策略选择。例如，福特公司在 1908 年至 1927 年间推出的 T 型车就采用了流水线的生产方式，通过批量化的标准化生产提高生产效率，降低生产成本，最后达到以低价为竞争基础的市场扩张的策略目的。不过以生产观念为指导的企业只能在市场上产品质量基本相等的情况下有一定的竞争力，一旦供不应求的市场状况得到缓和，消费者对产品质量产生了不同层次的要求，企业就必须运用新的观念来指导自己的竞争。

1.2.2　产品观念阶段

在生产观念阶段的末期，供不应求的市场现象在西方社会得到了缓和，产品观念应运而生。产品观念认为，在市场产品有选择的情况下，消费者会欢迎质量最优、性能最好和特点最多的产品。因此，企业应该致力于制造质量优良的产品，并经常不断地加以改造提高。但事实上，这种观念与生产观念一样，无视消费者的需求和欲望。所谓优质产品，往往是一群工程师在实验室里设计出来的，这些产品上市之前从来没有征求过消费者的意见。美国通用汽车公司的一位总裁就曾说过："在消费者没有见到汽车之前，他们怎么会知道需要什么样的汽车呢？"这种思想观念无疑曾使通用汽车公司在与日本汽车制造商的较量中陷入困境。

前面已谈到消费者的价值观念，这就是说，只有当消费者觉得一个产品或服务的价值吻合或超过自己的预期价值时才会决定购买。产品观念在市场营销上至少有两个缺陷：第一，工程师们在设计产品时并不知道消费者对其产品的价值衡量标准，结果生产出来的产品很可能低于或不符合消费者的预期价值，从而造成滞销；第二，一味追求高质量往往会导致产品质量和功能的过剩，高质量、多功能往往附带着高成本，消费者的购买力并不是无限的，如果产品质量过高，客户就会拒绝承担这些额外的高质量所增加的成本，从而转向购买其他企业的产品。

1.2.3 销售观念阶段

自 20 世纪 30 年代以来，由于科学技术的进步，加之科学管理和在"生产观念"驱动下产生的大规模生产，产品产量迅速增加，产品质量不断提高，买方市场开始在西方国家逐渐形成。在激烈的市场竞争中，许多企业的管理思想开始从生产观念或产品观念转移到了销售观念。这些企业认为，要想在竞争中取胜，就必须卖掉自己生产的每一个产品；要想卖掉自己的产品，就必须引起消费者购买自己产品的兴趣和欲望；要想引起这种兴趣和欲望，公司就必须进行大量的推销活动。他们认为，企业产品的销售量总是和企业所做的促销努力成正比。销售观念虽然强调了产品的销售环节，但没有逾越"以产定销"的框框。消费者的需求和欲望仍然没有成为产品设计和生产过程的基础。如前所述，销售只是市场营销策略中的一部分。一个企业要想达到预定的销售目标，还需要营销策略的其他部分加以配合。

1.2.4 市场营销观念阶段

市场营销观念产生于 20 世纪 50 年代中期。第二次世界大战以后，欧美各国的军事工业很快地转向民用工业，工业品和消费品生产的总量剧增，造成了生产相对过剩，随之导致了市场的激烈竞争。在这一竞争过程中，许多企业开始认识到传统的销售观念已不再适应市场的发展，它们开始注意消费者的需求和欲望，并研究其购买行为。这一观念上的转变是市场营销学理论上一次重大的变革，企业开始从以生产者为重心转向以消费者为重心，从而结束以产定销的局面。美国市场营销学家西奥多·莱维特(Theodore Levitt)曾就市场营销观念和销售观念的区别做过以下简要的说明：销售观念以卖方需要为中心，市场营销观念以买方需要为中心；销售从卖方需要出发，考虑的只是如何把产品变成现金，市场营销考虑如何通过产品研制、传送及最终产品的消费等有关的所有活动，来满足顾客的需要。

在这里，消费者的需求是市场营销活动的起点和中心。以市场营销观念作为策略导向的公司需遵循以下几个基本宗旨。

(1) 顾客是中心。没有顾客，公司的存在毫无意义。公司的一切努力在于满足、维持及吸引顾客。

(2) 竞争是基础。公司必须不断地分析竞争对手，把握竞争信息，充分建立和发挥本公司的竞争优势，以最良好的产品或服务来满足顾客的需求。

(3) 协调是手段。市场营销的功能主要在于确认消费者的需要及欲望，将与消费者有关的市场信息有效地与公司其他部门相沟通，并通过与其他部门的有机协作，努力达到满足及服务于消费者的目的。

(4) 利润是结果。利润不是公司操作的目的，公司操作的目的是极大地满足顾客，而利润是在极大地满足顾客后所产生的自然结果。

1.2.5 社会营销观念阶段

在市场营销观念被西方工商界广泛接受以后，人们开始对市场营销观念持怀疑态度。人们对市场营销观念的主要质疑在于：尽管一个公司最大利益的获取是建立在极大地满足顾客的基础上，但该公司很可能在满足自己的顾客和追求自己最大利益的同时损害他人及社会的利益。例如，100多年来世界各地的烟草工业越办越兴隆，为吸烟爱好者提供了需求满足，但最近的科学研究发现，烟草对与吸烟者在一起生活和工作的人的危害比对吸烟者本人的危害大得多；口香糖制造商虽然极大地满足了部分消费者清新口气的需求，但同时造成了街道的卫生问题，所以新加坡政府通过立法，禁止在新加坡销售和购买口香糖。

社会营销观念的决策主要有4个组成部分：用户的需求、用户利益、企业利益和社会利益。事实上，社会营销观念与市场营销观念并不矛盾。问题在于，一个企业是否能把自己的短期行为与长期利益结合起来。一个把市场营销观念作为指导思想的企业，在满足目标市场需求的同时，还应把用户利益和社会利益同时纳入决策系统。只有这样，这个企业才会永久立于不败之地。必须指出的是，现代市场营销活动不仅涉及商业活动，也涉及非商业活动；不仅涉及个人，也涉及团体；不仅涉及实物产品，也涉及无形产品及思想观念。美国4年一次的总统大选，就是一次运用营销思想观念策划的政治活动。在竞选过程中，各党派都巧妙地运用市场营销的组合策略来争取竞选的胜利。这包括各党派推选的总统候选人及代表该党派思想意识的政治纲领(产品)，募集竞选基金(定价)，合理安排总统候选人到各地讲演(渠道)，以及利用各种新闻媒介宣传党的总统候选人及其政治纲领(促销)。1992年，美国民主党派总统候选人克林顿就是有效地运用了市场营销的战略和战术，击败了当时在海湾战争以后声誉极高的共和党在任总统布什。现代社会中，营销思想被广泛运用，一些传统上与商业无关的单位(如医院、学校等)由于外部环境的变化，要获得生存，必须争取更多的患者和学生等，而市场营销恰恰为其在这方面提供了观念上和方法论上的有力支撑。

1.2.6 营销观念 3.0

现代营销学之父菲利普·科特勒认为，"营销经历了1.0、2.0时代，当下正进入3.0时代。"营销1.0是以产品为中心的时代，正如亨利·福特(Henry Ford)所言："无论你需要什么颜色的汽车，福特只有黑色的。"营销2.0是以消费者为中心的时代，企业追求与顾客建立紧密联系，不但继续提供产品使用功能，更为消费者提供情感价值，因此公司对于产品都追求独特的市场定位，以期望为消费者带来独一无二的价值组合。营销3.0是以人文为中心的时代，在这个新的时代中，营销者不再仅仅把顾客视为消费的人，而是把他们看作具有独立思想和精神的完整个体，企业的盈利能力和它的企业责任感息息相关。消费者不仅关注产品的功能性，而且注重企业在生产过程中是否符合人类的共同价值和共同利益，企业也以一种更加全面的视角看待顾客，把他们视为具有多维性、情感性和受价值驱动的人群，甚至是企业潜在的协同创新者，这一点在互联网的推波助澜下体现得尤其明显。

随着参与化时代、全球化时代及创造性时代的到来，经济形势和商业环境也随之改变，消费者也变得更具合作性、文化性和人文精神驱动性。营销 3.0 出现了三种营销方式。

(1) 合作营销。它强调企业与消费者的互动沟通，鼓励消费者参与产品开发、实现协同创新，吸引消费者参与到品牌价值的创造中来，同时，注重和其他利益相关者进行合作。

(2) 文化营销。它将文化问题视为企业的核心营销手段，在全球化和民族主义矛盾滋生的时代背景下，通过相应的营销手段，消除消费者因价值观差异而产生的顾虑与担忧。

(3) 人文精神营销。它将消费者心灵和思想层面的人文精神作为营销的核心。消费者认为，在马斯洛需要理论中，自我实现的需要是最基本的需要，他们希望企业在价值观上与其产生共鸣，超越自身的物质目标，也以自我实现为最终目标。

在营销 3.0 时代，营销也应重新定义为由品牌、定位和差异化构成的等边三角形。科特勒将这个三角形引入了 3i 概念，即品牌标志(brand identity)、品牌道德(brand integrity)和品牌形象(brand image)，如图 1-3 所示。在消费者水平化时代，品牌只强调定位是徒劳无益的。消费者或许能记住某个品牌，但不代表这就是一个良好的品牌。此时的定位纯粹就是一种主张，其作用仅仅是提醒消费者小心虚假品牌。差异化是反映品牌完整性的最根本的特征，是保障品牌实现服务承诺的充分证明。从本质上说，差异化就是企业如何保证向顾客提供自己承诺的服务和满意度，差异化只有和定位一起发挥作用，才能创建出良好的品牌形象。在营销 3.0 中，这个三角形只有在完整无缺时才会构成一个真实可信的模型。

图 1-3　3i 模型

企业通过 3i 模型，对品牌进行进一步的完善。模型中的品牌标志是指把品牌定位到消费者的思想中，通过新颖、独特、与消费者理性需求和期望相一致的定位，来打动消费者的内心。品牌道德是指营销者必须满足在品牌定位和差异化过程中提出的主张，让消费者真正信任企业品牌，获得消费者的精神认同。品牌形象是指和消费者形成强烈的情感共鸣。企业的品牌价值应当对消费者的情感需求形成吸引力，而不能仅仅停留在满足产品使用功能的水平上。通过这个三角形，我们可以看出它能很好地和消费者的思想、心灵和精神形成全面关联。定位可以引发对购买决策的理性思考、精神确认、确认决策，最终在思想和精神两方面的作用下，引导消费者采取行动，做出购买决定。

即测即评

请扫描二维码进行在线测试。

第 1.2 节习题

1.3 市场营销组合概念的发展

市场营销组合是现代市场营销学中一个十分重要的范畴。所谓市场营销组合，就是指企业为了进入某一特定的目标市场，在全面考虑其任务、目标、资源及外部环境的基础上，对企业可以控制的各种营销手段进行选择、搭配、优化组合、综合运用，以满足目标市场的需要，获取最佳经济效益的一种经营理念。

视频：营销理念的演变

市场营销组合策略就是这种经营理念的具体化，即把多种营销手段有主有次、合理搭配、综合应用的实施过程。由于构成市场营销组合的各个因素在不断变化的市场环境中是互相作用和相互影响的，因此，市场营销组合真正重要的含义就在于它们的"合理组合"，即把企业那些可以控制的营销手段与因素组合成一整套具体的可操作方案。在营销组合中，每一个具体的方案，即每一个组合策略都包含若干因素。其中任何一个因素的变化都会要求其他有关因素相应变化。因此，市场营销组合的设计是一项复杂而细致的工作，必须与外部环境相适应，并考虑各因素之间的协调。

市场营销组合是企业实现其经营战略的基础，是现代企业竞争的有力手段，是协调企业内部各部门工作的纽带，是企业合理分配营销费用预算的依据。总之，市场营销组合是企业实现目标市场营销的保证，也是企业实施整个市场营销策略的核心。

1.3.1 以满足市场需求为目标的 XP 营销组合

"市场营销组合"这一术语，最早于 1964 年由美国哈佛大学教授波顿(N. H. Borden)提出。在《市场营销组合的概念》一文中，他把若干营销要素和手段结合起来，描述了"市场营销组合"的大致轮廓，如图 1-4 所示。

视频：营销组合的应用

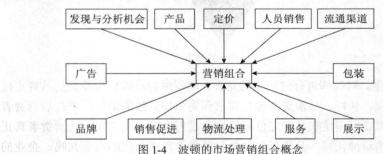

图 1-4 波顿的市场营销组合概念

视频：营销组合的活用

美国密西根大学教授杰罗姆·麦卡锡(E. J. McCarthy)进一步发展了"市场营销组合"的概念。他把波顿教授提出的有关营销要素和手段重新分类组合，构成了如图 1-5 所示的结果。

麦卡锡认为，可供企业运用的市场营销要素和手段固然很多，但企业可以控制的、能有效运用的因素，归纳起来不过是 4 类，即产品(product)、定价(price)、渠道(place)和促销 (promotion)。由于这 4 个词的英文都是以 P 开头，所以简称"4P 组合"。同时，因每一类 P 又包括许多因素，形成每类 P 的次级组合，这样 4P 内容就构成了市场营销组合的四大基本策略。

1981 年，波姆斯(B. H. Booms)和比特勒(M. J. Bitner)两人从"服务营销"的观点出发，再次对"市场营销组合"的概念与构成进行了深入的研究，从而扩充了市场营销组合的概念与内容。他们在《服务企业的市场营销战略与组织》一文中，把市场营销组合描述为 7P 结构，即产品(product)、定价(price)、渠道(place)、促销方式(promotion)、从业人员(people)、营销过程(process)

和实体分销(physical distribution)，如图 1-6 所示。

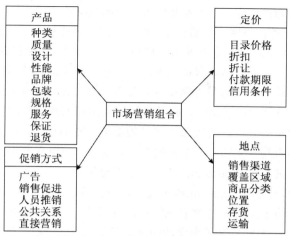

图 1-5 麦卡锡的市场营销组合概念

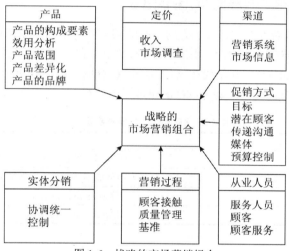

图 1-6 战略的市场营销组合

波姆斯和比特勒认为，麦卡锡的 4P 分类法太过机械，是一种短期行为。在他们看来，"从业人员"是顾客对企业销售部门或服务部门工作效率的最直接的重要反映，"营销过程"是企业对与顾客有关的各种业务过程和生产过程的反映，而"实体分销"本身则是伴随着商品的使用价值和物理特性，把"服务"有形化或具体化的一个特别重要的标志。

显然，这一概念的扩展，强调了信息的传递与沟通，体现了现代市场营销中服务重要性的特征，有利于引导人们把市场营销活动中那些无形财富开发挖掘出来。

1984 年，美国西北大学的菲利普·科特勒提出了市场营销组合的 11P 原则。其新观点内涵更加丰富，适用范围更为广泛，对现代企业市场营销的发展极为重要。科特勒认为，麦卡锡的 4P 只是市场营销的战术性原则，如何确定这 4P 的战术，则要用市场营销的战略性(strategy)原则来进行指导。这些战略性原则包括以下几方面的基本内容。

(1) 探查(probe)，称作第一个战略性 P，指市场营销调研。这是开展市场营销活动的第一步。

(2) 细分(partition)，称作第二个战略性 P，指市场细分。其含义就是区分不同类型的买主。这是开展市场营销活动的第二步。

(3) 优先(priority)，称作第三个战略性 P，指选择那些最能发挥营销优势，能在最大程度上满足顾客需要的市场作为目标市场。这是开展市场营销活动的第三步。

(4) 定位(position)，称作第四个战略性 P，指产品在顾客心目中树立什么样的形象。一旦决定了产品如何定位，便可推出上述麦卡锡 4P 中的其他三个 P 与这 4P 的战术性组合策略。于是，由于产品定位的不同，所形成的市场营销战术组合策略及其要素的具体构成也就不同。

在国际市场营销活动中，还有另外两个 P，即政治权力(political power)和公共关系(public relations)。这说明，在国际营销活动中，必须了解其他国家的政治状况，以及怎样才能使本国产品在东道国的公众中树立起良好的形象。其目的都是有效地排除产品通往目标市场道路上的障碍，争取有关方面的机构、集团甚至个人的支持、合作，以确保营销活动的成功。

最后，还有最基本的一个 P(people)，即人。它的意思是理解人、了解人，以调动员工的工作积极性，这称为内部营销(internal marketing)。而满足顾客需要，则叫作外部营销(external marketing)。整个市场营销的要领，固然是满足顾客的需要，而有时存在的最大问题却是内部营销的问题。所以"人"这个要素贯穿了企业营销活动的全过程，它是实施前 10 个 P 的成功保证。

1.3.2 以追求顾客满意为目标的 4C 营销组合

4P 代表的是非消费者的观点，是卖方用于影响买方的有用的市场营销工具。而从买方的角度来看，则每一个市场营销工具都是用来为顾客提供利益的。于是，美国学者罗伯特·劳特朋(Robert Lauterborn)于 20 世纪 90 年代在《4P 退休 4C 登场》中提出 4C 理论，这是在过剩经济时代欲取代 4P 的一套营销理论。4P 和 4C 的组成要素对比，如表 1-1 所示。

表 1-1 4P 和 4C 的组成要素对比

4P	4C
产品(product)	顾客问题解决(customer solution)
定价(price)	顾客成本(customer cost)
渠道(place)	便利(convenience)
促销(promotion)	沟通(communication)

4C 包括以下内涵。

(1) 忘掉产品，考虑顾客的需求与期望。企业必须首先了解和研究顾客，根据顾客的需求来生产，提供顾客所需的产品，而不是企业自身所能制造的产品。同时，企业提供的不仅仅是产品和服务，更重要的是由此产生的顾客价值。

(2) 忘掉价格，考虑顾客为满足其需要愿意付出的成本。企业定价不是根据品牌策略，而要研究顾客的收入状况、消费习惯及同类产品的市场价位。此外，顾客的购买成本不仅包括其货币支出，还包括为此耗费的时间、体力和精力，以及购买风险。

(3) 忘掉渠道，考虑如何为顾客提供方便，即为顾客提供最大的购物和使用便利，而不是先考虑销售渠道的选择和策略。

(4) 忘掉促销，考虑如何与顾客进行双向沟通。企业应通过与顾客进行积极有效的双向沟通，建立基于共同利益的新型顾客关系。这不再是企业单向地促销和劝导顾客，而是在双向的沟通中找到能同时实现各自目标的通途。

总的来看，4C 营销理论注重以消费者需求为导向，与以市场为导向的 4P 相比，有了很大的进步和发展。4C 营销组合从其出现的那一天起就普遍受到关注，也成为如今互联网营销和移动互联营销的理论基础。

1.3.3　以建立顾客忠诚为目标的 4R 营销组合

随着市场经济的不断深入，市场的竞争焦点和手段也不断发生变化。从传统的市场营销组合到新的营销组合方式，其内容也在不断地深化。20 世纪 90 年代，美国营销学教授唐·舒尔茨(Don E.Schultz)提出了营销组合新理论 4R 理论：关联(relevancy)、反应(reaction)、关系(relationship)、回报(reward)。艾略特·艾登伯格(Elliott Ettenberg)在其《4R 营销》一书中也提出了类似的 4R 理论，即关联(relevancy)、节省(retrenchment)、关系(relationship)和回报(reward)。

4R 包括以下内涵。

(1) 与顾客建立关联。在竞争性市场中，顾客具有动态性，可能会在不同企业所提供的产品和服务中选择和转移。要提高顾客的忠诚度，赢得长期而稳定的市场，重要的营销策略是通过某些有效的方式在业务、需求等方面与顾客建立关联，形成一种互助、互求、互需的关系。

(2) 提高市场反应速度。当代先进企业已从过去的推测性商业模式转换为高度回应需求的商业模式。在相互影响的市场中，对经营者来说，最现实的问题不在于如何控制、制订和实施计划，而在于如何站在顾客的角度及时地倾听顾客的希望和需求，并迅速做出反应。这样可最大限度地减少抱怨，稳定客户群，减少客户转移的概率。

(3) 运用关系营销。在企业与顾客的关系发生本质性变化的市场环境中，抢占市场的关键已转变为与顾客建立长期而稳固的关系，从交易变成责任，从管理营销组合变成管理和顾客的互动关系。

(4) 回报是营销的源泉。对企业来说，市场营销的真正价值在于为企业带来短期或长期的收入和利润的能力。一方面，追求回报是营销发展的动力；另一方面，回报是维持市场关系的必要条件。一切营销活动都必须以为顾客及股东创造价值为目的。

4R 营销理论的最大特点是以竞争为导向，根据市场不断成熟和竞争日趋激烈的态势，着眼于企业与顾客的互动与双赢。4R 理论最大的不足就是实际操作性较差，一方面引入了更多的不可控变量，另一方面缺乏实施工具，企业在实际应用时可能会感到无从下手。

1.3.4　以网络整合营销为目标的 4I 营销组合

随着营销活动在新媒体时代的发展，营销理论又发生了新的变化，传统的 4P、4C 及 4R 理论在一些特定环境下，使用度并不高。4I 营销理论的出现，可以有效解决这一问题。4I 理论最早源于"网络整合营销"，标志着从"以传播者为中心"到"以受众为中心"的传播模式的战略转移。4I 营销理论包含 4 个要素：个性原则(individuality)、趣味原则(interesting)、互动原则(interaction)和利益原则(interests)。

(1) 个性原则：核心是个体识别，企业需要充分关注每一个顾客的独一无二的个性，按照不同个体的差异化需求对市场进行细分。企业可以针对不同的目标人群，开展特色的业务和服务，打造不同的品牌，获得稳定的顾客群。

(2) 趣味原则：强调营销传播过程要有趣味性、有话题感，要尽量选择一些目标顾客群关心和感兴趣的话题，策划和构思要能激发消费者的想象力，激发其参与的冲动。企业可以通过这些趣味性的话题，引导公众关注产品或品牌的理念、功能、价值。

(3) 互动原则：互动的目的就是要吸引客户，找到双方的利益共同点。只有抓住了客户的兴趣点，才能引起关注，引发共鸣和参与，持续吸引客户。企业才能在顾客的参与和互动中传播经营理念、引导市场。

(4) 利益原则：利益是贯通商业活动始末的重要元素，是商户进行经营活动的根本目的，也是用户进行消费活动的动因。如果一个营销项目仅仅符合趣味、个性原则，那么它很难将商家、媒体、用户等不同类型的机构与个人汇聚到一起。而利益则是连接营销活动中不同参与者的纽带和桥梁，共同的利益促使各种要素参与到整合营销中来，其具有串联不同参与者的功用。

| 经典和前沿研究 | SIVA 理论 |

唐·舒尔茨(Don E.Schultz)认为，传统的 4P 营销理论应该被新的 SIVA 理念替代，即"解决方案(solutions)、信息(information)、价值(value)和途径(access)"，营销人员不再主导一切，权力移交到消费者手上，客户或潜在客户成了发送信息的人，而不是索取信息的人，组织变成了接收者与呼应者。

solution(解决方案)即消费者提出问题后需要一个解决方案；information(信息)即消费者需要了解这些解决方案背后更多、更专业的信息；value(价值)即消费者需要在找到的诸多信息中，综合权衡分析找到对自己最有价值的信息和解决方案；access(途径、通路、渠道、通道)即消费者获取解决方案的途径在哪里。

以上 4 个方面串联起来，就可以完整地呈现出消费者问题的解决过程，即消费者有了问题之后，需要找到一个解决方案(solution)，之后需要查询每一个解决方案背后的专业信息(information)，然后在多个方案之间进行权衡(value)，找到最有价值的那一个，最后找到最佳的满足途径或渠道(access)。也就是消费者在表达需求，不断寻找、修正并最终确定自己的解决方案的过程，实际上就是在 S-I-V-A 构成的网络路径中不断地调整方向、选择新路径并最终找到入口(A)的过程。消费者在这个历程中的每一次驻足和跳转，都是营销者和消费者建立品牌沟通的机会；营销者需要利用和把握好每一次个性化(one by one)的品牌对话机会，为消费者提供实时(real-time)信息支持，帮助消费者缩短决策路径，快速到达入口。

SIVA 理论是相对于传统的 4P 理论的又一次进步，4P 理论是以企业视角进行的营销设计，而 SIVA 是站在消费者视角而开展的营销活动，它代表着营销组合理论的一次巨大的飞跃。SIVA 模型的重点在于以消费者为核心，以搜索引擎的广泛使用为驱动力，品牌扮演的角色是为消费者找到答案。当 SIVA 理论与搜索平台结合以后，便能为消费者提供实时的解决方案。信息在不断更新，以消费者希望的方式出现，同时消费者还可以参与进来，去评估、修改问题，甚至重新搜索。

1.3.5　4P 仍是企业营销的根本

从以满足市场需求为中心的 4P 到以顾客满意为中心的 4C，到以顾客忠诚为重点的 4R，再到以网络整合营销为中心的 4I，市场营销组合概念的演变不仅代表了营销理论的发展，还体现了企业所处营销环境的深刻变革。需要注意的是，无论采取哪种营销组合策略，企业呈现在消费者面前的永远是 4P(产品、价格、渠道、促销)这几个要素的组合，只不过营销组合出现的路径发生了变化。在 4C 营销组合中，企业是通过 4C 策略影响 4P；在 4R 组合策略中，企业通过 4R 影响 4C 进而作用于 4P；而在 4I 组合中，企业依次通过 4I、4R、4C 和 4P 将营销组合呈现在消费者面前，上述观点如表 1-2 所示。通过上面的分析可以看出，4C、4R、4I 确实在一定程度上对 4P 进行了丰富和完善，但是它们的出现并不代表传统的 4P 组合已经被后者完全取代。企业在营销实践中需要根据自身所处的不同环境来选取适宜的营销组合策略。

表 1-2　营销组合影响路径

营 销 组 合	影 响 路 径
4P	企业——▶4P
4C	企业——▶4C——▶4P
4R	企业——▶4R——▶4C——▶4P
4I	企业——▶4I——▶4R——▶4C——▶4P

即测即评

请扫描二维码进行在线测试。

第 1.3 节习题

1.4　互联网时代的特性

当今世界正处于一个快速而深刻的变革时期。从农耕时代到工业时代再到信息时代，技术力量不断推动人类创造更新的世界。在当今社会，互联网技术正以一种改变一切的力量，在全球范围掀起一场影响人类所有层面的深刻变革。之前区域的限制、信息传输的阻碍等限制人类交流与互通的问题，在互联网时代到来之后，都将不攻自破。而互联网营销作为一种借助互联网而兴起的营销方式，也将打破各种限制，让全球营销互通成为现实。

互联网营销是传统营销在互联网下的深化和扩展，是数据商业时代的新变革，他们之间有着密不可分的关系。越来越多的企业认识到，大数据、社会化媒体和移动化已成为互联网营销的三大特性。

1.4.1　大数据

2011 年，麦肯锡公司发布名为《大数据：创新、竞争和提高生产率的下一个新领域》的研究报告，指出数据已经渗透到每一个行业和业务职能领域，逐渐成为重要的生产因素；而人们对于大数据的运用将预示着新一波生产率增长和消费者盈余浪潮的到来。

对于"大数据"(big data)，研究机构 Gartner 给出了这样的定义："大数据"是具有更强的决策力、洞察发现力和流程优化能力的海量、高增长率和多样化的信息资产。业界将大数据归纳为 4 个特点。第一，数据量大(volume)。目前，全球数字信息总量已达 ZB 级别。第二，类型繁多(variety)。多类型的数据(包括网络日志、音频、视频、图片、地理位置信息等)对数据处理能力提出了更高的要求。第三，价值密度低(value)。数据总量巨大，但真正的核心数据、有价值的数据却很少，致使数据的价值密度低。第四，速度快、时效高(velocity)。数据的处理效率提升，这是大数据区别于传统数据挖掘最显著的特征。

大数据时代的到来对营销模式产生了极为深刻的影响。正如前文所述，我们正在经历营销3.0，这是价值驱动的营销时代。传统的营销方式已经难以满足当下的市场需求，大数据时代的到来为精准营销创造了条件，商家可以利用消费者的活动数据，进行相应的整理和分析，从中得到营销活动所需要的信息，并针对目标客户制定相应的营销方案，以此获得最大的营销效果。

大数据蕴含着巨大的营销价值，为营销活动的开展提供了无限的可能，但是营销者仍然需要保持足够的清醒，全面认识大数据时代营销过程中可能出现的不利因素。随着大数据时代信息量的激增，新的变量也会随之出现，"混沌""失控""非线性"等词汇成为整个时代的典型标签，那些在传统营销时代原本理所当然的方法论开始变得不确定。因此，我们在大数据背景下开展营销活动时必须时刻注意对整体的掌控度。

1.4.2 社会化媒体

近年来,我国互联网发展迅速。中国互联网络信息中心(CNNIC)发布的第 52 次《中国互联网络发展状况统计报告》的数据显示,截至 2023 年 6 月,我国网民规模达 10.79 亿人,较 2022 年 12 月增长 1109 万人,互联网普及率达 76.4%,较 2022 年 12 月提升 0.8 个百分点。网络的普及与技术的发展,不仅改变了人们的生活方式,也催生了社会化媒体的诞生。

《什么是社会化媒体》(*What is Social Media*)的作者安东尼·梅菲尔德(Antony Mayfield)认为,社会化媒体是一种新型的、给用户提供极大参与度和空间的在线媒体,该类媒体具有公开性、参与性、对话性、交流性、社区性、连通性等特点。美国公关协会(Public Relations Society of America,PRSA)对于社会化媒体给出如下定义:从趋势来看,社会化媒体是人们通过使用中心化的、以人为基础的网络来获取他们所需要的东西,而非传统的商业或者媒体。社会化媒体包括:社交网站(如人人网、领英)、微博(如新浪微博、腾讯微博)、视频分享(如优酷)、论坛(如天涯社区、百度贴吧)、即时通信(如 QQ、微信)、消费点评(如大众点评)等。社会化媒体的普及不仅给人们的生产生活带来极大便利,更是给企业营销及消费者行为的转变带来巨大影响。

社会化媒体营销就是利用社会化媒体的开放式平台,对社会大众进行的营销、销售、关系和服务的一种营销方式。社会化媒体改变了传统的营销模式,它集中于创造有吸引力的信息,并鼓励用户分享到他们的社交网络上。信息按照从用户到用户的传播方式,帮助企业建立网上信誉和品牌的信赖度。随着时间的推移,这可能带来更大的销售量,因为人们倾向于购买他们(或者他们的朋友)信任的产品品牌。此外,社会化媒体已经成为一个平台,使得每个拥有网络连接的人可以方便地进入。它增加了企业与用户之间的交流,培养品牌意识,提高客户服务。因此,这种形式的营销是靠口碑来推动的,它导致了口碑媒体而不是付费媒体的产生。

社会化媒体因成本低、定位准确、传播速度快、影响大,已经被越来越多的企业关注与应用。例如,小米手机的推广完全集中在小米官网、小米论坛和微博平台上。公司仅靠这单一线上营销模式,使小米手机成为智能手机行业中的后起之秀,并且获得了极好的口碑。这进一步体现了社会化媒体营销的优势——低成本、精准定位、传播快、影响广。

1.4.3 移动化

移动互联网络的出现,打破了固定网络在时空上的限制,使人们可以随时随地接触并使用网络。移动互联网的发展十分迅猛,据 CNNIC 中心的数据,截至 2023 年 6 月,我国手机网民规模达 10.76 亿人,较 2022 年 12 月增长 1109 万人,网民中使用手机上网的比例为 99.8%。网民个人上网设备进一步向手机端集中,手机上网比例不断增长,台式电脑、笔记本电脑、平板电脑的上网比例则呈下降趋势。随着移动互联网和移动终端的飞速发展,移动化趋势已成为不可逆转的时代潮流。在移动化趋势下,消费者获取信息更加便捷,消费者的行为也受到一定的影响。在这种情况下,移动营销(mobile marketing)越来越受到重视。对此,移动营销协会(Mobile Marketing Associating, MMA)在 2006 年对移动营销给出如下定义:利用无线通信媒介作为传播内容进行沟通的主要渠道,所进行的跨媒介营销。移动营销相较于传统营销方式,具有如下特点。

(1) 便携性:移动营销可以让消费者随时随地参与消费活动,通过手机或者各种智能化的移动设备完成品牌搜索,产品信息互动,相关价格比对等此前只能在电脑上完成的购买行为。

(2) 庞大的顾客群:手机网民规模已达 10.76 亿,人们对于手机的依赖明显大于电脑。而且几乎所有的网络社区都已经实现移动平台化,这一措施会将更多的网络用户引入移动互联网。

(3) 低成本:基于移动互联网的营销手段,可以极大程度地降低营销成本。对于企业来说,减少广告宣传费用，只需开发一款 App 或注册微信公众号便可以实现针对目标客户群或者潜在客户群进行"一对一"的营销活动。

(4) 定位精准：在当今快速反应的消费模式时代，企业对于消费群体迅速定位也至关重要。移动营销结合大数据，能够帮助企业对用户使用的相关数据进行统计分析，并利用这些信息来制订营销方案。实现定向产品信息投放，避免信息传播中的误投而造成品牌形象受损的局面。

即测即评

请扫描二维码进行在线测试。

第 1.4 节习题

1.5　营销道德与职业规范

随着市场营销理论和实践的深入，企业经营中的不和谐现象也逐渐暴露出来。特别是一些企业在市场营销活动中的不道德行为，对社会公平和正义带来了极大的负面影响。社会主义市场经济的发展，必须要有与社会主义市场经济相适应的、符合中国国情的道德准则，保证市场营销活动在正确的道德范围内顺利进行。只有这样，才能够适应全球经济一体化的发展趋势，同时可以更好地维护市场秩序及保护消费者行为不受侵犯。21 世纪以来，随着互联网及电子信息技术的飞速发展，网络营销应运而生。网络营销的虚拟特性在给企业带来营销便利的同时，也对商家能否坚守营销道德规范提出了更严峻的挑战。因此，新媒体时代下网络营销存在的道德问题和相关职业规范应该更加得到重视。

1.5.1　营销道德

营销道德是用来判定市场营销活动正确与否的道德标准，即判断企业营销活动是否符合消费者及社会的利益，能否给广大消费者及社会带来最大幸福。营销道德是市场经济的伴生物，在市场经济条件下，现代企业在开展营销活动中必须讲求营销道德，实施诚信营销。

营销道德是和营销伦理相辅相成的。对企业而言，要在生产经营的同时兼顾消费者利益和社会利益。组织应该确定目标市场的需要、欲望和利益，然后再以一种能够维持或改善消费者和社会福利的方式向顾客提供更高的价值。营销道德包括但不限于以下几方面内容。

(1) 要求在营销中考虑社会和道德问题，如希望工程、环保产品、助残、帮助再就业、回报社会等。

(2) 不能将自己的利益凌驾在消费者利益和社会利益之上，杜绝制造假冒伪劣产品，损害消费者利益，破坏生态环境。

营销道德

(3) 关注消费者的长期利益和需求的满足程度。例如，因心情不好等原因造成误时误工误事，虽然没有直接坑害或欺骗消费者，但是也属于不道德的营销。

1.5.2　市场营销职业规范

作为市场营销工作者，往往也是营销策略的制定者和实施者，应具备一定的职业素养，而这种素养就体现在遵守职业规范及保障市场营销秩序和维护消费者利益方面。

(1) 通晓业务，优质服务。营销人员要博学多才，业务娴熟；要牢固树立服务至上的营销理念；要善于收集信息、把握市场行情；要灵活运用各种促销手段，拉近与客户的距离，积极沟通；

要熟悉商品性能，主动准确地传达商品信息；要为顾客排忧解难，想方设法地让顾客满意。

(2) 平等互惠，诚信无欺。这是营销工作者最基本的行为准则。营销工作者在工作中不要耍手腕，不坑蒙消费者，不擅自压价或变相提价；要恪守营销承诺，绝不能图一时之利损害企业信誉。

(3) 当好参谋，指导消费。营销是生产者与消费者之间的媒介和桥梁，营销工作者要在与消费者的沟通中，了解不同对象的不同需求，引导消费者接受新的消费观念。同时，要将消费者需求信息传达给生产者，以帮助企业改进和调整生产。

(4) 公私分明，廉洁奉公。生产者往往赋予营销工作者一定的职权，营销人员应经得起利益的诱惑，不赚取规定之外的私利，不进行转手倒卖等各种谋私活动。

实际案例 | 电商不正当竞争案

伴随着电商的蓬勃发展，各类购物助手应运而生，其核心功能是让用户轻松实现各个购物网站间的商品比价。不过，在给网购带来便利的同时，购物助手也面临着不正当竞争的争议。2015年"双十一"前夕，天猫和淘宝向上海市浦东新区人民法院申请诉前禁令，法院最终裁定，上海载和网络科技有限公司、载信软件(上海)有限公司立即停止将购物助手"帮5淘"嵌入天猫、淘宝网页的行为。天猫、淘宝后又向法院起诉上述两家公司。经过审理，2016年4月11日下午，浦东法院对这起国内首例涉购物助手不正当竞争纠纷案做出了一审宣判。

认为"帮5淘"不正当竞争，淘宝、天猫索赔2000万元

载和公司是"帮5买"网站的域名注册人及经营者。受载和公司委托，载信公司开发了"帮5淘"购物助手并提供了技术支持。

根据淘宝、天猫公司提交的保全证据公证：用户电脑装上"帮5淘"插件后，在使用IE、百度、搜狗等浏览器登录淘宝网和天猫商城时，"帮5淘"插件会在淘宝、天猫页面中嵌入"帮5买"的标识、商品推荐图片、搜索框、收藏按钮、价格走势图及减价按钮等内容。其中，在商品详情页的原有"立即购买""加入购物车"旁边或下方插入"现金立减"或"帮5买扫一扫立减1元"等减价按钮，用户一旦单击该按钮，网页就会跳转到"帮5买"网站，在该网站完成下单、支付等流程，款项即时到账至载和公司账户，然后再由载和公司的员工以自己的账号手动在淘宝、天猫平台下单。

淘宝、天猫公司以上述行为构成不正当竞争为由，于2015年10月向浦东法院申请诉前禁令，后又以不正当竞争为由起诉。

法院认定构成不正当竞争，酌情分别判赔110万元

法院审理后认为，原、被告双方的用户存在较大程度重合；二者的服务内容虽不完全相同，但被告的购物助手依附于购物网站而生，存在极为紧密的关联；从具体行为来看，两被告实施了争夺用户流量入口的行为。可见，双方存在竞争关系。原告依托其商业模式，通过多年经营所获取的在购物网站行业的竞争优势，属于应受反不正当竞争法保护的合法权益。被告通过"帮5淘"购物助手在原告页面中插入相应标识，并以减价标识引导用户至"帮5买"网站购物的行为，会降低原告网站的用户黏性，给原告造成损害，上述行为违反了诚实信用原则和购物助手这一领域公认的商业道德，具有不正当性。因此，该行为构成不正当竞争。

结合两被告的关系、"帮5买"网站上的介绍及两被告在"帮5淘"购物助手中所具体实施的行为等事实，法院认定，两被告在运营"帮5买"网站及"帮5淘"购物助手的过程中存在分工合作，共同实施了涉案侵权行为，应承担连带责任。

　　鉴于两被告的不正当竞争行为容易导致消费者混淆，可能导致消费者对原告服务的评价降低，对原告的商业信誉产生不利影响，故对原告要求两被告消除影响的诉讼请求，法院予以支持。

　　关于经济损失，原告以其网站的广告点击价格、某一期间的点击次数的乘积作为该期间的损失计算依据，并以此为基础认为其因两被告侵权行为遭受的损失超过了法定赔偿最高限额，故主张 1000 万元的经济损失赔偿。但原告提交的统计点击次数的证据因存在瑕疵而难以采纳，且该计算方式与两被告侵权行为所造成的损失并不具有直接关联，故对上述主张，法院不予采纳。被告载和公司提出其系亏损，并未获取经济利益，但被告开发运营"帮 5 淘"购物助手的目的就是吸引用户下载并使用，以积聚人气、提高"帮 5 买"网站的知名度和影响力，这在互联网"注意力"经济的背景下具有重要价值。对被告的上述意见，法院亦不予采纳。鉴于原告因被侵权所受到的实际损失、两被告因侵权所获得的利益均难以确定，法院综合考虑原告网站在各类购物网站中的竞争优势、原告对此的投入、用户流量对购物网站的重要性、原告因本案侵权行为遭受损失是一个长期的过程，两被告侵权行为的持续时间、影响后果、侵权行为业已停止等因素，酌情判决两被告分别向淘宝、天猫公司共同赔偿经济损失 100 万元、合理开支 10 万元；在淘宝、天猫和"帮 5 买"网站首页上连续15 日发布公开声明，以消除因其不正当竞争行为造成的不良影响。

　　资料来源：根据陕西博硕律师事务所官网等相关内容改编。

　　上述案例是比较典型的互联网时代营销道德案例，很显然，"帮 5 淘"的涉案行为已经"越界"，其具体行为方式还可能造成混淆服务来源、售后不良等后果，对消费者利益亦会产生一定的损害。而从淘宝、天猫公司利益角度来看，其主要竞争优势在于用户流量，若允许"帮 5 淘"购物助手继续以该种方式提供服务，必然会降低原告网站的用户黏性，削弱其竞争力。长此以往，还有可能导致网络购物平台失去培育用户流量的动力，破坏网络购物这一行业的市场竞争秩序。该案例说明随着互联网时代的来临，一些新兴技术及互联网远程操作的特点会使得营销不道德行为有了可乘之机，社会应当秉持营销道德准则，加大监管措施。

即测即评

请扫描二维码进行在线测试。

第 1.5 节习题

本章小结

　　1. 市场营销的核心概念。菲利普·科特勒(Philip Kotler)给出的定义：企业为从顾客处获得利益回报而为顾客创造价值并与之建立稳固关系的过程。这个定义包括一系列的核心概念：基本需求、欲望、产品需求、产品、价值、交换、交易、市场等。

　　2. 市场营销经历了生产观念、产品观念、销售观念、市场营销观念、社会营销观念、营销观念 3.0 的演变过程。

　　3. 市场营销组合概念的发展历程。市场营销组合包括：以满足市场需求为目标的 XP 营销组合、以追求顾客满意为目标的 4C 营销组合、以建立顾客忠诚为目标的 4R 营销组合、以网络整合营销为目标的 4I 营销组合，4P 仍是企业营销的根本。

　　4. 新时代市场营销的新变化。世界正进入第四次经济浪潮，这是一个以创造力、文化、传统继承和环境为主题的新经济时代，全球科技已经从机械化时代进入数字化时代，大数据、移动化、社会化媒体成为新的时代背景，影响着消费者的心理和行为，营销活动随之进入了一个全新的时代。

5. 营销道德与职业规范。对企业而言，要在生产经营的同时兼顾消费者利益和社会利益。组织应该确定目标市场的需要、欲望和利益，然后再以一种能够维持或改善消费者和社会福利的方式向顾客提供更高的价值。通晓业务，优质服务；平等互惠，诚信无欺；当好参谋，指导消费；公私分明，廉洁奉公。

思考题

1. 为什么说市场营销不单纯是产品的销售活动？
2. 市场营销的核心概念是什么？
3. 营销观念的演变包括哪几个阶段？传统营销观念和现代营销观念的区别有哪些？
4. 结合自身的网购经历谈谈对新经济时代的营销特性的理解。

案例研究 ｜ **瑞幸的营销之道**

瑞幸咖啡是中国著名的连锁咖啡品牌，它曾被网友冠以"民族之光"等称号，是一家口碑、风评都不错的企业。瑞幸仅凭短短几年时间就被大众熟知并接受，其中离不开它的营销之道。

一、低价销售

瑞幸饮品价格区间一般在15~35元之间，而星巴克的价格则在30~50元之间，与星巴克所走的高端路线不同，瑞幸将目标定位于普通人的市场，走"平民"价格销售路线。一方面凸显出在价格方面的优势，另一方面使消费者成功将瑞幸与星巴克区分开。

在瑞幸线上销售页面，它还会经常赠送优惠券，让消费者下单时即刻就能享受到减价优惠。同时，在瑞幸App下单页面直接显示折扣后价格，简单又直接地吸引消费者购买，利用大众喜欢薅羊毛的心理，提高了顾客满意度。

二、选对代言人

瑞幸初期邀请张震和汤唯两位实力派演员作为代言人，可以看出瑞幸初期"高品质商业化咖啡"的品牌定位。之后相继推出十余款新品小鹿茶，将用户受众主要集中于年轻群体，因此选择了有"年轻一代的顶流"称号的新锐演员刘昊然来做代言人。从这三位的形象不难看出，瑞幸当时正在力图打开"都市白领"的圈层市场，在代言人上明显更偏好作品质量高、气质佳、大众口碑好的明星。优质的形象定位配上长期的优惠，不仅让老顾客持续购买，巩固复购率，也在不断地吸引新顾客。

2021年，瑞幸官宣利路修为推荐官，并配图"利路修老师上班啦"引发网友关注。在综艺节目中，当其他选手为了出道位拼尽全力时，利路修一心只想快点下班回家，这种强烈的反差感让他成为限定顶流。瑞幸也看准机会，邀请利路修合作代言，一同拍摄广告片"瑞幸YYDS"。简洁的拍摄手法与简陋的场景设置，甚至连背景都没有，配上利路修的本色出演，毫无感情的广告词，都让网友忍俊不禁，眼前一"黑"，以一种幽默、趣味的方式为瑞幸增添了大量的热度与关注度。

在那之后，签约谷爱凌也是瑞幸的聪明之举。在谷爱凌大火之前，瑞幸便有预见性地与其促成合作。在谷爱凌夺得金牌后，瑞幸便第一时间将小程序中"谷爱凌"推荐菜单加上了"夺冠"字样，并推出4.8折专属优惠券。这波营销让瑞幸多款谷爱凌定制产品售罄，并冲上热搜，使得瑞幸的营业额在短时间内暴涨，狠狠刷了一波存在感。

从张震、汤唯、刘昊然，再到后来的利路修、谷爱凌，不难发现瑞幸对代言人的选择是十分有考量的，不仅从品牌定位出发，还考虑了代言人的形象气质是否与品牌形象相符合，目的是收获消费者的关注，提高品牌在消费者心目中的地位。

三、强强联合

2020 年，瑞幸与哈根达斯首次联名亮相。众所周知，哈根达斯是高端消费的象征，被誉为冰淇淋中的"劳斯莱斯"。而瑞幸主打平民价，与其走的是相反路线。而瑞幸正是嗅到这种反差感下隐藏的商机，与哈根达斯联名，主打"九元吃到哈根达斯"的噱头，推出三种新品，成功吸引了一众消费者的注意力，还激发了那些平日因哈根达斯太贵而不敢轻易尝试购买的潜在消费者的消费欲望。

与哈根达斯的联名只是开始，瑞幸与海南椰树的联名可谓是火爆全网。在官宣的前三天，瑞幸就曾发出预告"34 年来，这个品牌从不对外合作，除了瑞幸"，椰树也发出海报暗示联名，让瑞幸欲哭无泪地表示"让我安静表演完，真的会谢"。

接地气的宣传文案与两大知名品牌的"梦幻联动"，无论哪一点都吸引了广大网友的注意力，同时趣味的营销互动也无形间拉近了品牌与大众的距离，让大众感到一种亲切感，也不由得使人产生想要尝试新品的想法。这次联名也展现了瑞幸从重营销走向重产品、重用户的模式的一种改变。

瑞幸这些成功营销对品牌的迅速走红起着巨大的推动作用，它懂得在适时的时候抓住时下消费群体的喜好，制造爆款产品，为消费者不断地带来惊喜，也懂得选择什么样的代言人才是最符合自身品牌形象的，而瑞幸的未来，也同样令人期待。

资料来源：经典案例之瑞幸咖啡营销策略的成功之道[EB/OL]. (2022-02-06). https://baijiahao.baidu.com/s?id=1657766009495991602&wfr=spider&for=pc，有删改。

案例思考题：

1. 瑞幸的成功给予你什么启示？

2. 瑞幸咖啡仅仅是咖啡吗？瑞幸开展营销的逻辑是怎样的？

3. 一个成功的产品，除了品质之外还需要些什么？

第**2**章
市场营销环境分析

学习目标

- 了解市场营销环境分析的重要性
- 掌握宏观环境分析的 PESTEL 方法
- 识别微观营销环境的构成
- 熟悉 SWOT 分析方法

第 2 章知识点

引入案例
华为手机遭遇美国打压后的破局

2019 年 5 月 15 日，时任美国总统特朗普签署了一份总统令，宣布禁止美国通信企业与包括中国华为公司在内的一切被控会"威胁"美国国家安全的公司进行商业交易。由此，美国拉开了对华为的制裁。2020年，美国进一步加大制裁力度，要求所有使用美国相关技术的厂商在向华为提供芯片设计和生产服务时都必须得到美国政府的许可。该制裁条款直接导致台积电、三星及国内的中芯国际等制造高端芯片的企业无法继续给华为代工生产先进制程的芯片。

2014—2018 年，华为的份额逐步上升。Counterpoint 的数据显示，在这 5 年里，华为手机的全球出货量份额由个位数 6%全球出货量提升到了两位数 14%。受美国制裁的影响，华为手机 2019 年和 2020 年的全球出货量份额分别为 11%和 10%。2021 年，华为手机业务剧烈下滑，全球出货量份额下降为个位数 2%，为 8 年内最低。

自助、自救是华为最可靠的做法。华为宣布将出售荣耀，让新荣耀摆脱美国禁令，继续出货智能手机。与此同时，华为在上海成立非美国技术的芯片厂，解决手机制造中的"卡脖子"问题；在操作系统部分，华为已推出鸿蒙 OS，目前已经使用在智能手机上。

华为在 2022 年 9 月 6 日举行秋季新品发布会，主角正是华为 Mate50，其特色是采用了华为的鸿蒙 3.0系统，同时实现了手机元器件的国产化；苹果在同年 9 月 7 日发布 iPhone 14 系列。华为选择新品发布的时间与苹果几乎相同，意味着华为对自身产品的自信，敢于与苹果正面对抗。

资料来源：被美国制裁的华为，高端手机上演："华为跌倒，苹果吃饱？" [EB/OL]. (2022-07-18). https://baijiahao. baidu.com/s?id=1738702491551237197&wfr=spider&for=pc，有删改。

达尔文(Darwin)曾在《物种起源》中写道："不是最强的物种能生存下来，也不是最聪明的，而是最能适应环境变化的。""物竞天择，适者生存"的道理不仅适用于生物界，在竞争激烈的市场环境中亦如是。每个企业的营销活动都是在不断发展、变化的社会环境中进行的，它既受到企业内部条件的约束，又受到企业外部条件的制约。这两种来自企业内、外部的约束力量，就是市场营销环境。市场营销环境是一个多变、复杂的因素，企业营销活动成败的关键，就在于能否适应不断变化着的市场营销环境。实践证明，许多国际知名企业之所以能发展壮大，就是因为善于辨别环境，适应新的市场挑战和机会；而许多著名公司受挫、倒闭，也正是因为没有及时预测、分析并适应环境的变化。

2.1　市场营销环境概述

2.1.1　营销环境的含义

环境是指与某一特定作用体之间存在关系的所有外在因素及实体的总和。环境是与某一特定的事物相联系的，不同事物的环境、内容各不相同。菲利普·科特勒认为，企业的营销环境是影响企业的市场和营销活动的不可控制的参与者和影响力。也就是说，营销环境是指与企业营销活动有潜在关系的所有外部力量和相关因素的集合，它影响着企业能否有效地保持和发展与其目标市场顾客交换的能力，制约着企业的生存和发展。因此，企业应把对营销环境的监视、分析作为最日常的工作，使营销活动与生存的环境相适应，达到营销活动的最佳目标。

2.1.2　营销环境的内容

企业市场营销环境的内容广泛而复杂。根据营销环境和企业营销活动的密切程度，可以把营销环境划分为微观营销环境和宏观营销环境。

1. 宏观营销环境

宏观营销环境是指同时影响与制约着微观营销环境和企业营销活动的力量，它包括人口、经济、自然、技术、政治、法律和社会文化等环境要素。微观营销环境对企业营销活动的影响是直接的，而宏观营销环境对企业营销活动的影响和制约往往是间接的，它要通过微观营销环境这个媒介来影响、约束企业的营销行为。例如，一个社会的经济环境会改变消费者的支出模式和消费结构，进而影响消费者对本企业产品的选择机会。宏观营销环境和微观营销环境一样，都是不可控制的，前者不可控制的程度要高于后者，企业只能顺应它们的条件和趋势。随着全球营销的发展，营销管理者必须更加注重对宏观营销环境的研究，避免风险，探寻有利的市场机会。

2. 微观营销环境

微观营销环境是指直接影响和制约企业经营活动的各种力量，它包括顾客、供应商、营销中介、竞争者和公众。这些因素与企业营销活动有着密不可分的联系，是不可控制的因素，企业一般无法予以变动、调整和支配。例如，企业无法改变、支配顾客的购买偏好和动机，也无法选择竞争者。鉴于微观环境具有不可控性，要求企业必须对这些环境因素进行深入、细致的调查分析，避免威胁，寻找机会，使企业立于不败之地。

2.1.3　营销环境的特点

由多因素构成，并且不断变化的市场营销环境，是企业营销活动的基础和条件。营销环境具有以下三个特点。

(1) 动态多变性。市场营销环境是由多方面的因素构成的，每一个因素都会随着社会经济的发展而不断变化。静止是相对的，变化是绝对的，企业置身于企业生态环境的中心，不管这种环境的变化程度如何，应竭力与周围环境保持动态平衡。一旦平衡被打破，企业应采取积极的措施来适应这种变化，在新的环境条件下达到新的平衡，否则，遭到淘汰的悲剧迟早要发生。

(2) 复杂性。企业的营销环境不是由单一的因素决定的，它受到一系列相关因素的影响。因此，企业面临的营销环境具有复杂性，主要表现为各环境因素之间存在的矛盾关系。例如，随着人们生活水平的不断提高，方便实用的家用电器日益受到人们的青睐，但在节约能源的呼声下，在电力供应有限的情况下，企业不得不做进一步权衡，在可利用资源的前提下去开发新产品。

(3) 差异性。不同企业受不同营销环境的影响，同样，一种营销环境的变化对不同企业的影响也不尽相同。生产老年人用品的企业主要受人口环境的影响；生产高级小汽车的企业主要受收入、国家政策和法律环境的约束；汇率上调对房地产企业有益，但对出口导向的外贸企业不利。外部环境对企业作用的差异性，导致企业要运用各具特色的营销策略。

2.1.4 分析市场营销环境的意义

企业的营销既要适应环境，又要设法改变环境。

营销环境是企业经营活动的约束条件，企业的一切营销活动必须与营销环境相适应，这是企业经营成败的关键。企业对环境的适应并非消极、被动的，它是一种主动、能动的活动。企业既可以用不同的方式增加适应环境的能力，避免来自营销环境的威胁，也可以在变化的环境中寻找机会，并在一定条件下改变营销环境。例如，随着新能源汽车的电池技术之一的三元锂电池技术路线的逐步成熟，一直致力于发展磷酸铁锂电池技术的比亚迪开始在新上市的混合动力车型"宋"搭载三元锂电池。再如，电动汽车行业引领者特斯拉，不仅通过开放专利的战略来撬动行业发展，进而壮大自己和掌控行业未来发展，还通过共享充电站网络及商业模式，进而增加谈判筹码。

■ **即测即评**

请扫描二维码进行在线测试。

第 2.1 节习题

2.2 宏观环境分析

分析影响企业营销行为的宏观营销环境，我们可以运用 PESTEL 分析模型。PESTEL 分析模型又称大环境分析，是分析宏观环境的有效工具，不仅能够分析外部环境，而且能够识别一切对组织有冲击作用的力量。它是调查组织外部影响因素的方法，其每一个字母代表一个因素，可以分为 6 个因素：政治因素(political)、经济因素(economic)、社会因素(social)、技术要素(technological)、环境因素(environmental)和法律因素(legal)。

2.2.1 政治环境(P)

营销人员要善于分析当前国内外的政治形势和经济政策，估计可能遇到的阻力和风险，及时制定和调整营销战略。对政治环境的分析可以从政治的稳定性和政府实行的经济政策着手。

1. 政治局势

政治局势是一国或地区的政治稳定程度。而政局稳定是企业营销活动必须考虑的关键因素。政局稳定主要体现在两个方面：一个是政治冲突，另一个是政策的稳定性。政治冲突包括社会不稳定(骚乱、示威游行、罢工)、政局动荡(政变、政府更迭频繁)、战争、暴力阴谋(政治暗杀、绑架、恐怖活动)等国内外重大事件和突发性事件。政治冲突不仅有可能直接影响企业的经营活动，而且会影响该国政府政策的稳定性。政策的稳定性是指政府政策的相对长期性、连续性和可预见性。

2. 政府的方针政策

随着全球经济的相互渗透和国际经济一体化，各国在不断调整本国的经济政策，其目的就是保护、扶持本国经济，有限度地干预外国经济的渗透。在国内开展营销活动需要分析、掌握诸如产业政策、人口政策、能源政策、价格政策、财政金融政策等方针政策带给企业的机遇和威胁。另外，国际营销人员还需要研究目标市场国政府对国际营销活动的干预程度，包括进口限制、外汇控制、市场控制、国有化、劳工限制等。例如，随着社会经济的迅速发展，房地产行业已发展成中国重要的经济产业之一。近年来，政府对房地产调控力度加大，各种限制政策陆续出台，自 2016 年"房住不炒"定位首次提出，房地产企业经营与发展难度剧增。所以房地产行业营销人员要在"房住不炒"的大背景下，及时了解并分析各项房地产行业相关政策的机会和风险，并制定和调整营销战略。

3. 国际关系

国家之间在政治、经济、文化、军事等的关系直接影响一国政府实行限制或开放的程度。例如，法国利用历史上在非洲一些国家的殖民关系，通过语言、文化的影响力控制了那里的国际贸易；美国以对日贸易巨额逆差为由，迫使日本政府对美国出口的汽车、钢材等产品实行了"自动"配额制；2019 年，中国华为被美国列入贸易管制黑名单，禁止华为及附属的 70 家公司与美国企业进行业务往来。随后谷歌宣布不再为华为提供 GMS(谷歌移动搜索)框架服务，导致华为手机无法在国际正常使用，同时多家美国芯片突然断供。

好学深思　华为面对美国制裁仍坚持全球化战略

2019 年 5 月 16 日，中国华为被美国列入贸易管制黑名单，禁止华为及附属的 70 家公司与美国企业进行业务往来。华为创始人兼首席执行官任正非表示，美国对华为的制裁制约了华为的全球化战略，但华为并不会因此放弃全球化战略，因为不拥抱全球化就没有未来。为了自救，华为必须分散业务，简化产品线，专注于创造利润，同时致力研发，以应对美国的贸易限制。

资料来源：根据华为公司创始人任正非关于美国制裁等系列讲话整理。

华为案例

2.2.2　经济环境(E)

经济环境是企业营销活动的外部社会经济条件，它会直接或间接影响市场的规模、市场的吸引力及企业的营销活动。市场规模的大小，不仅取决于人口数量，更主要的是取决于有效的购买力；而购买力又受到经济发展阶段、收入水平、消费结构、储蓄和信贷水平的制约。

1. 经济发展阶段

企业的营销活动受目标市场所处的经济发展阶段的影响。美国经济学家罗斯托(Walt Rostow)提出了较典型的经济发展阶段的划分法——"经济起飞理论"。罗斯托认为,世界各国的经济发展要经历6个阶段:传统社会阶段、经济起飞前准备阶段、经济起飞阶段、趋向成熟阶段、高度消费阶段和追求生活质量阶段,如表2-1所示。处于前三个阶段的国家是发展中国家,处于后三个阶段的国家是发达国家。

表2-1 经济成长阶段特征比较

阶段	传统社会阶段	经济起飞前准备阶段	经济起飞阶段	趋向成熟阶段	高度消费阶段	追求生活质量阶段
阶段特征	• 农业是主导产业 • 家族和氏族关系起主要作用	• 投资率提高,超过人口增长率水平 • 农业和开采业得到足够发展	• 积累在国民收入比例提高10%以上 • 制造业成为主导部门 • 制度改革推动经济起飞	• 现代技术广泛运用 • 有效使用各类资源 • 农业人口减至20%~40%	• 耐用消费品产业成为主导产业 • 高度发达的工业化社会形成	• 服务业成为主导产业 • 政府致力于解决环境问题

汽车市场的发展与经济发展阶段息息相关,从各国经济发展的规律看,人均GDP超过1000美元,汽车消费将越过家庭的门槛;人均GDP达到3000至10 000美元,将进入汽车消费的快速发展时期。这种现象在我国的汽车市场上也得到了佐证。2003年,我国汽车产量444万辆,同年我国人均GDP突破1000美元。2021年,我国人均GDP非常接近高收入国家门槛,汽车产销量则分别高达2608.2万辆和2627.5万辆,已然成为全球最大的汽车市场。

一个国家所处的经济发展阶段不同,其营销活动也有所不同。以消费品为例,经济发展阶段较低的国家侧重于产品的功能和实用性,推广活动受到文化水平低和传播媒体少的限制,价格竞争占优势;经济发展阶段高的国家,则比较强调产品的款式、性能及特色,进行大规模的促销活动,非价格竞争占优势。

一个国家所采取的营销策略也会随经济发展阶段的不同而有所改变。在营销渠道方面,随着经济发展阶段的上升,分销渠道更加复杂且广泛,制造商、批发商与零售商的职能逐渐独立,商店的规模逐渐扩大。中国目前正处于趋向成熟阶段,以奢侈品消费为例,随着中国经济的快速增长,中国人的财富在不断积累,消费能力不断增强,对奢侈品的消费需求日益增长。2018年,中国人在境内外的奢侈品消费额已达到7700亿元人民币,占全球奢侈品消费总额的1/3,平均每户消费奢侈品的家庭支出近8万元购买奢侈品。各大奢侈品牌纷纷加大中国的市场开拓和营销推广力度。

2. 收入水平

市场规模不仅取决于人口数量,还取决于购买力。而购买力的大小又受制于收入水平,即GDP、人均GDP、个人总收入、个人可支配收入、个人可自由支配收入和家庭收入。

(1) GDP。GDP是衡量一个国家经济实力与购买力的重要指标。GDP的总量决定了某国市场规模的大小,可以从GDP的增长幅度了解一个国家的经济发展状况和速度。2021年我国广东省生产总值总量达124 369.67亿元,同比增长8%;江苏省生产总值总量为116 364亿元,同比增长8.6%。这两个省份的生产总值总量超过加拿大、韩国2021年GDP总量(加拿大、韩国分别在全球排名第九、第十),由此可以看出,中国市场具有巨大容量和吸引力。

(2) 人均GDP。人均GDP指一个国家或地区在一定时期内,按人口平均所生产的全部货物和服务的价值。人均GDP从总体上影响和决定了消费结构与消费水平。2003年我国人均GDP突破1000

美元，2010 年突破 4000 美元，2014 年约为 7485 美元，2021 年我国人均 GDP 达到 12 551 美元，超过世界人均 GDP 水平。其中，无锡、北京、苏州、南京、深圳、上海、宁波、杭州、广州、武汉、南通、青岛、福州、长沙 14 座城市进入人均 GDP "2 万美元俱乐部"。人均 GDP 进入 2 万美元后，产业结构以现代服务业为主导，结构升级以科技引领为主导，产业布局呈现新兴产业分工格局，城市空间结构从"单中心"向"多中心"转变，社会民生注重提高居民生活质量和福利水平，生态环境建设崇尚人与自然和谐。需要指出的是，用人均 GDP 衡量一国消费者的平均购买力时，需要补充收入分布指标来做动态的分析。这样能更准确地考察国民收入，有利于企业搞好产品的市场定位。

(3) 个人总收入。个人总收入指所有个人从多种来源中获得的货币收入，包括工资、奖金、津贴、利息、股息、红利、租金等。

(4) 个人可支配收入。个人可支配收入指个人总收入中扣除各种个人税及非税性负担后的余额，即个人纳税后收入。它作为个人可以用于消费支出或储蓄的部分，是影响消费者的购买力和支出的决定性因素。

(5) 个人可自由支配收入。个人可自由支配收入是指个人可支配收入中减去生活必需开支后的余额。这部分收入可自由支配，是消费需求变化中最活跃的因素，需求弹性较大。因此，它是影响高档耐用消费品、奢侈品、休闲旅游等商品销售的主要因素。

(6) 家庭收入。家庭收入的高低会影响很多产品的市场需求。一般来说，家庭收入越高，对消费品的需求越大，购买力也越强；反之，需求小，购买力也小。

此外，在分析消费者收入时，还要区分货币收入和实际收入。货币收入是消费者在某一时期以货币表示的收入；实际收入是扣除物价变动因素后实际购买力的反映。只有实际收入才影响实际购买力。

3. 消费结构

消费结构是指消费者在各种消费支出中的比例关系。家庭收入的高低是决定消费结构的主要因素之一。德国统计学家恩斯特·恩格尔(Ernst Engel)提出了关于家庭收入变化与各方面支出变化的比例关系的规律，即恩格尔定律。恩格尔定律表明：家庭收入越少，在食品上的支出占收入的比重就越大；反之，则越小。随着家庭收入的增加，用于食品的支出占收入的比重将越来越小，用于医疗保健、教育、娱乐、交通等方面的支出比重将越来越大。通常把食品支出与家庭收入之比称为恩格尔系数。恩格尔系数的高低表明生活水平的高低。

联合国为了衡量世界各国的富裕程度，曾规定：恩格尔系数在 59% 以上为绝对贫困；50%～59% 为勉强度日；40%～50% 为小康水平；20%～40% 为富裕；20% 以下为最富裕。随着经济的发展和家庭总收入的提高，西方发达国家的恩格尔系数明显下降，已降到 20% 以下；近年来，我国人民生活水平逐年提高，恩格尔系数逐年下降，人民生活已步入小康，消费结构也有显著变化。2003—2022 年我国历年恩格尔系数走势，如表 2-2 所示。

表 2-2 2003—2022 年我国历年恩格尔系数走势

（单位：%）

年份	2003	2004	2005	2006	2007	2008	2009	2010	2011	2012
城镇	35.5	35.8	34.5	33.3	33.6	34.5	32.9	31.9	32.3	32.0
农村	43.9	45.3	43.3	40.7	40.5	40.9	38.0	37.9	37.1	35.9
年份	2013	2014	2015	2016	2017	2018	2019	2020	2021	2022
城镇	30.1	30.0	29.7	29.3	28.6	27.7	27.6	29.2	28.6	29.5
农村	34.1	33.6	33.0	32.2	31.2	30.1	30.0	32.7	32.7	33.0

资料来源：中国统计年鉴。

由于城市化、商品化、劳务社会化等多种因素的影响，家庭收入增加时，恩格尔系数不是下降，反而上升了。所以，把恩格尔系数作为参数分析消费结构时，有必要考虑上述几种因素。

4. 储蓄和信贷水平

著名经济学家凯恩斯认为存在这样一条心理规律：随着收入的增加，消费会相应增加，但是消费的增加不及收入增加得多，而收入中没有用于消费的部分用来储蓄。储蓄包括银行存款、购买债券和手持现金。储蓄取决于收入水平，同时又是消费的剩余部分，受消费的制约。反过来，在货币供应量一定的条件下，储蓄的增加或减少会使消费者的现实需求量减少或增加，从而影响现实购买力，加大潜在购买力。储蓄不仅受收入和消费的影响，还受通货膨胀、商品供给状况和对未来消费和当前消费的偏好程度的影响。

改革开放30多年来，我国城乡居民的储蓄速度大幅增加，全国城乡储蓄存款余额已从1979年的281亿元增加到2014年的50.7万亿元，这些储蓄成为消费的源泉。同时，由于从20世纪末起，我国银行存贷款利率多次下调，拉动内需政策大大刺激了消费者的消费需求。人们越来越感到现有的支付能力已不能满足现时的消费需求，消费者超前消费意识逐渐增强，需要通过借款来满足超前需求。因此，金融或商业机构提供短期赊销、分期付款、购买住宅的公积金贷款和按揭贷款；信用卡信贷等消费信贷的范围和种类正在逐步扩大，有的甚至可以在全球通用。消费信贷也是影响消费者的购买力和支出的重要因素，营销者应给予足够关注。

2.2.3 社会环境(S)

1. 人口环境

市场是由那些想购买商品同时又具有购买力的人构成的，因此，人越多，市场规模越大。著名管理学家彼得·德鲁克(Peter Drucker)在《动荡时代的管理》[①]一书中阐述，人口动力可以创造新机会、新市场。人口的增长或负增长意味着市场潜量的扩大或萎缩。而人口的年龄和性别结构、地理分布状况、婚姻状况、流动态势等，又会对市场需求格局产生深刻影响。

(1) 人口规模及其增长率。据统计，世界人口以每年1.7%的速度增长，2000年世界人口达到了61亿人，2025年将达到79亿人。其中76%的人口属于发展中国家，并以每年2%的比率递增，而发达国家的人口增长速度为0.6%。第七次全国人口普查(2020年)数据显示，我国人口已达14.12亿人，相当于欧洲和北美洲的人口总和。庞大的人口基数虽然意味着庞大的市场需求，但也会带来能源危机、粮食短缺、环境污染等问题。这些对企业来说既是福音，也是压力。

(2) 人口的年龄结构。目前，世界人口的年龄结构呈现老龄化趋势。由于人口的出生率下降、儿童减少，许多国家呈现人口的负增长。据第七次全国人口普查(2020年)的结果，60岁及以上人口占18.7%，比2010年人口普查上升5.44个百分点，其中65岁及以上人口占13.5%，比2010年上升4.63个百分点。企业应重视这个庞大的市场，开发适合老年人口的产品(或服务)来满足迅速增长的银发消费。

年龄是细分市场的一个重要依据，因为处在不同年龄阶段的消费者的收入水平、消费需要、兴趣爱好和消费模式有很大区别，美国消费世代的划分如表2-3所示。

---

① 彼得·德鲁克. 动荡时代的管理[M]. 姜文波译. 北京：机械工业出版社，2018.

表 2-3　美国消费世代的划分

世　　代	出生年份(年)	人口总数(人)	收 入 水 平	特　　点
"婴儿潮" (baby boomers)	1946—1964	7800 万	最高	购买能力最强,防衰老产品需求剧增
X 一代(generation X)	1965—1976	4900 万	不及"婴儿潮"一代	对世界持怀疑态度,消费追求务实
Y 一代(generation Y)	1977—2000	8300 万	囊中羞涩	熟练运用计算机和网络
Z 一代(generation Z)	2000—	2000 万		更热衷和玩转数字技术

资料来源: 菲利普·科特勒,凯文·莱恩·凯勒. 营销管理. 第 15 版. 上海: 格致出版社,2016.

(3) 人口的性别结构。人口性别结构的差异意味着他们在购买偏好、购买习惯上会有明显的不同,反映到市场上就会出现男性用品市场和女性用品市场。女性往往在购买日常生活用品、服饰、家具等商品时,有决策权;而男性对家电、交通工具等商品较感兴趣,甄选意识也较强。

(4) 人口的教育结构。一国教育水平的高低受社会生产力、经济状况的影响,同时反映生产力发展程度和经济状况的改变,影响着人们的文化素质、消费结构、消费偏好和审美观。因此,教育状况影响企业选择目标市场,影响营销研究,影响产品的分销和促销策略。例如,在文盲率较高的国家,应在文字宣传说明的基础上,加强广告、电视、图片、现场示范表演等较为直观的宣传手段;而教育水平高的国家更注重包装、品牌、广告、附加功能和服务方面的满足感。

(5) 家庭结构。随着人类文明的进步,家庭形式发生着巨大变化,家庭规模呈现缩小的趋势。我国在 1953 年家庭平均规模是 4.34 人,1990 年为 4.05 人,2000 年为 3.44 人,2010 年为 3.10 人。在家庭规模小型化的同时,家庭的特征也有一些变化。由丈夫、妻子和孩子(有时包括祖父母)构成的"传统家庭"仍然保持主流的同时,"非传统家庭"比例逐步增加,包括独身家庭、单亲家庭、"丁克"家庭、空巢、同居、同性结合家庭等。家庭结构小型化、特殊化的趋势,势必影响如房子、家具和家用电器等以家庭为基本消费单位的商品的销售。例如,SSWD(独身、分居、丧偶、离婚者群体)需要较小的公寓,便宜和小型的器具、家具和设备,小包装食品等。2020 年全国 60 周岁及以上老年人口 26 402 万人,老龄化比例达到 18.70%;为改善人口结构,积极应对人口老龄化,我国在 2015 年和 2021 年分别放开"二孩""三孩"政策鼓励生育,家庭结构将随之变化,也会对未来的消费需求产生深远持续的影响。

(6) 社会结构。社会结构包括阶层结构、城乡结构、区域结构、就业结构、社会组织结构等情况的变化和发展趋势。处于不同阶层的人所掌握的各种资源不同,消费能力、消费结构和消费特点也不同。以 2005 年 GDP 的构成来看,农业与非农业的产值结构为 12.5∶87.5。这表明我国工业化程度已经进入中期水平,但城乡结构不合理(我国的人口大部分在农村,农村人口占总人口的 80%左右),这是造成当前农民贫穷的结构性原因。因此,针对广阔的农村市场,要开发价廉物美和更符合农村需要的产品和服务。

(7) 人口的地理分布。从地理分布来看,我国人口主要集中在东南沿海一带,约占总人口的 94%,而西北地区人口仅占 6%左右,而且人口密度逐渐由东南向西北递减。另外,城市人口比较集中,尤其是大城市人口密度很大,上海、北京、重庆等城市的人口已超过或接近 2000 万人,而农村人口相对分散。人口的地理分布是人口流动的必然结果。在我国,人口的流动主要表现在农村人口向城市或工矿地区流动;内地人口向沿海经济开放区流动。目前,我国正处于新型城镇化的深入发展阶段,2021 年,我国常住人口城镇化率达到 64.72%,户籍人口城镇化率提高到 46.7%，农业转移人口城镇化进程不断加速。另外，经商、观光旅游、学习等使人口流动加速。对于人口流入较多的地方而言，一方面由于劳动力增多，就业问题突出，从而加剧了行业竞争；另一方面，人口增多也使当地基本需求量增加，消费结构发生一定的变化，继而给当地企业带来较多的市场份额和营销机会。

2. 文化环境

文化是人们生活的方式，是人类继承的行为模式、态度和实物的总和。人们的基本信仰、价值观念和生活准则受到社会文化的强烈影响。不同的文化环境决定了不同的消费习惯、不同的消费模式及获取需求满足的不同方式。文化所具有的学习性、继承性、互感性等特征，使生活在同一国度、同一社会阶层、同一亚文化群体中的人的思考方法、表达方式和行为举止有一定的共同特点。因此，研究和分析文化环境对企业做出正确的营销决策具有重要意义，尤其值得国际市场营销人员认真对待。

(1) 价值观念。价值观念是人们对社会生活中各种事物的评判标准。价值观念随人们所处的社会文化环境不同而不同，从而深刻地影响着人们的购买偏好。人们在价值观上的差异主要表现在对时间、风险和金钱的态度。例如，在对时间的态度上，美国人生活节奏快、讲究效率，谈生意喜欢开门见山，而阿拉伯国家和欧洲部分国家则偏向于做事四平八稳，谈生意需要花较长时间交谈与生意无关的事情。因此，营销人员应针对不同的价值观念采取不同的营销策略，以迎合不同价值观念影响下的人们的购买偏好。

(2) 家庭文化。家庭文化是指家庭价值观念及行为形态的总和，是所有社会文化体系的一部分。家庭文化使其所在群体有一个能被普遍接受的行为规范，从而影响在不同群体中的市场营销活动。例如，在西班牙裔社会和东南亚国家，长者往往是最有影响力的消费决策人；在美国，青少年在家庭消费上的影响力在逐渐增大；在瑞士，大多数妇女不愿使用家电设备，以免被人误以为是"懒惰的主妇"，而许多美国妇女则不愿被家务所累，要节省更多的时间参加社交活动。

(3) 宗教信仰。宗教作为文化的重要组成部分，影响和支配着人们的生活态度、价值观念、风俗习惯和消费行为。企业的营销人员需要了解目标市场中各种宗教的节日、仪式和禁忌，努力获得宗教组织的支持，以便利用有利的营销机会，创造或扩大市场。例如，基督教的圣诞节、感恩节、狂欢节，伊斯兰教的朝圣节、古尔邦节等节日都是开展营销活动的大好时机。

(4) 风俗习惯。风俗习惯是人们在长期的生活中形成的习惯性的行为模式和行为规范，是人们世代沿袭下来的社会文化的一部分，在饮食、婚丧、服饰、节日、居住、人际关系、商业等方面都表现出独特的心理特征、生活习惯和消费习惯。风俗习惯具有高度的持续性和强烈的区域性，但随着频繁的文化交流，某些风俗习惯会发生变化。因此，营销人员不仅要研究不同的风俗习惯，还要研究不同的风俗习惯之间的相融程度，以更好地适应千变万化的市场。

(5) 审美观。审美观是人们对美丑、雅俗、好坏、善恶的评判，包括对艺术、音乐、颜色、形状等的鉴赏力。由于国家、民族、地域、宗教、社会阶层、教育等的差异，人们在审美观念上也存在着不同。人们的审美观受传统文化的影响，同时也反映一个时代、一个社会变迁的美学追求。在我国传统的婚礼上，汉族新娘穿红色民族服装表示喜庆，如今，新娘也穿上了白色婚纱。文化形成后并非一成不变，会随着时间的推移而发生变化。它的变动既可以创造新市场，也可以毁掉千辛万苦建立起来的市场。因此，研究分析文化环境要用发展的眼光，以适应变化着的文化环境和变化着的市场。

2.2.4　技术环境(T)

科学技术是社会向前发展的根本推动力,是一种"创造性的毁灭力量",它不仅使社会的经济发展程度和社会文化发生深刻变化,还影响企业的生产和营销行为。营销人员应善于运用职业的敏感性来预测科技的发展趋势,密切注意科技环境变化对营销的影响。

1. 科技发展新趋向

(1) 技术革新的步伐逐渐加快,产品更新换代的周期大大缩短。著名的"摩尔定律"揭示了每隔 18 个月电脑性能就会翻两倍以上。例如,AT&T 公司的开发周期从过去的 2 年缩短为 1 年,惠普公司新打印机的开发时间从过去的 4.5 年缩短为 22 个月,而且这一趋势还在不断加剧。

(2) 新技术和发明的范围不断扩大,在不同程度地摧毁旧市场并创造新市场。第二次世界大战后,在信息技术、生物技术、新型材料、激光技术、空间技术等领域的科技进步尤其令人瞩目,这些技术的进步与发展造就了一些新的行业、新的市场,同时又使一些旧的行业与市场走向衰落。例如,太阳能、核能等技术的发明应用,使得传统的水力和火力发电受到冲击。

(3) 研究和开发费用越来越高。获得新技术、新工艺和拥有新产品意味着在竞争中胜出,因此,各国政府和企业普遍增加了研究和开发的费用。据上海市对外经济贸易委员会对发达国家和跨国公司的调查,美国每年在研究与开发方面的投入约 740 亿美元,日本达到 300 亿美元,欧美跨国公司在研发方面的投入基本上达到其销售额的 10%以上。

(4) 新技术成为现代生产力中最活跃、最主要的因素。技术进步在经济增长中的作用越来越大,高新技术成为决定国家综合国力强弱和国际地位高低的首要因素。以四大发明为代表的中国古代科技,见证了中华文化的璀璨,而如今,来自"一带一路"沿线的 20 国青年评选出了"中国的新四大发明":高铁、扫码支付、共享单车和网购,新四大发明是近年来中国科技创新的缩影,生动阐释了中国创新模式给世界的启示。

(5) 对科技的各种规定日益增多。随着产品日益复杂,消费者需要在产品使用中保证安全。因而,政府在安全、健康、环境保护等方面有了一系列的新规定和条例,用于监督和防范企业行为。

实际案例　**大数据分析案例之塔吉特:比父亲更早知道女儿怀孕**

一名男子怒气冲冲地闯入塔吉特百货公司,要求见百货公司的经理,因为百货公司给他还在上高中的女儿寄了一些购买母婴用品的优惠券。该男子因为百货公司的这种行为非常生气。经理查看了公司发给顾客女儿的邮件,发现的确是他女儿赠送过购买母婴产品的优惠券,只能反复给该男子道歉,最终才平息这件事。塔吉特这家全美第二大零售商,真的会搞出如此大的乌龙?这位父亲与女儿做了进一步的沟通,才发现自己女儿真的已经怀孕。后来,这位父亲因错怪百货公司进行了道歉。

塔吉特是如何比一位女孩的亲生父亲更早得知其怀孕消息的呢?每位顾客初次到塔吉特刷卡消费时,都会获得一组顾客识别编号,内含顾客姓名、信用卡卡号及电子邮件等个人资料。日后凡是顾客在塔吉特消费,计算机系统就会自动记录消费内容、时间等信息。塔吉特将以上信息与从其他渠道取得的统计资料汇集成一个庞大的数据库,用于分析顾客的喜好与需求。

塔吉特的统计师们通过对孕妇的消费习惯一次次地进行测试和数据分析,得出了一些非常有用的结论:孕妇在怀孕头三个月过后会购买大量无味的润肤露;有时在头 20 周,孕妇会补充如钙、镁、锌等营养素;许多顾客都会购买肥皂和棉球,但当有女性除了购买洗手液和毛巾以外,还突然开始大量采购无味肥皂和特大包装的棉球时,说明她们的预产期要来了。

在塔吉特的数据库资料里，统计师们根据顾客内在需求数据，精准地选出其中的 25 种商品，对这 25 种商品进行同步分析，基本上可以判断出哪些顾客是孕妇，甚至可以进一步估算出她们的预产期，在最恰当的时候给她们寄去最符合她们需要的优惠券，满足她们最实际的需求。依靠消费者分析数据，塔吉特的年营收从 2002 年的 440 亿美元扩大到 2010 年的 670 亿美元。这家成立于 1961 年的零售商能有今天的成功，数据分析功不可没。

资料来源：大数据分析案例之塔吉特：比父亲更早知道女儿怀孕[EB/OL]. (2020-10-30). https://www.cda.cn/discuss/post/details/5f9bd708b1aa4d2545f171b0，有删改。

2. 科技环境对营销的影响

(1) 科技的发展，尤其是信息技术的发展，使人们的工作、生活方式发生巨大变化。人们不仅可以通过电脑进入互联网了解、掌握一个地区甚至全球的商情和收发信息，还可以通过移动电话和个人数字助理(PDA)随时查看股市、天气情况和体育赛事，或者收发邮件等信息。电子商务技术的发展使消费者的个性化需求和企业新的传播促销方式的出现成为可能。

(2) 科技进步和人们工作、生活方式的变化，使企业营销策略也发生巨变。在产品层面上，消费者从过去被动地接受产品到可以主动参与产品的设计和生产，增加了对商品的款式、价格、功能等的能动作用。在定价策略上，企业除了传统的定价方式以外，还可以通过信息系统来更准确地定价或修正价格，例如 1 号店运用一套精确的价格智能系统(PIS)对产品自动定价，保持价格在业内"前三低"的位置。在渠道策略上，科技进步促使更多行业和企业的分销环节发生改变，纷纷自建网络营销渠道或进驻第三方电商平台来缩短分销渠道。在促销上，广告更加生动和互动，通过 RTB(实时竞价)和 LBS(基于位置的服务)使广告推送更精准，不仅如此，亚马逊的个性化推荐系统总会使"剁手族"们乐此不疲。除此之外，人工智能(AI)技术持续为营销赋能，例如利用人工智能技术优化广告促销策略，使用人工智能的推荐机制实现精准营销，建立智能客户数据平台等。

2.2.5　自然环境(E)

1. 自然资源

自然资源包括水、空气、土地、矿产、森林和粮食等。按自然资源能否再生、是否有限，可分为以下三大类：第一类是水、空气、土地等无限资源。与其他资源相比，这类资源稳定性较强，但当前水资源短缺，水和空气污染日益严重，土地也被大量化学污染，保护环境、创建有益于人类健康的环境的呼声日益响亮，并表现在购买行为上；第二类是有限的可再生资源，如粮食和森林。粮食和森林是人类面临的几大课题之一，尤其是粮食问题，一直是人们关注的焦点；第三类是石油、煤等不可再生的有限资源。这些资源随着人类的不断开采已日渐枯竭，给依赖这类资源的企业造成威胁，同时给研究开发替代品的企业创造新的营销机会。

自然资源的紧缺和日益加剧的环境污染，促使各国纷纷在"可持续发展"的战略指导下，采取必要的措施，更有效、更有节制地使用资源，加强了对污染的控制和治理。这意味着企业不得不采取措施节约能源、控制污染。因此，企业要了解政府对资源利用的限制和对污染的治理措施，减少污染，提高经济效益。

实际案例　　汽车产业正式进入新能源时代

随着碳达峰、碳中和战略目标的制定，以及全球汽车产业的发展，新能源汽车似乎正式摆脱了萌芽期，一脚"电门"进入了发展的快车道。

　　根据企查查发布的《2021 上半年新能源汽车投融资数据报告》显示，2021 年上半年我国新能源汽车领域融资事件共 57 起，披露融资金额达 827.1 亿元，其中融资事件数同比增长了 42.5%。据中国乘用车协会发布的数据显示，2021 年上半年，我国新能源汽车(乘用车)累计销量达到 100.7 万辆，同比增长 220.9%，这个数字已经基本追平了 2020 年新能源汽车的总销量(110.9 万辆)。另外，从我国 2021 年上半年乘用车 994.3 万辆的总销量来看，新能源汽车的市场渗透率已达 10.12%。从全球范围来看，中国新能源汽车的保有量已经占到了全球市场的一半份额，稳坐全球最大单一市场。

　　新能源汽车持续向好可以说是政策、市场、技术三方推动的结果。

　　政策上，2020 年 10 月我国国务院常委会会议通过了《新能源汽车产业发展规划(2021—2035 年)》，奠定了新能源汽车未来 15 年的发展基础，也说明了新能源汽车的长期产业红利已经确定。而在消费市场，经过几年的市场培育，消费者对新能源汽车的产品形态的接受程度越来越高，认可了其在城市通勤和短途出行需求方面的价值。在技术层面，根据 IPRdaily 与中汽中心联合发布的《2020 年中国汽车专利数据统计分析》显示，2020 年中国汽车专利公开量为 29.5 万件，其中新能源汽车占比 23%，同比增长 16%。新能源汽车相关技术研发进入了成长期。

　　资料来源：汽车产业正式进入新能源时代[EB/OL]. (2021-09-03). https://mp.weixin.qq.com/s/doOWOM3wtZWQwpK9CDpsEw，有删改。

2. 气候

　　气候对市场营销的影响虽不及自然资源那么明显，但在国际营销中是不可忽略的因素。一个国家的海拔高度、湿度和温度等的变化，可能会影响某些产品和设备的使用及性能。在我国运转良好的机器设备，在俄罗斯冰天雪地的恶劣气候下可能会失灵；在温带不需任何特别包装的沥青、牛羊油等易受热熔化的产品，运往热带地区时须加层隔热包装。气候条件的特点，要求企业在商品的结构安排、造型设计上做充分的考虑。例如，在我国使用的建筑机械运到热带沙漠地区，必须进行改装或装入能耐高温和风沙的装置；在寒冷地区销售的冬装在款式和结构上要充分考虑御寒功能，而在温暖地区销售，则应更多地考虑服装的美感。2020 年 9 月中国明确提出 2030 年"碳达峰"与 2060 年"碳中和"目标，倡导企业绿色生产、使用清洁能源、减少化石能源依赖，减少有毒有害气体排放，引导企业进行绿色创新，提高产业和市场的竞争力。

2.2.6　法律环境(L)

　　法律环境是企业生存和发展的有力保证。因为它不仅告诉企业什么是禁止的游戏，什么是应该遵守的游戏规则，还告诉企业在什么样的条件下可以全速前进。因此，营销人员要明确了解、把握法律环境对营销活动的影响，根据法律环境来制定营销活动的战略，维护企业的正当利益。

　　一个国家的法律体现了该国政府的政策倾向，政府的政策往往是通过法律来实施的。因此，每一项新的法令法规的颁布或调整，都会影响企业的营销活动。一国政府对营销活动实行法律干预，主要是考虑到以下三方面：第一，对企业的限制，其目的在于指导、监督企业行为，保护企业间的公平竞争；第二，对消费者的保护，维护消费者利益，制止企业非法牟利；第三，对社会利益的维护，避免"外部不经济"。例如，《中华人民共和国网络安全法》明确规定了网络运营者对个人信息维护的职责相关条款，规定网络运营者不得泄露、篡改、毁损其收集的个人信息。欧盟为 15 个成员国建立了新的法律框架，包括竞争行为、产品标准、产品责任、社会交易等。美国从 1890 年起通过了一系列法律，涉及竞争、产品安全和责任、公平交易与信用实施、包装和标签等方面美国联邦反垄断法对 4P 的作用，如表 2-4 所示。

表 2-4　美国联邦反垄断法对 4P 的作用(主要是禁止)

法　律	产　品	渠　道	价　格	促　销
《Sherman 法案》(1890 年)禁止贸易垄断和共谋	控制一种产品的垄断或共谋	控制分销渠道的垄断和共谋	固定或控制价格的垄断或共谋	
《Clayton 法案》(1914 年)充分减轻竞争	强制随一些产品销售其他产品,即捆绑销售	独占交易契约(限制买者的供应来源)	制造商的价格歧视	
《联邦贸易代理法案》(1914 年)不正当竞争		不公平政策	欺骗性定价	欺骗性广告或销售
《Robinson-Patman 法案》(1936 年)伤害竞争的趋势		禁止给"直接"买主支付回扣以代替中间人成本(佣金)	禁止对"相似等级和质量"的产品有价格歧视,限制数量折扣	禁止"虚假"广告回扣或提供差别服务
《Wheeker-Lea 修订案》(1936 年)不公正或欺骗性行为	欺骗性包装或品牌		欺骗性定价	欺骗性广告或销售
《反合并法》(1950 年)减少竞争	购买竞争者	购买生产者或分销商		
《Magnuson-Moss 法案》(1975 年)杜绝不合理行为	产品保修服务的霸王条款			

在我国,与企业营销有关的部分法令法规,如表 2-5 所示。

表 2-5　与企业营销有关的部分法令法规

名　称	主　要　内　容
《中华人民共和国合同法》	法人间合同的订立和执行、变更与解除、合同当事人的责任与权利,以及纠纷的解决等
《中华人民共和国价格管理条例》	价格的制定和管理、价格管理职责、企业的价格权利与义务、价格监督检查等
《中华人民共和国食品卫生法》	食品的卫生、食品添加剂卫生、食品卫生标准和管理办法,食品卫生监督、法律责任等
《中华人民共和国消费者权益保护法》	消费者的权利、经营者的义务、国家对消费者合法权益的保护、消费者组织、争议的解决、法律责任等
《关于禁止侵犯商业秘密行为的若干规定》	商业秘密定义、商业秘密内容、商业秘密认定、处罚等
《中华人民共和国商标法》	商标注册的必要性、商标注册程序、商标的使用管理等
《中华人民共和国专利法》	保护发明创造的鼓励及推广等
《中华人民共和国广告法》	广告准则、广告活动、广告审查、法律责任等
《中华人民共和国反不正当竞争法》	不正当竞争行为、监督检查、法律责任等
《中华人民共和国产品质量法》	产品质量的监督管理、生产者和销售者的产品质量责任和义务,损害赔偿等
《中华人民共和国海关法》	海关的权力,进出口运输工具的海关规定,进出口货物和物品的海关规定、关税、法律责任等
《中华人民共和国公司法》	有限责任公司的设立和组织机构、股份有限公司的设立和组织机构、股份有限公司的股份发行和转让,公司财务会计、公司合并分立、公司破产等

即测即评

请扫描二维码进行在线测试。

第 2.2 节习题

2.3　微观营销环境分析

企业的微观营销环境直接影响和制约着企业为目标市场服务的能力。它包括供应商、营销中介、顾客、竞争者、公众及企业本身，如图 2-1 所示。

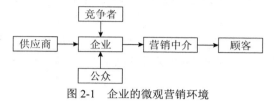

图 2-1　企业的微观营销环境

2.3.1　供应商

企业维持正常运转，实现预期目标，首先要有提供各种原材料、辅助材料、设备、能源、劳务和资金等的供应商作为保障。供应商提供的各种资源是否稳定、及时，价格是否公道，质量是否有保证，都将直接影响企业产品的价格、质量、销量、利润和信誉。因此，企业有必要对供应商的情况做全面透彻的了解和分析。一般来说，按照与供应商的对抗程度，可将供应商分为两类。

(1) 作为竞争对手的供应商，即企业和供应商之间属于寄生关系。此时，企业对供应商的管理更注重实现输入成本的最优化，即企业更关心所获资源价格、数量及较强的讨价还价能力。例如，美国汽车生产商与供应商之间是一种短期关系，供应品价格是决定双方关系的主要因素，供应商被视作整个系统中可以替代的环节。因此，常通过下列对策维持与供应商的关系和保证获得有效供应。①对供应商分档归类，以便协调重点，抓住一般；②为减少供应商对企业的影响，要从多方面获得供应；③如果供应商数量过少，要积极寻找替代品供应商；④向供应商表明企业有能力实现后向一体化；⑤要与供应商保持密切联系，及时沟通，掌握供应商的变化趋势。

(2) 作为合作伙伴的供应商，即企业与供应商之间属于共生关系。按照这种观念，企业对供应商的管理更多地采用谈判，更关注长期互惠的关系。在日本，如果供应商与其客户之间的业务是集团交易，它们会发展长期关系；由于这种自然形成的长期合作关系，集团内各公司生产的部件可以完美地组装在一起，这样他们各自都可以生产低成本、高质量的产品。因而，可供企业参考的行动方案如下：①与供应商签署长期合同而不是采用间断式的购买方式；②说服那些处于下游生产过程的供应商积极接近顾客，从而能使其更有效地为企业提供服务；③分担供应商在诸如改进原材料制造工艺和质量方面的风险。

2.3.2　营销中介

营销中介是指协助企业促销、销售和分配产品给最终购买者的企业总称，它包括中间商(代理商和经销商)、实体分配机构(仓储公司、运输公司)、营销服务机构(市场调研公司、营销咨询公司、广告公司、会计事务所、审计事务所等)、金融机构(银行、信贷机构、保险公司、证券公司等)。这些营销中介所提供的服务，使产品顺利地送到最终购买者手中。例如，除非企业建立自销渠道，否则，依靠中间商的分销是不可避免的；市场扩大和自销渠道的建立，使仓储公司和运输公司大展宏图；选择最恰当的市场，并在这一市场进行销售，则需要各种营销服务机构的帮助；企业资金周转不灵，要求助于银行等金融机构。营销中介对企业营销活动的影响显而易见，在社会分工越来越细的商品社会，这些中介机构的作用也越来越大。因此，企业必须与营销中介保持良好的合作关系。

2.3.3 顾客(目标市场)

对企业来说，最重要的微观营销环境要素是顾客，即目标市场。企业的目标市场一般可以分为消费者市场、生产者市场、转售商市场、政府市场和国际市场等 5 种市场。每个目标市场都有自己的特点，其规模和需求也在不断发生变化。所以，企业要对目标市场进行细致的分析，了解掌握顾客的变化趋势，以不同产品(劳务)满足不同顾客的需求。

2.3.4 竞争者

竞争对手对企业的市场表现和营销策略有着直接的影响，营销人员必须识别这些竞争者。按顾客消费需求来划分，企业的竞争者包括愿望竞争者、平行竞争者、产品形式竞争者和品牌竞争者 4 种类型。愿望竞争者是以不同产品满足不同需求的竞争者。假设 A 企业是空调生产企业，愿望竞争者就有可能是电视机、电冰箱、摩托车等不同厂家。顾客首先购买空调，意味着要暂时放弃对其他产品的购买，企业间自然而然地形成一种竞争关系。平行竞争者能够用不同产品满足同一种需求，A 企业和电风扇生产企业、电暖器生产企业之间形成的即平行竞争的关系。产品形式竞争者提供不同规格、型号、形式的同种产品，如空调有窗式、壁挂式、立式等不同款式。品牌竞争者提供相同产品，规格、型号、形式也一样，只是品牌不同。如海尔、美的、格力等品牌的空调，它们之间就存在品牌竞争的关系。值得注意的是，产品形式竞争和品牌竞争，因为涉及同行业的卖方秘密、产品差异和进入难度，这三方面将直接影响企业的竞争地位和市场份额。

2.3.5 公众

企业不仅要与竞争者争夺顾客，还要处理与公众之间的关系。公众实际或潜在影响着企业完成目标的能力。公众可能会促进企业的发展，也可能阻碍它的发展。许多企业建立了"公众关系"部门，专门负责处理与各类公众的关系。企业公众包括金融公众(影响企业融资能力的机构)、媒介公众(对企业的声誉举足轻重的大众传播媒介)、政府公众(政府部门)、群众团体(消费者组织、环保组织等)、地方公众(企业所在地附近的居民和社区组织)、一般公众、内部公众(企业内部的员工)等。

■ 即测即评

请扫描二维码进行在线测试。

第 2.3 节习题

2.4 营销环境分析方法

由于企业市场营销环境具有动态多变性、差异性和不可控性等特征，企业要想在多变的市场环境中处于不败之地，就必须对营销环境进行调查分析，以明确其现状和发展变化的趋势，从中区别对企业发展有利的机会和不利的威胁，并且根据企业自身的条件做出相应的对策。

2.4.1　SWOT 分析法(企业内外环境对照法)

SWOT 是取"优势"(strength)、"劣势"(weakness)、"机会"(opportunity)、"威胁"(threat)的第一个字母构成。SWOT 分析就是对企业内部的优势与劣势和外部环境的机会与威胁进行综合分析，并结合企业的经营目标对备选战略方案做出系统评价，最终制定出一种正确的经营战略，如表 2-6 和图 2-2 所示。

表 2-6　企业内外部环境分析的关键要素

	潜在内部优势	潜在内部劣势
内部环境	产权技术	竞争劣势
	成本优势	设备老化、资金拮据
	竞争优势	战略方向不明
	特殊能力	竞争地位恶化
	产品创新	产品线范围太窄
	具有规模经济	技术开发滞后
	良好的财务资源	销售水平低于同行业其他企业
	高素质的管理人员	管理不善，相对于竞争对手的高成本
	公认的行业领先者	战略实施的历史纪录不佳
	买方的良好印象	不明原因的利润率下降
	潜在外部机会	**潜在外部威胁**
外部环境	纵向一体化	市场增长较慢
	市场增长迅速	竞争压力增大
	可以增加互补产品	不利的政府政策
	能争取到新的用户群	新的竞争者进入行业
	有进入新市场的可能	替代品销售额正在逐步上升
	有能力进入更好的企业集团	用户讨价还价能力增强
	在同行业中竞争业绩优良	用户偏好逐步转变
	拓展产品线满足用户需要及其他	通货膨胀递增及其他

2.4.2　SWOT 分析矩阵

SWOT 矩阵是制定战略的匹配阶段的分析工具。这个矩阵是在内部、外部关键成功因素确定的基础上，根据判断结果将内部优势与弱势、外部机会与威胁分别列出，由内部与外部的两种状态及相互匹配关系，形成下列 4 种不同的组合(见图 2-2)。

图 2-2　SWOT 分析矩阵

组合一：SO——发挥优势，利用机会

Ⅰ．成长型战略。对企业来说，这种组合是最理想的状况，企业能够利用它的内在优势并把握良机。可采用的成长型战略包括开发市场、增加产量等。

组合二：WO——利用机会，克服弱势

Ⅱ．扭转型战略。处于这种局面的企业，虽然面临良好的外部机会，却受到内部劣势的限制。采用扭转型战略，可以设法清除内部不利的条件，或者在企业内发展弱势领域，或者从外部获得该领域所需要的能力(如技术或具有所需技能的人力资源)，以尽快形成利用环境机会的能力。

组合三：WT——减少弱势，回避威胁

Ⅲ．防御型战略。处于这种局面的企业，内部存在劣势，外部面临巨大威胁，企业要设法降低弱势和避免外来的威胁。例如，通过联合等形式取长补短。

组合四：ST——利用优势，回避威胁

Ⅳ．多经营战略。企业利用自身的内部优势去避免或减轻环境中的威胁，其目的是将组织优势扩大到最大程度，将威胁降到最低。如企业可能利用技术的、财务的、管理的和营销的优势来克服来自新产品的威胁。

即测即评

请扫描二维码进行在线测试。

第 2.4 节习题

本章小结

1. 营销环境分析包括宏观环境分析和微观环境分析。

2. 进行宏观环境分析时，可运用 PESTEL 模型，模型中的每个字母代表一个因素，这 6 个因素分别为政治因素(political)、经济因素(economic)、社会因素(social)、技术要素(technological)、环境因素(environmental)和法律因素(legal)。

3. 微观营销环境包括供应商、营销中介、顾客、竞争者、公众及企业本身。

4. SWOT 分析就是对企业内部的优势与劣势和外部环境的机会与威胁进行综合分析，并结合企业的经营目标对备选战略方案做出系统评价，最终制定出一种正确的经营战略。SWOT 分析的目的是得到 SWOT 分析矩阵，即 SO(成长型战略)、WO(扭转型战略)、ST(多经营战略)和WT(防御型战略)。

思考题

1. 营销环境有什么特点？分析营销环境有什么意义？

2. 微观营销环境和宏观营销环境各指什么？

3. 科学技术对企业的营销有何影响？

4. 社会文化环境由哪些方式构成？试举出其中一个因素，分析它是如何影响企业的营销行为的。

5. 在我国推行"以房养老"面临哪些问题和困难？

6. 请用 SWOT 分析法分析任意一个行业中某个企业的发展战略。

案例研究　**疫情下的国内旅游市场**

受疫情影响，国内旅游人数及收入大幅下降，均处多年低位。2020 年国内旅游人数 28.79 亿人次，同比下降 52.1%。2020 年国内旅游收入 2.2 万亿元，比 2019 年减少 3.5 万亿元，同比下降 61.1%，2021 年由于疫情在部分月份趋于稳定，小幅回升至 2.9 万亿元，恢复至 2019 年水平的 54%。而国内旅游人均花费小幅减小，2020 年国内旅游人均花费 774.14 元，比 2019 年同比下降 18.8%，2021 年小幅回升至 899 元，恢复至 2019 年水平的 94%。2020 年，中国全年在线旅游市场交易规模同比下降 45.4%，在线度假市场交易规模同比下滑 79.8%，是在线旅游市场中下滑最为显著的细分板块。

（一）政府推动市场复苏

为减轻业态压力，除常规性的工作指导外，多部委先后出台扶持方案。一方面，政府通过税收、租金等一系列补贴和减免，助力相关产业渡过眼前难关。如符合规定的旅行社暂退现有缴纳数额的 80%；交通运输、餐饮、住宿、旅游等行业企业，2020 年度发生的亏损，最长结转年限由 5 年延长至 8 年；对餐饮、住宿、旅游等行业免除上半年 3 个月房屋租金；免征公交运输、餐饮住宿、旅游娱乐等服务增值税，减免民航发展基金、港口建设费，执行期限延长至 2020 年底等。另一方面刺激内部消费，借助"新基建""智慧旅游"推进文旅消费提质升级。文旅产业搭"新基建"快车，改革旅游管理方式，优化旅游服务流程，研发创新旅游产品供给，提高旅游营销的影响力和购买转换率，从而促进旅游产业结构升级，发展优质旅游。

（二）旅游消费的新态势

1. 本土游玩出新花样

由于国际旅游持续受限，本土休闲旅游在中短期内继续引领全球旅游业复苏。随着旅游需求的持续上涨，消费者开始将目光转向本土目的地及游玩项目。着眼未来，在长期限制出境旅游的国家，"宅度假"的需求可能会延续，甚至出现持续涨势。

在中国，国内旅游的增长和国内度假的持续需求尤为突出。自疫情暴发以来，国内出境游受到了很大的限制。2021 年国庆节长假期间的官方调查数据显示，49.1%的国内游客选择了省内旅游，比去年高出 4.1 个百分点，而 88.3%的游客选择在居住地周围 300 公里范围内旅游。实际上，与 2020 年和 2019 年同期相比，携程平台上 2021 年上半年的短途门票预订量分别增加了近 300%和 81%。就北京来说，本地居民在 2020 年上半年的景点门票购买量相比 2019 年同期增加了 50%，2021 年上半年相比 2019 年同期增长超 130%，与 2020 年同期相比增幅更高，达 140%以上。

目前，持续的出行限制迫使消费者在其居住地周边探寻旅行体验，在中短期内，旅行者选择在本土内进行旅行探索，预订呈现出国内复苏的态势。当今社会的消费者群体中出现了边工作边度假的热潮，而在远程工作常态化的情况下，消费者在目的地逗留的时间越来越长，"宅度假"也被赋予了新的含义。随着未来国际旅行的回归，本土旅行增速可能会相应放缓，但全球本土目的地的再升温趋势或将长期存在。

2. 预订窗口期缩短

然而，在短期内，即使可以灵活地选择随地工作，消费者也会由于担心受到出行限制的影响而不得不取消行程，因此不愿意提前太久进行预订。出行的不确定性和快速多变的出行限制致使旅行者的预订习惯发生了变化——旅行者不太愿意提前几个月预订旅行，而是越来越多地寻求灵活预订。因此，航空公司、酒店和其他旅游供应商不得不调整取消政策，以适应潜在的行程变化。除了青睐灵活的预订，旅行者也更倾向于更短的预订窗口期。

中国大陆市场的预订窗口期一向较短，2019 年，携程 70%的酒店预订都在三天内，在 2020 年和 2021 年这一比例增加到 80%以上，其中有 60%以上为当日预订。航班的情况亦如此，2019 年，国内 80%的旅客平均在出发前 18 天内完成航班预订，而在 2020 年，同样比例(80%)的旅客在出发前仅 9 天内进行航班预订，时间比前一年缩短了 50%。尽管存在上述的变动，大多数人仍然选择在旅行前 1~3 天预订。值得注意的是，与 2020 年同期相比，2021 年上半年的当日预订量显著增加。疫情期间出行限制的高度不确定性是这种较短预订窗口期增加的主要原因。

3. 小众目的地俘获消费者芳心

人们对探索小众目的地和大自然的兴趣与日俱增。虽然中国国内城市目的地的整体预订率仍然高于偏远、小众目的地，但在 2021 年上半年偏远、乡村地区和郊区的预订率增长最快。2021 年上半年，国内约有 30 个目的地的预订率增长了 5 倍，其中大部分是位于西部的目的地。仅在 2021 年 3 月，携程平台上与乡村旅游相关的预订量与 2019 年疫情前的水平相比增加了 3 倍之多。上述正表明了更多人前往小众和乡村目的地旅游已成为一种趋势，而且还呈现出持续增长的势头。旅游供应商则顺势而为，通过创新营销策略(如直播)为旅行者推介内容和产品，并为乡村和小众目的地推出量身打造的促销活动。

4. 齐心协力助力永续发展

在这一时期，旅行者更加认同可持续发展，这反过来也影响了他们的旅行选择。可持续发展向来是旅游业的重中之重，新型冠状病毒感染疫情的暴发更是凸显了它的重要性。如今，消费者确实更关注自身对环境造成的影响，并在他们的生活和旅行中身体力行，践行可持续发展理念。

天巡网推出了"绿色之选(Greener Choice)"标签，标示出哪些航班的二氧化碳排放量比特定航线的平均排放量少 4%。但许多"绿色之选"航班的排放量远低于此标准。平均而言，在全球范围内，天巡网"绿色之选"航班的二氧化碳排放量比其航线的平均排放量少 11%。迄今为止，此标签及其传达的信息在消费者中引起强烈反响，在 2019 年就有 6 800 万旅行者出行时选择带有"绿色之选"标签的航班。

可持续发展的趋势将长期存在。在未来，越来越多的消费者计划将会采取更负责任和更具可持续性的旅行方式。由于公共机构和私营机构及当地社区提供大力支持且为此不懈努力，再加之可持续性选择变得更为透明清晰，消费者的责任意识将持续提高。

5. 推崇养生旅游

疫情及其间对出行的限制也让人们开始关注养生和身心健康，促使更多的消费者进一步寻求养生体验。2021 年 4 月，麦肯锡发现，79%的消费者认同养生的重要性，42%的消费者最看重的就是养生。另外，巴西、中国、德国、日本、英国和美国的消费者报告显示，在过去的两到三年里，消费者对养生的重视程度大幅提高。

(三) 旅游行业的应对策略和发展态势

1. 酒店集团通过特色商务住宿套餐鼓励商务休闲游

为了在疫情期间方便客人远程办公，包括万豪、希尔顿和凯悦在内的酒店集团根据客人的商务或休闲需求为他们定制专属套餐。例如，万豪酒店在全球范围内提供长期住宿服务，以及日间、夜间和长期住宿套餐。"游玩通(Play Pass)"让客人可以边工作边旅行，提供诸如商务礼宾、儿童看护及半私人工作空间和会议室的预订使用等服务。凯悦酒店也为客人提供长期住宿套餐，客人可以在日间将房间作为办公室使用，也可以住宿 29 天以上，而希尔顿的"工作场所(Workspaces)"计划让边工作边度假的旅行者可以将酒店作为办公室，这样不仅可以满足他们的主要住宿需求，还为他们提供了商务办公空间。

2. 内容策略及短途领域布局初见成效，有望带来新增长

疫情期间出行具有短途化趋势，游客平均出游距离及目的地平均游憩半径均有收缩趋势。携程

以短途旅行及低星酒店为切入点吸引用户基数较大的低线城市用户，2020 年超过 40%的新交易用户来自三线及以下城市，低星策略初见成效。公司制定"三步走"的内容策略，通过供应商直播、旅游内容种草分享、平台推荐榜单、热门话题等方式，触达用户并转化，目前内容生产数量、互动用户数量及平均观看时长均有增加，后续随着内容转化率的提升，有望带来新增长。

（四）景区进行智能化改造

近些年来，数字解决方案的使用率快速增长，在新型冠状病毒感染疫情期间更甚。旅行目的地越来越多地通过数字渠道展示产品风采，甚至提供云端旅游机会，以便消费者在境外游重新开放时获得旅游灵感。2020 年，法罗群岛通过远程旅游活动为潜在旅行者提供身临其境的岛屿游玩体验。这些虚拟游客将与法罗群岛居民进行实时互动，当游客要求在目的地周围四处走动时，这些居民将充当他们的耳目。法罗群岛居民随身佩戴实时视频摄像头，能够为虚拟游客奉上别有风味的互动式虚拟旅游盛宴。2020 年，摩纳哥将其"为你(For You)"活动更改为"摩纳哥想念你(Monaco misses you)"，并配上精美绝伦的数字共享图像，只为俘获旅游者芳心。限制放宽后，活动便更新为"始终与你相随(For You At Last)"。

景区智能化改造的建议具体如下。在数据层，打通数据，构建高度契合景区/目的地特征、业务流程、管理流程的知识图谱，实现数据标准化、结构化，为景区数字化运营夯实基础。在平台与应用层：①构建用户中心，打通不同业态/渠道用户，洞察消费者在整个旅游消费链路中的价值；建立景区专属人群包，便于后续精准触达；②构建营销中心，通过营销自动化引擎进行内容的自动分发，实现差异化营销，引导游客提升消费频次、扩展消费结构；③运用知识图谱构建服务中心，通过 App、小程序、服务号、智能机器人等方式提供 1 对 1 的信息帮助；④深度挖掘游客需求，通过产品中心顶层规划景区内吃、住、游、购、娱的全面升级，避免同质化。

资料来源：

① 携程集团，世界旅游及旅游业理事会. 旅游流行趋势洞察：2021 年新兴消费趋势及未来展望[R]，2021.

② 国双. 后疫情下旅游目的地消费变革与数字化[R]，2020.

案例思考题：

1. 请从影响的广度、深度、持续性等维度分析评估疫情因素对旅游业的影响和变化趋势。

2. 试析后疫情时代旅游消费需求的新趋势及对旅游市场营销的影响。

3. 疫情之下其他关键因素对旅游市场的影响及其变化趋势。

4. 试析后疫情时代旅游业的生存之道和营销对策。

消费者行为分析

学习目标

- 定义消费者行为
- 理解消费者行为模式
- 掌握消费者行为理论
- 学习消费者行为的影响因素
- 了解消费者购买行为的类型
- 熟悉消费者购买行为的过程
- 了解网络消费行为的特征
- 掌握网络消费行为的影响因素

第 3 章知识点

引入案例

为什么单列模式会在短视频里一统江湖

2022 年 7 月 26 日，第三方数据机构 QuestMobile 发布了《2022 年中国移动互联网半年大报告》。该报告称，在所有互联网应用中，短视频力压群雄，超过了社交媒体、电商、游戏，成为国民的第一大"时间杀手"。眼看着短视频一家独大，其他应用纷纷"入局"短视频。这些新入场的短视频玩家，其页面设置与抖音的页面如出一辙：竖屏播放，下方是发布者的名字，右侧有几个操作按钮。

在"南抖音北快手"的双雄时代，抖音是全屏式的单列模式，而快手是双列模式。大家认为，抖音和快手就是两种不同调性的产品，抖音更像媒体，快手更像社区，抖音里"网红"层出不穷，快手上人人都是"老铁"。同样做社区的 B 站(哔哩哔哩)和小红书，也选择了与快手一样的双列模式。

事实上，无论是单列模式，还是双列模式，绝不仅仅是排布方式的差异，而是其体现了不同的产品逻辑。

第一，对用户来说，单列模式比双列模式更容易上瘾。

双列模式的逻辑是"你选想看的"，平台给出一个列表，我们需要主动选择，在列表中找到自己感兴趣的视频，点进去。一屏列表不行，就刷新一下，换下一屏接着选，这时用户就像逛商场，主要在于"选"。好不容易选到一个满意的视频，看完了，还要回到列表，继续选。而单列模式的逻辑是"猜你喜欢的"，内容完全由平台推荐，我们可以彻底躺平，平台推什么就看什么，不喜欢就下滑，看下一个推什么。这时，因为没有了"选"的负担，用户的全部心智都在"看"这个动作上。只要平台的算法足够精准，一直推荐用户喜欢看的内容，就可以让用户一直沉迷在内容当中不跳出。所以单列模式有"抖音一天，地上一年"的称号，而双列模式只留下"吃饭 5 分钟，选下饭视频 1 小时"的段子。反映在数据上，抖音的用户月均使用时长达到 32.7 小时，大幅超过快手的 27.9 小时。

第二，对创作者来说，单列模式更容易出爆款，而双列模式更容易出"大 V"。

单列模式注重筛选逻辑，平台从每天上传的海量视频中找到有爆款潜质的，推荐给用户。一旦你的作品被算法相中，就有很大概率成为爆款。不过，在单列模式下，用户只会看平台推荐的爆款视频，一般不太关注视频背后的创作者是谁。一旦创作者不能持续产出爆款视频，就会很快被用户遗忘。而双列模式注重培养逻辑，平台的主要工作是挑选、培养、扶持原创内容"大 V"，以"大 V"和用户之间的粉丝关系来增加用户黏性。结果就是，抖音的流量最大限度地留在了公域，也就是掌握在平台手上，所谓"铁打的抖音，流水的网红"。而快手上大量的流量，往往沉淀在创作者的私域里，平台对流量的控制力可能并没有头部"老铁"高。

第三，从商业模式来说，单列模式比双列模式变现能力更强。

短视频商业变现主要靠广告。单列模式遵循展示逻辑，广告用信息流展示，直接推到播放层，用户不看也得看，广告的 100 万次展示就是 100 万次播放。

而双列模式的广告遵循点击逻辑，平台只能把广告视频放在列表当中，让用户看到感兴趣的广告自己点进去。为了让用户多点击，平台想尽了办法，比如把广告视频做得跟普通视频一模一样，目的就是提高用户的点击转化率。在这种模式下，按照 5% 的点击率算，双列模式把广告分发给 2 000 万用户，才能达到 100 万播放次数。在流量的分发控制上，单列模式处于完胜状态。

B 站最近透露，单列模式创造的单日收入，已经和原来每条视频框下的广告位创造的收入相当。同时，微信视频号也开启了信息流广告的内测。微信认为，短视频信息流广告将是视频号未来最大的收入来源。

资料来源：为什么短视频需要单列显示？得道头条第 302 期，得道 App，有删改。

企业营销的目标是使其目标市场的客户需求得到合理的满足。企业只有通过合适的时间、地点和手段对目标市场的客户需求做出合理的分析与判断，并提供合适的产品与服务，才能实现这一目标。因此，对于企业来说，不仅要认真研究自身所处的微观市场环境和宏观市场环境，还要研究拟进入市场的特点及购买者的购买行为。

3.1　消费者行为模式

3.1.1　消费者行为的相关概念

消费者是指在不同时空范围内参与消费活动的人或组织。根据购买行为主体的不同，可把消费者区分为个人消费者和组织消费者。个人消费者是指为了个人和家庭生活的需要而购买或使用商品的个人或家庭；组织消费者是指为了生产或转卖等盈利目的及其他非生活性消费目的而购买商品的企业或社会组织。个人消费者和组织消费者由于购买主体及购买目的都不一样，因此在购买行为上就表现出不同的特点。本章所指的消费者为个人消费者。

市场购买行为是人类行为的一个重要组成部分，而人的行为是受心理活动所支配的。因此，认识购买者行为，首先要从人类认识反应的一般模式开始。人类行为的一般模式是 S-O-R 模式，即"客观刺激—心理活动过程—行为反应"模式。人类行为模式向市场购买行为模式的转变,如图 3-1 所示。

图 3-1　人类行为模式向市场购买行为模式的转变

图 3-1 表明,当人类的一般行为模式反映在市场经济的购买行为之上时,消费者的购买行为主要由客观刺激所引起。这种刺激既来自市场营销者的产品、价格、地点及促销所构成的质量、款式、服务、广告、社会效应等情况,也可以来自外部的刺激,包括市场购买者所处环境的经济、技术、政治与文化等。

人类心理活动在市场营销中的反应分为两个部分。第一部分是购买者的特征,其受许多因素的影响,并进而影响购买者对营销刺激的理解和反应。这种反应是一系列可以观察得到的购买者反应:产品选择、品牌选择、销售商选择、购买时间及购买数量。第二部分是购买者的决策过程,它直接影响购买者最后的行为结果。营销者的任务就是了解在客观刺激和购买决策之间购买者的意识发生了什么变化,了解在消费者黑箱里到底有些什么(见图 3-2)。

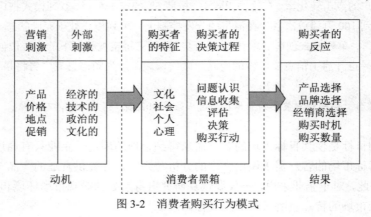

图 3-2　消费者购买行为模式

3.1.2　比较著名的几种消费者行为模式

一些西方学者对消费者行为模式进行了深入的研究,并提出了许多试图理解和解释消费者行为的模式,其中比较著名的模式有尼科西亚模式(Nicosia Model)、恩格尔—科拉特—布莱克威尔模式(Engel,Kollat and Blackwell Model,EKB 模式)和霍华德—谢思模式(Howard,Sheth Model)等。除此以外,随着互联网、移动互联网及社会化媒体的发展,近年来又产生了 AISAS、SICAS 等模式。

1. 尼科西亚模式

尼科西亚模式是尼科西亚(Nicosia)在 1966 年提出来的,由 4 个部分组成。第一部分,从信息源到消费者态度,它包括企业和消费者两方面的态度。假设消费者无商品知识,完全依靠企业向消费者发出信息,消费者接收信息后,受到信息的影响并经过自己处理而形成对商品和服务态度的输出。第二部分,消费者对商品进行调查和评价,并且形成购买动机的输出。第三部分，消费者采取有效的决策行动。第四部分，行动的结果被消费者的大脑记忆、储存起来，供以后参考或反馈给企业。尼科西亚模式比较严谨，简单明了，清晰易懂，对市场营销理论做出了贡献。但该模式未能对外界环境的影响作用做出说明。尼科西亚模式，如图 3-3 所示。

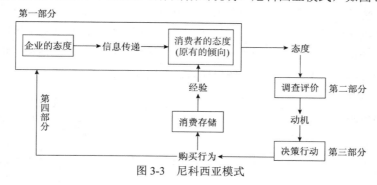

图 3-3　尼科西亚模式

2. EKB 模式

恩格尔(Engel)在 1958 年提出了恩格尔模式，后来经过科拉特(Kollat)与布莱克威尔(Blackwell)的发展，形成了著名的 EKB 模式。在消费者行为模式中，对消费者心理活动分析较为全面的就是 EKB 模式。他们认为消费者的最终决策并非一个间断性的过程，而是一个连续性的行为(活动)所产生的结果。该模型以"消费者的决策过程"为中心，再结合内在和外在的干扰因素所形成。其特色是该模型以流程图的方式清楚地表达出消费者决策过程及各个变量间的相关性，易于让研究者了解其内涵，如图 3-4 所示。

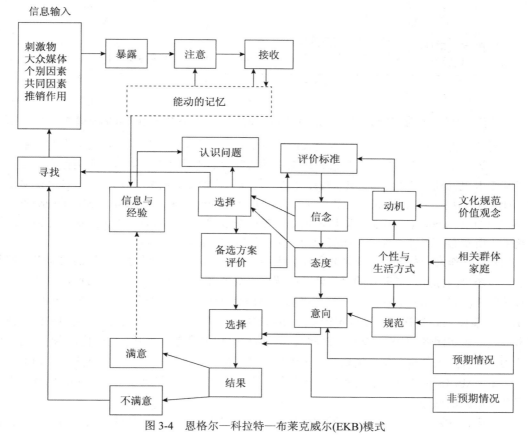

图 3-4　恩格尔—科拉特—布莱克威尔(EKB)模式

3. 霍华德—谢思模式

霍华德—谢思模式于 20 世纪 60 年代初先由霍华德(Howard)提出，后经其修改并与谢思(Sheth)合作，于 1969 年在《购买行为理论》一书中提出，这是一个较复杂的模式。输入给消费者的信息包括事物的意义、象征性和社会因素，而消费者是有选择地接收信息。消费者一方面开展调查，主动收集信息，一方面将信息与其心理状态相结合。新的信息可以影响或改变消费者的动机，选择评价标准、意向和购买决策的结果又转化成信息，并反馈和影响消费者心理，形成对将来行为的影响因素。霍华德—谢思模式，如图 3-5 所示。

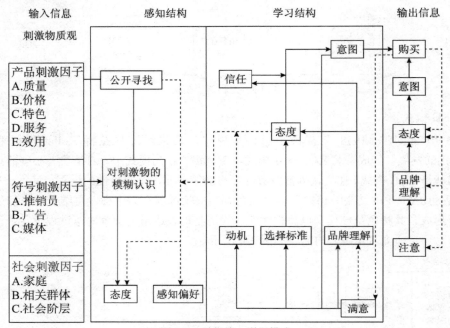

图 3-5 霍华德—谢思模式

4. 网络时代的消费者行为模式：从 AIDMA 模式到 AISAS 模式和 SICAS 模式

在网络时代到来之前的一个较为漫长的信息不对称的环境下，广告主通过强大的电视、报纸、杂志等媒介，广泛发布产品信息，动态引导消费者的心理过程，刺激其购买行为。美国广告学家 E. S.刘易斯在 1898 年提出了与此相适应的具有代表性的消费者行为模式，即 AIDMA 模式，即消费者从接触信息到最后达成购买，会经历 attention(注意)、interest(兴趣)、desire(欲望)、memory(记忆)、action(行动)5 个阶段。消费者在整个过程中都可以被广告、活动、促销等传统营销手段所左右，而且消费者的购买行为仍属于传统的个体决策行为。

当互联网作为一种全新的媒体介入社会生活，电视、广播、报纸这些曾经的大众媒体被贴上了"传统"的标签。交互式的新媒体开始解构消费者曾经习以为常的行为习惯，也开始解构原有的营销法则。AISAS 模式，即消费者从接触信息到最后达成购买，会经历 attention(注意)、interest(兴趣)、search(搜索)、action(行动)、share(分享)几个阶段。该模式是由国际 4A 广告公司日本电通广告集团在 2005 年针对互联网与无线应用时代消费者生活形态的变化，而提出的一种全新的消费者行为分析模型。消费者从被动接受商品信息、营销宣传，开始逐步转变为主动获取、认知，AISAS 模式强调消费者在注意商品并产生兴趣之后的信息搜集(search)，以及产生购买行动之后的信息分享(share)。

在社会化网络、移动互联、全数字化浪潮下，不仅媒介、信息更加碎片化，消费者的注意力也发生了大范围的转移和扩散，"感知—接触—交互—决策—购买—体验—分享"的行为与路径更为开放和复杂，线性模型已经跟不上用户的非线性行为步伐。中国互联网监测研究权威机构&数据平台 DCCI 互联网数据中心基于长期以来对用户的行为追踪、消费测量、触点分析和数字洞察，于 2011 年 8 月提出了 2.0+移动互联网的"数字时代行为消费模型——SICAS"。SICAS模型是一个全景模型，用户行为、消费轨迹在这样一个生态里是多维互动过程，而非单向递进过程，包括"品牌—用户互相感知"(sense)，"产生兴趣—形成互动"(interest & interactive)，"用户与品牌—商家建立连接—交互沟通"(connect & communication)，"行动—产生购买"(action)，"体验—分享"(share)。SICAS 模型的核心驱动是基于连接的对话，并非广播式的广告营销。对话、微众、利基市场、耦合、应需、关系、感知网络是营销的关键词。在这种全新的、基于用户关系网络和位置服务的、发生在用户与好友、用户与企业相互连接的实时对话模式下，用户不仅可以通过社会化关系网络和分布在全网的触点主动获取信息，还可以作为消费源、发布信息的主体，与更多的好友共同体验、分享。企业也可以通过技术手段在全网范围内感知用户、响应需求。消费信息的获得甚至不再是一个主动搜索的过程，而是"关系匹配—兴趣耦合—应需"而来的过程。传播的含义甚至也在发生改变，不是广而告之你想要告诉别人的信息，而是你在响应、点燃那些人们已经蕴含在内心、表达在口头、体现在指尖的需要。

即测即评

请扫描二维码进行在线测试。

第 3.1 节习题

3.2 消费者行为理论的发展

心理学和行为经济学的发展，进一步促进了消费者行为的研究，尤其在消费者行为决策方面取得了较大的发展。掌握其中的方法和理论对于企业和营销研究人员来说非常重要。

3.2.1 消费决策的构造理论

研究消费者决策的最终目的是要从本质上对决策行为的机制做出说明、解释和预测，以便提高决策的科学性与有效性。1998 年，贝唐(Bethnan)等提出的构造决策理论认为，决策时不管选择难易，偏好常常是根据情境构造出来的，并不是被动地适应。他们将理论描述为选择目标框架，认为消费者购物的选择是为了达到 4 个目标，除了选择正确性的最大化和选择所需努力的最小化外，还有选择过程中负面情绪体验的最小化和证明决策合理性难度的最小化。他们强调在特定情境下不同目标的相对重要性由任务特征决定，即决策偏好的影响因素除决策者内在认知、情绪等心理因素外，还包含外在任务与环境特点。

3.2.2 认知与消费者决策

个体认知特点与消费决策的关系是逐渐受到关注的。1999 年，斯坦诺维奇(Stanovich)提倡更多地关注决策研究中决策者认知特点和人格特点的影响。研究个体人格和认知特点差异在决策研究中的作用成为研究趋势和新的热点，这种决策研究与个体差异相结合的方法丰富了我们对消费决策的理解。

哈佛大学教授鲍尔(Bauer)将感知风险引入消费者行为学中，认为消费者行为是一种承担风险并试图减少风险的行为。感知风险有 6 个维度，分别是经济风险、功能风险、身体风险、心理风险、社会风险和时间风险。

感知风险越高，消费者在选择产品时感觉到的威胁就越大。消费者尽力降低风险的方法之一是获得更多的购买决策信息。搜集到的信息越多，消费者购买后遗憾的可能性就越低。因此，感知风险会影响消费者的信息搜索，即高风险会引起消费者做出较多的信息搜索行为。

消费者决策取决于其感知风险的程度。感知风险中等时，消费者做出的购买决策最差；商品较少、感知风险低时，消费者无须搜索信息，做出的购买决策最优；商品较多、感知风险高时，消费者会进行较多的信息搜索行为，因而也会做出较优的购买决策。

与购买决策卷入相似，在商品数目较少时，卷入水平较低，则感知风险较低，消费者做出的搜索信息行为较少，容易做出较好的购买决策；在商品数目较多时，卷入水平较高，则感知风险较高，消费者为了满足自身需要和减小风险，会进行较多的信息搜索行为，因而做出的购买决策也很好。

3.2.3 前景理论

1. 前景理论的相关概念

20 世纪 70 年代开始，卡尼曼和特维斯基(Amos Tverskey)继续西蒙(Simon)的研究之路，对该领域进行了广泛而系统的研究，向期望效用理论提出挑战，于 1979 年提出前景理论。

卡尼曼和特维斯基通过精心设计的行为心理学实验表明：信息的不完整性和对概率、价值评估主观判断的差异，会导致消费者推断信息存在系统性偏差，从而导致消费者行为最后偏离经济学最优行为假设模式。前景理论的一个前提是人的心智认知能力是有限的，在这种情况下，人们的决策会受到各种各样决策问题场景的影响，产生各种各样的理性偏离的行为。前景理论相对于期望效用理论更准确地描绘了决策者在不确定条件下的判断和决策行为，成为行为经济学的理论基石。

经典和前沿研究 | **为何说人的行为是非理性的**

行为经济学家丹尼尔·卡尼曼在其代表作《思考，快与慢》中，提出了人类的思考模式可以拆分成快思考和慢思考两个系统。前者是依赖直觉的、无意识的思考系统，后者是需要主动控制的、有意识进行的思考系统。在人类的决策行为模式中，两个系统都会发挥作用。由于前者过于懒惰，很多时候后者会占据主导地位，但是快思考的直觉式思考模式又存在种种缺陷，容易导致人类决策中的偏见和失误。我们应该有意识地弥补这种缺陷，用慢思考去弥补快思考，有利于提高决策质量。

资料来源：丹尼尔·卡尼曼. 思考，快与慢[M]. 北京：中信出版社，2012.

2. 行为决策中的几个重要概念

行为决策理论认为，一个决策过程可以分为两个阶段：编辑和评价。即先是问题"被编辑"，用以建立一个合适的参照点为决策服务，此时将这种选择的结果称为"编码"，接着就是对编辑的结果进行评价。

1) 决策启发式偏向(heuristic bias)

在面对不确定性和风险的情况下，人们常常不能充分地分析涉及概率和经济的情形。在这种情况下，人们的判断常常依赖于某种捷径或具有启发性的因素。启发(heuristics)是指单凭经验或思维捷径来判断事物。启发式偏向就是人们在判断的过程中，会走一些思维的捷径，这些捷径有时能帮助人们做出快速、准确的判断，而有时候又导致判断偏差。这些因走捷径而导致的判断偏差就称为启发式偏向。有三种最典型的启发式偏向：代表性偏向(representativeness)、可得性偏向(availability)、锚定效应(anchoring)。

代表性偏向是指人们简单地用类比方法去判断。例如，消费者发现一款优质的笔记本电脑可以无线上网并且存储量很大，那么下次该消费者购买笔记本电脑时，发现一款可以无线上网，并且存储量大的电脑，他就认为这台笔记本电脑是一款优质电脑。

可得性偏向是指当人们需要做出判断时，往往会依赖快速得到的信息，或是最先想到的东西，而非致力于挖掘更多的信息。例如，消费者选择交通工具的时候，突然想起前几天在某报纸上看到的国外某航空公司的空难，因而会改选火车作为交通工具，其实飞机事故的发生率是所有交通工具中最低的。

锚定效应是指人们对某个事件做定量估算时，会将一些特殊的数值作为起始值，那么这个起始值就会将估算结果落于某一定区域中。例如，消费者在逛锐步品牌店的时候发现一款非常喜欢的运动鞋，虽然不知道这双鞋值多少钱，但是想起耐克有一款类似的运动鞋价值 1500 元，那么消费者心里就会形成这款锐步运动鞋应该比 1500 元稍微低那么一点点的心理承受价格。

2) 心理账户(mental account)

心理账户是由理查德·塞勒(Richard Thaler)教授提出来的。一般认为钱对于消费者来说具有可替代性，不管 100 元钱是如何得到的，它们的价值是相等的。然而行为经济学认为钱并不具有传统认为的可替代性。例如，消费者辛辛苦苦工作一天挣来的 100 元钱和偶然在路上捡到的 100 元，在花这同样的 100 元时，消费者的态度和行为就会不太一样。前者可能会比较谨慎和珍惜，而后者可能会比较随意。

塞勒教授认为，心理账户有四个核心原则。第一个是消费者有分割利益的倾向。那么销售人员在销售的时候可以将商品的优点分开描述，这样会让消费者觉得非常值得。第二个是消费者喜欢把损失汇总。例如，消费者在购买汽车的时候，会考虑一些附加的费用和支出。第三个是消费者倾向于将较小的损失和较大的利益相结合。这就是为什么每个月发工资的时候，扣税并不会太在意，而如果一年的税集中在一次扣除时，人们的意见则会很大。因为在每个月发工资的时候，人们注重的是收入，而不是被扣除的税收。第四个是消费者喜欢把较大的损失和较小的利益分开考虑。例如，年轻白领在购买一件非常昂贵的衣服时，常常会因为一点小小的折扣而欣喜，这就是即使折扣后的价格仍然不菲也乐此不疲的原因。

即测即评

请扫描二维码进行在线测试。

第 3.2 节习题

3.3　消费者行为的影响因素

消费者的购买行为受个人和心理等的内部因素和政治、经济等外部因素的影响。

3.3.1　影响消费者行为的内在因素

所谓内在因素，主要指影响个人消费者行为的个人因素和心理因素。个人因素主要包括个人的收入水平、年龄和性别、受教育程度、职业、个性与自我概念、生活方式等因素；心理因素主要包括行为动机、认知、学习、信念和态度等。

1. 个人因素

1) 收入水平

市场需求是指具有购买能力的有效需求，人们的消费行为必然要受到收入水平的制约。消费者收入水平的变化必然会在消费商品或服务的数量、质量、结构及消费方式等各个方面体现出来。所以，有人认为消费者是一种"经济人"，其购买行为主要受其经济收入水平的影响。当然，消费者并非纯粹的"经济人"，由于其他各种因素(如原有收入基础、文化素养、社会地位等)的作用，对收入变化的反应程度会有所不同。除此以外，预期收入和相对收入的增加也会影响消费者的当下消费支出，如果预期收入和相对收入都是增加的，消费者的当下消费是扩张性的，反之就会减少。因此，也就不难理解老年人的节俭消费和比朋友收入少时的"捂钱袋"行为。

2) 年龄和性别

年龄和性别是消费者最为基本的个人因素，具有较明显的共性特征。如年轻人和老年人，由于各自的生活经历不同，接受的价值观、审美观的教育不同，因而思维方式也存在较大的差异。例如，年轻人可能会花半个月的工资购买一件奢侈品牌服装，而多数大半辈子生活贫困的老年人，即使目前有足够的经济实力也不会这么消费。男女之间在购买内容和购买行为上也会表现出较为明显的差异。例如，在购买目的上，男性比较单一专注，女性相对多元；在感兴趣的商品方面，男女之间会表现出明显的不同，女性往往对时装、化妆品等比较关心，而男性往往对影视设备、家用电器等更感兴趣；在挑选商品时，女性往往表现得比较挑剔，男性则相对较为随意。男女之间的消费差异来自两个个体的脑结构和化学机制不同。

经典和前沿研究 | **男女差别：为何女性能同时兼顾工作、八卦和同事的耳环**

美国精神病学家、脑科学家蒙娜丽莎·舒尔茨博士在其科学新文献《新女性大脑》中解释了为何女性可以在多重角色中切换自如？

传统男性大脑的脑容量约比女性多 10%，但细胞间的彼此联系少于女性。女性大脑中负责连接左右两侧大脑的胼胝体比男性大脑的胼胝体大。由于细胞间联系较少，传统男性大脑的不同区域之间分工更明确，拥有这种大脑结构的人在工作时会排除直觉信息。而传统女性大脑细胞间联系比较紧密，可以同时处理多种信息，这样也使她们的注意力和记忆力受到影响。因为同时考虑多种问题会影响判断结果的有组织性和贴切程度。从进化论的角度来看，传统男性大脑与传统女性大脑的构成也很合理：在 6 万多年的母系氏族社会中，男性大脑适用于需要注意力高度集中的劳动，比如狩猎和保护部落族人；而联系性更好的传统女性大脑需要负责养儿育女，在房子周围采集各种各样的食物，同时她们还要维持家庭的和谐及部落内各个家庭间的联系。脑科学和进化论的结论为我们解释了为何女性能在多种身份中切换自如，为何女性会做出多样化的购买行为。

资料来源：亦语. 新时代女性，你需要了解你的大脑[EB/OL]. (2019-02-21). https://www.jianshu.com/p/4900a3935e34.

3) 受教育水平

由于受教育程度的不同，消费者往往在价值观、审美观方面会存在较大的差异，而这种差异必然会在消费行为上表现出来。通常，接受过较高程度文化教育的人群用于精神生活消费的支出(如订阅书报杂志、欣赏歌剧或音乐会等)往往要高于文化层次较低的人群。再如，新产品往往容易被文化层次较高的人群首先接受。因为人们接受新事物的倾向与其知识成正比，受教育水平越高，对产品的相关知识了解越多，对产品性能的认识就越全面，早期尝试的可能性也越大。

4) 职业

职业的不同实际上体现了一个人所扮演的社会角色的不同，由于人的社会性，决定了不同社会角色的人会形成不同的消费特征。例如，公司白领和大学生、大学教授和农民在消费行为上就会有明显的不同。这里除了消费者的收入、文化等原因外，还有社会对不同职业所扮演的社会角色的要求不同。例如，为了体现公司形象和职工的精神面貌，公司往往对职工的言谈举止、服装等有特殊要求，而农民则很少受这方面的约束。

5) 个性与自我概念

个性是个体独有的、与其他个体区别开来的比较稳定的整体特性。有些人直率、热情、容易沟通；有些人内向、感情很少外露、沟通较难。有些人属于情绪型人格，易冲动，决策时往往跟着感觉走；有些人则较为理智，善思考，决策时往往反复权衡。消费者的个性迥异，如能把握其个性特长，可减少麻烦。

自我概念(或自我形象)是对自我的看法，或对"我是谁"的理解，这种看法包括自己的特长、能力、外表和社会接受性等多个方面。自我概念是多维度的，包括实际自我(真实的客观自我)、理想自我(所希望的自我)、私人自我(主观的自我)、社会自我(别人眼中的自我)、延伸自我(包括自我和拥有物)等。实际上，实际自我和理想自我经常存在差距，心理学把它称为自我差异。自我差异会刺激人们采取行动来缩小差异。例如矮个子女孩可以穿上高跟鞋，身材臃肿的朋友可通过健身瘦身以趋近理想状态。同样，私人自我和社会自我也会存在差距，为了让别人能了解我们自己认为的自我，需要通过各种途径展示自我，在这个意义上延伸了自我，帮助了我们。因此，人们购买保持或增强自我想象的品牌(或商品)，拥趸或排斥某些品牌的行为就不难理解了。

6) 生活方式

生活方式又称生活形态，是人们根据自己的价值观念等安排生活的方式，并通过自己的活动、兴趣和意见表现出来。生活方式应用在营销学的主要含义就是某种消费模式的选择，包括消费观念、如何使用时间和金钱等。生活方式是受到心理、社会、文化、经济等综合因素的影响，也是消费者的自我概念的外在反映。往往比社会阶层、文化、个性等单一因素更深刻地反映人的特性。例如，来自同一社会阶层的人，崇尚健康绿色的人比追求美食至上的人更有可能购买健身器材、素食和苏打水。生活方式不同的消费者对一些商品和品牌有各自偏好，因此，了解产品与生活方式之间的关系是营销者的一个课题。

实际案例　**倡导慢生活的超市餐厅——EATALY**

如果你居住在像纽约、芝加哥这样的大城市，你的生活会是什么样的？大城市里的人们通常过着节奏极快的生活，有时候甚至忙到连吃饭的时间都挤不出来，这样的快节奏生活让大部分人忘记了生活本该有的优雅和从容。一家主打 Slow Food(慢食)的意大利超市餐厅横空出世，通过独特的用户体验、社交媒体互动和精致的食物打动了许多大城市的消费者。这家店就是 EATALY，这个品牌通过倡导和培养消费者的慢生活意识，在美国餐饮界获得了一席之地。EATALY 的成功带来了诸如盒马鲜生等众多模仿者。

(一) 超市餐厅的前世今生

初次逛 EATALY 的人可能会有些疑惑，这到底是一家什么店？乍看之下，你会觉得自己走进了一个意大利氛围浓厚的食品市场，四处都摆放着新鲜的食材。如果你继续挖掘，就会发现这家店里居然还有厨房、厨师、餐桌和服务生。没错，EATALY 的定位是超市餐厅，顾名思义，你既可以在这里购买原料回家自己烹饪，也可以直接让这里的厨师为你准备饕餮大餐。但是，EATALY 绝对不止于此。这家品牌给自己的定义是一个充满活力的市场，让每一个光顾这里的消费者都能在这里品尝，甚至带回在大城市很难体会的服务和产品。

EATALY 的创始者是意大利商人 Oscar Farinetti(奥斯卡·法利内蒂)，第一家 EATALY 于 2007 年在意大利北部城市都灵开张，这个品牌最初的定位就是高端超市和高端餐厅。Oscar Farinetti 随后发现了在美国的商机，于是把 EATALY 带到了纽约和芝加哥。EATALY 在美国的成长可谓非常顺利，作为一家连锁店，在 Yelp(美国著名商户点评网站)的评分达到了 4 星，有非常多的顾客表示，EATALY 无论是作为超市还是作为餐厅，其评级都可以排入纽约顶尖商户。

(二) 慢生活典范，优雅的代表

EATALY 在美国如此受欢迎的原因与这家品牌的风格密切相关。去过纽约的朋友们一定记得曼哈顿著名的 Little Italy(小意大利区)，在寸土寸金的小意大利区，到处都是意式风格的餐厅和商铺。可能是与处在纽约这座超级大城市有关，这些餐厅都有一个特点，就是都显得拥挤和昏暗。

EATALY 就不一样了。这家品牌没有去小意大利区凑热闹，而是开在更加开阔的麦迪逊广场公园旁边。毗邻公园的好处显而易见，尽管身处闹市，但是四周的环境优雅，视线开阔，阳光充足，在这样优雅的地方享用一顿美食令人心旷神怡。

(三) 独具匠心的布置

EATALY 综合了超市和餐厅两种属性，在门店的布置上非常讲究。超市的旁边就是厨房，既确保了食材的新鲜程度，又能向购买商品的顾客演示如何回家料理，一举两得。而超市部分的设计则非常人性化，一般超市入口和出口都在不同的楼层，顾客只有逛完整个超市才能去结账，而 EATALY 则反其道行之，顾客一进入超市就能看到结账柜台。再加上简洁的橱柜，典型的欧洲复古集市布置，用户体验做得非常完整。而在餐厅里，顾客一眼就能看到鲜肉冷藏柜，立即感受到料理的新鲜程度。不仅如此，EATALY 还在冷藏柜旁放置了酒类柜台。真是令人拍案叫绝，享用肉食怎能没有好酒相伴呢？EATALY 餐厅布置的用心程度从这些小细节就可以发现。

资料来源："神奇超市"一天访客 12 800 人，阿里、永辉都在偷学[EB/OL]. (2017-11-06). https://cj.sina.com.cn/article/detail/2683912785/469434，有删改。

2. 心理因素

消费者行为常常受到许多心理因素的影响。4 个关键的心理过程(行为动机、认知、学习、信念和态度)从根本上影响着消费者对于外界刺激的反应。

1) 行为动机

在任何时候人总有一些需要，这些需要有生理上的，如饥饿，寒冷等；也有心理上的，如尊重、归属等。当需要升华到足够强度的水平时，这种需要就会变为动机。在影响消费者行为的诸多心理因素中，需要和动机占有特殊、重要的地位，与行为有着直接而紧密的联系。这是由于人们的任何消费行为都是有目的的，这些目的或目标的实质是满足人们的某种需要或欲望。需要、动机与行为的关系，如图 3-6 所示。

$$需要 \xrightarrow{\text{激发}} 动机 \xrightarrow{\text{驱动}} 行为 \xrightarrow{\text{达到}} 目标 \xrightarrow{\text{满足需要}} 行为结束$$

图 3-6　需要、动机与行为的关系

从图中可以看出，就一次行为过程而言，直接引起驱动和支配行为的心理要素是需要和动机。其中，需要是消费者行为的最初原动力，动机则是消费者行为的直接驱动力。解释人类动机理论最著名的理论是西格蒙德·弗洛伊德(Sigmund Freud)的潜意识理论(the unconscious)、马斯洛(A.H.Maslow)的需要层次论及弗雷德里克·赫茨伯格(Frederick Herzberg)的动机双因素理论(two-factor theory)。这里简单介绍一下弗洛伊德的潜意识理论。

奥地利心理学精神分析学派创始人西格蒙德·弗洛伊德提出了著名的潜意识概念。他认为

"自由意志本为幻念，人无法全然意识到自我所思，且行为之因由与意识层次所思，关系极微"。按照弗洛伊德的理论，形成人们行为的真正心理因素大多是潜意识的，一个人不可能真正懂得其受到刺激的主要动因。人们面对产品的时候，不仅会对产品已知的明显特征有反应，而且会对那些潜意识方面的特征有反应，这些潜意识方面的特征会引起人们的联想和情感共鸣。

2) 认知

认知是消费者对外在事物的各属性之间的有机联系进行综合性、整体性反映和认识的心理过程。认知是在感觉的基础上形成的。一般情况下，人们反映某客观事物时很少有孤立认识和强制的感觉，而是以知觉的直接方式去比较完整地看待事物。人们常常经历以下三种知觉过程。

(1) 选择性注意(selective attention)。在人们的日常生活中，外界环境常有许多刺激因素，如广告、商品陈列等。每个人对这些信息并非全部接受，而是有选择地接受，大部分信息被筛选掉，仅仅留下少量有用的信息被接收或存储起来，这就是选择性注意。营销人员应尽可能设法让消费者对其商品给予选择性注意，如在广告设计中，力求新、奇、巧、趣，便能吸引消费者的注意力。

(2) 选择性扭曲(selective distortion)。消费者即使对某些信息十分注意，有时也并不一定能带来营销人员所期望的结果。因为每个人都有自己的思维逻辑方式，同时也有各种内、外因素影响消费者。因此，人们常常为了使得到的信息适合于自身的思维形式而对其进行扭曲，使信息更适合自己的思想倾向。有人对某些广告会产生怀疑，提出"真有那样好吗？""是否夸大其词？"的疑问，这就需要营销人员尽可能设法使传递给消费者的信息不被扭曲。

(3) 选择性保留(selective retention)。消费者对外界许多信息不可能都留在记忆中，被记住的是经消费者选择过的信息，这些信息常常能支持消费者对企业、商品的态度和信念。有时，消费者记住了某一家企业在某品牌的优点而忽视了其竞争对手同类产品的优点。营销人员也应采取有效措施，使自己商品的优点能保留在消费者的记忆中。

可见，消费者的认知远没有想象中的那样理性。行为经济学家的研究已解答消费者非理性行为的缘由。

3) 学习

人类的有些行为是与生俱来的，但大多数行为是从后天经验中得来的。这种通过实践，由经验引起行为变化的过程，就是学习。

学习过程是驱动力、刺激物、提示物、反应和强化等诸因素相互影响、相互作用的过程。消费者的学习是消费者在购买和使用商品的活动中不断获取知识、经验和技能，不断完善其购买行为的过程。学习的概念包含很多内容，不仅涉及消费者建立起来的简单的"刺激—反应"联系(如看到企鹅就会想到腾讯)，还包括一系列复杂的认知活动(如为某品牌设计品牌策划案)。学习者不需要具有直接经验，可以通过观察影响他人的事件来进行学习。

经典和前沿研究 | **操作性条件反射**

20 世纪中期，心理学家斯金纳(B. F. Skinner)以老鼠为研究对象，研究奖励和行为之间的关系，意外地发现了老虎机及赌博使人着迷的核心机制。他在一个透明箱子里放置一只老鼠和一个取食杠杆。如果杠杆被触碰，就会有食物进入箱中。数次之后，老鼠学会了操纵杠杆，合理取食。之后，斯金纳做了一个改动，奖励策略变为一分钟内只给一次食物，并且投食时间随机。出乎意料的是，箱内的老鼠开始更加频繁地触碰杠杆，陷入一种着迷状态。这也成了生物学中鼎鼎有名的"操控"实验——"操作性条件反射"。实验发现，随机的、不可预测的奖励最为刺激。而在这个过程中，不易察觉的兴奋笼罩着实验对象，大量多巴胺充斥着大脑。期待会让人快乐！盲盒、娃娃机等产品正是运用操作性条件反射原理设计的产品，利用不确定的奖励反馈机制来牢牢抓住了玩家的心理。

资料来源：营销"人性弱点"究竟有什么魔力？看拼多多和抖音就知道了！[EB/OL]. (2018-08-16). https://www.163.com/dy/article/DP9RPPPC0511DQRH.html.

4) 信念和态度

消费者在学习的过程中，常常逐步建立起对商品及其生产企业的信念和态度，也常导致消费行为的改变。

信念，是指一个人对某种事物所持有的思想。例如，当消费者对某品牌商品了解得较多时，就可能在其思想中建立起该品牌商品质量是可靠的、价格是合理的、服务也是满意的、购买这种品牌的商品是明智的等信念。这种看法或多或少带有感情色彩，即使以后发现该品牌产品质量差一点也可能不会改变他原来购买的决定。因此，企业应对消费者思想信念的建立给予特别的重视，努力树立起良好的企业形象、品牌形象和产品形象。

态度，是人们对外界事物做出反应的一种心理倾向，是一个人对某些事物或观念长期持有的认识上的评价、感情上的感受和行动上的倾向。态度由情感(affect)、行为(behavior)和认识(cognition)三个因素组成。态度的这三种构成属性可以表达为 ABC 态度模型(ABC model of attitudes)。

尽管态度的三个因素都很重要，但是由于不同消费者行为模式和动机水平的不同，这三个因素的相对重要性也不同。学者们提出了用影响层级来表示它们之间的相对重要性，每一个层级代表着一种行动过程的差异。第一个层级是标准学习层级。基于认知信息加工态度的标准学习层级，是由认知产生感情，再由感情决定行为的过程。例如，消费者购买数码相机，先去收集各类信息，形成对数码相机市场和产品的认知，然后由于某个产品的特性或其他原因产生对该产品的感情，最后产生购买还是不购买的行为决策。第二个层级是低介入层级。基于行为学习过程态度的低介入层级，是先认知，再行为，最后产生感情。例如，消费者对韩剧产品消费行为就可以概括成这个过程，消费者先听说或者了解了一些韩剧，然后观看了这部韩剧，从此爱上了韩剧，就会不停地看一些其他的韩剧。最后一个层级是经验层级。基于享乐主义的消费态度的经验层级，是先感情，再行为，最后是认知。例如，消费者对金融产品的认识就可以概括成经验层级，2006 年大牛市使得很多基金产品收益颇丰，消费者就对基金产品产生好感(可能现在他还不知道基金到底是做哪些投资的)，匆匆忙忙地去认购基金，然后才去渐渐地了解基金的各种品质和主要投资方向。

3.3.2 影响消费者行为的外部因素

相关内容请参见本书第 2.2 节，此处不再赘述。

即测即评

请扫描二维码进行在线测试。

第 3.3 节习题

3.4　消费者购买行为的类型与过程

3.4.1　消费者的购买角色

消费者在购买活动中，由于所处的条件不同，会承担不同的角色。例如，某家庭需购买一台彩电，提议可能来自儿子，买什么品牌的建议可能来自亲朋好友，对彩电功能的要求可能是父亲提出的，而彩电的款式可能是母亲的意见，这台彩电最终可能放在儿子的房间内。诸如此类的购买决策活动，每个人都可以担当不同的角色。常见的角色有以下几个。

(1) 发起者。首先提出购买某种商品和服务的动议和愿望的人。

(2) 影响者。对购买动议提出看法或建议而对最终决策有一定影响的人。

(3) 决策者。对实施购买活动具有完全或部分决定作用的人。如他可以决定在何时、何地、如何购买某商品。

(4) 购买者。实施购买活动的采购者。

(5) 使用者。实际使用所购商品的人。

消费者在购买决策活动中的不同角色，对于设计产品、确定信息和安排促销预算具有一定的关联意义。因此企业必须认识这些角色，了解购买决策中主要参与者及其所起的作用，这有助于营销人员妥善制定营销计划。

3.4.2　购买行为的类型

消费者的购买行为表现得非常复杂，每个消费者都有不同于他人的特点。对消费者行为分类的标准很多，每一种分类方法都可以从不同侧面反映消费者行为的特点。

1. 按消费者在购买决策过程中起支配作用的心理特征划分

(1) 习惯型。习惯型指消费者个人根据自己对商品的信念做出购买决策的购买行为。这类消费者做出购买决策的主要依据是以往的经验和习惯，较少受广告宣传和时尚的影响，在购买过程中也很少受周围气氛、他人意见的影响。在一些日常生活必需品或烟、酒、化妆品、时装之类的嗜好品市场上，习惯型消费者最为多见。

(2) 冲动型。冲动型是指容易受外界因素影响而迅速做出购买决策的购买行为。这类消费者在进行购买决策时，往往会被商品的外观、式样、包装的新奇所吸引和刺激，缺乏必要的考虑和比较。并且在购买过程中极易受周围气氛和他人意见的影响。这类由冲动性购买动机支配下发生的购买活动，常会出现事后的反悔，因此最易产生退货现象。

(3) 理智型。理智型是指以理智为主做出商品购买决策的购买行为。这类购买者一般会在购买前对所要购买的商品进行较为全面的了解，在购买过程中反复权衡比较，较少受周围环境气氛和他人意见的影响。购买以后很少后悔，因而很少出现要求退货的现象。在整个购买过程中，这类消费者保持高度的自主，并始终由理智来支配行动。

(4) 疑虑型。疑虑型是指缺乏主见、购买决策迟缓的购买行为。这类消费者在做出购买决策前往往会大量收集所要购买商品的有关信息，且缺乏主见，购买决策迟缓，易受他人意见的干扰，甚至中断购买。

(5) 经济型。经济型又称价格型，是指消费者多从经济角度考虑做出购买决策的购买行为。这类消费者对商品价格的变化较为敏感，往往以价格作为决定购买决策的首要标准。经济型购买行为又有两种截然相反的表现形式，一种是注重商品质量，只根据商品的价格高低判断质量的好坏，偏好购买高价商品；另一种是只注重商品价格，根据价格的高低选择商品，偏好选购廉价商品。

(6) 模仿型。模仿型是指模仿他人的消费行为做出购买决策的购买行为。这类消费者有很强的从众心理，他们的购买决策强烈地受到流行、时尚和他人意见的影响。对要购买的商品缺乏必要的了解，而且也不愿做烦琐的信息收集和有关知识的学习，因此在购买过程中很难在比较的基础上做出自己的判断。

(7) 情感型。情感型是指容易受感情支配做出购买决策的行为。这类消费者在购买过程中，比较容易受促销宣传和情感的诱导，对商品的选型、色彩及知名度都极为敏感，他们多以商品是否符合个人的情感需要作为确定购买决策的标准。

2. 按在购买过程中参与者的介入程度和品牌之间的差异程度划分

美国学者阿萨尔根据购买者在购买过程中参与者的介入程度和品牌之间差异程度，区分出消费者购买行为的 4 种类型，如表 3-1 所示。

表 3-1　购买行为的 4 种类型

	高 介 入 度	低 介 入 度
品牌差异大	复杂的购买行为	寻找品牌的购买行为
品牌差异小	减少失调的购买行为	习惯性购买行为

(1) 复杂的购买行为。消费者购买一件价格昂贵、有风险但又非常有意义的商品(如电脑、汽车之类)时，需要有一个学习、了解商品知识的过程，因为这类商品品牌差异较大，而许多消费者对产品的知识常常是缺乏的。他们常常首先了解商品的特点、性能，产生对商品的信念，然后再逐步形成态度，对产品产生偏好，最后做出慎重的购买选择。在这个过程中，购买者还有可能征询其他人的意见，也可能听取营销人员的建议或意见。营销人员必须懂得收集高度介入消费者的信息并评估其行为。必要时可采取措施，协助购买者学习有关商品的特点、性能等知识，以及品牌与性能特征之间的关系。

(2) 减少失调的购买行为。有些商品品牌差异不大，而消费者也仅仅偶尔购买，一般都持慎重态度。消费者对产品的了解一般有较高的介入度。这时，消费者可能会多去几家商店进行选择，很可能较快地完成购买活动，因为品牌并无大的区别。购买者仅是把商品价格或购买方便等作为考虑因素来完成购买行动，但购买以后，消费者很可能发现商品有某些地方不太如意或不协调，因而产生了烦恼，也有可能听到其他人对其他品牌优点的称赞，此时，消费者会更多地了解情况，学习更多的东西来减轻心理压力，来证明自己的购买行为还是正确的。营销人员要尽可能与购买者沟通，使他们增加信念，提高对选购的商品的满意程度。

(3) 习惯性购买行为。消费者购买价格低廉、品牌差异小、经常性购买的商品，如食用油、盐、洗衣粉之类的日常消费品时，他们的介入程度较低。这类购买行为属习惯性购买行为。消费者的购买行为常常是在看电视、报刊时被动地接受信息，品牌选择以熟悉为依据。购买后一般不对其进行评价。营销人员可以采取价格优惠、营业推广等措施来开展营销活动，鼓励消费者试用，并协助其建立起对自己产品的购买习惯。

(4) 寻找品牌的购买行为。有的产品品牌差异较大，但消费者介入的程度并不大。消费者在购买产品时对品牌不加注意，经常更换品牌。例如饼干、糖果、糕点之类的商品，消费者购买时一般不做评价，待购买使用或品尝之后才有可能评价，下一次购买也许会重新选择一种品牌试用或品尝。这种购买行为并非对产品不满意，仅仅是想换一种口味。企业对于这种购买行为的消费者应采用多品牌策略，给消费者更大的挑选机会，也可以采取廉价、优惠、赠券、试用品尝等方式来引导消费者进行品种挑选。

由于影响购买行为的因素非常复杂，因此，现实生活中，消费者的购买行为远比上述的分类要复杂得多，同一个消费者对于不同的商品也许表现出不同的购买行为。因此，市场营销者在研究人们的购买行为时，必须结合实际情况进行具体分析，从而采用不同的营销策略。

3.4.3　消费者购买过程研究

在各种因素的作用下，消费者的购买行为表现为一个非常复杂的、动态的过程。这个过程一般可以分为 5 个阶段，如图 3-7 所示。

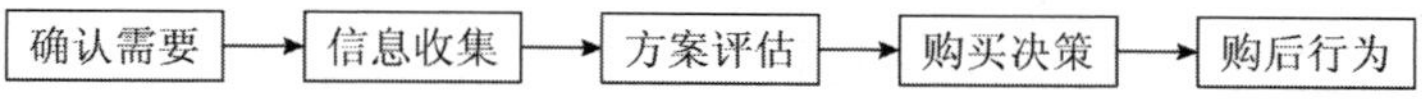

确认需要 → 信息收集 → 方案评估 → 购买决策 → 购后行为

图 3-7　购买行为过程图

1. 确认需要

消费者的购买行为过程从对某一问题或需要的认识开始。这个需要可以是由内在的刺激引发的，也可以是由外在的刺激引起的，如饥渴会驱使人们购买食物，而鲜美的食物也会刺激人们的食欲而促使人们去购买。可见，市场营销活动不仅应当进行缜密的市场调查，了解需要并根据人们的需要提供合适的商品，而且还应通过产品创新来唤起人们的需要。日本索尼公司的一位高级工程师曾说："我们的产品开发不涉及市场调查，公司开发的产品只迎合设计者自己的要求。"索尼公司的创始人盛田昭夫说："市场调查都装在我的大脑里，你瞧，市场由我们来创造。"其实，他们都没有否定企业的产品必须适应市场需求，只是他们强调了引发人们需要的另一个方面，即外界的刺激引发人们的需要。当一种产品能为人们提供某种新的效用，就能激发人们新的需要，从而可以创造新的市场。

营销人员应去识别引起消费者某种需要的环境，从消费者那里收集信息，弄清楚可能引起消费者对某些商品感兴趣的刺激因素，从而制定适宜的营销战略。

2. 信息收集

消费者一旦确认了自己最先希望得到满足的需要以后，由于需要会使人产生注意力，因此，便会促使消费者积极收集有关的信息，也就是有关能够满足自己需要的商品或服务的资料，以便做出购买决策。

通常，消费者会通过以下渠道去收集有关信息：

- 个人来源，如朋友、邻居等；
- 商业来源，如广告、推销员、经销商、产品说明书、展览会等；
- 公共来源，如大众传播媒介、消费者团体和机构等；
- 经验来源，如产品的检查、比较和使用等。

不同的信息来源对于消费者购买决策所起的影响作用是不一样的。其中，商业信息起通知作用，即告诉消费者何时、何地可以买到何种品牌、规格、型号的某种商品。而个人信息来源对消费者做出的购买决策是否正确、合理，具有建议和评价的作用。例如，某消费者需要买汽车，便会通过市场信息的收集、熟悉市场上一些竞争品牌的特征，如图 3-8 所示。

消费者对全部品牌(全部品牌组)不一定都熟悉，有时也仅仅熟悉其中的一部分(知晓品牌组)，而在这几个品牌中可能只有某几个品牌的商品符合其购买标准(考虑品牌组)。当消费者收集了大量信息之后，可能仅有少数品牌作为重点选择对象(选择组)。最后，消费者根据自己的评价，从中选择某一品牌作为最终决策。因此，企业首先必须采取有效措施，使自己品牌的产品进入潜在顾客的知晓品牌组、考虑品牌组和选择组。无法进入以上各组的品牌产品，就可能失去市场机会。企业还必须研究哪些品牌会留在顾客选择组内，从而制订竞争力更强、吸引力更大的计划，使自己品牌的产品成为顾客最终决策的选择对象。

图 3-8   消费者决策过程中所涉及的品牌组

3. 方案评估

方案评估即对从各种来源得到的资料进行整理、分析，形成不同的购买方案，然后进一步对各种购买方案进行评价，做出购买选择。消费者在对不同的购买方案进行评价时，由于前面所述各种不同因素的影响，对同一种商品往往有不同的评价方法。通常有以下几种情况。

(1) 单因素评价。单因素评价即消费者根据自己需要的具体情况，只按照自己认为最重要的某一个标准做出评价。通常，人们在购买一些廉价易耗品时往往采用这种评价方法。如人们在购买一些一次性使用的筷子、餐巾纸等小商品时，往往只把价格因素作为主要的选择标准。

(2) 多因素综合评价。多因素综合评价即消费者不是根据某一个标准，而是同时根据多个标准对购买方案做出综合性的评价。通常，人们在购买一些高价商品时，总是要采用多个评价标准对购买方案做出评价。如一个购房者在评价购房方案时，往往不仅要考虑住宅的价格，而且会同时考虑住房的地段、层次、朝向、房型、周围环境、物业管理等多种因素，因而有多个标准。

(3) 互补式评价。互补式评价即消费者综合考虑商品的特性，取长补短，选择一个最满意的结果。例如，在选购电视时，虽然事先也确定了一些标准，如价格、大小、外观造型等，但在具体评价时，不是固执地坚持这些标准，而是综合评价各种因素。如价格虽然比原来标准高了一些，但外观造型比原来设想得更美观，美观的造型弥补了价格上的缺憾，因而也是可取的。

(4) 排除式评价。排除式评价即消费者在选择商品时，首先确定一个自己认为最合适的标准，根据这一标准排除那些不符合要求的商品，缩小评价范围；然后再对入选的商品确定一个最低标准，再把那些不符合最低标准的商品排除在外。依此类推，直到满意为止。如一个消费者在评价购买电视的方案时，可能首先从他收集到的关于电视的资料中把那些超过心理价位的电视排除掉，然后再对余下的购买方案确定一个最低标准(如必须是在 40 英寸以上的)，这样又把 40 英寸以下的电视排除掉了。依此类推，直到找到一个满意的结果为止。

4. 购买决策

经过上述评价过程后，即进入了购买决策和实施购买阶段。消费者最后的购买决策还会受到两种因素的作用。

第一种因素是他人的态度。其他人的态度对消费者的影响程度取决于两种情况：①其他人对某品牌持强烈的否定态度；②购买者常有遵从其他人的愿望。

　　第二种因素是未预料的情况。如果在消费者评价后但尚未实施购买行为之前，突然有一种性能更优越的新型计算机上市；或者消费者突然听到别人谈论 A 品牌计算机存在某些明显的缺陷之后，都有可能改变他的最后决策。消费者推迟、修改或回避做出决策的可能性是经常出现的。因为消费者可能受到可察觉的风险的影响，无法确定购买结果，产生了担心，形成了风险负担。此时，人们常常暂缓决策，进一步收集信息，或购买名牌产品来回避风险。而营销人员则应了解，究竟是什么因素促使消费者形成风险负担，尽可能采取措施来帮助消费者消除此类负担。消费者在购买和消费产品的过程中通常会遇到 6 种风险，分别为功能风险、自然风险、金融风险、社会风险、心理风险和时间风险。消费者决定实施购买意愿时会做出 5 种购买决策：①品牌决策；②卖主决策；③数量决策；④时间决策；⑤支付方式决策。

5. 购后行为

　　消费者购买了商品并不意味着购买行为过程的结束。消费者购买商品后，往往会通过使用与他人交流等方式，对自己的购买选择进行检验，评价自己的购买行为。消费者对所购买的商品是否满意，以及会采取怎样的行为对于企业目前和以后的营销活动都会产生很大的影响：如果消费者通过购买商品使自己的需要得到满足，并感到满意，不仅能使消费者与企业建立起良好的信赖关系，而且还会积极地向他人宣传和推荐，帮助企业吸引更多的顾客；如果购买的商品不能给消费者预期的满足，使其失望或在使用中遇到困难，消费者就会改变对商品的态度，不仅自己不会再次购买，而且还会向他人宣传，影响他人购买；如果不满程度很高，可能还会要求退换、向有关消费者保护机构或传播媒介投诉，甚至诉诸法律，对企业的信誉造成不利的影响。所以，作为企业来说，必须重视消费者购买后的体验和行为，并且采取相应的策略提高消费者的满意度。

　　通常，消费者做出购买决策大致要经历以上几个阶段，可见，消费者的购买决策是一个非常复杂的过程。当然，对于不同的商品，其复杂程度亦有所不同。如购买廉价小商品时，整个决策过程可能非常简单，甚至无须经过广泛的信息收集。

即测即评

　　请扫描二维码进行在线测试。

第 3.4 节习题

3.5　网络时代消费者的购买行为

3.5.1　网络消费者的需求特征

　　20 世纪 90 年代以来，由于互联网的飞速发展和应用及电子商务的出现，消费观念、消费方式和消费者的地位正在发生着重要的变化。在网络消费时代，人们的消费行为与传统的消费行为相比，呈现出以下新的需求特征。

1. 消费者消费个性回归

　　网络消费者对产品和服务的具体要求越来越独特，而且变化多端，个性化越来越明显。他们特别喜欢消费新颖的产品，并且这些产品一般来说是在本地传统市场中暂时无法买到或不容易买到的产品，以展现自己的个性和与众不同的品位。

视频：消费者购买
行为之诱饵效应

视频：消费者购买
行为之所有权依恋症

2. 消费者购买的主动性加强

网络环境下的消费者会很主动地借助网络技术条件去浏览、查询甚至搜索某些商家、产品、市场的广告和消费信息，而这些信息也会指导网络购物消费者的购买行为或者作为网络购物行为的知识储备和经验积累。对于满意的产品，网络消费者会通过网络或者其他通信技术，在第一时间积极主动地与商家取得联系，并产生购买行为，甚至通过网络支付手段，实现足不出户，买遍全球商品的新时代消费体验。

3. 消费行为理性化

网络营销系统巨大的信息处理能力，为消费者挑选商品提供了前所未有的选择空间，消费者会利用在网上得到的信息对商品进行反复比较，以决定是否购买。

4. 消费者追求购买的便利性及购物乐趣

在网上购物，除了能够完成实际的购物需求以外，消费者在购买商品的同时，还能得到许多信息，并且节省了体力和时间。灵活的支付方式和快捷的送货上门服务，让消费者体验到传统购物方式无法具备的乐趣。此外，网上购物是一种新的购物方式，也是互联网时代必不可少的一种生活方式。对于广大年轻的消费者朋友而言，追求舒适、时尚的生活方式，追捧新奇、时髦的消费产品永远是生活中的最大乐趣。因此，大多数网络购物消费者从心理上认同并且接受这种新型的消费方式，也有兴趣尝试这种新的购物方式。

5. 网络消费具有层次性

在传统的商业模式下，人们的需求一般是由低层次向高层次逐步延伸发展的，只有当低层次的需求满足之后，才会产生高一层次的需求。而在网络消费中，人们的需求是由高层次向低层次扩展的。在网络消费的开始阶段，消费者侧重于精神产品的消费，到了网络消费的成熟阶段，消费者完全掌握了网络消费的规律和操作，并且对网络购物有了一定的信任感后，才会从侧重于精神消费品的购买转向日用消费品的购买。

3.5.2 网络消费行为的影响因素

与传统渠道相同，网络消费行为也受个人和心理等的内部因素和经济、文化等外部因素的影响。除此之外，在网络消费中，对于消费者行为还有其特有的影响因素。

1. 安全感和信任感

消费者对于网络购物的安全感和信任感尤为重要，售后和网络支付系统的安全性是其中影响最大的因素。目前，消费者对网络购物存在一定的顾虑，主要表现在缺乏信任和安全感、担心没有售后或是售后服务差。此外，许多网络消费者觉得目前的网络支付系统要么是太复杂，不易普及，要么就是缺少安全性，并且注册时需要透露真实的姓名、住址和联系方式等私人信息，担心会被网站泄露。

网上欺诈、网购投诉频发，是交易双方"信息不对称"导致的。从信息经济学的角度看，交易当事人的种种隐蔽行为，增加了网络购物过程中的信息不对称，严重影响了交易的公平性、公正性。

2. 购物的便捷性

节省时间、操作方便是用户进行网络购物的主要原因，也是网络购物区别于实体交易环境的重要方面。在实体交易环境中，顾客在购物过程中耗费了大量的时间和体力成本。而网络购物的优势在于能够改变这种局面，使购物过程不再是一种沉重的负担。

3. 支付方式

科学技术的快速发展对网络消费行为产生了重大而深远的影响。正是由于科学技术的进步，网络消费者在网上购物时可以选择不同的支付方式。目前，网络消费者主要的支付方式有第三方支付工具(支付宝、微信等)、网上银行、货到付款等。其中，以第三方支付工具支付的货款较多。支付方式的多样性也会影响网络消费者的购买行为，不同的消费者有不同的偏好，并且对于不同的支付方式有其不同的信任程度。

4. 物流配送

商品的发货速度、运输时间、运费、商品的完好度都会影响网络消费者的消费行为。现阶段，我国物流业日趋成熟，电子商务配送的货物运输效率逐渐提高，货物在运输过程中的遗失或者损坏时有发生。另外，货物运输时间过长也是消费者不满意的重要原因之一。现在的市场还缺乏一个高效的社会配送体系，产品运送时间长、费用高、易破损等情况必须加以改进。

3.5.3　中国网络购物市场现状分析

据中国互联网络信息中心(CNNIC)2022 年 2 月发布的《第 49 次中国互联网络发展状况统计报告》显示，截至 2021 年 12 月我国网络购物用户规模达 8.42 亿，较 2020 年 12 月增长 5 968 万人，占网民整体的 81.6%。我国网民使用手机上网的比例达 99.7%；使用台式电脑、笔记本电脑、电视和平板电脑上网的比例分别为 35.0%、33.0%、28.1% 和 27.4%。

作为数字经济新业态的典型代表，网络零售继续保持较快增长，成为推动消费扩容的重要力量。2021 年，网上零售额达 13.1 万亿元，同比增长 14.1%，其中实物商品网上零售额占社会消费品零售总额比重达 24.5%。网络零售作为打通生产和消费、线上和线下、城市和乡村、国内和国际的关键环节，在构建新发展格局中不断发挥积极作用。

1. 业态呈现新发展，助力构建双循环新发展格局

一是助力外循环，跨境电商快速发展，为外贸发展提供支撑。2021 年，我国跨境电商进出口规模达 1.98 万亿元，增长 15%。2021 年 7 月，发布《国务院办公厅关于加快发展外贸新业态新模式的意见》，针对跨境电商发展提出多项举措，助力行业发展；同期，在全国海关适用 B2B(business-to-business，企业对企业模式)直接出口、跨境电商出口国际仓监管模式，助力企业更好开拓国际市场。二是推动内循环，农村电商物流日趋完善，农产品上行带动农民创业就业。2021 年，全国"快递进村"比例超过 80%，苏浙沪等地基本实现"村村通快递"，新增 15.5 万个建制村实现邮快合作；电商扶贫累计带动 771 万农民就地创业就业，带动 618.8 万贫困人口增收。

2. 消费呈现新发展，推动国内消费升级扩容

一是消费群体方面，"80 后""90 后"网购普及率最高，"95 后"消费潜力最大。1980—1995 年间出生的"80 后""90 后"网民群体网购使用率最高，达 93%；1995 年以后出生的"95 后"群体网购消费潜力最大，41.9% 的"95 后"网购用户网上消费额占日常消费总额 3 成以上，网购消费占比高于其他年龄网购群体。二是消费趋势方面，国产品牌网购消费意识增强。在文化自信和品牌升级的推动下，国产品牌网购消费热潮高涨，国产品牌广泛受到网购用户青睐。数据显示，支持国货、网购国产品牌的用户占网购整体用户的 65.4%。在该群体中，购买的国产品牌主要为运动服饰、美妆护肤、家用电器、手机数码等，购买比例分别为 57.5%、38.7%、37.7% 和 36.2%。

3. 治理呈现新发展，公平竞争推动多元竞争格局

2021 年，强化平台经济反垄断、深入推进公平竞争的政策不断出台，倒逼电商平台企业重申垄断与创新，效率与公平，推动行业朝向合规化方向发展。"二选一"等不正当竞争监管日趋完善，让更多平台享受到公平竞争带来的市场机会，进一步推动市场多元化竞争。企业财报数据显示，2021 年中小企业及新进入者短视频平台电商业务规模增速迅猛。

课程思政 **多想美事有哪些好处**

世界著名的脑科学权威丹尼尔·亚蒙博士提出保养大脑的若干方法，其中一个方法是，每天至少要拿出一点时间，多想一些让你感到快乐的事情。

根据亚蒙博士的研究，某类思考对应着某个特定的神经回路，快乐的回忆对应的是跟快乐有关的脑区，悲伤的回忆对应的是跟悲伤有关的脑区。这就意味着，你越是回想快乐的经历，与快乐有关的脑区就会变得越强壮，而且更容易被你调动。换句话说，对大脑而言，快乐其实是一种能力，你越锻炼，它就越强大。这就是为什么乐观的人越来越乐观。反过来说，悲观的人往往会越来越悲观。

制造一种令人难以忘怀的体验场景，给消费者带来快乐的回忆，源自营销的需要，但无意中也给消费者带来改善大脑的福利。

资料来源：丹尼尔·亚蒙. 超强大脑[M]. 权大勇译. 杭州：浙江人民出版社，2018.

即测即评

请扫描二维码进行在线测试。

第 3.5 节习题

本章小结

1. 人类行为的一般模式是消费者行为模式的基础。代表性的消费者行为模式有尼科西亚模式(Nicosia Model)、恩格尔—科拉特—布莱克威尔模式(Engel，Kollat and Blackwell Model，EKB 模式)和霍华德—谢思模式(Howard，Sheth Model)等。随着互联网、移动互联网及社会化媒体的发展，近年来又产生了 AISAS、SICAS 等模式。

2. 消费者行为理论中经典理论有消费决策的构造理论、感知风险理论、前景理论等。

3. 影响消费者行为的内在因素是指个人消费者行为的个人因素和心理因素。个人因素主要包括个人的收入水平、年龄和性别、职业、受教育程度、个性与自我概念、生活方式等因素；心理因素主要包括行为动机、认知、学习、信念和态度等。

4. 影响消费者行为的外在因素主要包括政治、经济、社会、文化等因素。

5. 消费者的购买角色分为发起者、影响者、决策者、购买者和使用者。

6. 按消费者在购买决策过程中起支配作用的心理特征划分，可把消费者分为习惯型、冲动型、理智型、疑虑型、经济型、模仿型、情感型。按在购买过程中参与者的介入程度和品牌之间的差异程度划分，购买行为可分为复杂的购买行为、减少失调的购买行为、习惯性购买行为和寻找品牌的购买行为。

7. 消费者的购买行为表现为一个非常复杂的、动态的过程，它包括确认需要、信息收集、方案评估、购买决策、购后行为 5 个阶段。

8. 网络消费者的需求具有以下特征：消费个性回归、购买的主动性加强、消费行为理性化、追求购买的便利性及购物乐趣、网络消费有层次性等。

9. 影响网络消费行为的主要因素为安全感和信任感、购物的便捷性、支付方式、物流配送等因素。

10. 中国网络购物市场现状：业态呈现新发展，助力构建双循环新发展格局；消费呈现新发展，推动国内消费升级扩容；治理呈现新发展，公平竞争推动多元竞争格局。

思考题

1. 有关消费者行为的主要理论及其内容是什么？

2. 影响消费者购买行为的因素有哪些？举例说明这些因素对购买决策行为的影响。

3. 消费者具体的购买动机有哪些？

4. 什么是消费者购买行为？消费者购买行为的类型有哪些？

5. 消费者的一般购买过程是怎样的？为什么说消费者购买商品以后，购买行为并没有结束？

6. 结合自身网购经历谈谈网络时代消费者购买行为的变化。

案例研究　　**确定的不确定狂欢**

事实上，盲盒并不是什么新鲜产物，有人考古到了明治末期的日本，当时的日本百货公司会销售福袋，福袋里通常会装着款式不一但价值一定高于福袋定价的商品。以 2016 年为分水岭，随着泡泡玛特大力推广盲盒产品，盲盒营销逐渐风靡，渐成风口，一举激活了青年潮流玩具市场。

2019 年，天猫发布了一份《"95 后"玩家剁手力榜单》。榜单显示，手办、潮鞋、电竞、Cosplay(扮装游戏)和摄影成为"95 后"年轻人中热度最高，也是最"烧钱"的五大爱好。其中，潮玩手办位列第一，单是在天猫上，就有近 20 万消费者每年花费两万余元收集盲盒；其中购买力最强的消费者一年购买盲盒甚至耗资百万，"95 后"占了大多数。而在二手物品交易平台闲鱼，2018 年就有 30 万盲盒玩家在闲鱼交易成功，盲盒在闲鱼上的发布量增长了 320%。当然，也有网友自制盲盒在小圈子里和其他爱好者互动交流，这种盲盒的商业属性要低很多，更多的是纯粹的爱好者之间的交流。

盲盒之所以如此火爆，是因为其具有以下特征。

1. 现代社会缺少惊喜，人为的稀缺可以创造惊喜

在现代社会中，人们希望通过消费获得的满足实际上已经超出实际需求的满足，现代社会的消费变成符号化的物品、符号化的服务中所蕴含的"意义"的消费。也就是说，人们不再注重商品的使用价值，也不再注重商品的交换价值，转而追求商品独特的符号价值，这也可以理解为布尔迪厄所阐发的"区隔"，即我们通过自己所使用的商品和服务来彰显我们的身份和圈层，以与其他群体产生区别。

尽管当前的盲盒经济十分火热，但是其起初仅是某特定圈层下的小众商品。互联网以其无远弗届的链接和介入能力，使得小众圈层高效地聚集起来。

然而，被资本盯上的小众爱好，难以逃脱资本的规训，即使不了解盲盒中所盛放物品的背后 IP①，但作为一个"Z 世代"率性而为的消费者，谁能够抵御盲盒营销里最核心的撩拨心弦的设定，一个

---

① IP(intellectual property)，是一个网络流行语，直译为"知识产权"，该词在互联网界已经有所引申，可引申为能够仅凭自身的吸引力，挣脱单一平台的束缚，在多个平台上获得流量，进行分发的内容。它是能带来效应的"梗"或者"现象"，这个"梗"可以在各种平台发挥效应，也可以说 IP 是一款能带来效应的产品。

令核心玩家和普通玩家都难以挣脱的设定——公开的稀缺品和未公开的、数量更为稀少的隐藏品。于是，通过收编大量的动漫IP，包括海绵宝宝、迪士尼卡通人物等众多明星IP，以及原生的艺术家创作IP，商业资本和核心爱好者某种意义上实现了双赢。

资本由于受众的扩展而获利不菲，核心玩家也因为爱好的"出圈"而接触到更多更小众的被开发成盲盒的IP产品，而越来越多的盲盒产品矩阵，也吸引着包括核心玩家和普通玩家在内的消费者共同参与。

2. 作为社交货币的盲盒

"松圈主义"，专为"90后"所提出，他们对圈层既不依赖又不疏离，既不受特定圈层的约束，又能够对特定群体产生认同。盲盒经济正好切中了他们的特点，作为一个已经形成规模的产业，盲盒产品有充足的产品阵列供人选择。

你可以因为对一个产品背后的IP情有独钟而选择它，也可以只因为这个系列的造型别致而被吸引，你甚至可以因为心情愉悦而购买盲盒，但最大的原因在于"90后"从不缺少社交，也许仅仅是作为聚会谈资，作为一种社交货币，盲盒就可以迅速地在朋友圈散播。

3. 作为被炒作的"一般等价物"

马克思的理论从没有过时，鲍德里亚所言的"符号价值"是某些人所推崇的，但交换价值依然是这个社会运转的第一动力，哪里有激情澎湃的狂热粉丝，哪里就有严格遵循市场规律并且能操控市场的黄牛。有人在闲鱼上专门倒卖稀缺盲盒，获利数十万元。

4. 缜密设计之下的痛快消费

盲盒营销的本质是一种游戏化的营销手段，这种手段基于一种"成瘾"机制，畅销书《上瘾》将"成瘾"机制拆解为4个环节：触发、行动、多变的酬赏、投入。盲盒营销的"上瘾点"在于设计了一套不确定的收益反馈机制，这能够让用户产生一种赌徒心理，对盲盒购买行为本身产生依赖与迷恋。其切入了用户的收藏癖，通过刺激用户囤积"系列"、凑齐整套的心理来达成消费。

5. 身体不在场，乐趣会减少吗

虽然中国盲盒产业的绝对头部泡泡玛特一直兼顾着线上和线下两个市场，但不能否认的是，线上盲盒经济的增长实在过于迅速，盲盒的猛烈出圈就是最好的证据，毕竟潮鞋圈的历史不比盲盒短，但圈子一直比较封闭。

为什么玩家更热衷于线上盲盒，操纵实体机器(类似于扭转扭蛋机的体验)的过程难道不是产品和服务的一部分吗？

或许很多玩家并没有意识到这一点，因为对他们而言，能够凑齐一套盲盒模型或者开出隐藏的角色才是重要的。为此，有玩家不惜一次性购买大量盲盒，圈内称"端箱"(指整件地购买盲盒)，只为通过"盒海战术"更高概率地获得稀缺产品。

或许在未来，脑机接口发明之后，我们甚至不需要真正地生产和消费产品，而只在虚拟的赛博空间就可以完成一切现实活动。但现实的问题是，缺乏身体的在场，我们还会比身体在场时更加快乐吗？

一箱又一箱、一件又一件地把从工厂流水线生产打包出来的盲盒原封不动地搬回家里，然后"处理掉"重复的盲盒，这样的行为似乎可以理解为明知这个产品不需要，但还是要购买，这或许是身体不在场导致的对我们个人形象管理的"放纵"，虽然线下也不乏"端箱""包圆儿"的行为，但就如同电商的出现改变了人们的购买行为，人们更喜欢囤更多的产品，而在以往，人们只会购买近期需要的产品。

当我们把所有的活动都尽可能搬到线上时，也许获得了极大的便捷，但另一方面，我们可能就丧失了对自身欲望的把控，我们也许会迷失在堆积着无尽商品的赛博空间；但我们的欲望也许会更加难以满足，因为赛博空间是没有上限的。

资料来源：盲盒经济：确定的不确定狂欢[EB/OL]. (2020-06-25). https://www.thepaper.cn/newsDetail_forward_7996322，有删改。

案例思考题：

1. 盲盒经济火爆的原因是什么？
2. 盲盒经济适用于哪些领域？它们有什么共性的特征？
3. 盲盒营销存在什么问题？如何化解？
4. 如何防止年轻消费者对于盲盒的过度沉迷？

竞 争 战 略

学习目标

● 了解市场竞争的基本概念。

● 掌握对市场竞争进行分析的基本方法。

● 把握和运用市场竞争的一般战略及不同市场地位企业的竞争战略。

第 4 章知识点

引入案例
空客逆袭波音

2022 年 7 月 1 日，国内最大的三家航空公司国航、南航、东航先后发布公告，向空客公司采购 292 架 A320NEO 系列飞机，订单总金额接近人民币 2 500 亿元，看得老对手波音甚是眼红。在大型商用飞机制造领域，波音一直独占鳌头。但是近些年，空客公司赶超波音的架势很明显，在全球市场空客公司也正在从挑战者变为领导者。

大型商用飞机制造有两大门槛：一是技术水平，二是市场规模。从技术角度来说，研发一款机型的周期长、投资大、风险高。从市场规模来看，一款机型必须实现 500~700 架的销量才能达到收支平衡点，这是一条生死线，很多飞机制造商没能熬过这条生死线。除此以外，飞机涉及安全和大量的后期维护，航空公司对机型有"路径依赖"，倾向于大量采用同一类机型，形成一种强大的市场进入壁垒。在技术和市场的双重壁垒之下，作为新入局者的空客公司，是如何破除这两大壁垒的呢？

实际上，大型商用飞机制造是高度的不完全市场竞争，单凭市场力量不可能跑出有竞争力的玩家。空客公司选择了"技术+市场"的组合拳打法。

其一，在技术上，采用群狼战术。

在第二次世界大战之前的螺旋桨小飞机时代，欧美的飞机制造实力差不多；第二次世界大战之后，欧洲工业实力大大削弱，正好赶上飞机产业升级，进入喷气式大飞机时代，欧洲在这一轮升级中掉队了。1945—1970 年，全球民用航空市场是美国的波音、麦道、洛克希德等巨头的天下。英法等国也尝试推出各自的商用飞机，结果都被打败，整个欧洲没有能拿得出手的机型。后来欧洲人想明白了，想跟美国竞争，必须要采取群狼战术。成立于 1970 年的空客公司要比波音年轻得多，而且没有国籍，从一开始就是一个多国企业联合体：德国和法国的设计、机身，英国的机翼，西班牙的尾翼，法国的总装，发动机和起落架这两个大件儿从空客集团外采购，但都来自欧洲的公司，最终，欧洲民航形成了以空客为中心的完整的产业生态和供应链条。在研发资金上，英、法、德三国对空客公司投入了巨额财政支持，帮助其撑过前面 25 年的持续烧钱阶段。

其二，在市场上，欧洲采取内部消化和"飞机外交"。

单个欧洲国家市场体量太小，不足以让本国飞机制造商撑过生死线。而空客是"欧洲之子"，它享有欧洲的整个统一市场，这个市场体量比美国更大。20 世纪七八十年代，空客的大部分飞机都是在欧洲内部消化。到 1996 年，空客终于迈过了"生死线"，开始盈利。拓展国际市场时，欧洲则积极开展"飞机外交"。2013 年 6 月，法国总统访问日本，促成日本订购了 31 架空客，在清一色波音的地盘里撕开了一条口子，被认为是空客的一次历史性突破。作为几十年来全球最大的增量市场，中国是欧洲"飞机外交"的最重要对象。1996 年至今，欧洲通过 15 次高规格外交活动，推动了中国与空客签署订单。到 2020 年底，中国成了空客最大的客户国，全球现役的空客飞机中有 1/4 在中国飞。空客在中国市场也拿出了更大的合作诚意，在天津和苏州分别开设了总装线和研发中心，把更核心的研发工作落地中国。

思考： 空客作为挑战者采取了何种竞争战略？我国自主研发的大飞机 C919 正处在商业化的前夕，空客的竞争战略有哪些值得借鉴？

资料来源：空客何以逆袭波音？得到头条第 289 期，得到 App，有删改。

竞争是广泛存在的现象。无论自然界还是人类社会，竞争都是各种事物生存发展的条件。博弈论认为，在不同系统之间，在同一系统不同元素之间，凡是通过某种较量而分出高低优劣、通过择优汰劣而推动系统进化的活动，都是竞争。

企业的各项营销活动都可以说是与对手企业在市场上所展开的一场博弈。要赢得这场博弈，也必然遵循同样的规则，即企业与竞争对手的竞争不能是盲目的，要有对自身及对手的状态、所处环境的充分了解与把握，并在此基础上确定自己的行动战略。如何更好地做到这些，是企业营销工作所要研究的一个重要课题。

4.1 波特五力分析模型

市场竞争是指不同的利益主体为在市场上夺取有利地位而进行的竞争。由于广泛的社会分工与不同所有者之间的利益差异，必须通过等价交换在全社会范围内调整各利益主体之间的经济利益关系，竞争就是调整这种经济利益关系的基本手段。在现代市场经济条件下，生产力的高度发展，使得供求矛盾日益尖锐，竞争正成为各企业之间图存争胜于市场的一场艰苦较量。企

视频：波特五力模型

业要想发展，就必须敢于参与市场竞争。它包括卖方之间的竞争(争夺销售市场)、买方之间的竞争(争夺货源)、买方与卖方之间的竞争(讨价还价)，市场营销所研究的是卖方之间的竞争。这类竞争的核心是争取顾客、争夺市场销路，扩大本企业产品的销售，提高产品的市场占有率，从而获得更大的经济效益。

市场竞争的目的在于追求利益，实现利润。市场竞争的功效是存优汰劣，淘汰劣质产品和服务，淘汰技术和经营管理水平低下的企业。企业要通过扩大规模、充实人财物资源和强化管理来提高实力，随时掌握顾客、竞争者及自身的各种信息，在知己知彼的基础上更好地运用竞争策略。美国经济学家迈克尔·波特(Michael E. Porter)于 20 世纪 80 年代提出了波特五力分析模型(Porter's five forces model)，指出企业所面临的竞争力量一般有 5 种：潜在竞争力量、同行业现有竞争力量、买方竞争力量、卖方竞争力量和替代品竞争力量，如图 4-1 所示。

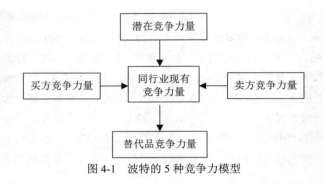

图 4-1　波特的 5 种竞争力模型

4.1.1　潜在竞争力量

营销环境由多种动态变化的因素所构成，每个行业随时都可能有新的进入者参与竞争。它们会给整个行业的发展带来新的生产力，同时也会形成行业内企业之间更激烈的竞争。作为一种潜在的竞争力量，威胁主要表现在参与竞争时可能遇到的阻力程度。如果新进入者所遇到的阻力较大，则给企业带来的竞争威胁就相对小些；反之，就相对大些。

对新进入者与竞争对手之间的抗衡情况，应该重点注意以下三个方面。

1. 卖方密度

卖方密度是指同行业或同一类商品经营中卖主的数目。在市场需求量相对稳定时，卖方密度直接影响到企业市场份额的大小和彼此竞争的激烈程度。

如果在容量相对稳定的目标市场中，同类产品经营者较多，那么有新进入者的参与就会相对降低部分现有企业的市场份额。显然，在卖方密度较高的目标市场，新进入者往往会遭到竞争对手较为强烈的抵御。

2. 产品差异

产品差异是指同一行业中不同企业同类产品的差异程度，这种差异在许多产品上均有表现，也是消费者所能够察觉的，代表着企业努力追求的品牌及顾客忠诚度上的优势。产品差异是指企业使产品具有不同特色，与其他企业提供的同类产品相区别，以提升其在市场竞争中的有利地位。这与企业竞争实力的大小密切相关。

如果新进入者能为消费者所认可，并拥有明显特色的产品，那么该进入者就具有较强的竞争力量。

3. 进入障碍

进入障碍是指某个企业在进入某个行业时所遇到的困难程度，特别是技术的难度和资金的规模。

譬如资金要求。竞争所需要消耗的巨额投资会造成某种进入障碍，尤其是该资金需用于有风险的或未能补偿的、预支的广告宣传或研究与发展的场合。不仅生产设施需要资金而且像客户赊账、存货或弥补投产亏损之类的事情也都需要资金。例如在复印机行业中，当施乐公司选定出租复印机而不是痛快地出售复印机时，这种做法大大增加了所需要的流动资金，因而对进入复印机行业者造成了某种较大的资本障碍。

再如转手成本，转手成本的存在会造成某种进入障碍，这是某个买主将一个供应厂商的产品转移到另一个供应厂商时面临的一次性成本。转手成本可能包括重新培训职员的费用、新的辅助设备的费用、由于依赖卖方的工程援助导致的技术协助所需要的费用、产品重新设计费用，或者由于切断关系而造成的心理费用。如果这类转手成本很高，那么新的进入者必须在费用或产品性能方面做出较大的改进，以便买主从某行业内部的厂商中转移出来。

因此，企业必须密切注意营销环境的动态发展趋势，随时掌握市场任何细微变化，及时调整自身的营销行为，从而争取在竞争中处于领先地位。

4.1.2 同行业现有竞争力量

同行业内现有企业之间的竞争是最直接、最显而易见的。这种竞争往往因企业为争取改善自身的市场地位而引发，并通过价格、新产品开发、广告战，以及增加为客户提供的服务内容等手段来表现。行业内的竞争一般会表现为 4 种基本状态。

1. 完全垄断

当只有一家企业在某一国家或某一地区(如邮政局、电力公司)提供某一产品或服务时，就存在完全垄断。一个不受管制的垄断企业可能通过索要高价，很少做或不做广告，提供最低限度的服务来获取最大利润。因为在缺少相近替代品的情况下，顾客不得不购买垄断者的产品。如果市场上存在局部替代品和加剧竞争的威胁，垄断者就会更多地投资于服务和技术，以此作为新竞争参与者进入的壁垒。与此同时，一个受到控制的垄断者会为公众利益把价格定得较低并提供更多的服务。在世界各国，都不同程度地存在垄断产业。某些国家的政府常常在产业发展和结构演进中扮演重要的角色。但是，近十几年来，许多国家开始将关键性产业包括基础行业私有化，产业发展的动力更多地来自市场力量，垄断势力逐步削弱。

2. 寡头竞争

寡头竞争是指某一产业由几家生产本质上属于同一产品(如石油、钢铁等)的大型企业所控制。在这种产业结构中，企业会发现它们只能按现行价格定价，除非它能使其服务具有差异性。如果竞争者在服务水平上接近，获取竞争优势的唯一方法就是降低成本。而降低成本可以通过追逐更大的生产规模和销售量来实现。寡头竞争态势下，由于部分企业基本控制了市场，在一段时间内，别的企业要进入是相当困难的，但并不等于永远没有市场机会。寡头之间仍然存在竞争，他们互相依存，任何一个企业的独立活动都会导致其他几家企业迅速而有力的反应。

实际案例 中国餐饮外卖的"双寡头"：美团与饿了么

随着 3G 时代的到来，手机上网越来越便捷，这也推动了外卖订餐 App 的发展。2014 年市民订外卖时的选择非常多，除了必胜客、肯德基等的自送外卖，以"饿了么"为代表的传统外卖平台，还有阿里巴巴旗下的"淘点点"、美团旗下的"美团外卖"、百度旗下"百度外卖"等移动餐饮服务平台。

2016 年后，资本开始退潮，行业的竞争加大并快速整合，百度外卖等平台相继被收购或退场，市场份额向饿了么和美团两大巨头集中。2020 年至今，美团和饿了么两大平台已经牢牢占据了外卖市场的绝大部分份额，中国餐饮外卖市场进入"2+N"的双寡头垄断局面。

资料来源：我国在线外卖产业链及发展历程示意图[EB/OL]. (2023-04-17). https://www.dongfangqb.com/article/4678，有删改。

---

3. 垄断性竞争

垄断性竞争是指参与目标市场竞争的企业尽管比较多，但彼此提供的产品和服务是有差异的，一些企业会由于其在产品或服务上的某些优势而获得对于部分市场的相对垄断地位。产品差别可以体现在质量、性能、款式和服务等多个方面。每个竞争者都可能通过在产品的某一主要特征上占据领先地位，而引起顾客的注意，并据此索取高价。在垄断性竞争态势下，许多企业也可以相互联合，以各自长处协作生产某种产品或服务进入目标市场，用合力产生竞争优势。

4. 完全竞争

完全竞争是指某一行业由许多提供相同产品或服务的企业所构成(如股票市场、商品市场)。由于市场竞争激烈，产品差异小及边际利润低，一些厂家已退出该产业，与此同时，另一些企业却正在进入该行业。因为没有差异化的基础，所以竞争者的价格将是相同的。除非广告能产生心理差别，否则就没有竞争者会做广告(如香烟、啤酒)。在这种情况下，把产业描述为垄断竞争可能更为合适，销售只有在降低生产和分销成本的情况下，才可能得到不同的利润率。在完全竞争行业产品普遍缺乏差异性的情况下，企业的竞争优势应通过有效运营、降低成本来取得。

一个产业的竞争性结构会随时间而改变。例如，在智能手机行业，苹果公司开始是作为垄断者出现在市场上的，但是不久很多其他企业便进入市场并生产出各种不同规格、型号的手机，导致了垄断竞争结构的形成。当需求增长减缓，出现了"行情下跌"时，产业结构将演化成差别寡头垄断。最终，购买者可能认为产品是极为相似的，价格是唯一的差异特性。在这种情况下，产业已成为完全的寡头垄断。

4.1.3 买方竞争力量

买方是企业产品或服务的直接购买者和使用者，关系到企业营销目标能否实现。买方的竞争威胁具体表现为要求该产品价格更低、质量更好、提供更多的服务。如果具备下列条件，买方就具有强大的讨价还价能力。

(1) 买方集中程度高。如果少数大用户在一个行业的产品购买量中占很大比例，那么它们对该行业的讨价还价能力就强。

(2) 本行业产品差异性小。如果该行业内各企业产品之间的差异小，则产品之间的竞争性强。这时，买方往往确信自己能找到更有利的供应者，它们的讨价还价能力就强。

(3) 买主的转换成本比较低。很容易找到替代品，买方转用替代品也无须付出太大代价。

(4) 买方有能力实行后向一体化，自己生产所需产品。

(5) 买方对信息掌握充分。如果买方充分掌握了有关市场供求、价格及供应者的实际成本等市场信息，买方讨价还价能力就强。

4.1.4 卖方竞争力量

卖方可以通过提价或降低其所供货物的质量，或者从供货的稳定性和及时性等各方面显示其讨价还价的能力。如果具备下列条件，卖方就具有强大的讨价还价能力。

(1) 供应品由一家或少数几家高度集中的公司控制。

(2) 供应品是差异性产品，替代品不容易找到。

(3) 供应商有能力实行前向一体化，并不依赖于本行业销售其产品，而且可能直接与现有客户竞争。

(4) 供应品是本行业不可缺少的资源，对该行业的生产经营起关键性作用。

经典和前沿研究 | **前向一体化**

在企业日常的经营中，企业利用的销售商或成本高昂、或不可靠、或不能满足企业的销售需要，可利用的高质量销售商数量有限。当企业具备销售自己产品所需要的资金和人力资源，且发现它的价值链上的前面环节对它的生存和发展至关重要时，就会加强前向环节的控制，向下游的用户方向扩展，形成前向一体化的局面。

前向一体化是指获得分销商或零售商的所有权或加强对它们的控制，也就是指企业根据市场的需要和生产技术的可能条件，利用自己的优势，对成品进行深加工的战略。在生产过程中，物流从顺方向移动，称为前向一体化，采用这种战略，是为了获得原有成品深加工的高附加值。一般是把相关的前向企业合并起来，组成统一的经济联合体。这通常是制造商的战略。

当稳定的生产对企业十分重要时，可以通过前向一体化使企业可以更好地预见与控制产品的供应。当利用经销商或零售商获取较高的利润时，这意味着通过前向一体化，企业可以在销售自己的产品中直接获得高额利润，并可以为自己的产品制定更有竞争力的价格。

实施前向一体化的一种有效方式是特许经营，采用特许经营的形式授权其他厂商经销自己的产品并提供售后服务，是用途最广、也是非常有效的前向一体化方式。

4.1.5　替代品竞争力量

一个行业的替代品，是指那些与该行业产品具有相同或相似功能的产品。替代品的出现，会对本行业产品形成价格约束，降低本行业的获利水平。这种约束作用的强弱受到两个因素的影响：一是替代品的价格水平，其价格越低，约束作用就越强；二是用户购买替代品的转换成本，用户改用替代品的转换成本越低，约束作用就越强。

行业替代品的出现会对整个行业构成巨大威胁。所以，与替代品的竞争是该行业所有企业的集体行为。但是，面对替代品的威胁，还应该注意分析替代品的具体情况，如替代品提供者的实力如何、替代品本身的发展前景如何等，以便确定是采取排斥性竞争的策略还是采取积极引进策略更为有利。

好学深思　**面对竞争迎难而上，实现中华民族伟大复兴**

无论是企业的经营还是个人的日常生活，竞争都无处不在。面对竞争，要不怕失败，不断总结，讲究策略，注重方法，寻求各种帮助，才会有更大的获胜的可能。

今天，中华民族已经从站起来到富起来，到强起来，走在中华民族伟大复兴的征程中，但在未来前行路上，还会有很多风险和挑战，作为新时代的接班人，我们一定要培养竞争意识，敢于挑战，不怕竞争，学会竞争，善于竞争。只有这样，我们自己才会越来越优秀，在将来的世界格局中，我们的国家才会立于不败之地，中华民族才会越来越强大。

4.1.6　竞争环境分析的钻石理论

竞争环境分析的钻石理论相关内容，可扫描右方二维码阅读。

即测即评

请扫描二维码进行在线测试。

竞争环境分析的
钻石理论

第 4.1 节习题

4.2 市场竞争的一般战略

市场竞争战略就是企业为了自身的生存和发展,为在竞争中保持或提高其竞争地位和市场竞争力而确定的企业目标及为实现这一目标而采取的各项策略的组合。参与市场竞争的不同企业,应根据竞争领域和竞争态势的不同,以及各自营销目标和资源条件的不同,制定不同的市场竞争战略。迈克尔·波特提出的一般竞争战略有三种。

视频: 波特三大
竞争战略

4.2.1 成本领先战略

成本领先战略是指通过有效途径,使企业的全部成本低于竞争对手的成本,以获得同行业平均水平以上的利润。在 20 世纪 70 年代,随着经验曲线概念的普及,这种战略已经逐步成为企业共同采用的战略。实现成本领先战略需要有一整套具体政策,即要有高效率的设备、积极降低经验成本、紧缩成本和控制间接费用,以及降低研究开发、服务、销售、广告等方面的成本。要达到这些目的,必须在成本控制上进行大量的管理工作,即不能忽视质量、服务及其他一些领域工作,尤其要重视与竞争对手有关的低成本的任务。

经典和前沿研究 | **经验曲线**

20 世纪 60 年代伊始,日益强大的经济力量给商业人士带来了新的烦恼,他们迫切需要找到认知世界的新方法。而臃肿、自满的美国大公司则发现自身已经陷入一种意想不到的竞争,这种竞争既来自国际的制造商,也来自国内的新晋小企业。但是究竟发生了什么?到底应该如何应对这些新形势?经验曲线为这两个问题提供了答案,这一概念的提出对于开启战略革命起到了至关重要的作用。

资料来源: 战略简史 4——横扫美国黄金时代商界的经验曲线[EB/OL]. (2020-11-03). https://www.jianshu.com/p/78d2d2c20a8b,有删改。

经验曲线的含义是企业可以预计成本正在下降,并且可以准确预测下降的速度(也就是说,企业自身总是可以实现更低的成本)。事实上,一些企业虽然在生产同类产品,却有截然不同的成本(当时很多经济学家对这一点都难以理解),并且企业的成本水平应该能够反映它所拥有的市场份额(一些企业或许能够以更低的成本进行生产)。市场份额大的企业经验更丰富,因为这些企业已生产了大批同类产品,所以它们的成本也应该比其他企业低(要么做大做强,要么被赶出市场)。经验曲线分狭义与广义:狭义的经验曲线是一种表示生产单位时间与连续生产单位之间关系的曲线,即当个体或组织在一项任务中习得更多的经验时,他们完成任务的时间会变得更短,效率会变得更高。如果将经验曲线运用到生产成本与产量的关系上,就有了广义的经验曲线效应(experience curve effect),即当产量增加时,产品的单位成本会不断下降。在不同的行业中,成本随产量下降的比率是不一样的,管理者发现这一比率后,可以有目的地通过控制产量来控制成本。

1. 成本领先战略的类型

根据企业获得成本优势的方法不同,可把成本领先战略概括为以下几种主要类型。

(1) 简化产品型成本领先战略。取得低成本的最直接的方式,就是使产品简单化,即将产品或服务中添加的花样全部取消。因此,仓库型的家具商场、法律咨询服务站、毫无装饰的百货店均能以远远低于同行业企业的成本从事经营。由于原有的种种为顾客所熟知的无法取消的服务，企业的竞争对手不得不负担高额费用支出。因此，简化产品而取得的低成本可以作为一项企业竞争优势。

（2）改进设计型成本领先战略。改进产品的设计或构成，也能形成成本优势。

（3）材料节约型成本领先战略。企业如果能够控制原材料来源，实行经济批量采购与保管，并且在设计和生产过程中注意节约原材料，也能降低产品成本，建立不败的优势。

（4）人工费用降低型成本领先战略。在劳动密集型行业，企业如能获得廉价的劳动力，也能建立不败的成本优势。通过兼并、加强控制等途径，也可以降低各项间接费用，同样能取得成本优势。

（5）生产创新及自动化型成本领先战略。生产过程的创新和自动化可以作为降低成本的重要基础。美国内陆钢铁公司的产品市场占有率不高，但通过工厂设备的自动化及营销系统的创新，仍能取得低成本的优势。

2. 成本领先战略的适用条件

成本领先战略是一种重要的竞争战略，但是它也有一定的适用范围。当具备以下条件时，采用成本领先战略会更有效力：

- 市场需求具有较大的价格弹性；
- 所处行业的企业大多生产标准化产品，从而使价格竞争决定企业的市场地位；
- 实现产品差异化的途径很少；
- 多数客户以相同的方式使用产品；
- 用户购物从一个销售商改变为另一个销售商时，不会发生转换成本，因而特别倾向于购买价格最优惠的产品。

4.2.2　差异化战略

所谓差异化战略，是指为使企业产品与竞争对手产品有明显的区别、形成与众不同的特点而采取的战略。这种战略的重点是创造被全行业和顾客都视为独特的产品和服务，以及企业形象。实现差异化的途径多种多样，如产品设计、品牌形象、技术特性、销售网络、用户服务等。如美国卡特彼勒履带拖拉机公司，不仅以有效的销售网和可随时提供良好的备件出名，而且以质量精良的耐用产品闻名遐迩。

实际案例　**拼多多的差异化战略**

拼多多是国内移动互联网的主流电子商务应用产品平台，成立于 2015 年 9 月。与其他购物平台采用的注重用户体验和质量的战略不同，拼多多采用了差异化的低价化战略，所售的商品要远比京东、淘宝等平台卖的商品便宜，这就吸引了大量的用户群体，同时平台采取拼团模式，消费者在购买商品的时候，需要带动他人一起组团购买商品。当商品购买数量多了之后，商品的价格就会被压下来，消费者就能低价购买商品。拼多多走的差异化竞争也体现在目标人群中。就在淘宝和京东为吸引大中城市用户资源争得不可开交之时，拼多多则定位于三四线城市、小县城的用户群体，找准这一用户群体的需求，提供相应的产品。这些都使拼多多能够在短短的几年时间内从国内电商平台的激烈竞争中突围。

资料来源：同样是电商，为什么拼多多比淘宝卖得便宜？内行人说出其中缘由[EB/OL]. (2022-03-20). https://baijiahao.baidu.com/s?id=1727825157212041102&wfr=spider&for=pc，有删改。

差异化战略适用以下几种条件:

- 有多种使产品或服务差异化的途径,而且这些差异化是被某些用户视为有价值的;
- 消费者对产品的需求是不同的;
- 奉行差异化战略的竞争对手不多;
- 具有很强的研究开发能力,研究人员有创造性的眼光;
- 企业具有产品质量或技术领先的声望;
- 具有很强的市场营销能力。

以上讨论了成本领先战略和产品差异化战略,那么,这两者之间存在什么关系?在这两种战略中如何做出选择呢?1980年10月,美国的威廉·霍尔教授发表了《关于在逆境中争取生存的战略》一文。文章分析了美国的钢铁、橡胶、重型卡车、建筑机械、汽车、大型家用电器、啤酒、卷烟8个行业的实际情况,并对这些行业的64家大型企业的经营战略进行了分析对比。结果表明,许多成功的企业有一个共同的特点,就是在确定企业竞争战略时都是根据企业内外环境条件,在产品差异化和成本领先战略中选择其一,从而确定具体目标、采取相应措施而取得成功的。当然,也有一个企业同时采取两种竞争战略而成功的,如经营卷烟业的菲利浦·莫尔斯公司,依靠高度自动化的生产设备,取得了世界上生产成本最低的佳绩,同时它又在商标、销售促进方面进行巨额投资,在产品差异化方面取得成功。但一般来说,不能同时采用这两种战略,因为这两种战略有着不同的管理方式和开发重点,有着不同的企业经营结构,反映了不同的市场观念。

在同一市场的演进中,常会出现这两种竞争战略循环变换的现象。一般来讲,为了竞争及生存的需要,企业往往以产品差异化战略打头,使整个市场的需求动向发生变化,随后其他企业纷纷效仿跟进,使差异化产品逐渐丧失了差异化优势,最后变为标准产品,此时企业只有采用成本领先战略,努力降低成本,使产品产量达到规模经济,提高市场占有率来获得利润。这时市场也发展成熟,企业之间竞争趋于激烈。企业要维持竞争优势,就必须通过新产品开发等途径寻求产品差异化,以开始新一轮战略循环。

4.2.3　集中战略

集中战略是指企业把经营的重点目标放在某一特定购买者集团,或某种特殊用途的产品,或某一特定地区上,来建立企业的竞争优势及其市场地位。由于资源有限,一个企业很难在其产品市场展开全面的竞争,因而需要瞄准一定的重点,以期产生巨大有效的市场力量。此外,一个企业所具备的不败的竞争优势,也只能在产品市场的一定范围内发挥作用。例如,天津汽车工业公司面对进口轿车和合资企业生产轿车的竞争,将经营重心放在微型汽车上,该厂生产的"夏利"微型轿车,专门适用于城市狭小街道行驶,且价格不贵,颇受出租汽车司机的青睐。

集中战略所依据的前提是,厂商能比正在广泛地进行竞争的竞争对手更有效或更高效地为其狭隘的战略目标服务,其结果是,或由于更好地满足其特定目标的需要而取得产品差异,或在为该目标的服务中降低了成本,或二者兼而有之。尽管集中战略往往采取成本领先和差异化这两种变化形式,但三者之间仍存在区别。后两者的目的都在于达到其全行业范围内的目标,但整个集中战略却是围绕着一个特定目标服务而建立起来的。

1. 集中战略的类型

具体来说,集中战略可以分为产品线集中战略、顾客集中战略、地区集中战略和低占有率集中战略。

(1) 产品线集中战略。对于产品开发和工艺设备成本偏高的行业,如汽车工业和飞机制造业，通常以产品线的某一部分作为经营重点，易于凝聚成强大的战斗力，获得竞争优势。

(2) 顾客集中战略。顾客集中战略的主要工作是将经营重心放在不同需求的顾客群上。有的厂家以市场中高收入顾客为重点，产品集中供应，注重最佳质量。

(3) 地区集中战略。以地区为标准，划分市场。如果一种产品能够按照特定地区的需要实行重点集中，也能获得竞争优势。此外，在经营地区有限的情况下，建立地区重点集中战略易于取得成本优势。

(4) 低占有率集中战略。市场占有率低的部门，通常被企业视为"瘦狗"或"现金牛"类业务单元。对于这些部门，往往采取放弃或彻底整顿的战略，以提高其市场占有率。根据美国哈佛大学教授哈默生等人的研究发现，市场占有率低的企业的经营成功，主要依靠将经营重点集中在较窄的领域上。其特点是低占有率公司的经营竞争仅局限于少数细分市场，而且它们研究效率较高，注重利润而不是成长。可见，市场占有率低的企业如果充分发挥自己的优势，将经营重点对准特定的细分市场，也能建立不败的竞争优势。

2. 集中战略的适用条件

具备下列 4 种条件，采用集中战略是适宜的。

(1) 具有完全不同的客户群，这些用户或有不同的需求，或以不同的方式使用产品。

(2) 在相同的目标细分市场中，其他竞争对手不打算实行重点集中战略。

(3) 企业的资源不允许其追求广泛的细分市场。

(4) 行业中各细分部门在规模、成长率、获利能力方面存在很大差异，致使某些细分部门比其他细分部门更有吸引力。

3. 集中战略的风险

集中战略也包含风险，主要是注意防止来自三方面的威胁，并采取相应措施维护企业的竞争优势。

(1) 以广泛市场为目标的竞争对手，很可能将该目标细分市场纳入其竞争范围，甚至已经在该目标细分市场中竞争，它可能成为该细分市场的潜在进入者，构成对企业的威胁。这时企业要在产品及市场营销各方面保持和加大其差异性，产品的差异性越大，集中战略的维持力越强；需求者差异性越大，集中战略的维持力也越强。

(2) 该行业的其他企业也采用集中战略，或者以更小的细分市场为目标，构成了对企业的威胁。这时选用集中战略的企业要建立防止模仿的障碍，当然其障碍的高低取决于特定的市场细分结构。另外，目标细分市场的规模也会造成对集中战略的威胁，如果细分市场较小，竞争者可能不感兴趣，但如果是在一个新兴的、利润不断增长的较大的目标细分市场上采用集中战略，就有可能被其他企业在更为狭窄的目标细分市场上也采用集中战略，开发出更为专业化的产品，从而剥夺原选用集中战略的企业的竞争优势。

(3) 由于社会政治、经济、法律、文化等环境的变化，技术的突破和创新等多方面原因引起替代品出现或消费者偏好发生变化，导致市场结构性变化，此时集中战略的优势也将随之消失。

每一种基本战略都是为创造和保持一种竞争优势而使用的、相互之间有很大差别的方法，它把企业所追求的竞争优势的形式和战略目标的范围结合起来。通常，一个企业必须从中做出选择，否则就会夹在中间。企业如果同时服务于一个范围广泛的部分市场(成本领先或差异化)，就不能从面向特定目标市场(集中)的战略上获取最大的利益。企业有时可能在同一个公司实体内创建两个在很大程度上相互独立的经营单位，各自奉行一条不同的基本战略。然而，除非企业把奉行不同通用战略的经营单位严格区分开,否则就会损害它们各自取得其竞争优势的能力。由于公司的政策和文化在各经营单位间相互纠缠,可能造成用一种次等的竞争方法与他人竞争,便会导致夹在中间的结果。

所谓"夹在中间"是指企业采取了每一种通用战略却又一无所成。夹在中间没有任何优势。这种地位通常是经济效益低于平均水平的一剂救命药方。由于成本领先的企业比享有差异化形象的企业和集中一点的企业在各个部分市场上处于更为优越的竞争地位,夹在中间的企业将只好从劣势地位上去竞争了。如果一个夹在中间的企业侥幸发现了有利可图的产品或客户,拥有持久性竞争优势的竞争厂商们就会迅速地把硕果攫取一空。在大多数产业里,不少竞争厂商是夹在中间的。

一个夹在中间的企业只有在其产业结构极为有利,或者幸亏该企业的竞争对手们也夹在中间时才会取得明显的利润。然而,这类企业通常比采取一般战略的厂商的盈利少得多。一旦陷入中间地位,往往需要花费时间和持久的努力才能使厂商摆脱它。因此,企业要尽量避免这种地位。

即测即评

请扫描二维码进行在线测试。

第 4.2 节习题

4.3　市场地位与竞争战略

每个企业都要依据自己的目标、资源和环境,以及在目标市场上的地位,来制定竞争战略。即使在同一企业中,不同的业务、不同的产品也有不同要求,不可强求一致。因此,企业应当先确定自己在目标市场上的竞争地位,然后根据自己的市场定位选择适当的营销战略和策略。企业在市场中的竞争地位有多种分类方法。根据企业在目标市场上所起的领导、挑战、跟随或拾遗补阙的作用,可以将企业分为以下 4 种类型:市场领导者(leader)、市场挑战者(challenger)、市场跟随者(follower)和市场补缺者(nicher)。

4.3.1　市场领导者战略

所谓市场领导者,是指在相关产品的市场上市场占有率最高的企业。一般来说,大多数行业都有一家企业被公认为市场领导者,它在价格调整、新产品开发、配销覆盖和促销力量方面处于主导地位。它是市场竞争的导向者,也是竞争者挑战、效仿或回避的对象。这些市场领导者的地位是在竞争中自然形成的,但不是固定不变的。如果它没有获得法定的特许权,必然会面临竞争者的无情挑战。因此,企业必须随时保持警惕并采取适当的措施。一般来说,市场领导者为了维护自己的优势,保持自己的领导地位,通常可采取三种策略:一是设法扩大整个市场需求;二是采取有效的防守措施和攻击战术,保护现有的市场占有率;三是在市场规模保持不变的情况下,进一步提高市场占有率。

1. 扩大市场需求总量

一般来说,当一种产品的市场需求总量扩大时,受益最大的是处于市场领导地位的企业。因此,市场领导者应努力从以下三个方面扩大市场需求量。

(1) 挖掘新的使用者。每一种产品都有吸引顾客的潜力,因为有些顾客或者不知道这种产品，或者因为其价格不合适，或者因为产品缺乏某些特点等而不想购买这种产品，这样，企业可以从这三个突破口挖掘新的使用者。

(2) 开辟产品新用途。公司也可通过发现并推广产品的新用途来扩大市场。同样，顾客也是发现产品新用途的重要来源，因此，公司必须要留心注意顾客对本公司产品使用的情况。

(3) 扩大产品的使用量。促使使用者增加用量也是扩大需求的一种重要手段。

2. 保护市场占有率

处于市场领导地位的企业，在努力扩大整个市场规模时，必须注意保护自己现有的业务，防备竞争者的攻击。市场领导者防御竞争者的进攻最有效的策略是不断创新。领导者不应满足于现状，必须在产品创新、提高服务水平和降低成本等方面，真正处于该行业的领先地位，同时，应该在不断提高服务质量的同时，抓住对方的弱点主动出击，正所谓"进攻是最好的防御"。市场领导者即使不发动进攻，至少也应保护其所在战线，不能有任何疏漏。由于资源有限，领导者不可能保持它在整个市场上的所有阵地，因此，它必须善于准确地辨认哪些是值得耗资防守的阵地，哪些是可以放弃而不会招致风险的阵地，以便集中使用防御力量。防御策略的目标是要减少受到攻击的可能性，将攻击转移到威胁较小的地带，并削弱其攻势。具体来说，有六种防御策略可供市场领导者选择。

(1) 阵地防御。阵地防御就是在现有阵地周围建立防线，这是一种静态的消极的防御，是防御的基本形式，但是不能作为唯一的形式。对于营销者来讲，单纯防守现有的阵地或产品，就会患"营销近视症"。

(2) 侧翼防御。侧翼防御是指市场领导者除保卫自己的阵地外，还应建立某些辅助性的基地作为防御阵地，或必要时作为反攻基地。特别要注意保卫自己较弱的侧翼，防止对手乘虚而入。

(3) 先发防御。这种更积极的防御策略是在敌方对自己发动进攻之前，先发制人抢先攻击。具体做法是，当竞争者的市场占有率达到某一危险的高度时，就对它发动攻击；或者是对市场上的所有竞争者全面攻击，使得对手人人自危。有时，这种以攻为守是看重心理作用，并不一定付诸行动。当然，企业如果享有强大的市场资产——品牌忠诚度高、技术领先等，面对对手挑战，可以沉着应战，不轻易发动进攻。

(4) 反攻防御。当市场领导者遭到对手降价或促销攻势，或改进产品、市场渗透等进攻时，不能只是被动应战，应主动反攻。领导者可选择迎击对方的正面进攻，迂回攻击对方的侧翼，或发动钳式进攻，切断从其根据地出发的攻击部队等策略。

(5) 运动防御。运动防御要求领导者不但要积极防守现有阵地，还要扩展到可作为未来防御和进攻中心的新阵地，它可以使企业在战略上有较多的回旋余地。市场扩展可通过两种方式实现：市场扩大化和市场多角化。

(6) 收缩防御。有时，在所有市场阵地上进行全面防御会力不从心，从而顾此失彼，在这种情况下，最好的行动是实行战略收缩防御，即放弃某些薄弱的市场，把力量集中用于优势的市场阵地中。

3. 提高市场占有率

市场领导者设法提高市场占有率，也是增加收益、保持领导地位的一个重要途径。市场占有率是影响投资收益率最重要的变数之一，市场占有率越高，投资收益率也越大。因此，许多企业以提高市场占有率为目标。

市场领导者要保持市场规模并提高市场占有率，可采取以下措施。

(1) 通过各种方式了解顾客对产品的意见和要求。

(2) 根据顾客的要求来不断地完善产品，提高质量。

(3) 以多种产品组合来防范竞争者的加入。

(4) 用自己著名的品牌推出新产品，实施品牌扩张战略。

(5) 保持较大的广告投入，以巩固和提高产品在顾客心中的地位。

4.3.2 市场挑战者战略

在行业中名列第二、三名等次要地位的企业称为亚军公司或者追赶公司。这些亚军公司对待当前的竞争情势有两种态度，一种是向市场领导者和其他竞争者发动进攻，以夺取更大的市场占有率，这时可称他们为市场挑战者；另一种是维持现状，避免与市场领导者和其他竞争者引起争端，这时可称他们为市场追随者。市场挑战者如果要向市场领导者和其他竞争者挑战，首先必须确定自己的战略目标和挑战对象，然后再选择适当的进攻策略。

1. 明确战略目标和挑战对象

战略目标与进攻对象密切相关，针对不同的对象存在不同的目标。一般来说，挑战者可以选择以下三种公司作为攻击对象。

(1) 市场领导者。攻击市场领导者这一战略风险很大，但是潜在的收益可能很高。为取得进攻的成功，挑战者要认真调查研究顾客的需求及其不满之处，这些就是市场领导者的弱点和失误。此外，通过产品创新，以更好的产品来夺取市场也是可供选择的策略。

(2) 与己规模相当者。挑战者对一些与自己势均力敌的企业，可选择其中经营不善而发生危机者作为攻击对象，以夺取它们的市场。

(3) 区域性小型企业。对一些地方性小企业中经营不善而发生财务困难者，可作为挑战的攻击对象。

2. 选择进攻策略

在确定了战略目标和进攻对象之后，挑战者要考虑进攻的策略问题。其原则是集中优势兵力于关键的时刻和地方。总的来说，挑战者可选择以下5种战略。

(1) 正面进攻。正面进攻就是集中兵力向对手的主要市场发动攻击，打击的目标是敌人的强项而不是弱点。这样，胜负便取决于谁的实力更强，谁的耐力更持久，进攻者必须在产品、广告、价格等主要方面大大领先对手，方有可能成功。进攻者如果不采取完全正面的进攻策略，也可采取一种变通形式，最常用的方法是针对竞争对手实行削价。通过在研究开发方面大量投资，降低生产成本，从而在低价格上向竞争对手发动进攻，这是持续实行正面进攻策略最可靠的基础之一。日本企业是实践这一策略的典范。

(2) 侧翼进攻。侧翼进攻就是集中优势力量攻击对手的弱点，有时也可正面佯攻，牵制其防守兵力，再向其侧翼或背面发动猛攻，采取"声东击西"的策略。侧翼进攻可以分为两种：一种是地理性的侧翼进攻，即在全国或全世界寻找对手相对薄弱的地区发动攻击；另一种是细分性侧翼进攻，即寻找市场领导企业尚未很好满足的细分市场。侧翼进攻不是指在两个或更多的公司之间浴血奋战来争夺同一市场，而是要在整个市场上更广泛地满足不同的需求。侧翼进攻是一种最有效和最经济的策略，较正面进攻有更多的成功机会。

(3) 围堵进攻。围堵进攻是一种全方位、大规模的进攻策略，它在几个战线发动全面攻击，迫使对手在正面、侧翼和后方同时全面防御。进攻者可向市场提供竞争者能供应的一切，甚至比对方还多，使自己提供的产品无法被拒绝。当挑战者拥有优于对手的资源，并确信围堵计划的完成足以打垮对手时，这种策略才能奏效。

(4) 迂回进攻。这是一种最间接的进攻策略，它避开了对手的现有阵地而迂回进攻。具体办法有三种：一是发展无关的产品，实行产品多元化经营；二是以现有产品进入新市场，实现市场多元化；三是通过技术创新和产品开发，以替换现有产品。

(5) 游击进攻。游击进攻主要适用于规模较小、力量较弱的企业，目的在于通过向对方不同地区发动小规模的、间断性的攻击来骚扰对方，使之疲于奔命，最终巩固永久性据点。游击进攻可采取多种方法，包括有选择的降价，强烈的、突袭式的促销行动等。应予指出的是，尽管游击进攻可能比正面围堵或侧翼进攻节省开支，但如果要想打倒对手，光靠游击战不可能达到目的，还需要发动更强大的攻势。

4.3.3　市场跟随者战略

并非所有在行业中处于第二位的公司都会向市场领导者挑战。因为这种挑战会遭到领导者的激烈报复，最后可能无功而返，甚至一败涂地。因此，除非挑战者能够在某些方面赢得优势，如实现产品重大革新或配销有重大突破，否则，他们往往宁愿追随领导者，而不愿对领导者贸然发动攻击。这种"自觉并存"状态在资本密集且产品同异性高的行业(如钢铁、化工等)中是很普遍的现象。在这些行业中，产品差异化的机会很小，而价格敏感度却很高，很容易爆发价格竞争，最终导致两败俱伤。因此，这些行业中的企业通常形成一种默契，彼此自觉地不互相争夺客户，不以短期市场占有率为目标，以免引起对手的报复。这种效仿领导者为市场提供类似产品的市场跟随战略，使得行业市场占有率相对稳定。

市场跟随者必须懂得如何维持现有顾客，并争取一定数量的新顾客；必须设法给自己的目标市场带来某些特有的利益，如地点、服务、融资等；还必须尽力降低成本并保持较高的产品质量和服务质量。具体来说，跟随策略可分为以下三类。

1. 紧密跟随

紧密跟随是指跟随者尽可能地在各个细分市场和营销组合领域仿效领导者。这种跟随者有时好像是挑战者，但只要它不从根本上危及领导者的地位，就不会发生直接冲突。有些跟随者表现为较强的寄生性，因为它们很少刺激市场，总是依赖市场领导者的市场努力而生存。

2. 有距离地跟随

有距离地跟随是指跟随者在目标市场、产品创新、价格水平和分销渠道等方面都追随领导者，但仍与领导者保持若干差异。这种跟随者易被领导者接受，同时它也可以通过兼并同行业中弱小企业而使自己发展壮大。

3. 有选择地跟随

有选择地跟随是指跟随者在某些方面紧随领导者，而在另一些方面又自行其是。也就是说，它不是盲目追随，而是择优跟随，在跟随的同时还要发展自己的独创性，但同时避免直接竞争。这类跟随者之中有些可能发展成为挑战者。

4.3.4　市场补缺者战略

几乎每个行业都有些小企业，它们专心致力于市场中被大企业忽略的某些细分市场，在这些小市场上通过专业化经营来获取最大限度的收益。所谓市场补缺者，就是指占据这种位置的企业。它们也被称为市场利基者(nicher)。

一般来说，一个理想的利基者有以下几个特征：①有足够的市场潜量和购买力；②市场有发展潜力；③对主要竞争者不具有吸引力；④企业具备有效地为这一市场服务所必需的资源和能力；⑤企业已在顾客中建立起良好的信誉，足以对抗竞争者。

一个企业进取利基的主要策略是专业化，公司必须在市场、顾客、产品或渠道等方面实行专业化。市场补缺者的竞争策略主要有以下内容。

(1) 最终用户专业化，即专门致力于为某类最终用户服务。

(2) 垂直层次专业化，即专门致力于为生产—分销循环周期的某些垂直的层次经营业务。

(3) 顾客规模专业化，即专门为某一种规模(大、中、小)的客户服务。许多利基者专门为大公司忽略的小规模顾客服务。

(4) 特定顾客专业化，即只对一个或几个主要客户服务。

(5) 地理区域专业化，即专为国内外某一地区或地点服务。

(6) 按产品或产品线专业化，即只生产一大类产品。

(7) 客户订单专业化，即专门按客户订单生产预订的产品。

(8) 质量与价格专业化，即选择在市场的底部(低质低价)或顶部(高质高价)开展业务。

(9) 服务项目专业化，即专门提供一种或几种其他企业没有的服务项目。例如，美国一家银行专门承办电话贷款业务，并为客户送款上门。

(10) 分销渠道专业化，即专门服务于某一类分销渠道，如生产适于超级市场销售的产品。

市场利基者要承担较大风险，因为利基本身可能会枯竭或受到攻击，因此，在选择市场利基时，营销者通常选择两个或两个以上的利基，以确保企业的生存和发展。

即测即评

请扫描二维码进行在线测试。

第 4.3 节习题

4.4　博弈论与动态竞争战略

博弈论与动态竞争战略相关内容，请扫描右侧二维码阅读。

博弈论与动态竞争战略

本章小结

1. 波特五力分析模型。美国经济学家迈克尔·波特(Michael E. Porter)于 20 世纪 80 年代提出了波特五力分析模型(Porter's Five Forces Model)，指出企业所面临的竞争力量一般有 5 种：潜在竞争力量、同行业现有竞争力量、买方竞争力量、卖方竞争力量和替代品竞争力量。

2. 市场竞争的一般战略。市场竞争战略就是企业为了自身的生存和发展，为在竞争中保持或提高其竞争地位和市场竞争力而确定的企业目标及为实现这一目标而采取的各项策略的组合。参与市场竞争的不同企业，应根据竞争领域和竞争态势的不同，以及各自营销目标和资源条件的不同，制定不同的市场竞争战略。迈克尔·波特提出的一般市场竞争战略有成本领先战略、差异化战略和集中战略三种。

3. 市场地位与竞争战略。企业在市场中的竞争地位有多种分类方法。根据企业在目标市场上所起的领导、挑战、跟随或拾遗补阙的作用，可以将企业分为以下 4 种类型：市场领导者(leader)、市场挑战者(challenger)、市场跟随者(follower)和市场补缺者(nicher)。

思考题

1. 试运用市场竞争模型中的"五力分析"分析目前国内的互联网产业。

2. 请分别列举国内外的数字化企业在运用迈克尔·波特所阐述的三种类型的基本竞争战略(即成本领先战略、差异化战略和集中战略)中的成功例子。

3. 请选取一家国内的互联网企业,通过分析其竞争战略确定其市场地位。

案例研究　中国新能源汽车行业的发展与竞争

随着我国对环保的要求提高及碳达峰目标的提出,我国越来越注重对环境污染较少、碳排放量较低的新能源汽车的发展。中国新能源汽车产业始于 21 世纪初,且随着我国对新能源汽车的重视,我国本土新能源汽车生产企业也开始发力,新能源汽车行业的市场集中度逐渐提升,中国新能源汽车研发能力由弱变强,实现了电动汽车自主创新和技术集成,形成了比较完整的产业布局。

一、中国新能源汽车行业特点

1. 新能源汽车种类多样化

目前,新能源汽车的种类正在多样化地发展。纯电动汽车因为在使用过程中碳排放量较少,对环境污染性较小,是我国政府目前的主要补贴车型和新能源汽车的主流,如蔚来、小鹏等车企都主打纯电动汽车。

除纯电动汽车外,插电式混合动力汽车是我国的另一种新能源汽车车型。插电式混合动力汽车同时具备纯电动汽车和传统燃油车的功能,在电池电量耗尽的情况下可以使用燃油作为动力行驶,在目前纯电动车电池技术还不完备的情况下,插电式混合动力汽车是一种不错的替代品,但是插电式混合动力汽车在作为燃油车使用时依旧会对环境造成一定的影响,因此,我国政府不太支持插电式混合动力汽车的发展,上海市于 2023 年 1 月 1 日起,不再对插电式混合动力(含增程式)汽车发放专用牌照额度。

燃料电池汽车是目前最为环保的新能源汽车车型,其利用氢气、甲烷等通过化学反应产生电流,省去了纯电动汽车在发电厂利用煤炭等能源进行发电的环节,使得汽车碳排放量更少。因目前燃料电池汽车的技术发展还不够成熟,其很少在乘用车领域使用。

2. 新能源车企数量快速增加,呈现梯队趋势

新能源汽车是我国未来汽车发展的趋势,也是我国碳达峰任务落实的重要措施之一。新能源汽车的上市公司主要包括:比亚迪(002594)、上汽集团(600104)、广汽集团(601238)、北汽蓝谷(600733)、长安汽车(000625)、长城汽车(601633)、江淮汽车(600418)、小康股份(601127)等。

因新能源汽车的发展顺应我国碳达峰任务的要求,众多传统车企像奇瑞汽车等未上市企业也开始向新能源汽车转型。同时,因新能源汽车的电子化程度较高,对电子技术的要求较高,使得许多互联网企业开始转型做新能源汽车,如蔚来汽车、理想汽车等。

新能源汽车行业依据销量进行划分,可分为三个竞争梯队。其中,销量大于 10 万辆的企业有比亚迪和特斯拉中国;销量在 3 万~10 万辆的企业有上汽乘用车、广汽埃安、长城汽车、蔚来汽车、奇瑞汽车和理想汽车;销量在 3 万辆以下的代表性新能源汽车企业有吉利汽车、小鹏汽车等。

3. 新能源汽车行业市场集中度呈现提高趋势

总体来看,我国新能源汽车行业的市场集中度呈现逐渐提高趋势。2020 年,中国新能源汽车 CR10 达到 50.37%,说明我国新能源汽车行业处于竞争型市场。未来,随着我国本土车企比亚迪、上汽集团等大型车企对新能源汽车技术的不断探索,我国新能源汽车的市场占有率还会进一步提高。

二、国内新能源汽车行业竞争格局

1. 市场竞争整体格局

目前国内新能源汽车行业集中度较高,2021H1 行业 CR5[①]为 58%,其中上汽通用五菱市场份额为 18%、特斯拉市场份额为 15%、比亚迪市场份额为 14%、上海汽车市场份额为 6%。随着补贴退坡,缺乏产品竞争力的车企预计将快速出清,技术领先、产品竞争力强、定位清晰的企业有望长期享受行业高增长红利。

2. 细分市场竞争格局

据统计,截至 2021 年我国混合动力车产量约为 68.89 万辆,同比增长 35.3%,销量为 66.87 万辆,同比增长 34%。可以预见,在今后的几年中混合动力车型的市场占比会不断提升。

从纯电动市场厂商销量来看,纯电动市场前 10 厂商排名基本稳定。2020 年 1—11 月,上汽通用五菱销量破 12 万辆,超越特斯拉(中国)夺得榜首,市场份额达 16.6%;特斯拉的市场份额为 15.7%,排名第二;比亚迪的市场份额为 11.3%,排名第三。

目前燃料电池汽车仍在探索发展的过程中,但燃料电池汽车市场也呈现了良好的发展势头。截至 2022 年 8 月,燃料电池汽车在 2022 年的产销分别完成 2 191 辆和 1 888 辆,同比分别增长 2.0 倍和 1.6 倍。可以预见,未来几年将是氢能及燃料电池行业的爆发期,随着"十四五"期间各地政策的密集出台,加上产业本土专利研发速度的加快,燃料电池汽车市场或将迎来快速发展的新风口。

三、中国新能源汽车行业竞争分析

由于新能源汽车属于技术密集型产品,电池、动力系统等技术的成熟与否直接决定一辆新能源汽车的质量。因此,各个车企都在针对新能源的电池等领域进行研发,以达到抢占市场的目的,新能源汽车的现有竞争者竞争较为激烈。

新能源汽车是作为传统燃油车的替代品出现的,旨在解决全球各国环境污染问题,属于较新的产品,目前替代品较少。新能源汽车的上游主要为原材料,在基本的钢铁、塑料领域基本按照市场价格,议价空间较少;在新能源汽车最关键的汽车芯片领域,受目前汽车芯片短缺和我国汽车芯片自给率较低的原因影响,导致新能源汽车在汽车芯片方面议价能力极弱。

北上广深等城市对传统燃油车的号牌限制较多,但对新能源汽车的号牌限制较少,因此,在超一线城市新能源汽车成为大多数车主的选择,而在对号牌限制不严格的二三线城市,车主依然会选择价格较为便宜、技术较为成熟的传统燃油汽车,使得新能源汽车对下游议价能力适中。

从新进入者来看,在我国环保压力下,新能源汽车是我国未来汽车行业发展的趋势,因此,众多企业都希望从新能源汽车这块大蛋糕中分一杯羹,不仅仅是传统燃油车企开始转型,许多互联网企业如百度等也开始瞄准新能源汽车行业。综合来看,新能源汽车行业潜在进入者威胁较大。

资料来源:

① 前瞻经济学人. 洞察 2022:中国新能源汽车行业竞争格局及市场份额(附市场集中度、企业竞争力评价等)[EB/OL]. (2022-10-14). https://baijiahao.baidu.com/s?id=1746630482555344206&wfr=spider&for=pc.

② 徐墨. 2022 新能源汽车产业报告:全年销量有望破 600 万辆,造车新势力欲凭研发超车[EB/OL]. (2022-11-08). https://xueqiu.com/2492549550/234792371,有删改。

案例思考题:

请用竞争战略的其他相关理论分析评价新能源汽车行业内的竞争。

---

① CR5 是指业务规模前五名的公司所占的市场份额。

第5章
STP 战略

学习目标

- 掌握 STP 战略的核心要素和步骤
- 熟悉市场细分的标准和方法
- 理解目标市场选择的策略
- 理解目标市场定位的策略
- 熟悉数字化时代 STP 战略的变化因素

第 5 章知识点

引入案例

哔哩哔哩是如何找到独特定位的

　　哔哩哔哩，又称 Bilibili 或 B 站，是上海东方传媒(集团)有限公司旗下以 ACG[①]和弹幕著称的网站。其创建于 2009 年，并于 2018 年在纳斯达克上市。

　　相较于我国涌现的最早一批的视频网站，如腾讯、优酷、爱奇艺等，哔哩哔哩采取了一条与众不同的路。在资本和生存的压力下，老牌视频网站早已纷纷采取 YouTube 模式，转战版权视频。背靠 BAT[②]三座大山的它们能够获取充足的资本支持，并通过对优质内容的版权争夺战迅速划分市场形成了三足鼎立之势，很好地满足了大众群体对优质节目的需求。而 B 站在与三巨头的竞争中，逐渐形成二次元领域视频弹幕网站的鲜明定位。为了增加用户黏度和忠诚度，B 站从建立伊始就不断发展壮大的社区业务将年轻人群体以兴趣为媒介联系到一起，优异的社区氛围为构建 UGC[③]生态提供了稳定的基础。如今，哔哩哔哩已经从二次元弹幕分享网站、泛二次元社区，成长为年轻人的泛娱乐文化社区。那么，充满想象的哔哩哔哩是如何找到自己在市场中的独特定位的？未来又有哪些发展可能？

　　资料来源：bilibili 产品分析"小破站"不设边界，不只要成为"中国 YouTube"[EB/OL]. (2020-02-06). https://www.163.com/dy/article/F4NJQUT70511805E.html.

---

① AGG 即 animation(动画)、comics(漫画)与 games(游戏)的首字母缩写。

② BAT 一般指中国互联网公司三巨头即百度公司(Baidu)、阿里巴巴集团(Alibaba)、腾讯公司(Tencent)三大巨头首字母缩写。

③ UGC(user generated content)，用户生成内容，即用户原创内容。

5.1 市场细分

5.1.1 市场细分的定义和作用

视频: 市场细分

市场细分和目标市场的概念是现代市场营销理论不断发展的结果。这个理论最早是由美国营销学家温德尔·斯密(Wendell R. Smith)于 1956 年提出的,一经提出即对企业界和理论界产生了巨大的影响,被称为能给企业带来效益的观点。一般来说,任何一个企业均无法为一个广义市场中所有的顾客提供产品和服务,因为这个市场的人数太多,分布太广,每个人(或每群人)的需求差异又很大。由此,每一个企业都需要选择并确定本企业可以提供最有效服务的市场,而不是盲目的广义市场。

从上面的介绍中我们知道,在市场营销学中,市场是由买方所构成的,而购买者由于受各种变量(如收入、职业、年龄、文化和习惯、偏好等)的影响,一般在一个或多个方面会有不同的需求。所谓市场细分(market segment),就是企业按各(细分)变量将整个市场划分为若干个需求不同的产品和营销组合的子市场或次子市场的过程,其中任何一个子市场或次子市场都是一个有相似需求的购买者群体。

在现代激烈竞争的市场环境中,市场细分的作用主要体现在以下几个方面。

(1) 有利于企业发现新的市场机会。通过对各细分市场的变量进行分析与对比,就有可能发现那些需求尚未得到满足或未充分满足的新的细分市场。

(2) 有利于中小企业开拓市场。中小企业进行市场细分的目的在于挖掘出适合自己的相对于其他中小企业的优势,或大企业无法甚至不愿顾及的小市场,在确定的目标市场上站稳脚跟,从而获得在激烈的竞争中生存与发展的机会及较大的经济效益。

(3) 有利于企业确定目标市场进而制定全面、细致、有效的营销组合策略。明确企业产品的服务对象,对提高企业的经营管理水平,增强市场的竞争力都有很大的帮助。

(4) 有利于企业(最)优化其资源。这主要体现在三个方面:一是可按照目标市场的需求和变化,及时、准确地调整产品结构和营销策略;二是能更有效地建立营销和运输渠道,进行广告宣传;三是可以集中人、财、物力于一点或数点,使有限的资源发挥其最大的效用,从而最大限度地避免浪费。

(5) 有利于及时反馈各方面信息并适时做出相应的调整。企业专注于相对集中的目标市场,因而能更及时地发现问题,并掌握发展及变化的趋势。这不但有助于企业防范重大危害性事件的发生,也有助于挖掘市场的潜在需求。

(6) 有利于评价企业的营销策略。在个别目标市场,整个市场能够快速地反映出营销与产品策略的正确与否,企业依此可及时做出评价、及时进行调整并制订出进一步的行动方案。

5.1.2 消费者市场的细分变量

消费者市场的主要细分变量有地理、人口统计、心理和行为,如表 5-1 所示。

表 5-1 消费者市场细分变量

主要细分变量	次要细分变量
地理	区域、地形地貌、气候、城乡、城市规模、人口密度、交通、环保、其他
人口统计	国籍、种族、宗教、职业、受教育程度、性别、年龄、收入、家庭人数、家庭生命周期、其他

（续表）

主要细分变量	次要细分变量
心理	社会阶层、生活方式、个性、购买动机、偏好、其他
行为	追求利益、使用时期、使用者状况、使用频率、品牌忠诚度、对产品的了解程度、对产品的态度、其他

1. 地理细分

地理细分(geographic segmentation)是将市场划分为不同的地理单位，如国家、地区、城市、城镇。处于不同地理单位的消费者的需求是不同的。麦当劳进行地理细分时，主要是分析各区域的差异，如美国东西部的人喝的咖啡口味是不一样的。再如，我国的昆明和广州虽都处于南方，但由于地形地貌和气候的不同，对空调的需求也大相径庭。

2. 人口统计细分

人口统计细分(demographic segmentation)是根据人口统计这一变量，按国籍、性别、民族、收入等具体细分变量将市场细分。这是区分消费者群体最常用的变量。不仅是由于该变量与消费者对商品的需求、爱好和消费行为有密切的关系，且人口统计变量资料相对容易获得和容易进行比较。

(1) 性别。按性别可将市场划分为男性市场和女性市场。性别细分在服装、化妆品、杂志等行业得到广泛的应用。在购买行为、购买动机等方面，男女之间也有很大的差异，如女性是服装、化妆品、节省劳动力的家庭用具、小包装食品等市场的主要购买者，男性则是香烟、饮料、体育用品等市场的主要购买者。在同类产品的购买中，男性与女性的区别也很大。例如，在购车时，女性更多地受到环境的影响，更在意车的内饰等设计风格；男性则更在意车的性能。

(2) 年龄和生命周期阶段。不同年龄段的消费者，处于不同的生命周期阶段，由于生理、性格、爱好、经济状况的不同，对消费品的需求往往存在很大的差异。因此，可按年龄将市场划分为许多各具特色的消费者群，如儿童市场、青年市场、中年市场、老年市场等。从事服装、食品、保健品、药品、健身器材、书刊等商品生产经营业务的企业常采用年龄变量来细分市场。

(3) 收入。收入的变化将直接影响消费者的需求欲望和支出模式。根据平均收入水平的高低，可将消费者划分为高收入、次高收入、中等收入、次低收入、低收入五个群体。收入高的消费者就比收入低的消费者更愿意购买高价的产品，如钢琴、汽车、空调、豪华家具、珠宝首饰等。收入高的消费者一般喜欢到大百货公司或品牌专卖店购物，收入低的消费者则通常在住地附近的商店、仓储超市购物。因此，汽车、旅游、房地产等行业一般按收入变量细分市场。

3. 心理细分

心理细分(psychographic segmentation)是根据购买者的个性特征、生活形态或价值观点，将其划分为不同的群体。例如，有的消费者喜欢穿金戴银，追求名贵物品以显示其经济实力和社会地位；有的穿着打扮新潮以突出其个性；有的却非某某国的家电不买，显示出一种崇洋心理。商家利用明星做广告来进行其商品的促销，就是利用人们(特别是青少年)的"追星"心理。

(1) 生活方式。生活方式是人们对工作、消费、娱乐的特定习惯和模式，不同的生活方式会产生不同的行为、兴趣和需求偏好，如"传统型""新潮型""节俭型""奢侈型"等。越来越多的企业，如服装、化妆品、家具、娱乐等行业根据生活方式来细分市场。这种细分方法能显示出不同群体对同种商品在心理需求方面的差异性。

(2) 个性。消费者不同的个性会对他们的购买行为产生很大影响。性格可以用乐观、悲观、自信、保守、激进、热情等来描述。性格外向、容易冲动的消费者往往喜欢购买能表现自己个性的产品;性格内向的消费者则喜欢大众化的产品;富于创造性和冒险心理的消费者,则对新奇、刺激性强的商品特别感兴趣。

4. 行为细分

行为细分(behavioral segmentation)就是根据不同的购买行为来进行市场细分,通常包括购买的时机、商品的使用频率、消费者对产品的了解和态度等。

(1) 时机。许多产品的消费具有时间性。例如,夏季到来之前是空调的销售旺季,这就是购买的时机。又如,烟花爆竹的消费主要在春节期间,月饼的消费主要在中秋节以前,旅游点在旅游旺季生意最兴隆。因此,企业可以根据消费者产生需要、购买或使用产品的时间进行市场细分,如航空公司、旅行社在寒暑假期间大做广告,实行优惠票价,以吸引师生乘坐飞机外出旅游;商家在酷热的夏季大做空调广告,以有效增加销量;各大电商平台利用"双十一"疯狂促销等。

(2) 追求利益。顾客从同一种商品中追求的利益可能不同。例如,购买各种不同的化妆品,不同的顾客就追求不同的利益:有的为了增白,有的为了抗皱或防晒,有的则为了护肤,有的却追求综合效用(增白、抗皱等都要)。

(3) 使用者状况。根据顾客是否使用和使用程度,市场可以细分为从未使用者、曾经使用者、潜在使用者、首次使用者和经常使用者五大类。大公司十分注重吸引潜在使用者,使公司获得更大的利益和市场份额。而较小的公司则注重于保持现有使用者,并设法吸引使用竞争产品的顾客转而使用本公司产品。

(4) 使用数量。根据消费者使用某一产品的数量多少进行市场细分,通常可分为大量使用者、中度使用者和少量使用者。大量使用者人数可能并不很多,但他们的消费量在全部消费量中占很大的比重。美国一家公司发现,美国啤酒的80%是被50%的顾客消费掉的,另外一半的顾客的消耗量只占消耗总量的小部分。因此,啤酒公司宁愿吸引大量饮用啤酒者,而放弃少量饮用啤酒者,并把大量饮用啤酒者作为目标市场。公司还进一步了解到大量喝啤酒的人多是工人,年龄在25~50岁之间,喜欢观看体育节目,每天看电视的时间不少于3~5小时。很显然,根据这些信息,企业可以大大改进其在定价、广告传播等方面的策略。

(5) 忠诚度。市场还可以根据顾客忠诚度进行细分。例如,有的消费者忠诚于某些品牌,如苹果、劳力士、海飞丝等;有的消费者忠诚于某些公司,如宝洁、丰田等。营销人员通常会根据消费者的品牌忠诚度将其分为四类:核心忠诚者、中度忠诚者、易变型忠诚者和经常转换者。企业必须辨别他的忠诚顾客及特征,以便更好地满足他们的需求,必要时给忠诚顾客以某种形式的回报或鼓励,如给予一定的折扣。

在对市场进行细分时,要将各种变量综合在一起进行分析,并且应根据实际情况对主要和次要的细分变量重新分类。对于有些商品而言,地理是主要细分变量,而对其他商品则未必。也有可能次要的细分变量变成了主要的细分变量,主要的细分变量成了次要的细分变量。要具体情况具体分析,绝不要一概而论。

5.1.3 组织市场的细分变量

在组织市场的细分中许多用来细分消费者市场的变量依然可以使用。当然,它们毕竟不是完全一样的市场,组织市场的购买者也不是一般的消费者,而是企业、政府或政府机关、社会团体等,所以组织市场的变量集合就有自己的特点。

组织市场的主要细分变量有地理人口、经营状况、采购方式、产品用途和个性特征,如表5-2所示。

表 5-2　组织市场的细分变量

主要细分变量	次要细分变量
地理人口	行业、地址、公司规模等
经营状况	技术、使用者/非使用者、顾客能力等
采购方式	采购组织职能、权力结构、总采购政策、购买标准等
产品用途	应急、常规、特殊用途、订货量等
个性特征	双方相似点、风险态度、合作态度、偏好等

1. 地理人口

根据购买产品的公司所从事的行业、公司规模和所在地区进行细分。例如，卡特彼勒拖拉机制造公司就将其产品按行业分类，专供农业、矿业和建筑业三个行业使用。针对三个不同行业对拖拉机使用的相似之处和差别进行了深入的了解，有了深刻的认识。各种地理环境、用途、技术水平等，对拖拉机就有不同的要求。大型水利工地上使用的拖拉机和在农田中使用的拖拉机尽管使用性质是一样的，但具体的功能要求则完全不同。根据客户规模，区分是大客户还是中型客户抑或是小客户。也可以按使用时间，细分为长期客户、中期客户或短期客户。按区域，客户细分为国际性客户、全国性客户、地区性客户、经销商等。国际性客户和全国性客户属于大客户，地区性客户为中客户，经销商则一般为小客户。这样的划分并没有固定不变的模式，经销商特别是代理商完全可以是一个大的国际性客户。

2. 经营状况

根据顾客重视的技术、使用者情况和顾客能力进行市场细分。对于使用者情况，与消费者细分类似，可分为大量使用者、中度使用者、少量使用者和非使用者。按顾客能力区分，能力强的顾客需要较少的服务，反之能力弱的顾客则需要卖方提供很多的服务。

3. 采购方式

采购方式包括客户的采购职能组织(高度集中还是高度分散)、权力结构、标准要求和采购制度等次要细分变量。比如量具，不同行业的购买标准和要求就不一样。科学实验所用的量具精度要求就很高，教学用相对要低，农贸市场则更低。印刷厂在承接书籍的排版和印刷时，若是教学用书，则量大、差错率低，但纸质要求一般，价格也不能太高；而经典著作则是量小、基本无错误，而纸质要求高，价格可以抬高。

4. 产品用途

产品用途是根据顾客需求的紧急程度、订货量、产品对顾客是否具有特殊用途等方面进行市场细分。按订货量，可以分为大宗订货和少量订货，其中大宗订货对于生产企业的产能和资源有较高的要求。

5. 个性特征

个性特征是根据购销双方的相似点、对待风险的态度或忠诚度将市场进行细分。例如，购买方企业的人员及其价值观念与本公司是否相似，对方是敢于冒风险的顾客抑或是避免风险的顾客，顾客对供应商的忠诚度等方面。

5.1.4　评估细分市场的有效性和价值

1. 评估细分市场的有效性

应该认识到，并不是所有的细分都是有效的。例如，你可以根据前来购买大米的顾客的衣着，将购买大米的市场分为衣着整洁和不整洁两类细分市场，但是购买大米的数量与购买者的衣着无关。要使细分成为有效和可行的，必须具备以下几个条件。

(1) 可度量性。主要指细分的特性可以度量，如大小、购买力、人口等。

(2) 有价值。细分市场的规模要大到足以获得利润的程度。例如，专为体重超过 200 千克的人设计和制作服装，对一家服装厂是不合算的。

(3) 可接近性，即能有效地到达细分市场并为之服务。

(4) 差异性。细分市场在观念上要能够被区别，且对不同的营销组合因素和方案应有不同的反应。

(5) 可行性。指细分计划的可行性。

同时还必须注意：①确定细分市场的变量并非越细越好，要分清主要变量、次要变量；②细分市场并非越多越好；③市场是动态的，所以要根据变化，进行研究和分析并做出相应的调整。

2. 评估细分市场的价值

市场细分后，应根据自己的特点及各方面的综合实力，选择一个或数个细分市场作为目标市场，以求能在这个市场(或这些市场)上最有利于发挥自己的优势，达到最佳或满意的收益。这样，在细分市场后，要进行的首项工作就是对细分市场的价值进行评估。可怎样才算合理评估呢？

菲利普·科特勒认为：评估不同的细分市场，企业必须考虑两个因素，一是细分市场的总体吸引力，二是公司的目标和资源。具体而言，需要评估的要素包括：①各细分市场现在和潜在的获利能力；②各细分市场的容量，特别是潜在的市场(需求)容量，即市场规模；③进入和开拓的成本及难易程度；④竞争对手(包括潜在的竞争对手)的大小和强弱。

5.1.5 市场细分理论的演变

市场细分理论的演变过程充分体现了"同中求异，异中求同"的八字准则。从大众化营销到细分营销体现了"同中求异"的过程。在卖方市场的无细分年代，企业奉行的是无视消费者多样化需求的大众化营销，这才有了福特的"除了黑色以外没有其他颜色的 T 型车"和"可口可乐只卖 6.5 盎司的瓶装可乐"的传奇。然而，随着供求关系出现变化，卖方市场很快转变为买方市场，越来越多的企业注意到根据消费者的不同需求提供不同类型的产品，细分营销时代就此到来，宝洁公司和通用汽车都是细分年代的佼佼者。

视频：市场细分的演变

市场细分理论已成为市场营销理论的基础，复杂多样的营销理论大多可以在这里找到它的根基。更重要的是，市场细分理论在实践中是如此有效，已成为指导企业的成功法则。然而，随着"以消费者为中心"的营销理念日渐深入人心和个性化消费时代的到来，特别是互联网和移动互联网的广泛应用，市场细分理论也出现了新的演变趋势，如图 5-1 所示。

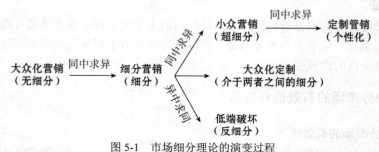

图 5-1　市场细分理论的演变过程

1. 超细分和个性化

超市场细分理论认为，为满足人们个性化消费的需要，现有的许多细分市场应该进一步细分。而这一理论发挥到极致就是将市场细分到个人，即个性化定制营销。定制营销理论认为，每个顾客都有不同的需要，因而，通过市场细分将一群顾客划归为有着共同需求的细分市场的传统做法，已不能满足每个顾客的特殊需要。而大数据统计分析方法已能准确地记录并预测每个顾客的具体需求，并为每个顾客提供个性化的服务，从而增加每个顾客的忠诚度。以宝洁为例，市场细分理论帮助它缔造了在中国市场上的神话，对于它的品牌和广告人们耳熟能详，它的产品遍布各大超市卖场，这种"大生产+大零售+大渠道+大品牌+大物流"规模经济产销模式助其在工业时代取得成功。然而，随着工业时代转向信息时代，又进一步转向数据时代，小而美的品牌可以借助网络渠道接触自己的受众，英国的一个叫 Lush 的小众洗发皂品牌可以借助"海淘"漂洋过海，满足国内消费者的个性化需求。严格来说，超细分时代的小众营销和个性化时代的定制营销遵循的仍然是"同中求异"的演变路线。

2. 反细分

毋庸置疑，定制营销作为一种未来的理想营销模式，将赢得人们更多的关注，但在目前，对绝大多数企业而言，它只能是一种奢侈的营销模式，因为定制必然带来高成本，这就给定制营销的实施带来阻力。于是，有企业开始意识到，市场细分应以满足消费者差异性需求，发现市场机会，降低营销成本为目的，反细分理论随之出现。反细分理论并不是反对市场细分，而是指在满足大多数消费者的共同需求的基础上，将过分狭小的市场合并起来，以便能以规模营销优势达到用低价去满足较大市场的消费需求。一般来说，反细分理论的实施主要有两种方式：一是通过缩减产品线来减少细分市场；二是将几个较小的细分市场集合起来，形成较大的细分市场。2013 年"名创优品"横空出世，短短两年时间在全球陆续开出 1100 多家名创优品店，店中大多数商品售价在 10 元到 80 元之间，不断冲击着国人消费的痛点，这应该是反细分理论取得成功的经典案例。

3. 介于两者之间的细分

如果说超细分和个性化代表的"同中求异"的路线，反细分代表着"异中求同"的路线，那么介于两者之间的细分就是一条中庸路线。定制化带来了高成本，反细分忽视了个性化，那么能不能有一种细分理论能够同时兼顾规模生产和个性化需求呢？大众化定制应运而生。大众化定制(mass customization)是美国未来学家阿尔文·托夫勒(Alvin Toffler)在《未来冲击》(*Future Shock*)一书中提出的：以类似于标准化和大众化生产的成本和时间，提供客户特定需求的产品和服务。大众化定制的典型案例是 Dell(戴尔)电脑，既实现了电脑配件的标准化规模生产，又为消费者提供个性化的电脑产品。

▎ **即测即评**

请扫描二维码进行在线测试。

第 5.1 节习题

5.2 目标市场选择

企业在评估、比较不同的细分市场后，选择一个或几个细分市场决定进入，在其中实施计划并获取利润，就称其为企业的目标市场。企业的目标市场策略通常有以下三种选择。

5.2.1 选择目标市场的策略

1. 无差异市场营销策略

无差异市场营销策略是指企业不考虑各细分市场的差异性，仅强调它们的共性，从而将它们视为一个统一的整体市场。企业为此设计单一的产品、采取单一的营销组合策略。尽管越来越多的专家和企业的营销人员对此都抱有疑问，但无差异营销的确有许多特有的优势：品种单一从而适合大规模生产，能充分发挥规模经济的效益，节省大量的广告、推销、生产和运输，以及在细分市场上进行调研的费用，从而在价格上获得竞争的有利地位。其最大的不足之处就是应变能力差，对目标市场的依赖性较大，一旦发生变化，风险较大。一般来说，该策略适用于差异性小且需求量大的物品，如标准量具、螺丝螺母等。

2. 差异性市场营销策略

差异性市场营销策略是指企业根据不同的目标市场采用不同的营销策略，甚至设计不同的产品来满足不同目标市场上不同的需求。例如，宝洁公司追求的多品牌战略就是追求同类产品不同品牌之间的差异。在美国，宝洁拥有9种洗衣粉品牌、7种洗发水品牌、6种香皂品牌等。同一类产品的不同品牌是为了满足不同顾客希望从产品中获得不同的利益组合。以其在中国销售的5种洗发水品牌为例，这5种洗发水品牌也代表了5个细分市场。海飞丝的主要功效在于去屑；潘婷主要是保护秀发健康；飘柔是使头发光滑柔顺；沙宣代表专业定型；伊卡璐的卖点则是馥郁清新的香味。同一类产品的不同品牌在同一超级市场上相互竞争，但不影响它们的销售，原因就在于它们的目标是占领洗发水市场中各个具有差异性的细分市场。

由于差异性市场营销策略在获得较高销售量的同时也增加了销售成本，所以，不要以为市场分得越细越好。下面介绍几种不同的差异性市场营销策略。

(1) 完全差异性市场策略。这些策略将所有细分市场均作为企业的目标市场，用不同的产品分别满足不同顾客的需求。一般大的集团公司多采用此方法，前面所介绍的卡特彼勒拖拉机公司就是如此。

(2) 市场专业化策略。专门为满足某一个顾客群的各种需求提供系列产品和服务。如化妆品公司为中年妇女提供的增白、抗皱、去斑、防晒和保湿等化妆品系列。其优点是适当缩小市场面，有利于发挥企业的生产和技术优势；同时因满足了不同的需求，从而使销量扩大，收入增加。但这对于市场的前期调研和分析要求较高，因为一旦产品不对路则会产生危机。

(3) 产品专业化策略。为不同细分市场有相同需求的顾客群提供同一产品。例如专门生产豪华家具的公司，它既生产家庭用的豪华家具，又为其他公司生产豪华的办公用家具，甚至为星级宾馆的旅馆生产豪华的配套家具。

(4) 有选择的专业化策略。选择较有利的若干个细分市场为目标市场，并为它们提供不同的产品和服务，实行不同的营销策略。如生产电扇的厂家，既生产各种一般的民用电扇，又为工厂、商店甚至农村等生产排风扇，有的还生产工业和农业用鼓风机。

(5) 密集单一市场策略。通过密集营销，更加了解某一细分市场的需要，从而在该细分市场建立巩固的市场地位。例如，大众汽车公司集中于小型车市场，保时捷公司则集中于运动车市场。

总之，差异性市场营销策略一般较适合于生产经营差异性较大的产品及从事多品种生产的企业。各种差异性市场营销策略，如图5-2所示。

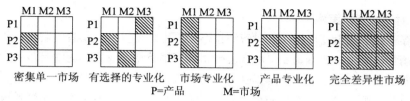

图 5-2　差异性市场营销策略图

3. 集中性市场营销策略

该策略也称密集型市场营销策略,即企业集中所有力量来满足一个或几个细分市场的需求。例如,古籍出版社仅以出版古籍书为目的。企业采用这种集中性市场营销策略,可以在目标市场上有很强的竞争优势,通过生产、销售等专门化分工,可以获得较高的经济利益,但采用此策略的风险也较其他策略更大。目标市场中完全可能出现不景气的现象而引起企业的亏损。一般而言,运用这样的策略,追求的不是在较大市场上取得较小的市场占有率,而是在一个或几个较小的细分市场上取得较高的市场占有率。它较适合于资源有限的中小企业。

企业在选择目标市场策略时,还有其他一些要考虑的因素:目标市场的社会、法律和道德因素,市场或产品的相似性,产品的生命周期,竞争者的地位和策略等。适时、灵活地制定企业的营销策略是极其重要的。

5.2.2　选择目标市场考虑的因素

1. 企业实力

企业实力是指企业满足市场需求的能力,主要包括财力、生产能力、技术开发能力,以及营销管理能力。如果企业规模较大,技术力量和设备能力较强,资金雄厚,原材料供应条件好,则可采用差异性市场营销策略或无差异市场营销策略。反之,规模小、实力差、资源缺乏的企业宜采用集中性市场营销策略。例如,我国医药工业的整体水平相对落后,即使是国内一流的大型医药企业也难以与国外大医药公司相抗衡。采用集中性市场营销策略,重点开发一些新剂型和国际市场紧缺品种,利用劳动力优势,建立自己的相对品种优势,不失为一条积极参与国际竞争、提高医药工业整体水平的捷径。

2. 产品特点

对于具有不同特性的产品,应采取不同的策略。对于同质性商品,虽然由于原材料和加工不同而使产品质量存在差别,但这些差别并不明显,只要价格适宜,消费者一般无特别的选择,无过分的要求,例如大米、食盐、火柴等产品,可以采用无差异市场营销策略。而异质性商品,如服装、家用电器、儿童玩具等,宜采用差异性营销策略或集中性市场营销策略。

3. 产品所处的生命周期阶段

产品所处的生命周期不同,采用的市场营销策略也是不同的。一般来说,企业的新产品在投入期或成长期,通常采用无差异市场营销策略,以探测市场需求和潜在顾客情况,也有利于节约市场开发费用;当产品进入成熟期时,宜采用差异性市场营销策略,才能延长成熟期,开拓市场;当产品进入衰退期时,宜考虑采取集中性市场营销策略,以集中力量于少数尚有利可图的目标市场。

4. 竞争对手的营销策略

企业生存于竞争的市场环境中，对营销策略的选用也要受到竞争者的制约。当竞争者采用了差异性市场营销策略，如本企业采用无差异市场营销策略，就往往无法有效地参与竞争，很难处于有利的地位，除非企业本身有极强的实力和较大的市场占有率。当竞争者采用的是无差异市场营销策略，则无论企业本身的实力大于或小于对方，采用差异性市场营销策略，特别是采用集中性市场营销策略，都是有利可图、有优势可占的。总之，选择适合于本企业的目标市场营销策略，是一项复杂的、随时间变化的、有高度艺术性的工作。

5. 市场特点

当消费者对产品的需求欲望、偏好等较为接近，购买数量和使用频率大致相同，对销售渠道或促销方式也没有大的差异时，就显示出市场的类似性，可以采用无差异市场营销策略。如果各消费者群体的需求、偏好相差甚远，则须采用差异性市场营销策略或集中性市场营销策略，使不同消费者群体的需求得到更好的满足。

> **课程思政** ┃ **农村包围城市**
>
> 1927 年八七会议后，中国共产党确立了土地革命和武装反抗国民党反动派的总方针。在此精神指导下，我党先后组织了秋收起义、广州起义等百余次武装起义。这些起义拥有两个共同的特点：一是从起义目标来看，几乎都剑指大城市，如长沙、广州等。二是从起义结果来看，这些起义基本上以失败告终，即使获得短暂的胜利，也未能坚守。其中最明显的例子是广州起义。起义成功后，我党首次在中国大城市建立苏维埃政府"广州公社"。但仅三天后，这一政权就在战火中倒下了。而其他各地起义夺取城市的目标也几乎没有实现。
>
> 1930 年 9 月中旬，攻打长沙失利。红一方面军总前委书记兼总政委毛泽东率前委机关 30 人、警卫连 130 人，从长沙白田铺出发，傍晚到达株洲。毛泽东当晚做出撤回江西、进攻吉安的决策，开始从攻打城市到向农村进军的伟大转折。此后，中国共产党在领导红军战争和根据地建设的过程中，通过艰难的探索，逐渐形成了农村包围城市、武装夺取政权的思想。

> **即测即评**
>
> 请扫描二维码进行在线测试。

第 5.2 节习题

5.3 市场定位

通常，企业在选定自己的目标市场时，也就决定了自己的顾客和竞争对手。怎样维持和保有自己的顾客并尽可能地限制竞争对手的数量，就提出了市场营销活动中的市场定位问题。换句话说，也就是在企业所选定的目标市场中如何尽可能地使自己处于一种有利的竞争优势地位。

视频：差异化
市场定位

5.3.1 市场定位的概念

市场定位最初主要是指产品定位，即决定企业的产品和竞争者的产品在目标市场上各处于何种位置。因为最初产品的定位直接影响到产品销售量和企业的经济效益，企业把目光都集中在产品定位上。随着现代经济和科学技术的不

视频：市场定位
的基本步骤

断进步，市场定位理论随着实践的发展，不断向广度和深度发展。从深度上说，人们已不再单纯地局限于产品上，在服务、形象等方面都有了较大的发展。从广度上说，在现代市场营销学中，市场定位是指树立企业及其产品在消费者心目中、在特定的目标市场中的特定形象和地位。

随着科学和技术的进步，产品差异的硬指标逐渐缩小，取而代之的是消费者对品牌和形象等的偏好。并且随着社会的发展，购买的首要决策因素——价格，已逐渐向自我形象的恰当体现、心理满足等过渡。所以，进行企业自身发展的定位，通过全面的企业形象设计，以及不断有效、准确地将其传播给消费者，在消费者心目中确立起优良的企业形象，已是今天企业提高竞争力、获取竞争优势所必需的市场定位理论的重要内容。一个企业所树立的良好形象一旦为社会公众接受和认可，企业及其产品也更易被消费者信赖和接受。

5.3.2　市场定位的战略

1. 首位战略

在每一行业、每一区域、每一目标市场都有一些公认处于首位的企业。例如，可口可乐公司是世界上最大的软饮料公司，Hertz 公司是世界上最大的汽车租赁行，长虹是中国最大的电视机生产厂家，等等。这些品牌占据了首席的特殊位置，其他竞争者很难侵取其位。由于这种无可替代的第一所取得的效果，许多企业挖空心思地想占据老大地位。

在这种市场定位战略中，我们要注意的是，这个首位和第一可以是差别性的，不一定非是规模上的最大不可。重要的是在某些有价值的属性上取得第一的定位，在某些选定的目标市场上争得第一。例如，长虹就不是世界上规模最大的电视机生产厂家，但它是中国这个区域市场上的规模第一；七喜汽水不是饮料生产厂家的第一，但它是非可乐型饮料的第一。

2. 巩固战略

巩固战略是要在消费者心目中加强和提高自己现在的定位。如果企业成不了第一名，成为第二、第三也是一种有效的定位。例如，美国 Avis 公司将自己定位为汽车租赁行业的第二位，并且强调说，我们是老二，我们要迎头赶上去。同时让消费者知道并相信这是确实可信的。紧挨第一名的市场定位既避免了和"第一"针锋相对的冲突，也在消费者心目中树立起了具有相当实力的印象。

3. 挖掘战略

挖掘战略是寻找被许多消费者所重视和未被占领的定位，也称之为"寻找枪眼"或者"找空子"。例如，美国联合泽西银行没法与纽约的大银行(如花旗银行和大通银行)进行竞争，但其营销人员发现大银行发放贷款往往行动迟缓,他们便将联合泽西银行定位为"行动迅速的银行",实际上，他们依靠"行动迅速的银行"的定位，获得了很大的成功。还有，步步高"充电 5 分钟通话 2 小时"的闪充技术也让 Vivo 和 Oppo 着实拥有了很多使用者。

4. 共享战略

共享战略即"高级俱乐部战略"。公司如果不能取得第一名和某种很有意义的属性，便可以采取这种战略。竞争者可以宣传说自己是三大公司之一或者是八大公司之一等。三大公司的概念是由美国以前第三大汽车公司——克莱斯勒汽车公司提出的，八大公司的概念是由美国第八大会计公司提出的。其含义是俱乐部的成员都是最佳的，这样便在消费者心目中把公司划入了最佳的圈子，成功地将公司定位于优良者的地位。

5. 重新定位战略

如果消费者心目中对该企业的市场定位不明确，或当市场营销环境发生重大变化后，或者是顾客需求发生了显著变化等，企业须调整自己原来的市场定位，进行重新定位。另外，就是当众多的或较强的竞争对手定位于自身产品及形象周围时，为发动进攻，也通常采取重新定位战略。例如，上海的同济大学以前是一所以建筑类专业见长的著名高校，在大家的心目中它就是一所工科院校。现在随着市场变化和专业发展，该校的财经及文科类专业已超过全部专业的1/3，由此，该校就面临重新定位的问题。作为学校必须及时调整它的市场定位，不断宣传和强化同济大学是一所综合性大学。通过这种重新定位，可消除顾客心目中相似定位的模糊，重新加深自己在消费者心目中的印象。但是，采用重新定位战略也具有一定的冒险性，因为它可能会使你失去一部分以往的品牌忠诚者，所以应谨慎使用。

5.3.3 市场定位的方法

当企业选定目标市场，面对现实的竞争者时，市场定位的目的在于使自己的产品更易于接近顾客，更易于为消费者识别并接受。下面我们仅介绍两种国际上应用最广的方法。

1. 四象限图解法

四象限图解法(见图5-3)就是在平面直角坐标中标注若干点，这些点分别代表同一产品的各厂家的各种品牌，每两个点间的距离用以表示各品牌产品在消费者心目中的差异或相似程度。距离愈长，则表明这两种品牌的差异愈大，竞争越小；距离愈短，则表明产品愈相似，竞争愈大。各点到坐标轴的距离用以表示消费者对产品两种不同特征的评价。用这种方法制作的图形，形象直观，易于判断企业产品品牌所处的位置，便于企业分析营销机会与威胁。其缺点是每一张这样的图表，只能用来对产品的两个不同特征进行分析和比较。但是，这并不妨碍此种图解方法的广泛运用。因为任何表征产品的一对特征的指标，都可以绘制成一张特殊用途的分析图。

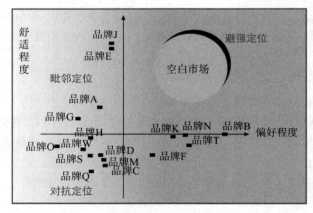

图 5-3　产品定位图——四象限图解法

2. 网络图解法

这是一种多标准综合定位图解法。企业先对拟进入目标市场的诸多因素进行分析，确定出主要的细分标准，按如图 5-4 所示的方法，从上至下逐一排列，每一细分标准都有相应的等级指标(以点画线表示)，其程度从左至右依次降低，这样就构成了一个方格网络，然后，对竞争者的产品加以描述，以确定竞争者产品在目标市场上的相应位置。最后，再进一步分析这些细分标准，考察这一目标市场的消费者还有哪些需求没有被满足，从而决定本企业产品应该选定的位置。

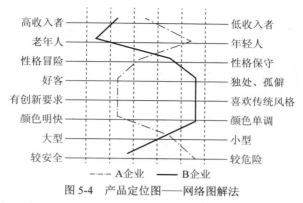

图 5-4　产品定位图——网络图解法

以上两种方法运用得非常普遍，其共同点都是注重差异化，扩大差异化，寻找空白点，选定最佳位置。这两种具体的产品定位方法，体现了目标市场上产品定位策略的三条基本要求：①靠近竞争对手的产品定位要求；②避开竞争对手的产品定位要求；③部分避开竞争对手的产品定位要求。

5.3.4　定位的有效性原则和误区

1. 定位的有效性原则

以差异化为基础的市场定位必须满足以下几条原则，其定位才是有意义和有价值的。

(1) 重要性。该定位必须保证能向相当数量的买主让渡较高价值的利益，而不是无足轻重的定位。

(2) 明晰性。该定位是其他企业所没有的，或者是该公司以一种突出、明晰的方式提供的。

(3) 优越性。该定位明显优越于通过其他途径而获得相同的利益。

(4) 可沟通性。该定位是买主容易看见的，和购买者的欲求是可以达到沟通的。

(5) 可接近性。该定位是买主有能力购买的，而不是凭空想象出来的。

(6) 难以替代性。该定位是其他竞争者难以模仿和替代的，且能够在较长的时间内独自保持。

(7) 可营利性。公司将通过此定位获得利润。

以上只是一些基本原则，并不是刻意要每个公司在定位时照搬照套。事实上也难以靠一项定位就符合了每一条原则，只是作为一种参照，尽力去满足而已。但有几种显而易见的定位错误的确是应该力求避免的。

2. 定位的误区

(1) 定位模糊。有些公司的定位不明确，使得顾客对公司的产品只有一个模糊的印象，并没有真正地感觉到它有什么特别之处。

(2) 定位偏窄。有的公司定位过于狭隘，过分强调某一领域或某一方面，限制了顾客对该公司其他领域或该产品其他方面的了解，使得顾客对公司及其产品难以有全面的了解。

(3) 定位混乱。购买者对产品及企业品牌的形象模糊不清，概念混淆，这种混乱通常由于主题太多，或者是产品定位变换太频繁所致。

(4) 令人怀疑的定位。顾客发现难以相信公司在产品特色、价格等方面的宣传。

如果陷入以上误区，公司将失去一个明确的定位。

第 5.3 节习题

即测即评

请扫描二维码进行在线测试。

5.4　数字化时代的 STP 战略

　　现如今，社交媒体、移动互联和大数据正在全方位地深刻影响我们的生活。特别是在疫情的冲击下，原本在现实生活中的社交、购物也加速转移到互联网上。在数字化的背景下，STP 战略仍可以作为企业营销战略制定的指导思想，但其具体的方法体系需要结合数字化进行迭代与升级。

　　第一，随着大数据技术的深入研究与应用，企业的专注点日益聚焦于怎样利用大数据来为企业精准细分市场，进而深入挖掘潜在的商业价值。于是，"用户画像"概念破茧而出。

　　用户画像(persona)又称用户角色，即用户信息标签化。企业通过收集与分析消费者社会属性、生活习惯、消费行为等主要信息的数据，勾画出一类虚拟用户画像，同一画像有相同的兴趣爱好和消费习惯，甚至可精准到这一类人群相同的思维模式。用户画像为企业提供了足够的信息基础，能够帮助企业快速找到精准用户群体、用户需求等更为广泛的反馈信息。

　　用户画像，一般需要以下三个步骤：①收集用户的静态信息数据、动态信息数据。静态数据就是用户相对稳定的信息，如性别、地域、职业、消费等级等；动态数据就是用户不断变化的行为信息，如浏览网页、搜索商品、发表评论、接触渠道等。②通过剖析数据为用户贴上相应的标签及指数。标签代表用户对该内容有兴趣、偏好、需求等；指数代表用户的兴趣程度、需求程度、购买概率等。给个人打标签，就是把这个人的信息以标准化的方式组织存储起来，并通过 cookie(主要是 PC 端)、IMEI、IDFA 等(主要是移动端)身份标记手段附着在个人的唯一身份标识上。例如：男，31 岁，已婚，月收入 1 万元以上，爱美食，团购达人，喜欢红酒配香烟等。③用标签为用户建模，包括时间、地点、人物三个要素，简单来说就是什么用户在什么时间、什么地点做了什么事。

　　上述步骤是针对用户个体的画像。与此相对应的是人群画像，简单理解就是将人群的情况用数据的方式描绘出来。人群画像和个体画像并不完全相同。个体画像是描述不同个人的过程，是个体的多样性特征。而人群画像虽然必须基于对个体的画像，却高于个体的画像，体现为人群作为一个集群的整体特征，需要归纳人群所呈现出的共性，是针对细分目标受众进行的。例如，NB 运动鞋厂对运动时尚人群画像。人群包括三个非常关键的组成部分：个体的标识、个体的画像及对人群共性的抽象。在三者的关系上，第一个是前提，第二个是基础，第三个是对前者的组合、抽象、分析和利用。

　　第二，在数字化时代，媒介内容更加丰富、信息量激增、人际传播更为便捷。但面对信息大爆炸，消费者通常厌烦复杂烦琐的信息，而倾向于记住简单明了的信息。这使得企业定位，即品牌在消费者心智中留下的烙印，变得尤为重要。

　　在数字化时代，定位应是产品/品牌价值的高度凝练，能够击中消费者心智，留下深刻印象，进而帮助消费者高效完成决策。消费者的需求有很多，如功能的、社交的、心理满足的、情感沟通的，但是在消费决策中的权重肯定不同，品牌能满足消费者第一需求的价值，就可以成为定位。

　　此外，在数字化时代，企业定位向消费者传递的途径也发生了变化。传统的通过大量广告投入、花费巨量金钱的密集资源轰炸模式不一定完全适合数字化时代的社区、关键意见领袖 (KOL)、圈层等传播特征。相反，在数字化环境下精细运营的作用会更加得到凸显。

即测即评

请扫描二维码进行在线测试。

第 5.4 节习题

本章小结

企业的营销战略都建立在市场细分(segmenting)、目标市场选择(targeting)和市场定位 (positioning)的基础上。企业在市场中识别不同的需求和群体，并选择某一需求或群体以更优的方式满足，然后定位它的产品或服务，使得目标市场认知到企业独特的产品和形象。通过建立顾客优势，企业可以精准地满足顾客需求、实现高客户价值和满意度，并提高企业的竞争优势。

所谓市场细分，就是企业按地理、人口统计、心理、行为等细分变量将整个市场划分为若干个需求不同的产品和营销组合的子市场或次子市场的过程，其中任何一个子市场或次子市场都是一个有相似需求的购买者群体。

企业在评估、比较不同的细分市场后，选择一个或几个细分市场决定进入，在其中实施计划并获取利润，就称其为企业的目标市场。因此，市场细分是目标市场选择的基础。

市场定位指树立企业及其产品在消费者心目中、在特定的目标市场中的特定形象和地位。

在数字化营销时代，STP 战略仍具有重要价值，但市场细分、目标市场选择和市场定位又必须与时俱进，在用户画像、品牌声誉等方面结合数字化做出相应的改变。

思考题

1. 什么是市场细分和目标市场？
2. 简要比较消费者市场与组织市场的细分变量的异同及理由。
3. 假设你正在为一个服装企业做市场规划，请问：其市场细分应怎样进行？主要细分变量有哪些？次要的细分变量有哪些？
4. 为什么要对细分市场进行评估？
5. 选择一个你所熟悉的产品或企业，阐述其差异化策略的意义。
6. 举一个实例说明市场定位的操作方式。

案例研究　**不一样的花西子**

花西子 2017 年创立于杭州，是以"打造让国人引以为傲的东方彩妆"为愿景的彩妆品牌。短短三年后，花西子就登顶天猫脸部彩妆品类冠军，同年共盈利约 30 亿元，GMV(商品交易总额)在国货美妆品牌中也位列榜首，成为中国彩妆的头部品牌。由于其营销策略适应数字媒体，已经成为国货品牌的营销标杆。

那么，花西子是如何成功的呢？

一、让世界看到中国文化，看到中国美

2018 年被称为国内的"国潮元年"：2 月，李宁首次在纽约时装周举办发布会；5 月天猫平台开展"国潮行动"，周黑鸭、百雀羚、大白兔奶糖等都不约而同选择与美妆品牌进行跨界联名合作。后期天猫发布的报告数据显示，2017 年起，在平台以"国风"为关键字搜索商品的消费者同比增加了 14.73%，故宫文创、美康粉黛和卡婷等老牌彩妆品牌的一系列年轻化营销活动都是国风重归市场的风向标。国货品牌正在慢慢剥离曾经"质量差""廉价"等负面形象，逐渐在消费者中获得重视和认可。

在这一消费价值观转变的背景下，花西子以南宋美学理念——雅致、空灵、平衡、神定为指引进行了品牌创造，潜心挖掘独有的中国文化和东方美学，将传统文化与现代时尚进行融合，致力于打造具有"花西子"特色的产品及内容。

从原料配方、工艺材质、品牌主色、品牌字体等维度，塑造基于中国美、东方美的独特性和专属性。花西子持续探索中国千年古方养颜智慧，针对东方女性的肤质特点与妆容需求，成立东方彩妆研究院，整合国内外优秀研发资源，聚焦"东方特色"的原料与配方，以花卉精华与中草药提取物为核心成分，运用现代彩妆研发制造工艺，打造健康、养肤、适合东方女性使用的彩妆产品。而其产品线也始终夯实品牌理念——从雕花口红，到百鸟朝凤盘，再到同心锁礼盒和苗族礼盒，都在通过东方美学传递品牌文化。

二、花西子的营销模式

2019 年是花西子暴发年，从 2019 年 4 月推出雕花口红到 6 月进入李佳琦直播间一炮而红，再到 9 月官宣李佳琦为首席推荐官。2019 年花西子销售额达 20 亿元，冲进天猫彩妆榜单前 10 名，并成功走出自己的爆款路线，随后空气蜜粉、眉笔、雕花口红等产品也相继走红。3 年成长期后，2020 年花西子市场份额近 30 亿元，品牌增速达到 7 580%，是同赛道竞争者中当之无愧的加速冠军。2020 年花西子电商 3—4 月的零售额同比上一年增长 300%以上，和 2019 年对比，不仅成功达成市场份额的大幅超越，更加快了品牌升级和国际化的动作，在天猫双十一总榜中排名国货美妆出海品牌首位。

在营销策略上，花西子是第一个在美妆品牌中使用"用户共创"营销手段的品牌，每个新品在推出前，都会经过大量新品体验官的多次盲测、体验，根据每个消费者的反馈报告进行迭代更新，这也逐步形成了花西子爆品路径的第一步：品质为王，对话用户；慢工雕琢，快速迭代，保证每次产品上新时都能精准抓住用户的需求，从而获得不错的口碑。一方面能让品牌更精确地了解到消费者的真实诉求、避免无效沟通和误解；另一方面在体验过程中，增加用户的互动感和分享欲望，让品牌在这个"口碑为王"的数字媒体时代和用户建立高信任的合作关系。2017 年，花西子的初代产品"螺黛生花眉笔"从出生到现在已经升级进化了 4 个版本，升级中的迭代意见就来自品牌成百上千名体验官的试用报告反馈。

在细分市场上，花西子锚定"Z 时代"年轻消费者，品牌成立之初就定位东方美学，圈定的就是古风消费圈，从产品设计到品牌符号及文案策划等，都力求打造一个纯国风的美妆品牌，牢牢把控垂直古风圈层，满足古风人群对品牌的追求。因此，其在成立初期，就收集到小众圈层的粉丝，消费者的忠诚度和品牌复购率也随之提高。

在定位传播上，花西子通过官方传播、头部主播锁定、当红明星安利、意见领袖背书和腰部消费者种草的传播矩阵，在不同平台针对不同受众和调性曝光，不但搭建和监控内容调性，持续输出，同时建立了严密的运营体系进行内容调整。如，花西子品牌创建初期就从产品视觉上统一东方美学的定位，且在产品开发上沿用中国古方和中草药秘方；在品牌官方账号进行内容传播时，也时刻与古代诗词、知名典故等传统文化紧密结合，产品定位、功效和故事相辅相成，奠定内容营销的统一基调。花西子在 2017 年就与李佳琦建立合作关系，并在 2019 国货美妆电商元年进行深度绑定，建立了不同于网红个人带货品牌和 KOL 广告投放的半绑定合作，品牌既不会因为主播突发的人设问题遭受影响，又能蹭到电商直播风口红利和头部 KOL 的私域粉丝。此外，花西子寻找大量头部 KOL(英文全称为 key opinion leader，即关键意见领袖)、中腰部 KOC(英文全称为 key opinion customer，指那些购买过某类产品或者服务的消费者)及素人博主，下沉到微博、小红书、抖音、B 站等平台，通过开箱视频、情景短剧、测评安利等内容形式影响潜在消费者，达到品牌宣传和带货的目的，最终影响用户的消费决策。

三、花西子面临的问题

品牌的产品和声誉是相辅相成的，如果营销做得铺天盖地但是产品质量不过关，营销带来的流量反而会给品牌带来不好的名声。在品牌成长初期，企业往往选择打好基础关，加强产品研发，缩减营销预算。但在数字化时代，"酒香也怕巷子深"，花西子选择了流量为王，在专利技术上缩减资金。国家知识产权局专利局官网显示，截至 2020 年花西子的母公司申请的专利为 17 个，而欧莱雅集团几乎每年都会申请 500 个左右。花西子作为新生品牌却存在研发迭代慢、技术成本低等硬性问题，和美妆品牌头部大牌还不能同日而语。品牌目前更多地依赖于营销溢价。

资料来源：

① 齐一诺. 数字媒体时代本土品牌的内容营销[D]. 东华大学，2021.

② 方文宇. 花西子沉浮录[J]. 21 世纪商业评论，2021(6).

③ 花西子. 民族美就是世界美[J]. 时尚北京，2022.

④ 雷雅岚，李明珍，左治玉，李琳. 国货美妆产品的转型发展研究——以花西子为例[J]. 中国市场，2022(18).

案例思考题：

1. 你如何评价花西子的定位？

2. 你认为花西子获得成功的要因是什么？它面临的困境如何解决？

3. 请评价花西子 STP 战略对其他国货品牌的借鉴价值。

第6章

顾客满意战略

学习目标

- 理解顾客满意 PIMS 理论和 CS 理论
- 掌握顾客满意的判断标准
- 了解顾客满意与忠诚的关系
- 熟悉顾客满意度调查设计的步骤与方法
- 学习顾客满意度问卷的设计
- 掌握顾客满意度的测算公式
- 了解如何通过提高顾客让渡价值提升顾客满意水平

第 6 章知识点

引入案例

超市店长季林枫：收获大量忠诚客户，未来继续做团购

2022 年 3 月，上海因疫情防控按下了暂停键，全市开启了全域静态管理。作为家乐福上海万里店的店长，季林枫从 3 月下旬开始连续 24 小时驻店，直到 6 月初才回到家。

从 3 月开始，季林枫的手机号码就成了"店长 24 小时热线"号码，每天的订货量是平日的 3 倍左右，作为保供企业，必须保障居民的供货。某日凌晨 3 点，季林枫接到附近一位孤寡老人的电话求助，他急需纸尿裤，季林枫当即安排送货，通过志愿者接力将一箱纸尿裤紧急送到老人手中。事情处理完时，已经是凌晨 4 点多了，季林枫这一夜没有睡觉，5 点多又开始了新一天的忙碌。

在疫情防控期间，这样的客户直达事件经常发生，季林枫的"店长 24 小时热线"最高峰的时候，一天要充电 4～5 次，每天接 700～800 个电话。随着与客户的交集越来越多，季林枫与周边居民也越来越亲近了，越来越明白哪些货品是关键 SKU，这也为他之后调整进货比例等打下了很好的数据基础。

端午节这天，季林枫在时隔约 80 天后，终于可以回家了。在过去的 2 个月里，季林枫除了通过"店长 24 小时热线"结识了不少周边小区的居民，还建立了一个社区团购的"团长"群。"每天晚上 8 点左右，在'团长'群，我会发布一些开团的信息，介绍商品和价格等，也和'团长'们进行互动，给大家解答一些常见的问题。'团长'们则会根据各自的情况来下单订货。"季林枫说。

封控期间，社区团购成为了上海居民们购物的主流模式，季林枫也在力拓社区集单，一天可以有 2000～3000 单，每天用 4～5 辆货车，每辆货车一天可以送 10 次货。同时，门店通过企业微信群也可直接与周边社区居委、"团长"沟通需求，进行履约。

那么，随着封控的结束，这种社区团购模式还会继续吗？其间发生的一些"黑心团长"的纠纷会不会影响正规团购市场的发展？

"我看到了一些不规范社区团购的问题，但我希望把正规的社区团购一直做下去。疫情让我看到了在线业务的重要性，尤其是社区商业渠道的价值。在我建立的'团长'群内有大约有 200 多个'团长'，我觉得在线渠道是我们和顾客之间的桥梁，社区集单模式可以改良，比如优化配送、履约等，以维护我们与'团长'之间的沟通与合作。直到今天，我的群里每天还是有 60 多个'团长'在活跃沟通并进行团购，其中零食、啤酒、小龙虾、水果、牛肉和烤鸡是近期社区团购的重点商品。"季林枫说。

根据家乐福的计划，在线下门店恢复运营后，家乐福还将保持线上社区团购和社区集单模式。这样线上和线下并行，可以满足不同消费者的需求。进入 6 月，家乐福线上 GMV(成交金额)上涨 30%，小龙虾、榴莲等商品受到居民热捧，冲上热门销售榜单。

"不管是公司的总体战略还是我管理的这家门店，就我而言，我都会把社区团购业务继续开展下去，当然市场上存在一些不规范的团购业务操作者，也有'黑心团长'，但是我会尽自己最大的努力去维护正规团购。比如我们一直与相关监管部门沟通，在正规的监管下开展规范化的社区团购。接下来，我们还将根据消费者对民生商品的需求，在线上及线下进行业务升级迭代。两个多月之前，我的确非常焦虑，但是现在我却觉得过去的 2 个月坚守是一笔财富，是宝贵的人生经历，给了我很多启示，收获了一群可爱的同事和顾客朋友，更让我看到在线渠道的新商机，我也会继续努力！"季林枫微笑着说。

资料来源：乐琰，任玉明，黄泽胤. 回访他们 | 驻店 2 个月的超市店长：收获大量忠诚客户，未来继续做团购[EB/OL]. (2022-06-19). https://m.yicai.com/news/101448373.html，有删改。

CS 是英文 customer satisfaction 的缩写，意为"顾客满意"。它本是商业经营中一个普遍使用的生活概念，没有特别的含义。1986 年，一位美国心理学家借用 CS 这个词来界定消费者在商品消费过程中需求满足的状态，使 CS 由一个生活概念演变为一个科学概念。企业界在心理学家定义的基础上，对 CS 的内涵进行了扩展，把它从一种界定指标发展成一套营销战略，直接指导企业的营销，甚至经营活动，并被称为"CS 战略"。CS 战略的出现不是偶然的，它是在追求市场占有率战略(PIMS)和 3R 战略的基础上发展而来的。

美国市场营销大师菲利普·科特勒在《营销管理》[①]一书中明确指出："企业的整个经营活动要以顾客满意度为指针，要从顾客角度，用顾客的观点而非企业自身利益的观点来分析考虑消费者的需求。"科特勒的观点形成了现代市场营销观念的经典名言。从某种意义上说，只有使顾客感到满意的企业才是不可战胜的。

CS 营销战略的产生，源于日益加剧的市场竞争。早期的企业竞争取决于产品的价格。随着技术的不断进步和技术市场的发展，同一行业的生产工艺水平日趋接近，各竞争企业之间的技术差距缩小，产品的相似之处多于不同之处。企业竞争环境发生了变化，买方市场的特征逐渐明显，消费者的经验和消费心理素质也日趋成熟，消费者对产品和服务的需求已从"价廉物美"转向"满足需求"。于是综合服务质量成了企业竞争的关键，靠优质服务使顾客感到满意已成为众多优秀企业的共识，以服务营销为手段提高顾客满意度是企业在竞争激烈的市场中的理性选择。

---

① 菲利普·科特勒，凯文·莱恩·凯勒，亚历山大·切尔内夫. 营销管理[M]. 北京：中信出版社，2022.

6.1 从 PIMS 理论到 CS 理论

6.1.1 PIMS 理论

视频：顾客
满意理论

1972 年，美国战略规划研究所对 450 多家企业近 3 000 个战略业务单元进行了追踪研究，形成了 PIMS(profit impact of market share，市场份额对利润的影响)的研究报告，该研究报告通过对采集的一些企业样本和数据的分析，提出了市场份额与利润有着直接和重要的关系，即市场份额影响(决定)企业利润，市场份额的扩张必然带来利润的增长，而市场份额的缩小必然带来利润的萎缩。

作为一项十分有影响的研究报告，PIMS 从理论和实践上为企业经营战略指明了方向：在竞争的市场上，企业欲立于不败之地，必须以"顾客永远是对的"作为理念，通过大力的促销(主要是依靠大量的广告投入)来争夺顾客，从而实现企业扩张市场份额的战略目标。PIMS 的影响是如此的深远，以至于几十年后的今天，许多企业都将其视为指导经营的圭臬、制定战略的首选。

PIMS 之所以有如此深邃的影响，关键在于它揭示了企业经营中利润与市场份额之间的密切关系，特别是其结论来自大量的实证资料，故有其合理的、坚实的内核。但企业切不可认为不论在何时、何种情况下，市场占有率的提高都意味着利润的增长。这还要取决于为提高市场占有率所采取的营销策略是什么，有时提高市场占有率所付出的代价往往高于它所获得的收益。大量营销调查表明，发展一名新顾客的费用是维系一名老顾客费用的 5～8 倍。过高的拓展新顾客的费用往往会无情吞噬掉企业的利润，而且当企业的市场份额已达到一定水平时，再进一步提高，其边际费用非常高，结果使企业得不偿失。另外，过高的市场份额还会引起反垄断诉讼，无端增加企业的交易成本。

6.1.2 CS 理论

PIMS 毕竟产生于 20 世纪 70 年代的市场环境，时过境迁，当年的结论是基于当年的数据，它已经代表不了 20 世纪 70 年代之后的实际情况，特别是代表不了今天的实际情况。重新对此问题进行审视，再对市场份额与利润关系进行分析，显得十分必要。事实上，早就有人对 PIMS 进行再次研究了。就在 PIMS 出台十余年之后，两位美国哈佛大学商学院的营销学教授瑞查德(Riochheld)与塞斯(Sasser)用当年美国战略规划研究所的方法，采集了大量的样本，对市场份额与利润的关系进行重新探究。他们发现，这二者的相关度已大大降低；相反，在对其他变量进行测定时，发现顾客的"满意"与"忠诚"已经成为决定利润的主要因素。

瑞查德与塞斯的发现动摇了 PIMS 及支撑它的理论基石。自 20 世纪 80 年代开始，大量的研究与实践使人们认识到，以顾客满意作为标志的市场份额的质量，比市场份额的规模对利润有更大的影响。一味推行"顾客永远是对的"这一哲学应该被"顾客不全是满意的"理念所替代，营销过程中一味进行广告投入的做法应该被侧重于为顾客服务、使顾客满意的人际传播媒介所替代。与此相适应，企业经营的 PIMS 战略应该被 CS 战略所替代。

在科学技术高速发展的 21 世纪，CS 之所以应该并且能够替代三十年前的 PIMS 是基于以下三方面的因素(这三方面的因素都能大大降低企业经营费用，从而提高企业的利润)。

(1) 留住老顾客(retention)。满意的老顾客能最大限度抵御竞争对手的降价诱惑，企业较易为满意的老顾客服务，相对于发展新顾客，费用大大降低。

(2) 销售相关新产品和新服务(related sales)。满意的老顾客对企业新推出的产品和服务最易接受，在产品寿命周期日益缩短的今天，此举尤显重要。任何企业只有不断推出新产品才能生存，而满意的老顾客往往是企业新产品的"第一个吃螃蟹的人"。他们的存在大大节省了企业开发新产品的营销费用。

(3) 用户宣传(referrals)。在购买决策过程中，为了降低自己感觉中的购买风险，用户往往会向亲友收集信息，听取亲友的意见；同时，顾客购买、使用产品之后，总会情不自禁将自己的感受告之他人。"满意"与"不满意"的顾客对企业招徕或是阻滞新顾客影响重大，精明的企业家总会巧妙利用"满意"的顾客作为其"业务营销员"，为自己的企业进行"口碑宣传"，从而带来大量的新顾客。

即测即评

请扫描二维码进行在线测试。

第 6.1 节习题

6.2　顾客满意与顾客忠诚

6.2.1　顾客满意

科特勒认为"满意是一种感觉状态的水平，它来源于对一件产品所设想的绩效或产出与人们的期望所进行的比较"。顾客对产品或服务的期望来源于其以往的经验、他人经验的影响，以及营销人员或竞争者的信息承诺。而绩效来源于整体顾客价值(由产品价值、服务价值、人员价值、形象价值构成)与整体顾客成本(由货币成本、时间成本、精力成本、体力成本构成)之间的差异。

购买行为往往是顾客形成了一个价值判断，并根据这一判断采取的行动。购买者在购后是否满意取决于与这位购买者的期望值相关联的供应品的功效。顾客满意的定义是指一个人通过对一个产品的可感知的效果(或结果)与他的期望值相比较后所形成的感觉状态。用公式表达为

$$\text{顾客满意} = \text{可感知效果} / \text{期望值} = \begin{cases} >1，\text{高度满意} \\ =1，\text{满意} \\ <1，\text{不满意} \end{cases}$$

满意水平是可感知效果和期望值之间的差异函数。能否实现顾客满意有三个重要因素：①顾客对产品的预期期望；②产品的实际表现；③产品表现与顾客期望的比较。如果效果低于期望，顾客就会不满意。如果可感知效果与期望相匹配，顾客就满意。如果可感知效果超过期望，顾客就会高度满意、高兴或欣喜。

在大多数成功的公司中，有一些公司其期望值与其可感知的效果是相对应的。这些公司追求"全面顾客满意(TCS)"。例如，施乐公司实施"全面满意"策略，它保证在顾客购后三年内，如有任何不满意，公司将为其更换相同或类似产品，一切费用由公司承担。施乐多年来一直坚持运用顾客满意测评系统，不断改进服务质量，及时解决顾客抱怨。

之所以要追求全面顾客满意，是因为那些所谓"满意"的顾客一旦发现有更好的产品，依然会很容易地更换供应商。在一个消费包装品目录里，发现44%据称"满意"的顾客后来改变了品牌选择。而只有那些真正十分满意的顾客(即"忠诚的顾客")才不打算更换供应商。这就为汽车企业提出了具体的要求，那就是要让顾客达到高度的满意。一项调查显示，丰田公司顾

客中有 75%是高度满意的,这些顾客说他们打算再购买丰田产品。事实是,高度满意和愉快引发了一种对品牌在情绪上的共鸣,而不仅仅是一种理性偏好,这种共鸣成就了顾客的高度忠诚。这里的挑战就是要创造一种公司文化,要求公司内每一个员工都努力使顾客愉悦。对于以顾客为导向的公司来说,顾客满意既是目标,也是工具,顾客满意率高的公司确信它们的目标市场是知道这一点的。所以,汽车行业的企业经营战略必须以全面顾客满意为中心,企业经营成败的关键是能否赢得市场和顾客。企业能做到让顾客全面满意,赢得顾客,就能争取到汽车的市场份额,从而在激烈的竞争中获得胜利。

6.2.2 顾客忠诚

1. 顾客忠诚的含义

所谓顾客忠诚(customer loyalty),是指顾客在满意的基础上,进一步对某品牌或企业做出长期购买的行为,是顾客一种意识和行为的结合。顾客忠诚所表现的特征主要有以下 4 点。

视频:顾客
忠诚模型

(1) 再次或大量地购买同一企业该品牌的产品或服务。

(2) 主动向亲朋好友和周围的人员推荐该品牌产品或服务。

(3) 几乎没有选择其他品牌产品或服务的念头,能抵制其他品牌的促销诱惑。

(4) 发现该品牌产品或服务的某些缺陷,能以谅解的心情主动向企业反馈信息,求得解决,而且不影响再次购买。

视频:顾客
忠诚计划

"老顾客是最好的顾客"。高度忠诚的顾客层是企业最宝贵的财富。建立顾客忠诚非常重要。强调顾客对企业做出贡献的帕累托原理(Pareto principle)认为,企业 80%的利润来自 20%的顾客(忠诚消费者)。美国的一家策略咨询公司认为,户保持率上升5%,利润可上升 25%～80%。开发一个顾客比维护一个顾客要多花几倍甚至更多的精力和费用。

2. 顾客满意与忠诚的关系

"满意"与"忠诚"是两个完全不同的概念,满意度不断增加并不代表顾客对你的忠诚度也在增加。满意本身具有多个层次,声称"满意"的人们,其满意的水平和原因可能是大相径庭的。其中,有些顾客会对产品产生高度的满意,如惊喜的感受,并再次购买,从而表现出忠诚行为;而大部分顾客所经历的满意程度则不足以产生这种效果。因此,顾客满意先于顾客忠诚并且有可能直接引起忠诚。但是,又非必然如此。调查显示,65%～85%表示"满意"的顾客会毫不犹豫地选择竞争对手的产品。所以客户服务的最高目标是提升顾客的忠诚度,而不是满意度。

顾客满意与忠诚的关系,如图 6-1 所示。

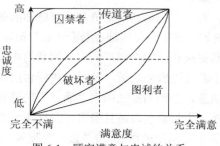

图 6-1 顾客满意与忠诚的关系

按照满意与忠诚的匹配程度，可以将顾客分为 4 种类型并在图上划分 4 个象限。那些低忠诚与低满意度的顾客称为"破坏者"，他们会利用每一次机会来表达对以前产品或服务的不满，并转向其他供应商；满意度不高却具有高忠诚的顾客称为"囚禁者"，他们对于产品或服务极不满意，但却没有或很少有其他选择机会，多在顾客无法做出选择的垄断行业出现；满意度很高，忠诚度却较低的顾客称为"图利者"，这是一些会为谋求低价格而转换服务供应商的人；而那些满意和忠诚都很高的顾客称为"传道者"，这样的顾客不仅忠诚地经常性购买，并致力于向他人推荐。

由图 6-1 可知，顾客满意与忠诚的关系表现在以下几个方面。

(1) 随着企业外部市场的发展，企业垄断地位的丧失将导致垄断行业的顾客由"囚禁者"向"图利者"甚至"破坏者"转变。因此，依靠垄断强制顾客忠诚是不可靠的。

(2) 多数行业的"顾客满意与忠诚"曲线表明，顾客满意与顾客忠诚是正相关的。

(3) 各个行业的"顾客满意与忠诚"曲线由"破坏者"发展到"传道者"的速度并不一致。

(4) 要想实现真正的顾客忠诚，就要让顾客满意度持续大于 1。

实际案例　　三一重工：始于信任，忠于认可

6 年前，基于对朋友的信任和对国产品牌的期待，栗永美入手了一台三一的经典机型——SY305H。这台机器见证了他如何成为拥有 18 台三一挖掘机的忠实用户，也见证了栗永美和他的公司壮大与成长的历程。

如今，这台挖掘机的工龄也算得上后来者的功臣前辈，却仍旧车况良好，活跃在艰苦的施工一线。栗永美从 2009 年开始做挖掘机服务，风雨兼程 11 年，经历过大大小小太多的紧急施工。栗永美明白，设备时刻保持"最佳状态"，随时能够"临危受命"才是成功的秘诀。三一挖掘机优势突出，有强有力的挖杆动臂，拥有久坐不累的驾驶环境，拥有技术的核心部件，复合作业协调好，干活流畅效率高，待机时间长，可轻松胜任各种工况。

除了使用体验与产品质量，最令栗永美称道的还是三一的售后服务。"先做人，后做事"，三一的售后，大概是最贴近客户的产品供应方。事事皆受理，件件有着落。不论风里雨里，不管是老板、经理还是师傅，三一的售后服务一直在跟进陪同。线上的咨询、平日里的保养、紧急时的上门维修，随叫随到，基本上就是一个电话的事。"线上+线下"协同服务，三一真正做到让客户没有后顾之忧，买得舒心，用得放心。

历经多年，三一的设备就像是栗永美事业成功的得力战将。从质量上获客，从服务上得人心，这也给了三一更多实践和进步的机会。

资料来源：三一重工：价值客户故事｜始于信任，忠于认可[EB/OL]. (2022-03-16). https://news.lmjx.net/2022/202203/2022031613463699.shtml，有删改。

即测即评

请扫描二维码进行在线测试。

第 6.2 节习题

6.3 顾客满意度调查

6.3.1 顾客满意度调查设计

1. 界定顾客总体

全面准确地识别顾客，对于任何满意度调查的成功都至关重要。界定顾客总体就是在调查抽样前，先要对抽取样本的顾客总体范围与界限做一个明确的界定。因为界定顾客总体是达到良好的抽样效果的前提条件，如果顾客总体范围与界限界定不清，那么即使采用严格的抽样方法，也可能造成抽出的样本对顾客总体缺乏代表性。所以，要进行一项科学而合理的抽样，必须先了解和掌握总体的结构及各方面的情况，并依据调查目的明确界定顾客总体范围。由于产品、服务类别不同，市场、地域不同，调查顾客满意度的目的也不同，故要以调查目的为出发点，根据顾客的类别，确定调查顾客的范围。例如，对上海大众汽车销售有限公司顾客满意度的调查，将顾客分为最终顾客、分销中心与经销商、竞争者顾客和内部顾客。

2. 制定抽样框

依据已经明确界定的顾客总体范围，收集顾客总体中全部抽样单位的名单，并通过对名单的统一编号建立起供抽样使用的抽样框。调查者可以从抽样框中抽出样本，但这只限于能够确凿掌握客户的姓名和住址的公司，如银行、航空公司、生产材料制造商等。然而，像日用品制造企业和一些商业服务型组织等无法掌握特定的信息，或难以掌握顾客的确凿资料的公司，调查公司就需要使用配额样本。配额样本要求调查者尽可能地依据那些有可能影响调查变量的各种因素对顾客总体进行分层，并找出具有各种不同特征的成员在顾客总体中所占的比例，然后再根据这种划分及各类成员的比例去选择调查对象。例如，在商业服务型组织的消费者调查中，调查机构可先将被调查人群进行分组，通常可依据被调查人的年龄、社会级别和知识层面等进行分组，以确定调查对象的配额后进行抽样调查。

3. 确定调查的样本数量

一般采用因子分析方法确定调查的样本数量，这是一种比较专业的统计分析方法。根据经验，因子分析方法要求调查的样本数量应该是调查问卷中问题数量的 5～10 倍。也就是说，如果调查问卷中有 20 个问题，那么调查的样本数量就可以大概确定为 100～200 个，这样的样本数量足以满足调查精度的要求。

4. 确定抽样方法

(1) 抽样设计的基本原则。在抽样设计中应掌握两个基本原则：一是确保抽样的随机性，即顾客群体中每位顾客被选入的机会都相等并相互独立；二是确保抽样效果的最佳化，实际调研时应根据顾客群体的特点，确定相应的抽样方法。

(2) 样本规模。产生一个在统计上有效的样本所需的规模应建立在希望达到的置信度水平和可以接受的误差基础上。允许出现的误差和置信度水平必须依据调研项目的具体情况而定。

(3) 抽样方法。抽样方法一般可分为随机抽样和非随机抽样两类。随机抽样包括简单随机抽样、系统抽样、分层抽样和整群抽样等。非随机抽样主要有配额抽样、判断抽样和固定样本连续调查等。

- 简单随机抽样：按等概率原则直接从含有 N 个元素的顾客总体中抽取 n 个元素组成样本($N>n$)，当企业获得所有顾客的完整名录时，可采用简单随机抽样方式。简单随机抽样是其他抽样方法的基础，操作非常简单。简单随机抽样常用的办法是抽签。
- 系统抽样：把顾客总体单位进行编号排序，再计算出某种间隔，然后按这一固定间隔抽取个体号码来组成样本。
- 分层抽样：将顾客总体中的所有个体按照某种特征或标志划分成若干类型和层次，然后在各个类型或层次中再用简单随机抽样或系统抽样办法抽取一个子样本，最后将这些子样本联合起来构成总体的样本。
- 整群抽样：适用于不同子群之间相互差别不大而每个子群内部异质性强的总体。这种抽样方法是将顾客总体分成若干相互独立的组，每一组顾客异质性大，组与组之间异质性小，然后在顾客总体中一组一组抽取样本单位。

6.3.2　顾客满意度问卷设计

1. 问卷设计的程序

问卷设计的整个过程大体上可分为事前准备、问卷设计和事后检查三个阶段，如图 6-2 所示。

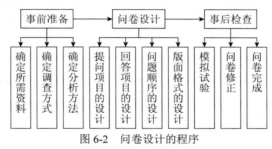

图 6-2　问卷设计的程序

(1) 事前准备。事前准备工作具体如下。

第一，确定调查所需的资料。在明确调查目的的基础上，确定调查所要了解的内容和所要搜集的资料，并对已有的资料进行分类整理，列出本次调查所要了解的问题，确立问卷调查的范围。

第二，确定调查方式和方法。由于所要搜集的资料不同，所采用的调查方式和方法就不同，问卷的格式和要求也就有所差别。譬如采用电话调查时，问卷中的问题不宜过多，用词要简单；邮寄调查中措辞要谨慎，以防止词义可能的偏差等。

第三，确定调查资料的整理和分析方法。调查后的资料整理和分析方法不同，对问卷的设计也有不同的要求。

在明确了上述三个问题之后，就可以初步构想出问卷设计的框架。

(2) 问卷设计。问卷必须要具备两种功能：一是将调查目的转化为一些被调查者可以回答的问题；二是能鼓励被调查者提供正确的资料。因此，问卷的实际设计阶段是十分重要的，其内容包括调查中所要提出问题的设计、问题答案的设计、提问顺序的设计及问卷的版面格式的设计等。

(3) 事后检查。事后检查阶段包括问卷的模拟试验、问卷的修正及问卷的最后印刷完成。

2. 问卷设计的基本内容

顾客满意度的调查问卷可分为三部分：引言、主体、信息。

1) 引言

引言即问候语，是一封致被调查者的信。它的作用在于向被调查者介绍和说明调查的目的、调查单位或调查者的身份、调查的大概内容、调查对象的选取方法和对结果保密的措施等。引言要简明、中肯，篇幅宜小不宜大，短短两三百字最好。虽然引言篇幅短小，但在问卷调查过程中却有着特殊的作用。能否让被调查者接受并认真地填写问卷，在很大程度上取决于引言的质量。特别是对于采用邮寄问卷的方式进行的顾客满意度调查而言，引言质量的好坏影响就更大了。

首先，要说明调查者的身份，即说明"何人发放问卷"。否则，被调查者看到模糊的身份，仍不知你们是哪个公司的，是什么人，这就会增加他们的疑虑和戒备心。其次，要说明调查的大致内容，即"调查什么"。通常的做法是用一两句话概括地、笼统地指出其内容的大致范围即可。第三，要说明调查的目的。对于调查的目的，应尽可能说明其对于调查方的重要意义。例如，"我们这次调查的目的，是要了解顾客对本公司产品质量及服务存在的意见和态度，以便更好地改进本公司的产品和服务质量，从而为广大顾客提供更满意的服务"。最后，要说明调查对象的选取方法和对调查结果保密的措施及所需的时间和努力。

2) 主体

第一，说明指导语，即说明如何填写问卷。有些问卷填写方法比较简单，指导语要求少，用一两句话即可说明。例如，"请根据自己的实际情况在合适答案号码上画圈或在空白处填写"；对于有些问卷填写比较复杂的，需要向顾客详细说明填写调查问卷的方法。对于问卷中出现的跳过或分支形式要在具体问题旁进行介绍；对于邮寄问卷等，还要对何时返回完成的问卷做出明示，如"请在几日内完成"等。

第二，说明问卷的具体内容。设计问卷初稿结构的方法可采用卡片法+框图法。第一步，根据研究假设和所需资料的内容，在纸上画出整个问卷的各个部分及前后顺序的框图；第二步，将每一部分的内容编成一个个具体的问题，写在一张张小卡片上；第三步，调整问题间的顺序，使一张张小卡片连成一个整体，形成问卷初稿结构。根据这种设计问卷初稿的结构方式，目前大多数公司的问卷分为两部分：总体评价部分+具体评价部分(特定业绩变量)。

总体评价部分，就是顾客对公司产品的总体满意评定。这个总体评价成为用量化的方式测量顾客满意的关键准则。可以设想，尽管顾客满意是一个相当复杂的心理评定活动，但是，它还是可以给出对你的产品总体满意程度的概况。总体评价部分一般在开头，在通常情况下，无论何种行业，应该有7个有关总体评价部分的问题，对于任何企业进行的顾客满意度调查而言，这7个总体评价问题都是适用的。但是根据各企业的具体情况，还可以增添一些适应公司特点的总体评价问题。这7个问题包括：对某公司产品的总体满意程度；将来从某公司再次购买的可能性；向其他人推荐某公司产品的意愿；感觉某公司的产品能否体现良好的价值；对某公司已提供的服务的总体满意程度；某公司是如何使顾客与自己相处的；对某公司刚开始与顾客接触的反应程度的评价。

具体评价部分，作为总体评价的补充，应收集顾客对企业产品的特定性能的评价。这些特定的问题通常都与顾客的要求或需要，以及企业产品如何满足他们的需求有关。其实就是对特定的业绩变量的评价。这些特定的业绩变量包括产品质量、服务质量、人员素质、硬件设施、企业形象等，以及在这些方面与同行业竞争对手的比较。产品质量方面包括产品的性能、特征、可靠性、符合性、耐用性和审美。服务质量与人员素质方面包括可靠性、敏感性、保证、善解人意、服务能力。

上述两个评价部分是问卷的主体，仔细研究这两个评价部分，特别是第二部分，应根据顾客满意度测评结构中设定的变量，检查内容是否全面，如不全面，给予补充。另外，各个行业的特点有所不同，问卷设计的内容也应该各具特色。

3）信息

在问卷最后，应有必要的人口统计问题，即个人背景资料，如顾客的年龄、性别、职业、受教育程度和家庭年收入等。这是因为在对顾客满意度调查时，这些人口统计数据将帮助提供更详细的分析结论。例如，加入人口统计问题后，可以从宏观上分析许多内容。以医院服务为例，可以分析究竟是青年人、中年人还是老年人对医院服务的满意程度高；不同年龄段的患者对医院收费的看法；家庭收入与患者满意度的关系等。

3. 问卷设计的问题形式

回答项目是针对提问项目所设计的答案。由于问卷中的问题有不同类型，所设计的答案类型和对被调查者的回答要求也是不同的。

问卷中的问题类型有两类：一类是开放性问题，一类是封闭性问题。

(1) 开放性问题。开放性问题是指对问题的回答未提供任何具体的答案，由被调查者根据自己的想法自由做出回答，属于自由回答型。开放性问题的优点是比较灵活，适合于搜集更深层次的信息，特别适合那些尚未弄清各种可能答案或潜在答案类型较多的问题，而且可以使被调查者充分表达自己的意见和想法，有利于被调查者发挥自己的创造性。其缺点是，由于会出现各种各样的答案，给调查后的资料整理带来一定困难。

(2) 封闭性问题。封闭性问题是指对问题事先设计出了各种可能的答案，由被调查者从中选择。封闭性问题的答案是标准化的，有利于被调查者对问题的理解和回答，也有利于调查后的资料整理。但封闭性问题对答案的要求较高，对一些比较复杂的问题，有时很难把答案设计周全。一旦设计有缺陷，被调查者就可能无法回答问题，从而影响调查的质量。因此，如何设计好封闭性问题的答案，是问卷设计中的一项重要内容。

实际案例　**上海大众汽车销售有限公司顾客满意度调查问卷设计**

(1) 该调查标准问卷内容应包括以下部分。

- 产品性能——桑塔纳系列产品的功能、质量、可靠性等；
- 销售服务——集中在特许经销商和特约维修站的售前、售中、售后服务；
- 维修服务——了解顾客在使用过程中遇到的问题，了解在解决顾客抱怨问题过程中提供的服务质量；
- 消耗材料和零部配件供应——了解这些供应件的质量及购买便利程度；
- 咨询服务——了解信息服务的质量；
- 综合情况——了解顾客对企业及产品的综合满意情况和忠诚度。

(2) 对顾客满意度调查应达到以下要求。

- 对"上海大众"销售产品和服务满意的程度；
- 对产品和服务的哪些方面不满意(有什么问题和建议)；
- 对所列调查产品和服务重要性的排列顺序；
- 再购买时是否仍购买桑塔纳系列产品；
- 是否愿意向其他人推荐桑塔纳系列产品；
- 不再购买桑塔纳系列产品的原因。

资料来源：上海大众与同济大学合作项目"顾客满意工程"。

4. 问卷的答案设计

由于顾客满意度调查中问卷主要由封闭性问题构成，因而答案就是封闭性问题非常重要的一部分，所以答案设计的好坏直接影响到调查的成功与否。封闭性问题的答案是选择回答型答案，所以设计出的答案除了要与所提出的问题协调一致外，还要具有穷尽性和互斥性。答案的穷尽性，即要求列出问题的所有答案，不能有遗漏，答案包括所有可能的情况。如在问卷后询问顾客信息时，可用"您的性别：男，女"。当答案不能穷尽时，可以加上"其他"一类，以保证被调查者有所选择或回答。对于任何一个顾客来说，问题的答案总有一个是符合他的情况的。答案的互斥性，指的是答案互相之间不能交叉重叠或相互包含，即对于每个回答者来说，最多只能有一个答案适合他的情况。如"您的职业是什么：工人，农民，医生，售货员，教师，其他"。这个问题的答案是互相排斥的，只能从中选择一个。

除此之外，量表可以说是收集顾客信息比较高效和实用的方法。单按量表可以分为多种，目前调查问卷中最常用的是李克特量表、语义差异量表、序列量表、数字量表。

(1) 李克特量表，也被称为 5 度量表，是调查问卷中用得最多的一种量表形式，它的答案形式一般为"非常同意、同意、不知道、不同意、非常不同意"，或者"赞成、比较赞成、无所谓、比较反对、反对"五类。

(2) 语义差异量表由处于极端的两组意义相反的形容词构成，每一对反义形容词中间分为若干等级，但不要给选项提供任何标签，让被调查者选择与自己情况最贴近的形容词表明自己的态度强度。如"你对本公司售后维修服务态度有何看法？"热情的、_____、_____、_____、_____、_____、冷漠的"。

(3) 序列量表要求采访对象表明其对各项因素的态度的相对强度按重要性或编号进行排序，不需要其他进一步的规定。

(4) 数字量表要求被调查者对自己的态度强度给出一个分数，比如满分是 10 分，级别可能为1～10，如"请在下列量表中圈出一个数字来描述你的汽车加速性能，1、2、3、4、5、6、7、8、9、10"。

以上 4 种量表都可以在顾客满意度调查问卷中使用，调查者可根据调查的实际情况选择最适合的量表形式，来增强自身调查的准确性。

6.3.3 顾客满意度的测算及评价

1. 顾客满意度的测算

(1) 顾客满意度分值和级差的标准。由于要测算顾客满意度，因此需要一些调查的具体数据，应将顾客对评价项目的评价结果用等级刻度来衡量。在衡量顾客满意度时最常用的等级刻度有以下几种：三等刻度法、四等刻度法、五等刻度法、七等刻度法、十等刻度法、100 点刻度法等。

(2) 评价项目权数的确定。由于产品用途不同，质量特性不同，顾客消费需求与期望不同，调查时间不同，故顾客满意度评价项目对顾客满意度影响的重要性亦不同，必须对评价项目赋予权重值。权重值的确定可以采用经验法、测量法、专家法、移植法、综合法等，以保证其客观性。

(3) 顾客满意度测算公式为

$$X_i = \frac{1}{n} \sum A_{ij} \quad (0 \leqslant A_{ij} \leqslant 100, \ i = 1, 2, \cdots, m) \tag{6-1}$$

$$X = \sum W_i X_i \quad (0 < W_i < 1, \ \sum W_i = 1) \tag{6-2}$$

式中，X_i 为 第 i 个项目中 n 个顾客满意度的均值；m 为评价项目数；n 为顾客数；i 为项目编号；j 为 被调查者编号；A_{ij} 为第 i 个项目的第 j 个顾客的评分；W_i 为在 m 个项目中第 i 个项目的权数；X 为 顾客满意度。

根据以上公式，由顾客满意度实际调查结果就可以得出顾客满意度的得分。

2. 顾客满意度分析评价

顾客满意度分析评价是将调查的原始数据转化为易于理解和解释的形式。它是对数据的重新安排、排序和处理，以提供描述性信息。

一般可通过以下四步来进行顾客满意度评价。

(1) 收集有关的信息，确定顾客满意度达到的程度。

(2) 对顾客满意度进行评价，找出差距。测评采用对比法，与企业去年同期和前期满意度对比，看是提高了，还是下降了。在产品和服务的哪些特性和环节上提高或下降了。与竞争对手满意度对比，是高还是低。通过以上纵横评价对比，找出差距。

(3) 对评价找出的"差距"进行分析，找出并确定问题点。这些问题点是企业提高顾客满意度的改进机会和切入点。

(4) 反馈信息，组织改进。将通过评价和分析确定的问题点和薄弱环节，及时向有关部门反馈，由有关部门组织改进。

6.3.4　顾客满意度测评报告的编写

顾客满意度测评报告的编写相关内容，请扫描右方二维码阅读。

顾客满意度测评
报告的编写

▌ 即测即评

请扫描二维码进行在线测试。

第 6.3 节习题

6.4　顾客让渡价值

6.4.1　顾客让渡价值的概念及分析

1. 顾客让渡价值的概念

顾客让渡价值是顾客总价值与顾客总成本的差额，如图 6-3 所示。顾客总价值包括产品价值、服务价值、人员价值和形象价值；顾客总成本包括货币成本、时间成本、体力成本和精力成本。

视频：顾客让渡
价值

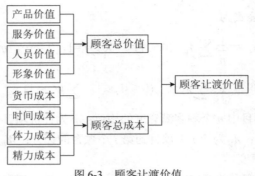

图 6-3 顾客让渡价值

用公式表示为

$$顾客让渡价值 = 顾客总价值 - 顾客总成本$$
$$= (产品价值 + 服务价值 + 人员价值 + 形象价值)$$
$$- (货币成本 + 时间成本 + 体力成本 + 精力成本)$$

2. 顾客让渡价值的分析

(1) 顾客让渡价值的多少受顾客总价值与顾客总成本两方面因素的影响。顾客总价值是产品价值、服务价值、人员价值和形象价值等因素的函数，其中任何一项价值因素的变化都会影响顾客总价值。顾客总成本是包括货币成本、时间成本、体力成本、精力成本等因素的函数，其中任何一项成本因素的变化均会影响顾客总成本。

顾客总价值与顾客总成本的变化及其影响作用不是各自独立的，而是相互关联的。因此，企业在制定营销决策时，应综合考虑构成顾客总价值与顾客总成本的各项因素之间的这种相互关系，从而用较低的成本为顾客提供具有更多顾客让渡价值的产品。

(2) 不同顾客群体对产品价值的期望与对各项成本的重视程度是不同的。例如，对于工作繁忙的消费者而言，时间成本是最重要的因素；而对于收入较低的顾客而言，货币成本是他们在购买时首先考虑的因素。因此，企业应根据不同顾客群的需求特点，有针对性地设计增加顾客总价值、降低顾客总成本的方法，以提高顾客的满意水平。

(3) 采取"顾客让渡价值最大化"策略应掌握一个合理的"度"。企业通常采取"顾客让渡价值最大化"策略来争取顾客，战胜竞争对手，巩固或提高企业产品的市场占有率。但我们必须看到，片面追求"顾客让渡价值"最大化，其结果往往会导致成本增加，利润减少。因此，在实践中，企业应掌握一个合理的"度"，以提高企业的经济效益为原则。

6.4.2 通过提高顾客让渡价值提升顾客满意水平

购买者在购买产品或服务后是否满意，取决于与购买者的期望值相关联的供应品的功效，可以说，满意水平是可感知效果和期望值之间的函数。要提高顾客的满意水平，应从提高产品与服务的可感知效果入手。顾客让渡价值在某种意义上等于可感知效果。因此，顾客在选购商品或服务时，往往从价值与成本两个方面进行考虑，从中选出价值最高、成本最低即顾客让渡价值最大的产品或服务，以之作为优先选购的对象。因此，提高顾客让渡价值是提高顾客满意水平的主要手段。

提高顾客让渡价值有两个可供选择的途径：该企业可以尽力增加顾客总价值或减少顾客总成本。由于顾客总成本具有一定的刚性，它不可能无限制地缩减，因而作用有限。更积极的方法是增加顾客总价值。

1. 增加产品价值

(1) 产品的开发与设计注重市场调研及客户需求的识别，设计人员应面向市场，以顾客需求为中心。市场既是产品的归宿，又是产品质量形成的起点。顾客是制造和服务企业收入的源泉。市场调研和客户需求的识别，在产品研制和产品质量的确定中起着重要的导向作用。通过市场调研，倾听顾客的声音，可以挖掘出消费者的潜在需求，进而结合自身情况进行市场细分，确定目标市场(即目标消费群)，然后，根据目标市场进行产品设计。

(2) 重视产品的质量。企业生产的产品除了满足规定的用途或目的之外，还必须符合社会的要求，符合适用的标准和规范，也就是必须达到甚至超越一定的质量标准。质量是企业的生命，提高产品质量是提高产品价值、维护企业信誉的主要手段。应该建立有效的质量保证体系，以满足顾客的需要和期望，并保护组织的利益。

2. 提高服务价值

(1) 服务的定位与服务差异化。产品需要定位，服务同样如此。当消费者被大量的广告信息淹没的时候，服务定位的宗旨是如何使消费者比较容易识别本企业的服务和产品。定位是一项战略性营销工具，企业可以借此确定自身的市场机会，并且当竞争情况发生变化时，企业能够实行相应的措施。定位可以是不经计划而自发地随时间而形成的，也可以经规划纳入营销战略体系，针对目标市场进行。它的目的是在顾客心目中创造出有别于竞争者的差异化优势。

(2) 为顾客提供优质服务。在从注重数量向注重质量转变的消费时代，顾客越来越要求企业提供细致、周到、充满人情味的服务，要求购买与消费的高度满足，因此，高品质、全方位的服务理所当然地成了企业赢得优势的一大法宝。全方位服务包括全过程服务、全方面服务、全顾客个性化服务。

全过程服务是针对顾客消费的每一环节所进行的细致而深入的服务。从售前消费者产生消费欲望的那一刻起，到商品使用价值耗尽为止的整个过程，都对消费者细心呵护，使消费者与自己的品牌紧密相连，让消费者在每一层面都感到完全满意。全方面服务是指为消费者提供所需的各种服务项目，也称作保姆式服务，即将消费者当作婴儿一样细心呵护。而全顾客个性化服务，则是针对个体消费者，设计并开发企业的产品及服务项目，以适应当今个性化和多样化的消费趋势。

3. 提高人员价值

人员价值是指企业员工的经营思想、知识水平、业务能力、工作效益与质量、经营作风、应变能力所产生的价值。企业员工直接决定着企业为顾客提供的产品与服务的质量，决定着顾客购买总价值的大小。员工的技能、顾客导向和服务精神对于顾客理解企业、购买产品或服务是相当关键的。每个企业员工的态度、精神面貌、服务等都代表着企业的形象，都直接或间接地影响"顾客满意"。

"顾客满意"很大程度上受到一线员工礼节的影响。顾客随时都有可能通过面对面或者电话接触，对企业的工作人员给予的服务进行默默的评价。这些一线员工与顾客的真实接触点几乎包含了影响顾客满意度的一切因素：回答电话询问、现场引导服务、产品说明、答复申诉、处理产品问题、收款送货等，顾客正是通过这些真实接触，形成对企业及产品品牌的认知。那些得到了热情、全面、耐心、细致服务的顾客，将会对企业所提供的产品或服务留下良好的印象，有可能再次购买并向其他人推荐；而那些在"真实环节"中与一线员工有过不愉快经历的顾客往往会排斥有关的产品或服务。可以说，与顾客的真实接触瞬间是"顾客满意"实现的关键。

提高人员价值，可从以下几个方面着手进行。

(1) 生产人员、技术开发人员乃至最高决策者，都全力支持一线员工，做好顾客真实接触的瞬间。

(2) 坚持以人为本的企业文化，培训企业员工，不仅使其掌握良好的技术和产品知识，更重要的是培养他们以顾客为中心的理念，以及全心全意为顾客服务的精神。

(3) 职工也是企业的内部顾客，要实施顾客满意战略，还要让内部顾客也满意，具体表现为，上一道工序生产的产品要让下一道工序的职工感到满意，进而提高生产的效率。

(4) 采取激励机制，向提高服务水平的员工提供有形的回报，提高职工工作积极性。还可实行零起点工资制，加大奖惩力度，形成一个内部竞争的企业环境。

4. 提高形象价值

良好的组织形象具有财务价值、市场价值和人力资源价值，因此，必须做好组织形象管理。

(1) 要做好组织形象管理，应当认识到，组织所为和所不为的每一件事都会对它的形象产生直接的影响。目前，有很多企业领导者认为组织形象就是组织标识系统。事实上，虽然组织标识系统(包括名字、命名体系、象征符号和组织标识色彩)的设计异常重要，但它仅仅是组织的一个映象。组织的真实本质和个性才是组织形象的重点。消费者选择伙伴建立关系时，重视的是质量和本质，而不是华而不实的表面符号。因此，必须创建鲜明的组织个性与组织文化，依靠实际行动而不是敷衍的文字来展现与竞争对手的差异点。

(2) 组织形象通过产品质量水平、品牌特征和服务交付三个方面表现出来。运用这三个要素营建并保持坚实的顾客关系，关键是在同所有与组织有关的人员的交往过程中表现出一致性。组织行为模式的不一致直接带给顾客对组织形象负面的感受。组织形象绝对无法超过企业最薄弱部分的表现。

(3) 做好组织形象管理，还需妥善处理危机事件，维护组织形象。良好的组织形象其实是一件脆弱的"物品"，容易损坏，一旦损坏就很难修复。任何企业都难以做到尽善尽美，总会出现这样那样的问题。如果产品质量或服务出现了差错，而企业员工和管理者没有处理好这些问题，就会对企业组织形象产生不良影响。更糟的是，若被媒体公开，不论孰是孰非，结论如何，都有可能对企业的组织形象产生无法弥补的损害。这些损害往往并非来自问题本身，而是源自管理者和员工处理事件的方式。因此，在危及企业形象的事件发生时，一定要妥善处理，尽量缩小影响面，维护组织形象。

5. 降低货币成本

顾客总成本中最主要的成本就是价格，低价高质的产品是赢得顾客的最基本手段。要想赢得市场，必须严格控制成本，对本企业产品或服务的各个环节进行成本控制，设身处地从顾客的视角来看待成本的高低和价格的可接受度。

(1) 降低生产成本。①从产品设计、研制阶段就要开始进行成本控制，对新产品和一些老产品进行成本—功能分析，去掉不必要的功能；在实现必要功能的前提下，尽可能从选用材料、调整产品结构、简化加工工艺等方面降低成本。②考虑专用设备购建、加工成本、市场能接受的价格等相关投资、成本与回收问题，把技术与经济紧密结合起来，为后续阶段降低成本打好基础。③在采购阶段也要进行成本控制，在保证质量的前提下最大限度地降低采购成本，取得效益。④在生产阶段进行成本控制可以从以下几个方面着手进行：降低单位产品材料消耗量、降低人工成本、加强费用控制、降低废品率等。

(2) 降低流通成本。在加强物流管理方面，企业可以通过经济订购批量、最优生产批量、

ABC 分类法等手段，保证适时适量的商品库存，并通过选取最佳运输方式，实现运输成本的最小化。

6. 降低时间成本

降低时间成本主要考虑以下几方面。

(1) 通过各种有效渠道发布产品信息，减少顾客搜集信息所需的时间。企业可以通过报纸、杂志、电视、互联网等各种传播媒介向顾客提供最新产品信息，使顾客可以比较轻易地获得选购前所需的资讯。不断完善企业的销售网站，与专业的网络企业合作，发挥好第四媒体的超强功能，使顾客可以根据各款性能报告进行个性化订购，并且当顾客把需求通过网络反馈给厂家后，可以在最短的时间内得到厂家的答复。

(2) 要尽量缩短订货周期，减少缺货现象。订货周期是指从发出订单到收到货物所需的全部时间。订货周期取决于订单传递的时间、订单处理的时间、运输时间。尽量缩短订货周期，将大大减少顾客的时间成本，提高顾客所获得的让渡价值。需要加强物流管理，实现订单核心业务流程的快捷处理，及时供应商品，还可提供定点定时送货服务，以减少顾客等待时间。

(3) 要为有特殊需要的顾客提供紧急订货。从顾客方面来考虑，紧急订货往往关系重大，因此强调为顾客服务，在紧要关头提供急需的服务，是与顾客建立长远的相互依赖关系的重要手段。

7. 降低精力成本与体力成本

精力成本与体力成本是指顾客购买产品时在精神、体力方面的耗费与支出。以汽车销售商为例，降低顾客付出的精力成本与体力成本，可以从以下方面入手。

(1) 加大产品宣传力度，从广告、展览、网上信息发布、销售咨询热线等多个方面入手，使顾客可以轻易得到所需的产品资料，减少在搜寻信息方面花费的精力与体力。

(2) 建立广泛分布的销售网点，使顾客可以就近购买。

(3) 为顾客提供一条龙服务，最大限度地减少需要顾客完成的工作，减少顾客精力与体力的付出。例如，目前贷款购车成为消费者的一种选择，汽车销售企业就可以与银行、保险企业等联合，提供汽车消费信贷服务，实行上牌、保险一条龙服务，减少顾客体力、精力的花费。

企业领导者与全体员工都应充分认识到顾客满意的重要性，并积极参与到提升顾客满意水平的各项举措中去。企业为使顾客满意所做的各种努力，虽然会花费一定的成本，但只要控制得当，这种付出必将获得充分回报——不仅可以增加企业的利润，提高短期效益，还能为企业获得长远利益奠定良好基础。

实际案例　**汉服生意经：网红店月流水超百万元，二手"绝版"货价格炒至 6 倍**

如今，大街小巷上不时出现年轻人着上襦下裙的身影。多地都会举行汉服活动，众多汉服爱好者冠袍带履，广袖流云，掀起了一股"汉服风"。

汉服热催生了一系列商机。无论是走高端路线的定制店铺，还是做平价汉服的电商商家，汉服正成为一个总规模超过 10 亿元的产业，并且衍生了汉服体验馆、租赁店、写真旅拍、二手交易等周边产业，有些"绝版"汉服的价格被炒到原价的 6 倍多。

在汉服爱好者们眼中，2003 年是"汉服文化复兴"的里程碑。现在，汉服文化从小圈子走进了大众视野，尤其在抖音、快手等短视频社交媒体兴起后，汉服的热度进一步被推高。与此同时，线下汉服文化活动也开展得如火如荼。

明华堂、汉客丝路、裁云集等走高端定制路线的汉服商家，一套汉服的售价少则两三千，多则上万。尽管价格高昂，仍有许多汉服爱好者愿为此"烧钱"。随着电商平台的出现，汉服市场的进入门槛逐渐降低，也出现了千元以下的汉服品牌。目前，某电商平台上知名度高的汉服店大多数成立于 2007 年到 2015 年间，比如粉丝数破 200 万的电商品牌"汉尚华莲""重回汉唐"分别成立于 2008 年和 2007 年，主打明制汉服，价格 400 元到 800 元不等，如今逐渐收获了月度销售产值超百万元的红利。

资料来源：汉服生意经：网红店月流水超百万元，二手"绝版"货价格炒至 6 倍[EB/OL]. (2019-09-19). https://www.sohu.com/a/341999569_161795?qq-pf-to=pcqq.group，有删改。

■ 即测即评

请扫描二维码进行在线测试。

第 6.4 节习题

本章小结

1. CS 理论之所以应该并且能够替代 PIMS 理论是基于以下三方面的因素：留住老顾客、销售相关新产品和新服务、用户宣传。

2. 满意水平是可感知效果和期望值之间的差异函数。能否实现顾客满意有三个重要因素：①顾客对产品的预期期望；②产品的实际表现；③产品表现与顾客期望的比较。

3. 所谓顾客忠诚，是指顾客在满意的基础上，进一步对某品牌或企业做出长期购买的行为，是顾客一种意识和行为的结合。"满意"与"忠诚"是两个完全不同的概念，满意度不断增加并不代表顾客对你的忠诚度也在增加。

4. 在顾客满意度调查设计过程中，需要界定顾客总体、制定抽样框、确定调查的样本数量、确定抽样方法。

5. 问卷设计的整个过程大体上可分为事前准备、问卷设计和事后检查三个阶段；顾客满意度的调查问卷可分为引言、主体、信息。问卷中的问题类型有开放性问题、封闭性问题两类。量表是收集顾客信息比较高效和实用的方法，目前调查问卷中最常用的是李克特量表、语义差异量表、序列量表、数字量表。

6. 在衡量顾客满意度时最常用的等级刻度有以下几种：三等刻度法、四等刻度法、五等刻度法、七等刻度法、十等刻度法、100 点刻度法等。顾客满意度分析评价是将调查的原始数据转化为易于理解和解释的形式。它是对数据的重新安排、排序和处理，以提供描述性信息。

7. 顾客让渡价值是顾客总价值与顾客总成本的差额。顾客总价值包括产品价值、服务价值、人员价值和形象价值；顾客总成本包括货币成本、时间成本、体力成本和精力成本。

8. 顾客让渡价值的多少受顾客总价值与顾客总成本两方面因素的影响；不同顾客群体对产品价值的期望与对各项成本的重视程度是不同的；采取"顾客让渡价值最大化"策略应掌握一个合理的"度"。

9. 提高顾客让渡价值有两个可供选择的途径：该企业可以尽力增加顾客总价值或减少顾客总成本。由于顾客总成本具有一定的刚性，它不可能无限制地缩减，因而作用有限。更积极的方法是增加顾客总价值。

思考题

1. 为什么说从 PIMS 理论到 CS 理论是一次质的飞跃？
2. 内部顾客满意度提升的意义有哪些？
3. 请设计一张顾客满意度调查问卷。

| 案例研究 | 农村电商激发乡村振兴潜能 |

近年来，农村电商的蓬勃发展为农产品架设了流通新平台。2022 年的《政府工作报告》提出"发展农村电商和快递物流配送"，中央一号文件也要求"发挥脱贫地区农副产品网络销售平台作用"。用好网络销售平台，有助于进一步拓宽农民增收路径，推动乡村振兴。

脱贫地区农副产品网络销售平台是在财政部、农业农村部、国家乡村振兴局、中华全国供销合作总社 4 部门指导下搭建的，可以购买 832 个脱贫县农副产品的平台，被称为"832 平台"。借助这一电商平台和快递物流网络，陕西省汉阴县太行村的小米辣、四川省越西县的"暴走鸡"、陕西省柞水县的木耳等优质农产品，翻山越岭走进千家万户，改变了以往产销信息不对等、销售渠道不畅通等问题。自 2020 年 1 月上线以来，"832 平台"累计销售额突破 200 亿元，助推 832 个脱贫县的 230 万农户巩固拓展脱贫攻坚成果，平台累计注册供应商 1.5 万家，上线农副产品 20 万个，注册采购单位近 50 万家。

"832 平台"等农村电商平台连起农田和市场，推动农产品从初加工向精深加工发展。实践表明，要在众多农产品中突出重围，就要在"特色"和"精细"上做足文章，不断提高专业化水平。比如，陕西省延长县的苹果一部分作为水果销售，另一部分被加工成浓缩果汁出口，果渣可以提取出果胶，每年修剪的树枝粉碎后可以作为生产香菇的原料；新疆维吾尔自治区的英吉沙县的色买提杏，少部分直接以鲜杏销售，绝大多数加工成杏干，还有的加工成杏仁和杏仁油，杏核的壳也可以作为加工活性炭的好原料。农产品从粗放式种植到精细化加工，让"土特产"成为"网红"，有效拉长了产业链，提高了农产品的附加值，为广大农户创造了更宽广的增收之路。

推动更多特色农产品走向更大市场，需要进一步完善流通配套体系。如今在一些农村地区，还存在物流运输价格高、配送不及时、折损率高等现象。让农产品更快送到各大批发市场、商超、消费者手中，高效便捷集成式物流是重中之重。一些地方积极支持相关物流基础设施与网络销售平台对接，降低了物流成本，提高了物流效率。比如，江西探索集成式的快递物流模式，通过网络平台整合快递流通企业和贸易流通企业，实现货运供需信息的在线对接和实时共享，将分散的货运市场整合，加快货物离港速度，提高仓库利用率，并开通直发专线，打响了赣南脐橙等本地特色品牌。

农村电商蓬勃发展，有助于激发乡村振兴潜能。"832 平台"等农村电商平台让广大农户不仅"种得好"而且"卖得好"，更加自信地展示特色农产品。未来，网络销售平台要努力做到服务更优、覆盖面更广、成本更低，坚持政府引导与市场机制结合，发挥网络平台采购需求牵引作用，助力打通脱贫地区农副产品生产、流通的难点和堵点，壮大一批有地域特色的主导产业，打造一批影响力大的特色品牌，从而不断激发乡村振兴的内生动力。

另外，中国青年报社社会调查中心对 2003 名受访者进行了一项关于"选购消费扶贫产品时的主要考虑因素"的调查；结果显示，60.8%的受访者主要通过网店、电商来选购消费扶贫产品。68%的受访者对消费扶贫的体验表示满意。

受访者中，来自一线城市的占 31.2%，二线城市的占 49.0%，三四线城市的占 16.7%，城镇或县城的占 2.5%，农村的占 0.7%。

受访者更多地通过线上平台进行消费扶贫。在北京某事业单位工作的刘红(化名)说，疫情期间买过滞销的松花蛋，后来看到直播销售云南特色水果干，也买了两盒，还买了山核桃、黑木耳等助农特产。在天津工作的 90 后赵婷(化名)说，有一次在上网时看到陕西省一个贫困县的核桃仁，看到评价还不错，就购买了。在北京某事业单位工作的刘芳(化名)是单位工会小组的成员，她说，今年在采购员工的慰问用品时，优先选购了来自贫困地区的农特产品，单位也在倡导大家参与消费扶贫，通过"以购代捐"的方式来助力脱贫。

调查显示，参与消费扶贫，受访者主要购买了农副产品(84.7%)，其他还有日用品(53.0%)和手工艺品(35.3%)等。"还是从网上买得多，更方便。"刘红说。除了网店，她还会购买朋友圈里推荐的助农产品。

数据显示，线上平台是受访者参与消费扶贫的主要方式。网店、电商获选率最高(60.8%)，然后是直播带货(49.2%)和社交平台(34.0%)。线下渠道则包括：展销会(33.4%)、智能展柜(28.3%)、超市(22.1%)和单位对口采购(20.6%)等。

68%的受访者对消费扶贫的体验表示满意。"总体上我的消费体验还不错，有时能用比较低的价格，买到不错的产品，很多还是当地特色。"刘红说。她在选购这类产品时主要看重的就是质量和特色。品质同样是赵婷在进行消费扶贫时所看重的因素，她说："我会关注买过的人的评价，如果确实品质不错，就愿意尽量多买一些、多帮一把。我以前很少吃核桃，觉得没什么味道。但这次购买的核桃仁是经过加工的，有不同的口味，一下子就提升了口感。"

调查中，68%的受访者表示对消费扶贫的体验满意，30.5%的受访者感觉一般。刘芳说："我自己也是通过选购消费扶贫产品，才知道原来有这么多不错的产品。一些贫困地区由于交通条件、销售观念等方面的因素，即使有好产品，也会出现'酒香也怕巷子深'的问题，但是消费扶贫则可以让这些产品流通更远，通过消费带动贫困地区脱贫。我觉得消费扶贫模式对于消费者和生产者来说，是双赢。"

资料来源：根据《中国青年报》、人民网的相关内容改编。

实际案例 | **乡村振兴**

乡村振兴战略是习近平同志 2017 年 10 月 18 日在党的十九大报告中提出的战略。党的十九大报告指出，实施乡村振兴战略。农业农村农民问题是关系国计民生的根本性问题，必须始终把解决好"三农"问题作为全党工作的重中之重。

案例思考题：

1. 农村电商的优势有哪些？

2. 农村电商是如何做到顾客满意的？

3. 要提升消费扶贫的顾客满意度，电商应从哪些方面着力？如何提高顾客让渡价值？

乡村振兴

第7章

品 牌 战 略

学习目标

- 界定品牌的基本概念
- 解释品牌资产与品牌资产模型
- 熟悉品牌策略选择与组合方法
- 了解品牌价值评估方法
- 比较传统行业和互联网行业品牌塑造的不同

第 7 章知识点

引入案例

喜茶务实的网红茶饮品牌密码

喜茶的创始人聂云宸非常重视品牌的建设。他认为，产品只是一个起点，要想做大，最终还要做品牌。截至 2022 年 7 月，喜茶品牌与视觉中心已有上百名员工，几乎都是"90 后"，专做内容和新媒体的员工甚至以 1996 年前后出生的为主。而在刚有喜茶的时候，所有关乎品牌建设的工作都由聂云宸一个人亲自完成，他对品牌建设有着自己独特的认识与坚守。

首先，品牌的定位不应该太窄。他认为，喜茶最终的愿景是把茶和茶背后的文化年轻化、国际化、互联网化，并以此为基础，做出一个超越文化和地域的符号和品牌。

其次，品牌的传播需要做好载体和细节。聂云宸在一次演讲中提到，互联网时代的品牌传播需要好的内容。但内容太虚，因此需要找到载体，以更好地传播。宣传物料是一种载体，门店空间、产品包装，甚至门店里的消防栓也可被看作载体。不少和他共过事的人都对他的细心印象深刻，喜茶品牌与视觉中心负责人说："聂云宸在宣传物料出街前会亲自把关，连一个错别字，甚至是一个像素的移动都不放过。"

聂云宸是如何一手打造出喜茶这一让年轻人无人不知的品牌的？

1. 引领消费美学

除了给茶客们提供优质的茶饮，喜茶还致力于探索关于喝茶这件事的更多可能性，坚持原创精神，支持艺术创造，让喝茶成为一种风格，一种生活方式。

从产品研发到门店终端，喜茶更加注重消费者的整体体验。每一家门店的设计，都是一个诠释灵感的过程。结合传统茶饮文化，将禅意、极简、美学等元素融入门店设计，营造质感层次丰富的空间，为茶客们带来沉浸的、多维度的感官体验，修正现代茶饮消费的审美方式，让喝茶这件事变得更酷、更不一样。

除此之外，喜茶与多位独立插画师合作，用绘画的语言表达饮茶之趣，创作出一系列符合喜茶品牌理念、饶有趣味的系列原创插画。全线产品包装亦遵循喜茶推崇的酷、简约的风格，汲取灵感，精心设计，与时俱进，持续更新。

2. 引领茶饮界"联名+口味"多变之路

对部分年轻人而言，喜茶就是茶饮界的顶流，特别是其推出的水果茶系列产品备受消费者青睐。能够如此深入地占领用户心智，离不开喜茶长期的社交媒体营销和各类跨界联名。据统计，喜茶自2017年以来，联动了包括美宝莲、爱奇艺、冈本、威猛先生等近100个不同品类的品牌，被称为"茶饮界的Superme(美国潮流服饰品牌)"。

以喜茶和电视剧《梦华录》的联名新品为例。细究之下，可以观察到喜茶的这次联名是有其内在考量的。一方面，《梦华录》中的茶坊及茶文化贯穿全剧，这一点天然适配喜茶的产品属性；另一方面，在电视剧播出时就有不少网友讨论，剧中赵盼儿的营销思路完全可以看作喜茶的翻版，甚至在赵盼儿为新茶坊取名时弹幕中就有人提到了喜茶。拥有故事和情绪的双重加持，喜茶此次的联名在吸引剧粉的同时，也覆盖到了更广的受众面。可以说电视剧《梦华录》的热播为新茶饮注入了新生机，也助力喜茶在激烈的竞争中成功扳回一局。

资料来源：界面新闻. 500个品牌案例丨喜茶务实的网红茶饮品牌密码：设计、话题、投资[EB/OL]. (2022-07-20). https://baijiahao.baidu.com/s?id=1738836472303336494&wfr=spider&for=pc.

展望今日和未来，企业用以计算价值的单位不再是商品，而是品牌。可口可乐的总裁说，即使把可口可乐在全球的工厂全部毁掉，它仍可在一夜之间东山再起，原因在于品牌已经成为企业最重要的无形资产，其重要性已超过土地、货币、技术和人力资本等构成企业的诸多要素。而今的竞争已经从产品与产品的竞争，逐步过渡到品牌与品牌的竞争。好的品牌意味着市场，意味着顾客忠诚，也意味着巨大的盈利和发展空间。

7.1 品牌的基本概念

在最近几个世纪，品牌已经成为把不同制造者的商品区分开来的因素。在欧洲出现的最早的品牌标志是中世纪行会要求工匠把商标放在产品上以保护他们自己和消费者，预防劣质产品。如今，品牌扮演的是改善消费者的生活、提高公司的金融价值等重要角色。

视频：品牌的来源、定义及价值

7.1.1 品牌的内涵

关于品牌，美国营销协会(American Marketing Association)的定义如下：品牌(brand)是一个名称、术语、标记、符号或设计，或是它们的组合运用，其目的是借以辨认某个销售者或某群销售者的产品或服务，并使之与竞争对手的产品和服务区别开来。产品品牌主要包括三个部分。

1. 品牌名称

品牌名称是指品牌中可以用语言称谓的部分，也可称为品名，如"麦当劳""长虹""联想""IBM""可口可乐"等。品牌名称有时与企业名称一致，有时也可能不一致。例如，松下公司的公司名为"Matsushita"，而品牌名称为"Panasonic"。另外，有些企业的名称具有品牌名特性的同时，其产品系列名称也可能同时具有品牌名的特性，如微软公司的"Windows操作系统""IE浏览器""Office"等。

2. 商标

商标是企业采用的商品标识，通常采用文字、图形或文字与图形相结合的方式组成，如麦当劳的黄色拱门、IBM的蓝色字母、宝洁公司的P&G等。商标是品牌的重要组成部分，早期的商标由企业自主选择使用，进入工业化时代之后，市场竞争激烈程度加剧，因商标使用引发的纠纷开始出现，于是商标制度化被提上日程，出现了相关国际公约。企业注册的商标受政府法律保护，具有排他性。

3. 其他品牌标志

除商标外，企业品牌还可能包括其他可以识别却无法用语言表达出来的部分，包括各种符号、文字、设计、色彩、字母或图案等。这些标志与商标共同构成企业的品牌标识。

随着市场经济的发展，在产品品牌的基础上，又出现了服务品牌和企业品牌。服务品牌是以服务而不是以产品为主要特征的品牌，如商业服务品牌、餐饮服务品牌、航空服务品牌、金融服务品牌、旅游服务品牌等。但是，无形的服务总是以有形的产品为基础的，并且往往同时与有形产品共同形成品牌要件。企业品牌或公司品牌是以企业(公司)作为品牌整体形象而被消费者认可的。产品品牌同样是企业品牌的基础，但企业品牌高于产品品牌，它是靠企业的总体信誉形成的。企业品牌与产品品牌可以相同，如海尔、索尼、奔驰等；也可以不相同，如宝洁、通用等都有很多不同的产品品牌。

实际案例　　**汽车贵族——劳斯莱斯**

"世界汽车中可称为贵族的，唯有劳斯莱斯。"1904 年的春天，磨坊主的儿子亨利·莱斯(Frederick Henry Royce)与贵族出身的查理·劳斯(Charles Stewart Rolls)在一列火车上邂逅，两人一见如故，决定共同创办劳斯莱斯公司，生产属于英国的高级汽车。他们给汽车取名为 Rolls-Royce(曾被译为罗尔斯·罗伊斯)，劳斯莱斯汽车的标志图案采用两个 "R" 重叠在一起，象征着你中有我，我中有你，体现了两人融洽及和谐的关系。

劳斯莱斯的标志除了双 R 之外，还有另一个传统标志——具有古典风格的 "飞翔女神" 雕像。这个标志出现于 1911 年，由艺术家查理斯·萨科斯设计，据说其灵感来自巴黎卢浮宫艺术品走廊的一尊有两千年历史的胜利女神雕像，她庄重高贵的身姿是艺术家们产生激情的源泉。当汽车艺术品大师查尔斯·塞克斯应邀为劳斯莱斯汽车公司设计标志时，深深印在他脑海中的女神像立刻使他产生创作灵感。于是，一个体态轻盈、风姿绰约、身披轻纱的 "飞翔女神" 飘然而至，其启用典礼的隆重程度不亚于第一辆劳斯莱斯轿车下线；当时的总经理约翰逊撰文称："这是一位优雅无比的女神，她代表着人类的崇高理想和生活的欣狂之魂，她将旅途视为至高无上的享受。"

飞翔女神降临到劳斯莱斯身上，整个世界都沉浸在清新的空气和羽翼振动的美妙音乐旋律之中。华贵的劳斯莱斯征服了包括英国王室在内的各国元首、贵族的心，也被称为 "帝王之车"。

资料来源：Angirl. 劳斯莱斯车标故事[EB/OL]. (2015-01-15). https://www.chinapp.com/baike/96612.

7.1.2　品牌的特征

从品牌的定义可以得出品牌具有如下特征。

1. 品牌的排他性

品牌所表达的理念和价值取向对具有相同理念和价值取向的消费者具有 "锁定" 效应。当消费者在同种产品或同类产品中进行挑选时，对一种品牌的认同意味着对其他品牌的不认同。此外，品牌的排他性还表现在品牌拥有者经过法律程序的认定，享有品牌的专有权，其他企业或个人不得仿冒和伪造。

2. 品牌的价值性

由于品牌拥有者可以凭借品牌的优势不断获取利益，可以利用品牌的市场开拓力形成扩张力，因此品牌具有价值性。这种价值并不能像物质资产那样用实物的形式表述，但它能使企业的无形资产迅速增大，并且可以作为商品在市场上进行交易。表 7-1 展示了 2022 年度全球最有价值的品牌前十名的相关情况。

表 7-1　2022 年度全球最有价值的品牌前十名

排名	品牌名称	2022 年品牌价值/ 亿美元	2021 年品牌价值/ 亿美元	变化	国家/地区
1	苹果	4 822.15	4 082.51	18%	美国
2	微软	2 782.88	2 101.91	32%	美国
3	亚马逊	2 748.19	2 492.49	10%	美国
4	谷歌	2 517.51	1 968.11	28%	美国
5	三星	876.89	746.35	17%	韩国
6	丰田	597.57	541.07	10%	日本
7	可口可乐	575.35	574.88	0%	美国
8	奔驰	561.03	508.66	10%	德国
9	迪士尼	503.25	441.83	14%	美国
10	耐克	502.89	425.38	18%	美国

资料来源：Interbrand 咨询公司数据。

3. 品牌发展的风险性和不确定性

品牌创立后，在其成长的过程中，由于市场的不断变化，需求的不断提高，企业的品牌资本可能壮大，也可能缩小，甚至在竞争中退出市场。品牌的成长存在一定风险，因而对其进行评估也存在难度。品牌的风险有时产生于企业的产品质量出现意外，有时由于服务不过关，有时由于品牌资本盲目扩张，运作不佳。

4. 品牌的表象性

品牌是企业的无形资产，不具有独立的实体，不占有空间，但它的目的就是让人们通过一个比较容易记忆的形式来记住某一产品或企业，因此，品牌必须有物质载体，需要通过一系列的物质载体来表现自己。品牌的直接载体主要是文字、图案和符号，间接载体主要有产品的质量、产品服务、知名度、美誉度、市场占有率。优秀的品牌在载体方面表现得较为突出，如"可口可乐"的文字，使人们联想到其饮料的饮后效果，其红色图案及相应包装也能起到独特的效果。

5. 品牌的扩张性

品牌具有识别功能，代表一种产品、一个企业。企业可以利用这一优点施展品牌对市场的开拓能力，还可以帮助企业利用品牌资本进行扩张。

7.1.3　品牌的功能

品牌是企业可资利用的重要无形资产，在营销活动中具有非常重要的作用，具体表现在如下几个方面。

1. 有利于开展商品广告宣传和推销工作

品牌是一种直接、有效的广告宣传与推销形式。例如，一些航空公司在机身上绘制代表公司品牌的图案和文字，一些制造业企业在产品和包装物上印上企业的品牌标识，这都能起到非常好的宣传效应。品牌以简单、醒目、便于记忆的方式，代表着企业提供的产品或服务，表明企业或其产品与服务具有的某种特性。设计精美的品牌，在广告宣传和商品推销过程中都有助于建立产品声誉，吸引顾客重复购买，提高市场占有率，有助于企业不断推出系列新产品进入市场。

2. 有利于企业树立良好的形象

作为一种精心设计的标志及名称符号，品牌本身就是一种形象的体现。例如，索尼公司的"Sony"品牌名，迪士尼公司的卡通米老鼠，都凝聚了企业的创造性。而当企业提供产品和服务时，进一步赋予品牌更加丰富和深刻的内涵。随着企业品牌声誉的形成，企业的形象逐步得到确立。而良好的形象进一步促进产品与服务的销售，进而提升企业的品牌地位。由此，企业的品牌、形象和产品与服务销售形成了互相促进的关系。

3. 有利于企业推出新产品

在企业推出新产品时，顾客会根据其之前推出的产品的质量对新产品做出先验的评价。对于已经在市场上形成较好品牌声誉的企业来说，品牌成为企业综合实力的象征，即使是全新的产品，顾客根本没有使用的经验，也常常会给予很高的评价，并积极购买。

4. 有利于企业维护自身的利益

品牌的重要组成部分就是商标，商标一旦注册，便具有法律效力，受到法律的保护，其他任何企业不能使用与此相似的标识，不得模仿、抄袭和假冒，从而使企业的市场形象、社会声誉等受到保护，保证了企业通过努力所获得的市场份额和顾客忠诚度，等等。而且，企业可以利用品牌进行投资，以工业产权的方式投资入股。

5. 有利于顾客选购商品

由于品牌、商标是区别不同质量水准的商品标记，因此顾客可以依据品牌识别和辨认商品，并据以选购所需商品及维修配件。对于熟悉的品牌，顾客可以大量缩减信息搜寻所花费的时间和精力，并且可以降低购买风险。享有盛誉的品牌商标有助于顾客建立品牌偏好，促进重复购买。

品牌的功能如图 7-1 所示。

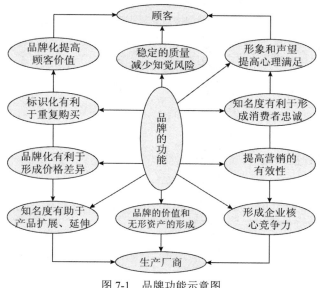

图 7-1　品牌功能示意图

实际案例 盒马如何依靠"自有品牌"占领消费者心智

2015 年,中国的商业界和广大消费者都知道中国互联网巨擘阿里巴巴搞了一个叫"盒马鲜生"的大型线下超市。需要下载 App 并通过支付宝支付才可以在现场购买店内商品,这让人吃惊不已,也大有争议。周末的线下店里也熙熙攘攘地挤满了男女老少,更不要说还有 70%的顾客潜藏在线上进行下单。

盒马能够吸引一批忠实的顾客,当然不是靠着 App 和盒马的名气捆绑精明的消费者,而人们选择继续购买和使用,正是因为盒马独家独有的品牌体系。盒马凭借自有品牌的商品体系,圈粉无数。民以食为天,人们对于食品的口碑是极为重视的,对食物的口感也是极为敏感的。在吃货界,口口相传的美食最容易被人铭记在心,往往品牌口碑决定了某款美食的火爆程度。所以,以口感来带动口碑,以口碑来塑造品牌,占领消费者心智,这是食品类市场绕不过去的法则。"以舌尖上的滋味来论高下"。作为以生鲜售卖为主的盒马不仅是这么想的,也是这么做的。

实际上,盒马成功积累顾客口碑的自有品牌商品,不胜枚举。例如,一天一种颜色、一周七天七种颜色的日日鲜系列食材;360 毫升崇明鲜碾瓶装米,一瓶米下锅,再用空瓶装一瓶水来煮,口感适中,刚好够一家人一顿饭食用;还有,盒马的"帝皇鲜"品牌,有挪威的三文鱼、越南的黑虎虾、阿根廷的鳕鱼等。

自有品牌在商超零售界早已不是新鲜事。日本的全家、7-ELEVEN 早就有了一套运营成熟的自有品牌体系,特别是在食材品质上笼络了消费者的心,成为门店经营的核心竞争力之一。而在欧美,阿尔迪(ALDI)、开市客(Costco)、沃尔玛(Walmart)的自有品牌也早已非常成熟。自有品牌是一个体系化工程,不可能是一蹴而就的,一定是需要用心、用时间才能熬出来的商品力。它需要的是一份默默打磨顾客需求的孤独匠心。这在追求短、平、快的互联网商业环境里,着实是不容易持守的。但从零售企业长远发展角度而言,也一定是值得的。

其一,一旦自有品牌下精心产出的各个宝贝商品被认可,就意味着顾客黏性的提高。这对于提升企业生命力和抗风险能力是极为重要的。其二,自有品牌运作系统成熟后,无论是定价权还是采购权,其自主权都会高出很多,是更能实现商家、厂家、消费者三方共赢的可持续性模式。其三,自有品牌对于大型品牌连锁超市来说,不仅可以强化超市品牌印象,提高竞争壁垒,还能起到激活商超企业内部各部门形成团结协作的联动机制的效果。

盒马的实践,就是自有品牌赋能商超零售的典型例子。如今,盒马已经开始脱去"新零售"的光环,回归商业本质。通过根据消费需求打磨自有品牌的商品力,不仅圈粉了一大批年轻的忠实用户,甚至已经抢占了新生代的心智。

资料来源:联商专栏-芥菜种. 盒马如何依靠"自有品牌"占领消费者心智? [EB/OL]. (2021-09-16). http://www.linkshop.com/news/2021474510.shtml,有删改。

即测即评

请扫描二维码进行在线测试。

第 7.1 节习题

7.2 品牌资产与品牌资产模型

7.2.1 品牌资产

品牌资产(brand equity)是产品和服务被赋予的附加价值。这种价值可被反映为消费者对品牌如何认识、感知和行动，同样也可反映为品牌给企业带来的收入、市场份额和利润。品牌资产是与公司的心理价值和财务价值有关的重要无形资产。

营销学者和研究人员使用各种各样的预测方法研究品牌资产。其中，基于顾客的研究方法从消费者视角进行分析，将品牌资产定义为消费者对某一品牌的营销效应的不同反应。如果顾客对产品及其营销方式有积极反应，这个品牌便拥有正面的基于顾客的品牌资产；反之，则被认为拥有负面的基于顾客的品牌资产。该定义有三个关键成分：其一，品牌资产起源于消费者反应的差别。如果没有差别，该品牌的产品基本上被归类为一般产品。于是这种产品的竞争或许就以价格为基础。其二，这些差别是一个消费者关于品牌知识的认知结果。品牌知识(brand knowledge)由与品牌相关的全部想法、感觉形象、经验、信仰等组成。所以，品牌必须使消费者相信它是强大的、有利的、独特的，如沃尔沃(Volvo，强调安全)、贺曼(Hallmark，强调关系)，以及哈雷戴维森(Harley-Davidson，强调冒险)。其三，构成品牌资产的消费者的不同反应，反映在与一个品牌营销各方面有关的知觉、偏爱和行为上。图 7-2 为品牌资产示意图。

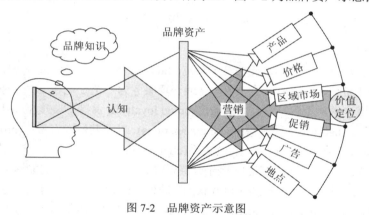

图 7-2　品牌资产示意图

7.2.2　品牌资产模型

1. 品牌资产评价者

扬雅广告公司(Young & Rubicam)开发了称为品牌资产评价者(brand asset valuator，BAV)的品牌资产模型。他们在 40 个国家调研了将近 20 万名消费者，提供了数百个不同种类的数千个品牌的比较方案，认定品牌资产有 4 个关键因素。

(1) 差异度(differentiation)：衡量一个品牌与其他品牌的差别程度。

(2) 覆盖度(relevance)：衡量一个品牌的诉求幅宽。

(3) 尊崇度(esteem)：衡量一个品牌被重视和尊重的程度。

(4) 认知度(knowledge)：衡量消费者对一个品牌的了解和熟悉程度。

其中差异度和覆盖度构成了品牌实力，这两项指标更注重于反映品牌未来的价值，而不是仅仅反映其过去。尊崇度和认知度则构成品牌高度，更像一个反映品牌过去表现的"报告卡片"。

观察这 4 个纬度之间的关系，可以揭示关于品牌的现状和未来的许多信息。把品牌实力和品牌高度相结合可以构建一个力量方格图(见图 7-3)，从而描述品牌发展周期的不同阶段——用方格图的 4 个象限表示。新品牌刚刚建立起来时，这 4 个指标都很低。强壮的新品牌在品牌实力方面，相对于覆盖度，更趋向于显示出较高水平的差异度；而品牌高度方面的尊崇度和认知度仍然很低。作为领导者的品牌的 4 个指标都较高。而正在衰退的品牌，其过去表现的认知度很高，尊崇度相对较低，覆盖度和差异度甚至更低。

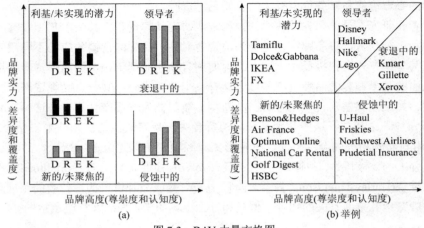

图 7-3　BAV 力量方格图

2. Aaker 模型

加州大学伯克利分校营销学教授戴维·阿克(David A. Aaker)认为：品牌资产是一系列与该品牌有关的资产或负债，它们来源于一个产品或一项服务为一个企业和/或一个公司的顾客所提供的价值。品牌资产的类型包括：品牌忠诚度(brand loyalty)、品牌知晓度(brand awareness)、感知的质量(perceived quality)、品牌联想(brand associations)，以及其他专有资产(proprietary assets)，如专利(patents)、商标(trademarks)和渠道关系(channel relationships)。

戴维·阿克认为，建立品牌资产的一个十分重要的概念是品牌识别，它能够表达出品牌对于顾客来说代表着什么及许诺了什么。戴维·阿克认为品牌识别有 12 个纬度，可以分为 4 个视角。

(1) 产品化的品牌(brand-as-product)：产品范围、产品属性、质量/价值、用途、使用者、原产地。

(2) 组织化的品牌(brand-as-organization)：组织属性、本地及全球。

(3) 个体化的品牌(brand-as-person)：品牌的个性、品牌-顾客关系。

(4) 符号化的品牌(brand-as-symbol)：视觉比喻/暗喻(visual imagery/metaphors)，品牌继承(brand heritage)。

戴维·阿克还认为，品牌识别的概念包括核心识别和延伸识别。核心识别(品牌的中心、永恒本质)品牌转移到新市场或产品时最有可能保持不变。延伸识别包括各种品牌识别要素，即所有可以从核心识别中衍生出来的内容。

以 Satrun(通用汽车旗下品牌)为例，可以将品牌描述如下。

(1) 核心识别：一个世界级的汽车品牌，它的雇员对顾客非常尊敬并把他们当作朋友。

(2) 延伸识别：主打微型小客车产品；产品不还价；积累丰富的零售经验；拥有体贴、友好、脚踏实地、年轻活泼的个性；吸引忠诚的雇员和顾客。

3. BRANDZ 模型

市场研究咨询机构 Millward Brown 和 WPP 共同开发了 BRANDZ 品牌力模型。其模型的核心是建立品牌的动态金字塔，其模型表示品牌的建立要通过一系列逐级发展的步骤，而每一步骤的完成都依赖于前一步骤的成功实现。这些步骤按升序排列如下。

(1) 产品存在(presence)：我了解它吗？

(2) 产品关联(relevance)：它能给我提供某些东西吗？

(3) 产品表现(performance)：它能实现吗？

(4) 产品优势(advantage)：它能提供比其他产品更好的东西吗？

(5) 产品黏合(bonding)：没有什么能打败它。

模型研究表示，高级别的顾客会花费更多的时间和支出在品牌上，其对品牌有更强的忠诚度。市场营销者的工作就是通过活动和方案，使低层次的顾客动态地移向更高的层次。

4. 品牌共鸣模型

品牌共鸣模型与 BRANDZ 模型一样，认为品牌的建立是一系列逐级发展的过程，从下到上完成。这一系列依次排序的层次从下到上分别是：

(1) 保证品牌的差异，利用具体的产品等级和顾客需求，以确保将顾客头脑中的品牌与自己产品的差异性联系在一起；

(2) 通过在战略上联结许多有形和无形的品牌联想，牢固地在顾客心中建立品牌含义；

(3) 就有关品牌的判断和感觉获取适当的顾客反应；

(4) 把品牌反应转化为建立在顾客和品牌之间的一种强烈、活跃的忠诚关系。

但其与 BRANDZ 模型不同的是强调品牌建立的双路径，即从理性的角度和感性的角度两条路线分析品牌的理念。品牌共鸣金字塔，如图 7-4 所示，左边为品牌建立的理性路线，右边为品牌建立的感性路线。

- 品牌特色：品牌在不同购买、消费环境下，经常并且容易被感知。
- 品牌表现：产品和服务是如何满足顾客功能性需求的。
- 品牌形象：产品和服务外在的特性。
- 品牌判断：消费者对其的看法和评价。
- 品牌感觉：消费者对于品牌感性的反响和反应。
- 品牌共鸣：消费者与品牌关系的性质。

图 7-4　品牌共鸣金字塔

即测即评

请扫描二维码进行在线测试。

第 7.2 节习题

7.3　品牌策略选择与组合

在运用品牌推动企业营销工作的过程中，企业必须进行相应的策略选择与组合，决定采取什么样的品牌策略。在这个过程中，企业要进行有无品牌决策、

视频：品牌的
基本策略

品牌提供者决策、品牌名称决策、品牌战略决策、品牌延展决策、品牌重塑决策,如图7-5所示。

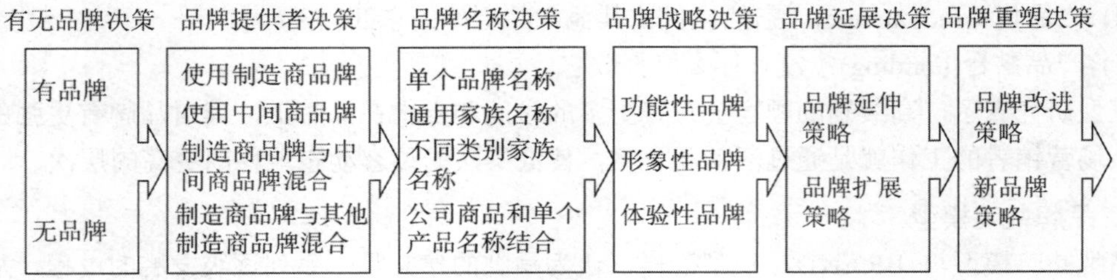

图7-5 品牌决策

7.3.1 有无品牌决策

有无品牌决策是指企业在生产经营活动过程中选择使用或者不使用品牌的策略,具体包括有品牌和无品牌两种策略。

1. 无品牌策略

无品牌策略是指企业在经营活动过程中不使用任何品牌。

企业不使用品牌主要有两个原因:一是使用品牌并不能为企业带来任何的额外收入;二是使用品牌需要支付的成本费用开支太大,入不敷出。具体来说,无品牌策略多用在以下5种情况。

(1) 未经加工的原料产品。企业在这一过程中发挥的作用仅仅是采掘或运输,并未对质量的提升发挥重要作用,产品的质量主要取决于原产地,如煤、铁矿石等。

(2) 难以形成特色的产品。产品遵循统一的标准要求,不同企业提供的产品在质量上并没有太大差异,没有必要用品牌进行区分,如电力、水泥等。

(3) 生产简单、价格低廉的小商品。这些商品本身价格很低,没有必要使用品牌。例如,一些单位产品价值较低的电工用具、炊事用具等日杂用品。

(4) 消费者习惯上不予考虑品牌差异的商品。这些商品在出售过程中,即使有品牌,消费者也不会给予太大关注,如蔬菜、水果、肉类食品等。

(5) 临时性或一次性生产和销售的产品。这些产品在今后不再出售,不需要通过品牌赢得顾客。

2. 有品牌策略

有品牌策略是指企业为其产品使用品牌,并相应地给出品牌名称、品牌标志,以及向政府部门进行注册登记等活动。使用有品牌策略能给企业带来以下一系列益处。

(1) 有了品牌名称可以使企业比较容易处理订单并发现问题。

(2) 企业的品牌名称和商标对产品独有的特点提供法律保护。

(3) 品牌化可以吸引忠实的和有利于公司的顾客,品牌忠诚使企业在竞争中得到某些保护。

(4) 品牌化有利于企业细分市场。例如,宝洁公司提供8种品牌的清洁剂,每一种配方略有不同,然后分别推向特定用途的细分市场。

(5) 强有力的品牌有助于建立企业的形象,使企业更容易推出新品牌并获得分销商和消费者的信任,提升接受度。

对于分销商来说,品牌名称是一种方便产品经营及识别供应商的手段,从而把握一定的生产质量标准,增强购买者的偏好。对于消费者来说,品牌名称可以帮助他们识别质量差别,从而更有效地购买商品。

7.3.2　品牌提供者决策

　　品牌提供者决策是指企业选择使用谁的品牌。一旦企业决策以品牌作为重要的营销策略，企业面临的重要决策就是使用自己的还是其他商家提供的品牌。具体包括使用制造商品牌、使用中间商品牌、制造商品牌与中间商品牌混合使用、制造商品牌与其他制造商品牌混合使用 4 种策略。

1. 使用制造商品牌策略

　　制造商为自己的产品选择适当的品牌，在销售过程中独立使用。就全球的发展趋势来看，大部分制造商更愿意使用自有品牌。一方面，产品差异体现着制造商实力的不同，有实力的制造商更愿意以自有品牌的方式体现自身的力量；另一方面，好的品牌本身是企业的一种资源，越来越多的制造商更愿意在经营过程中积累自身在这一方面的资源。另外，现代交通工具、通信工具的发展拉近了制造商和最终消费者的距离，也为制造商树立品牌提供了诸多便利条件，进一步推动了制造商选择使用自有品牌。

2. 使用中间商品牌策略

　　制造商不为产品选择品牌，而是将产品出售给中间商，中间商在出售这些商品时采用自己的品牌。对制造商而言，采用中间商品牌策略主要有以下三种情形。

　　(1) 制造商在一个不了解本企业产品的新市场推销产品。

　　(2) 制造商的影响力远不及中间商。

　　(3) 制造商品牌的价值小，设计、制作、广告宣传、注册等费用高。

　　通常来说，实力弱、知名度不高的制造商常选择使用中间商品牌。对于制造商而言，使用中间商品牌的优点在于可以借助中间商的品牌优势大批出货；缺点在于容易造成自身与消费者联系的阻隔，不利于确立自身的形象。

　　对于中间商而言，在出售商品时使用自己的品牌，因制造商减少宣传费用，可获得较便宜的进货价格；可以树立自己的信誉，有利于扩大销售；可以不受资源限制，加强对制造商产品价格的控制。因此，中间商使用自有品牌具有提升企业知名度，提高与制造商讨价还价的能力，扩大产品盈利空间等优点；缺点是需要投入树立品牌的相关费用支出，并承担因顾客拒绝接受而殃及全部商品的风险。

3. 制造商品牌与中间商品牌混合使用策略

　　制造商在商品销售过程中不仅使用自有品牌，而且使用中间商品牌。在具体应用过程中有三种情形：①制造商品牌与经销商品牌同时使用；②一部分产品使用制造商品牌，另一部分产品使用经销商品牌；③先采用经销商品牌进入市场，待产品在市场上受到欢迎后改用制造商品牌。第一种策略兼顾两种品牌的优点，可以增加信誉，促进产品销售。特别是产品进入国际市场的过程中，制造商常常使用这一策略。第二种策略常常在制造商生产能力过剩的情况下，利用这一策略来扩大产品的销售。第三种策略用于企业新进入一个市场，以借助中间商品牌迅速开拓目标市场。

4. 制造商品牌与其他制造商品牌混合使用策略

　　制造商在部分产品上使用自有品牌，而在另一部分产品上使用其他制造商的品牌进行销售。一般企业出于以下两种目的而和其他制造商混合使用品牌：①为了扩大市场销售，利用其他制造商的品牌和渠道为其做代工；②多个企业统一使用品牌，扩大市场竞争力。采用此种策略，对于知名企业而言，可以获得一定的利润收益，并且扩大市场影响力。对于代工企业可以充分利用生产能力,扩大销售。

7.3.3 品牌名称决策

给自己的产品创建品牌的制造商和服务商必须选择它们的品牌名称。一般来说,有以下 4 种策略。

1. 单个品牌名称策略

采用这种策略的好处之一就是没有将公司的名誉系在某一个产品品牌名称的成败之上,能有效地将企业有限的财力集中于单一品牌的塑造上,它的产品、传播和其他的所有行动都对品牌声望贡献良多,因此可以产生强大的品牌杠杆力,有利于消费者迅速认识新产品和对新产品产生信任感,也有利于企业准确地传递企业理念,塑造企业形象,壮大企业声势,培植企业的核心竞争能力。假如某一个品牌的产品失败了或者出现了质量问题并不会损害制造商的声誉。这种战略可以使公司为每一个新产品寻找最佳定位。采用这种策略的公司有宝洁和联合利华公司等。

2. 通用家族品牌名称策略

采用这种策略的好处在于引进一个产品的费用较少,因为不需要进行为品牌命名的相关工作,以及不需要为建立品牌名称认知和偏好而花费大量的广告费。如果制造商家族品牌的声誉良好,那么新产品的销路就会非常好。采用这种策略的公司有通用电气公司等。在亚洲,日本的"花王"以自己的品牌销售从化妆品到软盘等一系列商品。

3. 不同类别的家族品牌名称策略

如果一个公司销售明显不同的各种产品,那么仅仅使用一个品牌是不够的。采用这种策略,能有效防范企业单一品牌经营模式因其覆盖的产品过多而可能导致的品牌定位模糊,弱化其竞争能力的缺点;还能有效地克服独立品牌组合因品牌过多而可能出现的传播成本高,难以管理,难以形成合力的不足。例如美国苹果公司(Apple Inc.)在智能手机产品上使用的品牌是 iPhone,在平板型电脑产品上使用的品牌是 iPad,在桌面及笔记本电脑产品上使用的品牌是 Macintosh(简称 Mac)。

4. 公司的商品名称和单个产品名称相结合策略

采用这种策略的好处就是可以使产品正统化,而单个品牌名称又可以使新产品个性化。先进行直接命名(子品牌或副品牌),说明产品的功能、价值和购买对象,再给所有产品冠以一个共同品牌(母品牌或主品牌)。一般而言,母品牌与子品牌是相互影响、相互促进的,最终吸引一个特定的细分市场。例如,索尼在耳机(LinkBuds)、智能手机(Xperia)和游戏主机(PlayStation)等不同产品上采用这种策略。

当一个公司确定了它的品牌名称策略后,还要选择特定名称。在选择特定品牌名称时,需要考虑到以下几个问题。

(1) 它应该使人们联想到产品的利益,以及产品或服务的类型。

(2) 它应该易读、易认和易记,同时也应该与众不同。

(3) 不要用在别的国家可能引起误解的词语。

(4) 名称在文化上应该容易被接受。

7.3.4 品牌战略决策

品牌战略将根据功能性品牌、形象性品牌或体验性品牌来区别定位。

消费者购买功能性品牌是为了满足功能性的需要，如刮胡子、洗衣服等。如果消费者认为品牌具有非凡的表现或者非凡价值，那么他们在功能性品牌上就得到了最大的满足。功能性品牌在很大程度上依赖"产品"或"价格"特征。典型的功能性品牌有英特尔公司的酷睿芯片，这种芯片以其卓越的品质引领现代电脑科技潮流，且不断地以更新换代的产品保持品牌的领先地位。

形象性品牌的出现，是由于出现了一些难以与其他产品区分、难以评价质量、难以表达用户感受的产品或服务。这一品牌战略包括设计一个明显的标志，将它们与名人使用者相联系，或者创造一个强有力的广告形象。很明显，它们被设计用来对品牌用户进行肯定。包括 B2B 在内的形象品牌，如波士顿、麦肯锡和高盛。形象品牌很大程度上有赖于创造性的广告和庞大的广告开支。

体验性品牌满足那些不仅仅希望获得商品的顾客的需求。消费者在这些品牌中会遇到一些"人"和"地方"，如星巴克咖啡店、迪士尼乐园和宜家商场等。

7.3.5　品牌延展决策

品牌延展决策是指企业将已经成功塑造形成的品牌用于同种类型或者不同类型的新产品推广中，从而在更大的范围内使用品牌的策略安排。

1. 品牌延伸策略

企业将现有的品牌用于经过改进的同类产品或者升级换代产品，新推出的产品与原有产品之间存在密切的联系。例如，创维集团将其品牌一步步延伸至纯平彩电、超平彩电、液晶彩电等。品牌延伸策略有利于企业节约推出新品牌所需要的巨大费用，且能够使消费者快速接受企业推出的新产品。品牌延伸策略也并非全是好处，这种策略可以说是收益与风险共存，是一把双刃剑。给企业带来较大经济效益的同时，也会伴随着一定的经营风险。其一，品牌延伸有可能使品牌失去优质的质量保证。其二，品牌延伸可能导致被延伸者无法独立生存。品牌延伸策略的双刃剑特征，决定其既可使企业走向辉煌，也可能使企业走向衰败。国际上实施品牌延伸策略是比较谨慎的，采取这一策略时应注意以下几点。其一，品牌延伸切勿脱离品牌主体形象，必须保持品牌的个性化特点。其二，品牌延伸要以确保原有品牌质量为前提，否则会对原有品牌造成损害。

2. 品牌扩展策略

品牌扩展策略是指企业利用其成功品牌的声誉来推出新产品，以凭借现有品牌产品形成系列品牌产品的一种扩展策略。此策略用于企业将现有品牌推出不同类产品时，新推出的产品与原有产品之间存在很大的差异。由于这种策略既节约了推出新品牌的促销费用，又可使新产品搭乘原品牌的声誉便车，得到消费者的认可，可以起到"借势造势"的作用。正因为如此，品牌扩展策略被许多企业视为拓展经营范围、提高知名度的利器。例如，有"东方西门子公司"之称的 TCL 集团公司，自开创出 TCL 牌电话机这一拳头产品后，更加深刻地体会到名牌是市场竞争的利器和企业取胜的法宝。基于这种认识和理解，该公司目标明确，及时、有效和稳妥地采取相应的策略，以电话机为龙头产品，利用已有品牌的光环效应向家电、医疗器械、电脑等高新尖端领域扩展，并在国内同行业中后来居上。

实际案例　　**六神陪你清凉一夏**

回想起夏天，摇椅、电扇、西瓜还有"六神"构建出了有关夏日的第一印象。记忆中总会出现外婆房间床头柜上那一瓶绿色玻璃瓶身的六神，也有教室里同学们互相传递借用的"Six God"。作为老牌花露水，不管是经典的绿色玻璃瓶还是如今变换更新了几代的多种颜色的塑料瓶身，相信在国人有关夏天的记忆里总有一个角落存在着六神花露水的身影。

如今新生代消费者成为消费主力军。为了摆脱年轻人对花露水的固有印象，打破品牌僵化的状态，六神有意向年轻人靠齐，针对年轻用户群做品牌曝光。在将自身打造成新一代的网红产品的路上，六神做出了许多大胆的尝试。不断延展新品牌来保持品牌生命力，以适应当下消费环境。

六神作为国民品牌中的老字号，从1990年第一瓶六神花露水上市到如今已陪伴国人走过了32年的风风雨雨。让老品牌焕发新活力，六神可以作为众多案例中的典型之一。六神首先抓住了"夏天"这一关键词。夏天总是给人美好的印象，活力是夏天的代名词，但是在美好的背后还存在着惹人心烦的酷热和嗡嗡作响的蚊虫。因此驱蚊水对于夏天来说是必不可少的。六神紧扣"夏日"这一主题，将品牌的关键词着重放在"驱蚊"和"清凉"上，每年都会推出不同的话题性品牌延展产品。

2018年，六神与RIO合作推出六神风味鸡尾酒，一杯下肚透心凉。

2020年，六神与KFC合作推出"六神味的咖啡"和"咖啡味的六神"，提神醒脑，神清气爽。

2021年，六神打的是"情怀牌"，复古瓶身与清甜的乐乐茶碰撞，谁想在夏天来一瓶"花露水奶茶"？

2022年，六神则是与Super Plants超级植物合作，推出了mini植物罐头，高饱和度的绿让人眼前一亮，光是看着这一片小小的绿色也会觉得凉爽许多。

老牌企业的五感营销效果非常好，即便是褪去外衣也能一眼认出品牌，正是如此深入人心的形象让六神有充分的品牌传播势能足以支撑它的一系列品牌延展。

资料来源：案例分析 | 炎炎夏日，六神陪你清凉一夏[EB/OL]. (2022-08-11). https://mp.weixin.qq.com/s?__biz=MzA4MjQ3OTk1NQ==&mid=2650247196&idx=1&sn=441e12d6cc4cd23d9104c08aa8c5131a&chksm=87862e20b0f1a73623d8cfe4ef0e70f96123ee82311a39f7a93c51abb6e683b605b031c03593&scene=27，有删改。

7.3.6 品牌重塑决策

品牌重塑决策是指企业重新确定自身的品牌，借助新品牌谋求竞争优势的策略。品牌重塑决策包括两方面：品牌改进策略和新品牌策略。

1. 品牌改进策略

企业仍然沿用原有的品牌，但在品牌的名称、图案组成、品牌地位、品牌质量等方面进行必要的改进，以达到重新确立品牌的目的。例如，在电子行业发展中，提及在近几年品牌价值提升最快的公司，韩国三星无疑是其中之一。这家公司成立于1969年，早期业务主要以生产廉价产品为主。20世纪90年代，三星实行品牌改进策略，全力打造三星一流品牌，用了36年的时间，实现了现在的代表"时尚、高档、技术领先、e化"的全球领导性的三星品牌。

2. 新品牌策略

企业放弃原先曾经使用的品牌，选择全新的品牌名称、图案设计等，从而以一个全新的品牌出现在市场上。推出新品牌需要大量的推广费用，所以一般只有当原有企业品牌效果不佳、遇到严重的品牌危机时，或者有更好的品牌选择时，企业才会选择新品牌策略。

实际案例　从川菜到淮扬菜，"川渝壹号"与"扬舟画舫"的前世今生

　　说到"川渝壹号"，喜欢吃川菜的朋友一定不会陌生。"川渝壹号"2011年创建于成都，旗下拥有多家餐饮品牌，以及近20家连锁餐厅。

　　但是慢慢地，越来越多的川味餐厅和品牌，在成都如雨后春笋般冒出。川菜在成都的竞争虽然越来越激烈，但是"川渝壹号"凭着自己老牌川菜馆的好口碑，还是能维持生存。但随着海底捞等著名商家强势入驻，甚至直接就开在川渝壹号的隔壁，大量的客源被"截和"，川渝壹号的业绩明显下滑。最惨的时候，日营业额直接跌到了1000元。虽然采取了大量的补救措施，但是营业额仍然没有起色，甚至面临着关门歇业的危险。

　　不仅仅是以前的食客，就连川渝壹号创始人石青青也有着遗憾，这家店曾经带给她无数的骄傲，有着她和食客们的共同回忆。迫不得已之下，为了拯救这家带给无数人美好回忆的餐厅，公司在咨询团队的帮助下，尝试重新定位，想要完成一次川菜的华丽转身。

　　2019年11月底，公司和咨询服务团队从广大食客的角度出发，经过无数次的讨论和精心筛选，川渝壹号的重新定位方案最终确定：品类从川菜重新定位为淮扬菜、品牌名从"川渝壹号"变更为"扬舟画舫"、品牌口号为"国宴菜，淮扬味"、广告词为"非火锅：清淡不是没有味道，而是没有添加"。

　　品牌重塑不是一件简单的事情，时间就是金钱，定位确定后就是一系列的配套工程：VI(视觉识别设计)、空间设计、菜品研发等。到十二月底，各项配套工作基本完成。川渝壹号停业一周重新装修。至此，一家老牌川菜品牌正在浴火中等待重生！

　　为了拯救曾经陪伴许多食客的川渝壹号，创始人石青青用最快的速度完成了从川菜到淮扬菜的艰难转型。为了保证淮扬菜的正宗，石青青花高薪聘请了专业的淮扬菜厨师团队。而原有的川菜师傅团队，也并没有被抛弃，而是在淮扬菜厨师团队的带领下，不断学习，继续精进自己的厨艺。

　　2020年，经过重新装修后，川渝壹号以"扬舟画舫"的品牌名重新开业！

　　令人意外的是，华丽转身后归来的扬舟画舫开业即是满堂红，随后客流和营业额节节攀升，以前生意惨淡的境况仿佛如梦一般慢慢褪去。扬舟画舫最高单日营业额达到了27 000元。品牌创始人石青青说，虽然扬舟画舫的经营时间不长，但是现在她自己愿意并且喜欢每天都待在扬舟画舫，并且发现客人喜欢这家店，喜欢这里的江南环境、小资情调；喜欢店内播放的《烟花三月下扬州》的歌曲调调；喜欢这里的菜品清淡的味道；喜欢吃完以后的那种回味。她还发现店里一起打拼的员工朋友也变了，服务员们变得很自信，总是笑吟吟地面对着每位客人；厨师也变了，变得更加用心和努力地做事，从自己手中呈现的那一道道精美的菜肴，得到了顾客的认可。

　　资料来源：品牌重塑的故事[EB/OL]. (2020-12-02). https://www.jianshu.com/p/76a850f1ebf1.

即测即评

请扫描二维码进行在线测试。

第7.3节习题

7.4　品牌价值评估

　　品牌价值评估是企业无形资产评估的一个重要内容，它是对产品品牌和企业品牌的市场表现、发展潜力，以及由它们构成的品牌无形资产的市场价值做出的一种经济评估方法。品牌价值的评估既是对品牌现在市场状况的资产评估，也是对品牌未来发展和未来预期收入的资产评

估。国内外众多机构和学者在对品牌价值评估方法的研究中提出了许多有价值的理论和评价模型，这些理论和模型对企业市场营销实践起到了积极的作用，也是企业资产重组和品牌扩张等经营活动的重要决策依据。

7.4.1 品牌价值评估的传统方法

1. 成本法

成本法，又称为重置成本法，是指在评估品牌时，按照被评估品牌的现时重置成本扣除各项损耗来确定被评估品牌价值的一种方法。

成本法的假设前提是购买或开发品牌的成本，与此项品牌提供服务的寿命期内所创造的经济价值是相当的。用成本法评估品牌价值，先要计算出品牌的重置成本。品牌的重置成本是在当前生产力水平条件下重新开发该项品牌所需发生的费用支出。例如，用成本法评估可口可乐品牌的价值，先要计算出可口可乐的重置成本，就是计算出在现有条件下重新开发一个可口可乐品牌所需的费用。

成本法从创建品牌的成本角度来评估品牌价值，从原理上来看，由于品牌成本与品牌的获利能力之间并不存在必然的联系，品牌成本并不能反映品牌的获利能力，即不能反映品牌真正的价值。所以，成本法不适合用来评估品牌的价值。

2. 市场法

市场法，也称现行市价法，是以现行市场价格为依据评估品牌价值的一种方法。所谓现行市价，是指现在市场上可以找到替代或参照比较的品牌售价。由于品牌本身具有的垄断性，造成待评估品牌与参照品牌之间存在差异，时间差、地域差、结算方式差、作用效果差和经济寿命差等。因而，在确定品牌价值时，必须以参照品牌的市场价格为基数，再根据具体情况加以调整。

市场法是根据替代原则，采用比较和类比的思路和方法判断品牌价值的评估技术规程。它基于这样的事实：任何一个正常的投资者在购置某个品牌时，他所愿意支付的价格不会高于市场上具有相同用途的替代品牌的现行市价。运用市场法要求充分利用类似品牌的成交价格信息，并以此为基础判断和评测被评估品牌的价值。

市场法避开了待评估品牌价值的直接评估，而是参照市场上与待评估品牌相同或相类似的一个或几个品牌来间接评估品牌价值。如果存在适宜的条件，即有公开活跃的市场、能找到参照物，市场法可以用于品牌交易价值的评估。然而，它不能给企业提供足够、有用的信息，不适用于品牌内在价值的评估。

3. 收益法

收益法，也称收益现值法，是以未来预期收益作为品牌资产存在状态的价值反映并采用适宜的贴现率对预期收益进行折现，得出品牌资产价值的一种评估方法。收益法主要关注的是品牌的获利能力。

收益法评估品牌价值的经济理论基础是预期原则及效用原则。采用收益法评估品牌价值，是指为了获得该品牌以取得预期收益的权利所支付的货币总额。品牌的评估价值与品牌的效用或有用程度密切相关，品牌的效用越大，获利能力越强，它的价值也就越大。

收益法的基本原理反映了品牌未来的获利能力，符合品牌资本化的本质特征，可以用来评估品牌价值。目前，国际上影响力最大的英特品牌(Interbrand)评估法也是在收益法的基础上发展起来的，是收益法的一种变形。然而，收益法的最大局限性在于并没有考虑消费者因素对品牌价值的影响。

7.4.2　基于企业的品牌价值评估方法

基于企业的品牌价值评估方法利用企业的财务数据和品牌的市场表现，从企业角度来评估品牌价值。其中，比较有代表性的方法有英特品牌(Interbrand)评估法和 MSD 评估法。下面将分别进行介绍。

1. 英特品牌评估法

英特品牌评估法由英国著名的咨询公司英特品牌公司创立，是全球影响力最大的一种评估方法。从 1990 年创立至今，英特品牌评估法已经对全球 2500 多个品牌进行了价值量化，并得到了世界上众多金融和市场营销人员、著名企业管理者的认可。所以，该方法作为全球首创而且历史较长的品牌价值评估方法，对该领域的研究起到了至关重要的作用。

1) 英特品牌评估法的基本思路

英特品牌评估法的一个基本假定：品牌之所以有价值，不全在于创造品牌所付出的成本，也不全在于有品牌产品较无品牌产品可以获得更高的溢价，而在于品牌可以使其所有者在未来获得较稳定的收益。就短期而言，一个企业使用品牌与否对其总体收益的影响可能并不很大。然而，就长期看，在需求的安全性方面，有品牌产品与无品牌产品，品牌影响力大的产品与品牌影响力小的产品，会存在明显的差异。

英特品牌评估法的评估思路与收益法基本相同，即合理预测品牌带来的超额收益，并予以折现，计算评估值。与收益法不同的是，英特品牌评估法中的折现率化为一个乘数，由乘数与预测的品牌收益相乘，得到品牌价值的评估值。乘数由综合衡量品牌强度判断得出。

英特品牌评估法的计算公式可以表示为

$$V = P \times S \tag{7-1}$$

式中，V 为品牌价值；P 为品牌收益；S 为品牌乘数。

2) 英特品牌评估法的基本流程

第一步：确定品牌收益。

英特品牌评估法中的品牌收益是指品牌的预期税后净利润，在实际操作中，英特品牌评估法一般采用品牌过去 3 年的加权平均税后净利润作为预测值。公式为

$$品牌加权平均收益 = \frac{当年收益 \times 3 + 前一年收益 \times 2 + 前第二年收益 \times 1}{3 + 2 + 1} \tag{7-2}$$

在具体计算品牌收益时，先进行财务分析，可以通过分析公司利润表获取品牌产品的营业利润，剔除品牌产品所用的有形资产应获得的利润，得到品牌产品所用的无形资产的收益，即沉淀收益。然后进行市场分析，确定品牌对所评定产品或产品所在行业的作用，以此决定品牌产品的沉淀收益中，多大部分应归功于品牌，多大部分应归功于非品牌因素。英特品牌公司使用"品牌作用指数"来表示品牌收益占沉淀收益的比例，其基本想法是从多个层面审视哪些因素影响产品的沉淀收益，以及品牌在多大程度上促进了沉淀收益的形成。综合"品牌作用指数"和沉淀收益，就可以确定由于品牌影响力所形成的收益。

第二步：确定品牌乘数。

英特品牌评估法认为，品牌乘数反映了品牌未来需求的安全性，即有多大的力度保证品牌未来的消费者需求，因此可以用来衡量品牌所面临的风险。该评估法还认为，品牌强度决定了品牌乘数，强势品牌具备较强实力，强度得分较高，在评估这类品牌的过程中使用较大的品牌

乘数；而弱势品牌的品牌力较弱，强度得分较低，在评估这类品牌的过程中使用较小的品牌乘数。

英特品牌公司通过广泛研究选择了七种参数作为品牌强度指标，即品牌强度七因素，它们分别为支持力(support)、品牌保护(protection)、领导力(leadership)、稳定性(stability)、市场性质(market)、国际性(internationality)和品牌趋向(trend)。每一个因素赋予的权重不同，体现了它们具有不同的重要性。具体情况如表 7-2 所示。

表 7-2　品牌强度的 7 个因素及其权重

因　素	基　本　含　义	权　重
支持力	品牌持续投资及支持程度	10%
品牌保护	品牌的受保护程度	5%
领导力	品牌的市场地位	25%
稳定性	品牌的历史年限	15%
市场性质	品牌所处市场的性质	10%
国际性	品牌行销区域范围	25%
品牌倾向	品牌的发展方向	10%

为了将品牌强度得分转化成品牌乘数，英特品牌公司发展了一种 S 形曲线，品牌强度得分越高，品牌乘数就越高，品牌面临的风险就越小，即品牌实现未来收益的可能性越大。品牌乘数与品牌强度得分的关系可近似表示为

$$\begin{cases} 250y = x^2, & x \in [0, 50] \\ (y-10)^2 = 2x - 100, & x \in [50, 100] \end{cases} \tag{7-3}$$

式中，x 为品牌强度得分；y 为品牌乘数。

第三步：根据式(7-1)计算品牌价值。

2. MSD 评估法

根据世界名牌的六大特征并结合中国品牌竞争的发展现状，北京名牌资产评估有限公司定义了三个反映中国品牌竞争及中国品牌价值状况的指标，即品牌的市场占有能力(M)、品牌的超值创利能力(S)及品牌的发展潜力(D)，创立了 MSD 评估法，如表 7-3 所示。该评估方法是目前国内相关研究领域内最具规模的体系。公开资料显示，该方法在国内的实际运用已渐具规模，在国内企业间形成了一定影响。

表 7-3　基于 MSD 评估法的世界品牌特征

六 大 特 征	具 体 表 现
可观的市场占有能力	数据显示，国际品牌百威啤酒的市场占有率为 40%，而中国品牌青岛啤酒的市场占有率仅为 3%不到
可观的超值创利能力	在世界品牌价值排名中，前 25 名国际品牌的产品利润平均占了这些品牌所属企业总利润的 80%
较强的出口能力	丰田汽车在美国的销售收入占了该公司总收入的 40%，可口可乐 70%的营业收入来自美国本土以外的市场
较强的法律保护	国际名牌往往具有几十年甚至上百年的历史，这些名牌获得了完备的法律和政策保护
超强的国际化能力	这其实与较强的出口能力密切相关，世界名牌的出口能力非常强，因此，这些品牌具有超强的国际化能力
有力的公司支持	品牌竞争年代，世界名牌的所有者视品牌为公司最有价值的资产，往往能获得显赫的公司地位和资源支持优势

1) 评估指标

MSD 评估法采用了三个评估指标：品牌的市场占有能力(M)、品牌的超值创利能力(S)及品牌的发展潜力(D)。

品牌的市场占有能力(M)显示了品牌的历史业绩，主要通过产品的销售收入加以反映，该公司的研究表明，品牌的市场占有能力与品牌价值高低之间存在高度关联。因此，市场占有能力在中国品牌价值中占有较高的影响权重。

品牌的超值创利能力(S)强调了 MSD 评估法的评估对象仅为具备超值创利能力的品牌，该指标是通过利润和利润率加以反映，同时与消费者的信任度相关。一般而言，价值越高的品牌，消费者的品牌信任度越高，消费者对该品牌的价格敏感度就越低，这在一定程度上塑造了品牌的超值创利能力。

品牌的发展潜力(D)与前两项指标不同，它更偏重评估品牌的未来发展潜力，该方法认为尽管预测性指标的定量比较复杂，但非常重要，强势品牌所具备的强大的未来获利能力，正是品牌的魅力所在。因此，该类潜力不可忽视。

2) 行业修正系数

MSD 评估法为上述三项指标分别设立了行业修正系数，使得不同行业的品牌可以在同一标准体系内被评估和比较。一方面，行业修正系数可以帮助修正行业规模。例如，由于计划经济体制的控制，中国的钢铁行业早已形成规模，这类企业从来不注重创立品牌就可以占据相当显著的市场份额，但是有些行业由于缺乏这样的优惠政策而始终处于发展规模偏小的状态。另一方面，行业修正系数有利于修正产业链上不同环节对品牌价值的影响。一般而言，产业链中、下游企业对其产品品牌的影响力较小，从而影响最终的品牌价值。行业修正系数可以对这些事实进行修正，同时，行业修正系数采用五年移动平均法，非固定不变。

3) 品牌价值的计算

根据 MSD 评估法的介绍，将三项指标的得分按照一定权重相加后就得到了品牌总价值。一般而言，三指标的权重分配约为 4：3：3，同时根据国内行业的不同情况进行调整，从而达到行业间的可比。例如，当某品牌所处的行业规模较大，则与那些处于规模较小的行业内的品牌相比，前者的品牌市场占有能力指标的权重就要相对调低，后者相对调高，以达到平衡。

7.4.3　基于消费者的品牌价值评估方法

基于消费者的品牌价值评估方法根据品牌与消费者的关系，从消费者的角度来评估品牌价值。此类方法多为定性评价，通过消费者调查得到品牌价值。具有代表性的两种方法是品牌测评模型和忠诚因子法。

1. 品牌测评模型

(1) 品牌价值十要素模型(brand equity ten)。该模型由美国著名的品牌专家戴维·阿克教授于 1996 年提出，是迄今最完整的、也是学术界最为著名的品牌价值评估模型。戴维·阿克将品牌价值定义为"与品牌名称和符号相联系的一系列资产和负债，它们可以增加或减少通过产品或服务提供给企业或该企业客户的价值。"品牌价值可以从 5 个方面来衡量：品牌忠诚度、品质认知或领导性、品牌联想或差异性、品牌知名度和市场状况。戴维·阿克在此基础上提出了品牌价值评估的十要素指标系统，如表 7-4 所示。

表7-4　品牌价值评估的十要素指标系统

品牌价值	指标
品牌忠诚度评估	1. 价差效应 2. 满意度/忠诚度
品质认知或领导性评估	3. 感知质量 4. 领导性/受欢迎程度
品牌联想/差异性评估	5. 价值认知 6. 品牌个性 7. 企业联想
品牌知名度评估	8. 品牌知名度
市场状况评估	9. 市场占有率 10. 市场价格及渠道覆盖率

(2) 基于消费者的品牌价值模型(customer-based brand equity)。该模型由美国斯坦福商学院著名教授凯文·莱恩·凯勒提出，最早发表于《营销杂志》(*Journal of Marketing*)，并很快被世界各地的众多品牌问题研究专家所接受，成为品牌价值评估的有力工具。该模型是迄今为止比较完善的纯粹从消费者角度来对品牌价值进行定义、评估和管理的理论框架体系。该模型的基本观点是品牌价值来自消费者所具有的品牌知识对该品牌的营销活动做出的差异性反应。品牌知识由品牌意识和品牌形象两部分组成。该模型框架如图7-6所示。

品牌测评模型用一系列指标来衡量品牌与消费者的关系，据此来评价品牌的价值，它充分肯定了消费者的作用，这在当今品牌种类繁多、竞争异常激烈的市场环境下有着非常重要的意义。通过对消费者关系指标的横向及纵向比较，市场营销人员和企业管理人员可以找出品牌的优势及劣势，有针对性地开展日常的品牌管理工作，有助于提升企业的品牌价值。

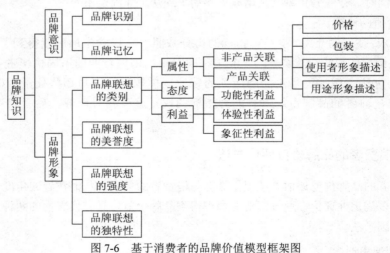

图7-6　基于消费者的品牌价值模型框架图

2. 忠诚因子法

忠诚因子法由南开大学范秀成教授提出，品牌价值具体表述为

$$V = Q \times N \times R \times (P - P_0) \times K \tag{7-4}$$

式中，V 是品牌价值。

Q 是周期购买量。它是指单个目标顾客在一个周期内购买的单位产品的平均数量。周期是指目标顾客两次购买之间所需要的时间，一般可以根据产品的性质事先设定。例如，一周、一

个月或一个季度等。

　　N 是时限内的周期数。时限是指事先规定好的时间段，时间长短原则上可以按照过去营销努力产生的、顾客头脑中已有的品牌知识持续发挥作用的时间为依据。在这个时间限度内消费者对品牌的态度和行为基本保持稳定。国外的通行做法是 5 年为时限。

　　R 是理论目标顾客基数。它表示在品牌影响的范围内所有可能和已经在购买该品牌产品的顾客数量，可以看成是品牌产品的目标市场规模。对于变化较快的市场，可以根据专家预测，取未来时限内的平均值。

　　P 是单位产品价格。它是指单位产品的销售价格。如果产品在各地理区域的单位售价不尽相同，可以采用各地理区域内单位产品销售价格的加权平均值，权重依据各地理区域销售量所占的比重确定。

　　P_0 是单位无品牌产品价格。它是指具有类似实体功能的无品牌产品的销售价格。通常可以看成是单位无品牌产品售价的最大值，以 OEM(原始设备制造商)价格为基准或通过顾客测试来确定。

　　K 是忠诚因子。这是公式中的核心要素，也是该品牌价值评估方法的关键所在。它是一个百分数，表示全部目标顾客中在未来决定重复购买或开始购买本品牌产品的顾客的比例，它反映了整个市场对品牌的忠诚度和品牌的吸引力，是一个体现消费者群体行为的指标，而非对个体行为的测量。这个因子受到许多因素的影响，例如，消费者的使用经验、顾客需求、市场竞争程度、广告传播效果、口碑等。因子的数值可以通过市场调查数据和以往的经验数据计算得出。

　　式(7-4)中，单位产品价格与单位无品牌产品价格之差反映了单位产品销售中品牌带来的净财务贡献或价值；除忠诚因子外的前几个变量的乘积实际上表示在未来一个时期内，如果所有的目标顾客都购买本品牌，品牌总的贡献或价值有多大；在此基础上乘以忠诚因子，表示在未来一个时期品牌能够实现的价值。

　　式(7-4)反映的实际上是某品牌在某个具体产品类别中的价值，如果有多种产品使用同一品牌，可以用同样的方法分别计算品牌在各产品类别中的价值，然后加总得到品牌总的价值。

即测即评

请扫描二维码进行在线测试。

第 7.4 节习题

7.5　品牌的塑造

　　品牌的塑造，是为实现品牌定位而付诸行动的过程。这是一个长期而艰巨的系统工程，品牌的塑造往往需要 10 年、20 年，甚至更长的时间，但毁灭一个品牌只需要做一件愚蠢的事情就可以了，甚至品牌有可能成为负资产。品牌知名度、美誉度和忠诚度是品牌塑造的核心内容，值得注意的是，随着科技和互联网技术的不断发展，在品牌塑造的过程中，互联网成为一个重要的工具。下面就让我们来看看传统行业中和互联网背景下品牌的塑造过程。

7.5.1　传统行业中的品牌塑造

　　在传统行业中，品牌塑造随处可见。塑造品牌的三大法宝是：广告语、形象代言人、实效 VI(视觉识别设计)。这三大法宝将企业与消费者、产品与消费者、品牌与消费者间的有效沟通浓缩化、凝练化、集中化、统一化，使其高度简单，再简单。而随着时间的推移，传统行业中的品牌塑造方法也从最初的疯狂打广告慢慢演变到现在的口碑传播。

1. 广告语

广告语是品牌、产品、企业在市场营销传播中的口号、主张和宣传主题及理念，包括品牌定位。品牌的所有主张或服务承诺都是通过广告语来承载和体现的。广告语根据其性质可分为理念、科技、服务、品质、功能等五大类。海尔的"真诚到永远"，海信的"创新就是生活"当属理念类；诺基亚的"科技以人为本"和商务通的"科技让你更轻松"诉求科技；农夫山泉的"农夫山泉有点甜"、可口可乐的"清凉一夏"、王老吉的"怕上火喝王老吉"体现功能；碧桂园"给您一个五星级的家"强调服务承诺，等等。常见的知名品牌广告语都在某种程度上交叉包含其他类型的含义，有口语化的趋势。比如耐克的"Just do it"，百事可乐的"新一代的选择"，等等。一条有穿透力、有深度、有内涵的广告语，其传播的力量是无穷的，而且往往成为目标消费者的某种生活信条，代表某种生活方式。高水准的广告语就是该品牌的精神和思想，内涵深刻，也与通俗化并不矛盾，它所主张和诉求的价值理念与目标消费者的价值理念是高度和谐统一的。

2. 形象代言人

形象代言人是品牌的形象标识(明星或卡通形象)，最能代表品牌个性及诠释品牌和消费者之间的感情及关系。万宝路的硬汉没有语言的障碍通行世界；麦当劳叔叔带给全世界小朋友的何止是欢乐？美的的北极熊憨厚可爱、幽默风趣，你还能说生活不美吗？迪士尼的米老鼠乐观活泼，充满奇思妙想的性格何尝不受全世界观众的欢迎？圣象让人读懂的不仅是地板！形象代言人一下拉近品牌与消费者之间的关系：像朋友、又像邻居，像家人一样亲切熟悉，品牌个性具象之至，甚为传神。

3. 实效 VI

实效 VI(visual identity)的优势在终端市场煞是抢眼，声光电综合运用形成立体效果，打造一道品牌风景线，以区别于同类品牌，决战终端。超市里的宝洁品牌区及可口可乐、百事可乐区，商场里的蜜雪冰城、喜茶、星巴克，苹果体验店，大白兔快闪店，风格迥异，气势、氛围、亲和力一拥而上，互动沟通的色彩甚为浓重，徘徊其间不仅是购物，简直就是一种休闲享受，激情瞬间的刺激让你无法拒绝。品牌推广形象的统一，是一个品牌所有资源集中整合的直接再现，使大量资源有了主心骨，使其立体化，与消费者的沟通更容易，渠道问题和推广问题也就迎刃而解。

4. 口碑

良好的口碑是品牌塑造的最优结果。当今社会，越来越多的人在购买商品时关注于该产品的品牌口碑，而不是被形形色色的广告所左右。而品牌口碑是一种动态指标，具有很强的不确定性，这就要求企业在品牌塑造的过程中时时刻刻保持小心谨慎的态度，不断检测本品牌的口碑内容与变化趋势，同时对口碑进行预警观测并及时提出和制定改进方案。

实际案例 **怕上火？喝王老吉——王老吉的品牌成长史**

王老吉的创始人王泽邦，在郎中父亲的影响下立志学医，一生嗜医好药，医术高明，医德好。邻里想起都亲切地呼他的小名——阿吉，待年长时就有了"王老吉"的称呼。1828 年，王泽邦在广州十三行开设了首家"王老吉凉茶铺"，受到街坊邻居追捧，还获得了"凉茶王"的称号。

王老吉品牌初创后迎来的第一个高潮一方面有赖于邻里街坊的口碑传播，另一方面得益于林则徐和洪秀全这两位当时的意见领袖。据说林则徐在广东禁烟，不幸中暑发热、咽痛咳嗽，经各方名医诊治都没有起色，在王泽邦的医治下药到病除。随后王老吉首创凉茶药包，以"前店后坊"的方式同时出售凉茶粉和凉茶包，方便顾客携带出门远行。林则徐还送上一个刻着"王老吉"的大铜葫芦壶答谢救命之恩。

经由半个世纪的口碑发酵，到 1885 年，王老吉凉茶铺数量迅速扩张，从广州走向桂林、上海和湖南等地，甚至在国际也享有盛名。1925 年，王老吉凉茶作为民族品牌的代表之一，出席了英国伦敦展览会。

随着改革开放的到来，王老吉进入了蓬勃发展的阶段，也有了品牌新定位——打造凉茶第一品牌，并通过品牌定位、广告宣传和建立强势渠道等一系列措施，让王老吉从一个只是在两广和浙南地区小有名气的凉茶品牌变身为一个被全国人民认可的"防上火"植物饮料。

王老吉通过精准的品牌定位，锁定消费场景。通过调研，王老吉将"预防上火"作为主要的品牌诉求。"清热祛火"已经是一个在全国拥有高认可度的中医概念，也是一个全国性需求。主打"预防上火"能帮助王老吉走出两广和浙南地区，进军全国市场。王老吉以"怕上火，喝王老吉"为推广主题，广告中大量使用热闹喜庆的红色，并结合吃火锅、通宵看球、吃油炸食品、烧烤和夏季日光浴等具体场景，构建新的品牌联想。

品牌精准定位后，王老吉进行了全方位、立体式的广告宣传。2006 年，更是看准世界杯这一全球性热点，全年广告开销超 2 亿元。2007 年，王老吉更是凭借 4.2 亿元的天价广告费一举成为央视广告的标王。2018 年是王老吉品牌诞生 190 周年，王老吉再次瞄准了新生代市场，以当红人气明星代言开启了与年轻受众新的对话方式。其携手新生代明星力量，提升自身品牌对年轻一代消费者的亲和力，让品牌不断成长。

小小一罐清热下火的红罐凉茶，让王老吉这个百年品牌火爆了全国。

资料来源："凉茶"王老吉的发展史：靠口碑起家，动荡中成长[EB/OL]. (2022-05-25). https://baijiahao.baidu.com/s?id=1733787033910927319&wfr=spider&for=pc，有删改。

7.5.2　互联网背景下的品牌塑造

在数字环境下，由于信息和数据传播的广延性、及时性及跨界性的存在，良好的品牌声誉可以得到更广泛、及时的传播和推广，从而给企业带来收益。同时，不好的品牌声誉也会在短时间内得到更快、更广的传播，从而给企业带来更大的灾难。所以互联网不仅只是给企业增加了一个销售通道或宣传推广的平台，而是从根本上改变了消费者的消费习惯，提高了消费者的心理预期。

在互联网和移动互联网时代，打造品牌的工具和方法一直在发生变化，以前，我们通过传统方法来提高品牌知名度和认知度，再通过连续地、有针对性地推广和活动形成美誉度和忠诚度，最终形成口碑。但互联网时代的品牌怎么做？刚好相反，先做口碑，再做忠诚度直到全面覆盖受众。

1. 以产品为基石，打造口碑

现在的互联网品牌是能让消费者高效认知产品的品牌，能通过互联网快速精准地为消费者提供认知、提供产品、提供服务。想要在互联网环境下打造良好的口碑，首先要打造好产品，口碑来源于产品，没有好的产品，一切都是空中楼阁。互联网品牌的产品除了传统产品设计考虑的因素外，还必须具备能够让消费者快速认知的属性。例如花西子的雕花口红，打破了传统口红的样式，将东方工艺融入化妆品之中，形成独特的认知感，让消费者高效体会到产品的特点。完美日记的十二色动物眼影，也是运用动物与眼影这两种完全不搭边的事物之间的融合，利用猎奇心理让消费者迅速记忆。

单有优质产品还不足以产生口碑，不仅要以客户为中心，还需要内外结合，才能塑造良好的口碑。从内部看，要学会讲好品牌故事，制造易于传播的故事。如果一个产品要被消费者喜欢，它需要一个能够传达品牌精神的故事。你可能对广告不感兴趣，但是好的故事人人都喜欢听，听完自然也会讲给别人听。它能向消费者展示品牌背后的努力和意图，使消费者不仅能看到企业的产品，还能了解企业的理念和精神。

从外部看，口碑的一个重要来源是超出客户期望，只有超出客户期望才能让消费者感到满意，才能形成口碑传播。例如宜家的购物环境体验就为其塑造了良好的口碑。到了宜家，上扶梯你可以看到扶梯外面还有一个保护装置，大概是防止儿童乘梯出现意外，让人感觉很贴心；在一张床垫的旁边或者一张沙发的上面，你会看到这样的温馨提示：请躺下(坐下)试试。而一些传统的家具卖场标示的"非请勿坐"实在难以让人产生良好的口碑。

2. 以口碑为途径，提升认知度

互联网时代由内而外的品牌塑造，更有爆发力和穿透性。由铁杆粉丝、"骨灰级"玩家形成的口碑，带动最核心的目标用户，完成最关键的消费群(圈子)建立。这些用户是种子用户，可以不断进行向外的辐射和影响其他用户。种子用户积累到一定程度，就迎来了品牌传播最关键的一环，如何向更大的消费群进行扩容？

1) 品牌虚拟社区

我们将品牌虚拟社区界定为由欣赏、爱好同一品牌的群体经由网络为媒介而进行的持续的社会性互动所形成的一个社会共同体，群体中成员分享各自对品牌产品的知识、感受并产生进一步的接触活动，最终对社区产生归属感。

品牌虚拟社区通常包括三个板块：以品牌为主题的认同空间、容纳成员互动和相关信息的交互空间、现实与虚拟交融的转换空间。同样，品牌虚拟社区的形成也可分为三个阶段：聚集空间的形成、沟通空间的形成和品牌社区的形成。总体而言，品牌虚拟社区的商业潜力与核心功能主要体现在：

- 社区核心人物的示范作用；
- 产品革新的试验场；
- 帮助企业用新的富有竞争力的观点学习和了解顾客，吸引和吸收具有最高忠诚度的顾客，实现利润最大化；
- 社区的口碑传播在产品或品牌被市场接纳的整个过程中扮演着主要角色；
- 社区与电子商务的集合。

虚拟品牌社区的社会影响力主要是通过品牌社区认同来实现的。认同将构建成员之间的家族关系，也意味着顾客接受社区的规则、传统、仪式和目标。认同可同时引发积极或消极的社会结果，但通常积极作用更加明显。例如，小米的小米品牌社区就是一个很好的案例，该社区在产品的不断更新换代中依然繁荣。社区成员"米粉"通过互联网进行联系，还在线下进行面对面的聚会。不可思议的、坚定不移的品牌忠诚在小米社区存在着。面对技术更新、产品淘汰的压力，小米社区形成缓解压力的保护带，帮助使用者相互支持，保持了自己的身份认同。

2) 社会化媒体参与

(1) 利用社会化媒体传递品牌的价值观。与受众共享价值观是激发联系的有效途径，并且可以成功地进行营销。数据显示，77%的消费者购买的品牌所奉行的价值观与自己的价值观相同。

(2) 打造独特的品牌个性。根据 Sprout Social(一个社交媒体管理平台)的研究，消费者更喜欢在社交媒体上展现诚实、友好和乐于助人等个性的品牌。在社会化媒体时代，品牌往往被消费者认同为"具有人格化特征的人"，是有血有肉、有情感和价值观的人。因此，品牌可以直接和消费者坦诚沟通，也可以在社交媒体广告系列中注入一些个性，需要注意的一点是品牌在所有营销渠道中发出的声音要保持一致。

(3) 积极承担社会责任。社会责任与信誉成为消费者衡量卖家的重要标准，越来越多的消费者关注品牌的道德信誉。表现出社会责任感有助于提高品牌的知名度，企业可以通过支持社区或行业中的良好事业来吸引目标受众。

(4) 创建值得分享的内容。出于分享有价值的娱乐内容、展示自己的品位、通过内容与他人建立联系等原因，消费者会在线分享内容。其中，视频形式备受消费者青睐。据 Hubspot(一家集客式营销软件开发公司)称，54%的消费者希望从他们支持的品牌或业务中看到更多的视频内容。在大数据时代下，人工智能根据人们的习惯调整推荐内容，企业利用这种社交媒体的优势可以立即与潜在客户和关注者建立联系。同时也要重视品牌网站的价值，在社交媒体上发布网站上的创新内容，确保社交媒体资料和网站是一个整体。

(5) 鼓励用户生成内容。当品牌共享用户生成的内容时，与公司的常规帖子相比，这些帖子的参与度提高了 28%；与普通广告相比，基于用户生成内容的广告点击率提高了 4 倍，每次点击费用降低了 50%；要说二创出圈的品牌案例，绝对少不了蜜雪冰城。蜜雪冰城主题曲在 B 站的意外走红，已经成为现象级传播案例，洗脑的 MV 画面和魔性的歌词几乎传遍各大社交网络平台，雪王的品牌形象 IP 也随之出圈。

3. 以认知度为渠道，塑造公众品牌

要达到更广泛的认知，其实就是要让传统媒体参与进来，利用传统媒体的优势，更广泛地覆盖消费群体。这一步是借助传统媒体进行传播，特别是免费的传播，为品牌的继续强化服务。

最后是需要线上和线下的结合，打造成为一个全社会有影响力的品牌。这个时候需要全国知名的传统电视、杂志、报纸等媒体平台的参与。如小米手机，从诞生之日起，从没有在传统媒体上打过一分钱的广告，直到 2014 年春节联欢晚会，才在央视一套打出了第一个形象广告，这个时候，是品牌全面覆盖消费者的时候，也是互联网时代品牌建立的最后一步，快速、成功地建立了一个公众品牌。

实际案例　**松鼠帝国的经营之道**

　　随着消费者的喜好变得多样化并且具有很高的时新性，品牌形象、品牌代言人的选择成为品牌形象塑造的一个难点。消费者可能会拒绝美女帅哥，甚至拒绝偶像，但是又有谁会拒绝可爱和童真呢？

　　三只松鼠的品牌 logo 便采用了拟人化的松鼠动漫形象，以萌版漫画设计为主体，赋予三只松鼠不同的充满童真的名字和鲜明的性格——鼠小贱、鼠小酷、鼠小美。独特的漫画形象也与三只松鼠提出的"森林系"食品这一概念相契合。

　　"三只松鼠"品牌坚持做"互联网顾客体验的第一品牌"，极力把互联网所能提供的全方位服务做到极致。品牌形象以独特的拟人动漫松鼠形象让品牌人格化，再借助独特的包装、场景化的客户服务，建立了一种属于主人和宠物之间的亲近关系，用之取代传统商家与消费者之间冷漠的买卖关系，通过独特的语言体系和全方位的表达在顾客脑中形成生动完整的形象。

三只松鼠为顾客打造了与众不同的包装箱,包装箱利用代表品牌特色的动漫色彩,安全方便的双层包装,不仅突出了松鼠形象,也表现出为消费者着想的服务态度。三只松鼠在包装箱外印上"主人,开启包装前仔细检查噢"等俏皮可爱的语句,向消费者展示出品牌亲和力,自然地完成了一次品牌宣传。

同时,三只松鼠与旗下的松鼠萌工场和专业的艺术院校合作,对三只松鼠的形象进行了整体化的运营,在对线上的店铺、公司官网、微博及线下的产品包装、赠品、宣传单等进行统一包装,给予消费者统一的视觉体验,在不断强化品牌卡通形象的同时,开展原创动漫剧内容营销、公众号卖萌吐槽等互动性极强的行为,使三只松鼠的品牌形象真正地嵌入消费者日常生活。

另外,三只松鼠的官网也是一个充满动漫元素的松鼠世界,在满足向消费者介绍产品这一功能的同时,也在展示品牌文化。每一个环节中动漫形象的植入,都在强化着"三只松鼠"的品牌形象。这些统一和谐的方式,大大拉近了三只松鼠与消费者之间亲密度,培养了消费者的忠诚度。

三只松鼠一直坚持着"萌"文化营销策略,赋予品牌形象"萌宠"的情感和行为,通过动漫松鼠形象与消费者建立"主人与宠物"的关系,通过广告传播,渲染"不论开不开心都有三只松鼠陪伴"的氛围,率先打出情感牌,使品牌在消费者的心中占据一席之地。这样不仅拉近与消费者的距离,吸引新的顾客对品牌进行尝试,同时也促使已有消费者对商品进行重复购买,使三只松鼠拥有更高的顾客忠诚度和更高的产品价值空间。

资料来源:三只松鼠企业案例分析:"松鼠帝国"的经营之道[EB/OL]. (2022-05-28). https://www.4vv4. com/article/8590.html,有删改。

即测即评

请扫描二维码进行在线测试。

第 7.5 节习题

本章小结

1. 品牌的定义。品牌是一个名称、术语、标记、符号或设计,或是它们的组合运用,其目的是借以辨认某个销售者或某群销售者的产品或服务,并使之与竞争对手的产品和服务区别开来。

2. 品牌具有排他性、价值性、发展的风险性和不确定性、表象性、扩张性的特征。

3. 品牌的功能:有利于开展商品广告宣传和推销工作、有利于企业树立良好的形象、有利于企业推出新产品、有利于企业维护自身的利益、有利于顾客选购商品。

4. 品牌资产模型:品牌资产评价者、Aaker 模型、BRANDZ 模型、品牌共鸣模型。

5. 企业在进行品牌策略选择与组合时,要进行有无品牌决策、品牌提供者决策、品牌名称决策、品牌战略决策、品牌延展决策、品牌重塑决策。

6. 品牌价值评估方法:传统方法(成本法、市场法、收益法)、基于企业的品牌价值评估方法(Interbrand 评估法、MSD 评估法)、基于消费者的品牌价值评估方法(品牌测评模型、忠诚因子法)。

7. 品牌知名度、美誉度和忠诚度是品牌塑造的核心内容。传统行业塑造品牌需要三大法宝(广告语、形象代言人、实效 VI)。

8. 互联网品牌塑造与传统行业品牌塑造过程相反,先做口碑,由口碑形成忠诚度和美誉度,再到更广泛的认知度,最后打造公众品牌。

思考题

1. 什么是品牌？它有哪些特点？品牌与名牌有何异同？

2. 什么是品牌资产？品牌资产模型带给你什么启示？

3. 企业如何选择自己的品牌策略？怎样理解品牌延展策略的双刃剑特征？

4. 品牌价值如何评估？试用书中提到的方法对某个具体品牌价值进行评估。

5. 在互联网的背景下，还有哪些企业成功塑造了互联网品牌？他是怎么做到的？请详细阐述。

案例研究　　**风靡全球的《原神》——米哈游布局游戏帝国**

他是一个重点大学的"技术死宅"，虽是一名学霸，但是喜爱动漫游戏；他年少创业，短短十年间身价已过亿；他从无名小卒到与腾讯可以掰一掰手腕只用了三款游戏。他就是米哈游工作室的创始人之一——刘伟。

传统的游戏公司其实只是生产游戏，这一年什么游戏火就会争相去做什么。米哈游本体虽然是一个游戏公司，但是根本不满足于产出游戏，而是要建立自己的品牌，让"米哈游"这个名字深入人心。"Something New | Something Exciting | Something Out of Imagination①"是米哈游工作室的准则，也是米哈游的成功秘诀。

刘伟说，在制作游戏时，会先思考做一个什么样的游戏，这个游戏存在的意义是什么，以及创作者想通过游戏向玩家传递什么思想。沉寂下来用心去做每一个选项，超出用户的预期，才能得到一致好评。而在这个滥竽充数的年代，有没有用心做游戏，玩家经过一定时间都是可以体验到的。

就类似于美国的迪士尼一般，当一个公司建立起自己的品牌口碑，有了自己的粉丝之后，不管他后续是做动画、做电影，还是游戏乐园，都会有广泛的受众，因为粉丝认的是"迪士尼"而不是单独的电影。实践证明，米哈游没有走错路，比起《崩坏》和《原神》的暴火，越来越多的游戏玩家成为米哈游这家公司的"死忠粉"。

米哈游公司内部不仅设立了游戏工作室，而且还设有漫画、动画、音乐等工作室，并且不断地推出米哈游的相关周边。游戏是有生命年限的，但只要品牌在那里，有粉丝，推出的产品总归是会有人愿意买单的。追求质而并非量，致使米哈游的产出极低，在创立之初到发布第一款游戏，这中间用了两年。不得不说，其中首轮投资的 100 万元支撑他们走到了《崩坏 2》，也支持他们的团队从3 个人到 7 个人。

2016 年《崩坏 3》登陆了全平台，获得广大玩家的一致好评，并且为米哈游工作室收获了一大批新的粉丝。也正是凭借着这款游戏，真正使米哈游进入了普通民众的视野，不再像以前一样在ACG②圈内自娱自乐，孤芳自赏。收获了广泛的关注后，米哈游也利用这个热度打造出自己的品牌，不断地推出漫画、周边，巩固自己的粉丝群。米哈游凭借着崩坏系列，不仅在国内拥有了不少的粉丝群体，而且在国际市场也取得了不错的成绩。

用心沉淀终成就巅峰

在《崩坏 3》大火之后，米哈游团队就在思考未来的走向，他们不再满足于《崩坏》系列的世界构建，他们希望做一款属于自己的开放世界游戏，并且如果手机也能玩这款游戏，不仅对于玩家来说是一个福音，对于创作者来说，也是一件开创性的事件。有了这个念头之后，米哈游就在这条路上一路高歌猛进。

---

① 意在开发一些新奇的、令人兴奋的、超出预期的产品与内容。

② ACG 即 Animation(动画)、Comics(漫画)与 Games(游戏)这三种文艺形式的首字母缩写。

2020 年发布《原神》游戏，米哈游迎来了自己真正的巅峰。在业内人士看来，上海企业米哈游推出的《原神》是一款游戏，又不止于游戏。源源不断的优质内容迭代，促成了与玩家、创作者共建共生，与其他门类文化产品跨界融合的《原神》生态。

以年轻人集聚的 B 站(哔哩哔哩)为例，大量网友、玩家参与《原神》相关内容制作，涌现出丰富的"二创"作品。以传统戏曲人物为原型的新角色"云堇"上线后，上海京剧院青年演员杨扬配唱的《神女劈观》引发全国各地各剧种名家的翻唱接力。

在 YouTube 等国际平台，《原神》同样拥有大批粉丝。春节期间，由米哈游主办、上海交响乐团演奏的《原神》交响音乐会特别篇播出。第一次听到杨扬呈现的现场版《神女劈观》，外国网友留言："中国京剧好听到流泪。"

跨界，对《原神》来说并不意外。"从创业第一天起，米哈游就没有将自己仅仅定位成游戏公司，而是品牌化企业。"米哈游总裁刘伟说。

打破国际玩家对中国的刻板印象

2020 年 9 月底，《原神》以 13 种语言版本在全平台上线，2020 年 12 月获得 Google Play2020 年度最佳游戏、Apple Store2020 年度游戏，登顶 68 个国家和地区的畅销榜榜首；2021 年 12 月再获游戏界奥斯卡"TGA2021 最佳移动游戏"奖项。

"我们自己复盘《原神》为何能取得这么好的成绩，就是因为在创作和推广过程中加入了大量中国传统文化元素，并且运用了新鲜的方式，向全球玩家展现中华传统文化的魅力。"刘伟说。

比如《原神》璃月篇极具东方神韵的音乐受到玩家推崇；角色"钟离"宣传片采用中国传统说书表演形式开头，在国际总播放量突破 2 000 万。

再看游戏场景，《原神》与张家界、黄龙、桂林等 5A 级景区展开合作联动，基于中国自然景观创造的数字美景，让外国玩家入迷。"国际玩家对中国的印象往往是'大熊猫、中国功夫与三国志'，我们有意打破这种刻板印象。"蔡浩宇说。

对《原神》游戏角色设定坚持用中文名而非英文名，不少国际玩家印象深刻，甚至在玩家群体中掀起一股学中文拼音的热潮。用中文唱京歌的"云堇"上线后，CGTN(中国国际电视台)两年前发布的京剧视频同样成为外国玩家自发学习的素材。

文化感染力背后的技术创新

"支撑一款跨平台的开放世界游戏，对技术能力的要求非常高。"一款游戏的文化感染力背后，不容忽视的是技术的创新。

拆解《原神》开发过程，刘伟谈到，作为数字文化产品的游戏，离不开文化产品工业化体系的搭建。米哈游相关负责人介绍，3 年前在公司内部成立的"逆熵"研究团队，主要承担两个任务，一是追赶 3A 级别国际厂商的工业化水平，二是对新技术进行探索和研究。米哈游还在多个国家和地区建立了研发中心，吸引全球科研人才，打造工业化管线，提高产品品质和生产效率。

和很多 3A 游戏"先设计情节，让角色配合、跟随"的思路相反，《原神》的故事始终以角色为主，世界与角色是平行关系。《原神》没有设立创意总监和艺术总监岗位，进入"角色设计"这一阶段之后，米哈游全体员工——即便是负责品牌运营等事务性工作的部门，只要有关于新角色的想法都能提交给开发团队。这一模式让国际游戏观察者感到新鲜。2021GDC 游戏开发者大会上，国际游戏专业媒体 4Gamer 评价，米哈游采用的角色设计模式，不仅能收集各种奇思妙想，更重要的是它打破了岗位的思维限制。

在游戏行业人士的观察中，目前游戏消费者形成了比较成熟的为优质内容付费的习惯，在这一背景下，内容生产商可以更专注地提升品质。

米哈游的卡通渲染等技术在业内一直保持领先优势。《原神》采用动画风格的图像技术，当角色被光源照到，图像上也会显示光影分割的效果。在自动化工具之外，"讲究"的米哈游美术团队会手动处理这些光影，对角色脸部尤其用心，对正面、左右两侧、背后等各处光源，手动设定面部的阴影遮罩，保证"在所有情况下都能完美表现出角色的表情"。

十亿人愿意生活在其中的虚拟世界

在米哈游内部，一款产品不只作为游戏的形式呈现，而是围绕品牌进行全产业链开发，音乐、漫画、动画、轻小说，米哈游都有涉足，让《原神》《崩坏 3》等产品呈现了不止于游戏的跨界和溢出效应。

"全产业链开发，有助于提升产品的生命力，也有助于为产品赋予更强的文化属性。"刘伟说。

《原神》受到大量用户欢迎，也意味着获得商业上的回报，这为米哈游下一代产品与技术的研发、新领域的探索提供了基础。游戏之外，米哈游的"前瞻"动作频频。2021 年 3 月，米哈游与上海交通大学医学院附属瑞金医院共同建立"瑞金医院脑病中心米哈游联合实验室"公益性项目，支持研究脑机接口技术的开发和临床应用。2022 年 2 月，米哈游推出新品牌 hoyoverse，意在"打造一个由内容驱动的宏大虚拟世界，融合游戏、动画和其他多种娱乐类型"，布局沉浸式虚拟领域。

《原神》已经探索了将中国山水搬入虚拟世界、将中国民乐与西方管弦乐结合、把中国戏曲带给全球玩家等跨界融合手段。努力把不同文化元素化用到包罗万象的游戏幻想世界里，未来还将不断尝试传统文化的新型表达方式。《原神》开发团队提出这样的设想：未来能否通过游戏人擅长的方式，更好地讲述中华故事？

刘伟表示："米哈游的目标是做有世界影响力的品牌。"两年后面对同样的问题，新的蓝图已经铺展——"米哈游的愿景是 2030 年，打造出全球十亿人愿意生活在其中的虚拟世界"。游戏或许有一定的生命周期，而品牌可以持久成为影响一代人的文化产品。《原神》之后，米哈游还有更远大的理想。

资料来源：根据《上观新闻》和米哈游网站相关内容改编。

案例思考题：

1. 米哈游使用的品牌名称决策是什么？

2. 米哈游成功的核心因素是什么？米哈游是如何塑造自己的品牌的？

3. 米哈游的《原神》是如何影响外国的消费者，做到风靡全球的？

4. 请选取一个或几个角度，为米哈游设计品牌营销方案。

第8章

产 品 策 略

学习目标

- 了解产品概念及其分类
- 掌握产品层次理论
- 掌握产品生命周期理论的内涵
- 掌握产品生命周期各阶段的营销策略
- 熟悉新产品开发过程
- 熟悉新产品推广和采用的过程及影响因素

第8章知识点

引入案例

这把筋膜枪如何瞄准 128 亿运动健康市场

2007 年，美国按摩师杰森·沃斯兰遭遇交通事故，他的颈、臂、膝盖等部位的软组织均有不同程度的损伤，导致剧烈疼痛。作为按摩专家，沃斯兰知道自己的症结所在，但在市面上找不到合适的产品进行深度治疗，他干脆自己动手制作。2008 年 1 月，他为自己设计的筋膜按摩设备诞生。半年后，沃斯兰完全康复。

在日常接诊中，沃斯兰认识了一位症状与自己相似的病人，他决定推广自己的发明，于是创建了 Theragun 公司(后更名为 Therabody)，生产筋膜枪 Theragun。

相对于其他采用振动式治疗的产品，Theragun 的冲击式治疗为市面所独有，按摩的深度更加显著。筋膜枪振幅长达 16 毫米，直达肌肉深处，促进血液流动，有助于氧气的流入和废旧物质的代谢，从而使肌肉恢复活力。近年来，筋膜枪成为运动恢复市场上的明星产品。目前全球有超过 250 支运动队使用 Therabody 的产品和服务。

Therabody 团队还考虑到更多的细节，以更突出地发挥 Theragun 的效用。例如长振幅和高振动要求筋膜枪有足够动力的电机，但可能会带来较大的噪声。团队花了 18 个月时间，开发出一套静音技术(QuietForce Technology)，应用到 Theragun 上。又如 Theragun 目前的三角握柄是人体工学优化的成果——筋膜枪必须垂直作用于肌肉才能有效治疗，而三角握柄允许患者自行使用时采用 4 种握枪姿势，以正确的方法按摩到身体大部分区域，同时减轻前臂、腕部和手部的拉力，提升使用时的舒适度。

产品完善过程并非一蹴而就。从沃斯兰研发自用按摩器到 Theragun 投入商用，经历了 8 年开发 5 款原型机的过程。而 2016 年正式商业化之后，Theragun 又经历了三次升级。目前市场上第四代 Theragun 是在 2020 年推出的。

当 Therabody 在高强度的专业运动领域得到认可时，Therabody 的产品还可应用在体育场景以外，造福更多的消费者。2020 年，沃斯兰将企业的名字从 Theragun 改成 Therabody，表明企业不仅仅关注筋膜枪产品，而是探索通过多种按摩手段综合造福运动者的可能性。

例如气动加压理疗系列产品 RecoveryAir，采用带气囊的包裹式产品，以充气放气循环的形式按摩身体。而 TheraFace 则专门用于面部健康护理，带有红光疗法、蓝光疗法、微电流护理等功能。还有 PowerDot、Wave Series、TheraOne 等产品，分别从电信号刺激疗法、振动疗法、有机植物疗法等角度切入，与 Theragun 等共同组成全方位的按摩恢复解决方案。

产品属于硬实力，Therabody 的软实力则在于服务。Therabody 打通线上线下。团队可通过 Therabody App 收集用户数据，观察用户使用效果，再向用户推送相应的疗程。用户也可以到 Therabody 的线下恢复空间 Reset 等接受专业理疗师的直接服务。

Therabody 还组建了三大服务部门，完善综合服务能力。Therabody 运动科学研究团队主要从事运动科学研究，在数据和模型的支持下，开发治疗方案，协助研发和测试产品。Therabody 运动表现顾问团队直接在一线对接用户，针对不同客群提供定制化恢复方案。Therabody University 则是一个分享/教学场景，为教练、理疗师、物理治疗师等运动恢复工作者提供围绕 Therabody 产品展开的理疗课程的培训。受训者完成培训后将获得认证证书，助力 Therabody 理念在更大范围推广。

资料来源：五大联赛冠军之选，这把筋膜枪如何瞄准 128 亿运动健康市场？[EB/OL]. (2022-08-12). https://mp.weixin.qq.com/s/jAjuFmq46ePiCkSE4aRXGw，有删改。

现代营销之父菲利普·科特勒说："产品是市场营销组合中最重要的因素。没有产品，就没有可以进行交换的基础，当然也谈不上满足市场的需求。"事实上，市场上的各家公司都致力于提供良好的产品和优质的服务，以满足顾客的需求。

8.1 产品的概念及其分类

8.1.1 什么是产品

产品是指能够提供给市场进行交换，供人们取得使用或消费，并能够满足人们某种欲望或需要的任何东西。它既包括有形的劳动产品，也包括无形的服务类产品，同时还包括那些随同产品出售的附加服务。例如，智能手机、洗碗机、挖掘机、音乐会、海边度假、心理咨询、美容美发等，都可被称为产品。

视频：你到底在卖什么

现代营销学的产品概念是一个多方面的概念。从上述产品的定义我们可以得出一个关于产品的整体外延概念。产品不仅仅是指有形商品，从广义上说，产品包括有形物品、服务、体验、事件、人员、地点、财产、组织、信息和观念等。与此同时，整体产品还是一个包含多层次的产品概念，不仅具有广泛的外延，而且具有深刻的内涵。这就是我们下面将要展开论述的产品层次。

视频：产品的整体概念

8.1.2 产品层次

以往人们对产品的理解，仅仅局限于提供物本身，比较单一和狭隘。随着经济的发展和社会的进步，无论是供给者还是需求者，在考虑产品时，均不得不从多个层次上加以思考和分析。因为市场营销的过程不仅仅是推销产品的过程，更是一个不断满足顾客需要的过程。就顾客的需要来讲，则是多方面的，消费者倾向于把产品看作满足他们需要的复杂利益集合。

一般说来，现代营销学的产品整体包含三个层次的内容，如图 8-1 所示。第一层是产品的核心利益或功能，是顾客真正要购买的实质性内容，通常叫作核心产品，是整体产品的最基本层次。第二层称为有形产品，也叫作形式产品，是指核心产品借以实现的形式。现代营销学将形式产品归结为 5 个标志，即品质、特征、形态、品牌、包装。即使是纯粹劳务产品，在形式上也具有类似的特点。第三层是指销售产品时同时提供的服务或利益，叫作附加产品或者外延产品，包括运送安装、培训维修、信贷保证、售后服务等。三个层次合起来构成一个完整的整体产品。在开发产品时，营销人员要先找出将要满足消费者需要的核心利益，然后设计出实际产品和找到扩大产品外延的方法，并能关注和把握满足这一产品需求的未来发展变化，以便能不断创造出满足消费者需求的一系列利益组合。

除产品的三层次论外，西奥多·莱维特(Theodore Levitt)在 20 世纪 80 年代还提出了产品的五层次论，如图 8-2 所示。

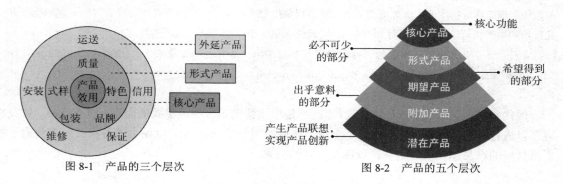

图 8-1　产品的三个层次　　　　　　　图 8-2　产品的五个层次

第一个层次是核心产品，第二个层次是形式产品，都与三层次论一致。第三个层次是期望产品，即购买者购买产品时通常期望得到和默认的一系列基本属性和条件。例如购买食品时，期望它卫生；投宿时，期望它干净。第四个层次是附加产品，是指提供者提供产品时附加的额外服务和利益，也是超越购买者购买期望的那部分附加服务和利益，往往能够带来较高的顾客满意度。例如，某宾馆额外提供的免费接送服务、送餐服务等。第五个层次是潜在产品，是指产品可能的发展前景，包括现有产品的所有延伸和演进，潜在产品给企业留下了无限想象的空间，也给产品创新留下了无限可能。

今天的竞争，主要发生在产品的附加层次，尤其是在经济发达国家。正因为这个层次成为竞争聚焦点，所以有几点必须注意：第一，每个附加利益都将增加企业成本，因此必须考虑买家是否愿意接受产生的额外费用；第二，附加利益将很快转变为期望利益，卖家将不断寻找新的附加利益；第三，由于附加利益提高了产品的价格，有的竞争对手会采用逆向思维，剥除所有附加利益和服务，大幅降低价格，满足客户的基本期望。

其实从动态的观点来看，无论是产品的三层次论还是五层次论，背后都隐藏着一对无法调和的矛盾：同质化与差异化。应该说，追求产品的差异化是企业的本能，因此企业总是费尽心机地推陈出新，以使自己的产品从众多竞争者中脱颖而出。然而，当创新产品面市后，由于竞争企业的模仿，又会使得产品越来越趋于同质化，所以企业又要继续拓展，寻找创新的来源。当产品的某个层次无法支持创新的源泉时，产品的概念就会向下一个层次延伸。

当前，企业的产品需要符合数字时代顾客的需求，也因此迎来了产品的数字化浪潮。产品数字化的本质是使产品在消费或使用过程中实现智能化，并能开展企业与客户的互动。数字化产品可以在产品整体概念的三个层次的任一层次上打造。

8.1.3　产品分类

根据不同的分类标准，产品可以分成不同的类别。在市场营销学中，不同类别的产品需要采用不同的市场营销策略对其进行营销策划。产品的分类如表 8-1 所示。

表 8-1　产品的分类

分类标准	类型		含义及实例
购买意图	消费品	便利品 — 日用品	洗手液、食盐、餐巾纸
		便利品 — 冲动品	超市收银台旁的口香糖、饮料
		便利品 — 急用品	下雨时的雨伞
		选购品 — 同质选购品	质量相似、价格明显不同
		选购品 — 异质选购品	质量和服务的差别比价格大
		特殊品	顾客愿意花费特殊的精力去购买，而不愿意接受替代品，如汽车、摄影器材等
		非需品	消费者不知道，或即使知道通常也不想购买的产品，如寿险、墓地、百科全书等
	工业品	材料和零部件 — 原材料	农产品和自然资源
		材料和零部件 — 加工材料	合成材料
		材料和零部件 — 零部件	合成零部件
		资本项目	购买者用于帮助生产或管理的工业产品，包括安装设备和附属设备
		物资 — 经营物资	企业正常经营需用的相关耗材等物资
		物资 — 维修物资	用于设备保养、维修的备品备件
		服务 — 维修服务	厂房、设备、线路等维修服务
		服务 — 咨询服务	管理、技术等咨询服务
耐用性、有形性	耐用品		长期使用，价值较高，购买频率较低的有形产品，如冰箱、汽车、电视机、机械设备等
	非耐用品		消耗快，使用周期短，需频繁购买的有形产品，如食品、饮料、牙膏等
	服务		如美发、咨询、家政、产品支持性服务等

8.1.4　产品组合

产品组合(product mix)，也称为产品搭配，是指一个企业提供给市场的全部产品线和产品项目的组合。

产品线是指密切相关的一组系列产品。之所以构成一条产品线，是由于在产品功能的相似性、替代性、配套性等方面能提供给同一顾客群；或使用同一销售渠道或有类似的价格。有时，每条产品线还包括几条亚产品线。例如，某企业的产品组合包括日用品、服装和化妆品这样三条产品线，其中，化妆品又可细分为口红、眼线笔、粉饼等亚产品线。每条产品线和亚产品线都有许多单独的产品项目。表 8-2 展示了宝洁公司的产品组合。

产品项目是指企业生产和销售的各产品类别中的某一特定产品，也就是通常所说的某一产品的具体品名和型号。

企业的产品组合有 4 个必须把握的概念，也就是产品组合的宽度、长度、深度和相关性。

产品组合的**宽度**指该企业拥有多少条不同的产品线数目。拥有的产品线越多，其产品组合就越宽，产品线越少，其组合就越窄。

产品组合的**长度**是指产品组合中所有产品项目的总和。用这个总和除以产品线的数目，就得到该组合的平均长度。

产品组合的**深度**是指产品线上每种产品的种类数目。通过计算每种品牌中的种类数目，我们能得出该公司产品组合的平均深度。

产品组合的**相关性**是指各类生产线在最终用途、生产条件、销售渠道或其他方面相互联系的紧密程度。如果公司的产品线是通过同一销售渠道出售的消费品，该公司的产品线就具有相关性；但是如果产品线对不同的购买者起不同的作用，则可以认为该产品线缺乏相关性。

表 8-2　宝洁公司的产品组合

	产品组合的宽度：5				
	清洁剂	牙膏	条状肥皂	纸尿布	纸巾
产品线长度：25	象牙雪 1930 德来夫特 1933 汰渍 1946 快乐 1950 奥克雪多 1914 德希 1954 波尔德 1965 圭尼 1966 伊拉 1972	格利 1952 佳洁士 1955	象牙 1879 柯克斯 1885 洗污 1893 佳美 1926 爵士 1952 保洁净 1963 海岸 1974 玉兰油 1993	帮宝适 1961 露肤 1976	媚人 1928 粉扑 1960 旗帜 1982 绝顶 1992
	产品线深度：9	产品线深度：2	产品线深度：8	产品线深度：2	产品线深度：4

产品组合是建立在产品线和产品项目的基础之上的，所以这里就有个产品线的决策问题。这 4 个产品组合要素为企业的产品战略提供了决策依据，企业可以从几个方面拓展业务：增加新产品线来扩大产品组合的宽度；增加产品项目以拓展产品线的长度；增加每种产品的种类从而挖掘其产品组合的深度；根据企业的市场发展规划，决定加强或减弱产品线的相关性。

在这些决策中，主要的产品线决策是确定产品线的长度，即产品线中项目的总和。如果产品线经理通过增加产品项目能够增加利润，则说明目前的产品线太短；如果通过减少产品线项目能够增加利润，则说明目前的产品线太长。产品线长度受企业目标的影响，想追求高市场份额和快增长率的企业通常有较长的产品线，而热衷于高额短期利润的企业则通常拥有经过精心挑选的较短的产品线。

企业通常采用产品线扩展和产品线填补这两种方法来系统地增加产品线的长度。如果一个企业超出它现有的范围来增加其产品线长度，就叫作产品线扩展。企业可向上、向下或同时向上、下两个方向扩展产品线。产品线填补是指在现有的产品线范围内增加新的产品项目。企业必须仔细地管理它的产品线，确保新产品与原有产品明显不同。

另外，企业各产品线的销售状况并不相同，这就需要产品线经理经常审核和分析产品线及其项目的市场状况和财务状况，找到无利可图的死亡产品线，从而决定哪些产品线需要拉长或压缩，以保证产品线的长远发展和盈利能力。

在解决了产品线的配置恰当与否的问题之后，关于产品线现代化的问题就不容回避了。毫无疑问,面对不断变化的市场,产品线需要现代化。一般来说,产品线的现代化采用两种方式进行:一种是渐进更新,逐步现代化;另一种是全面更新,一步到位。此外,选择什么时机开始产品线的更新和现代化也是企业应该关注的问题。

■ 即测即评

请扫描二维码进行在线测试。

第 8.1 节习题

8.2 产品的市场生命周期理论

8.2.1 产品的市场生命周期

产品的市场生命周期(product lifecycle)如同人一样,也有一个经历婴儿、儿童、青壮年、老年一直到死亡这样一个周期。产品在研发阶段,就好比人的胚胎时期,一旦进入市场,就开始了它的市场生命。任何一种产品从进入市场到退出市场的全过程就是一个市场生命周期。企业需要了解产品处于不同生命周期阶段的特征,从而采取不同的营销策略。

视频:产品生命周期理论

产品的市场生命周期要经历 4 个阶段,即导入期(introduction)、成长期(growth)、成熟期(maturity)和衰退期(decline),如图 8-3 所示。对于企业经营者来说,运用产品的市场生命周期理论的目的主要有三点:一是可以使自己的产品尽快尽早为消费者所接受,缩短产品的导入期;二是尽可能保持和延长产品的成长阶段;三是尽可能使产品以较慢的速度被淘汰。

视频:农夫山泉的生命周期

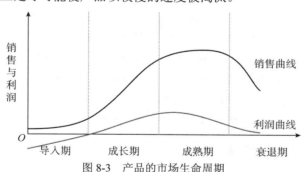

图 8-3 产品的市场生命周期

产品市场生命周期的概念可用来分析产品大类、产品形式或某一产品品牌。不同的类别,其对产品生命周期概念的应用各不相同。通常,产品大类有最长的生命周期,许多产品大类的销售量在成熟期停留了很长时间。比如纺织品、汽车等大类产品,由于和人的基本需求相联系,所以一直在延续。与此不同的是,产品形式的市场生命周期趋向于标准模式。比如转盘式电话、唱片、白炽灯等产品形式都是很有规律地度过了导入期、快速成长期、成熟期和衰退期。而产品的品牌,由于不断变化的激烈竞争,其生命周期会较快发生变化。

8.2.2 产品的市场生命周期各阶段的特征

产品的市场生命周期的各个阶段在市场营销中所处的地位不同,具有不同的特征。

1. 导入期

导入期开始于新产品首次进入市场。在这一阶段，消费者对新产品还不够了解，销售量的增长往往比较缓慢，企业费用及成本一般都比较高，所以这个时期还没有出现正利润。这个阶段市场上竞争者为数较少，企业只生产产品的最基本样式。

2. 成长期

成长期是指产品经过试销，消费者对新产品已经有所了解，产品的销路逐渐打开，销售量迅速增长的阶段。在这一阶段，产品基本定型，可以大批量生产，分销途径也已经疏通，因而成本下降，利润增长。但是，由于产品出现巨大成长空间，竞争者也开始介入这一领域。

3. 成熟期

成熟期是指产品的市场销售量已经达到饱和状态的阶段。在这个阶段，由于产品已被绝大多数潜在的购买者接受，所以销售量的增长速度减慢，并开始出现下降趋势。而企业为了在竞争中保护产品，市场营销的有关支出迅速增加，利润因此持平或下降。

4. 衰退期

衰退期是指产品已经陈旧老化，开始被市场淘汰的阶段。在这一阶段，产品的销售量急剧下降，利润跌落，与此同时，其他新的产品已经投入市场，大有取代老产品的趋势。

各种行业经营的产品不同，产品生命周期及其经历各阶段的时间长短也不同。有些行业的产品，如时尚产品，整个产品生命周期可能只有几个月，而有些行业的产品生命可以长达几十年。每种产品经历生命周期的时间也不尽相同，有些产品经过短暂的市场导入期，很快就达到成长、成熟阶段，而有些产品如汽车、黑白电视机的导入期经历了许多年，才逐步为广大消费者所接受。值得注意的是，随着互联网和移动互联的普及，产品(尤其是电子产品)的生命周期有逐步缩短的趋势。

此外，各种产品虽然都有市场生命周期，但并非每一种产品都表现出相同的阶段特征和状态。实际上，许多产品在每个阶段的具体形态是多种多样的。有的产品在投入市场的一开始，需求量迅速上升，但后来趋于平缓；有的产品，市场对其款式、花色很敏感，呈现出周期性波动的态势。当然，也不是所有的产品都要经历4个阶段。有的产品一进入市场，尚属导入期就被市场淘汰了，成为"短命"的产品；有的产品已经进入成长期，由于企业营销策略失误而未老先衰；还有的产品一进入市场就达到成长期，等等。

8.2.3 产品生命周期的市场策略

不同产品的市场定位不同，其营销策略也不同。同一产品在其市场生命周期的不同阶段具有不同的特点，因而营销策略也应有所不同。

1. 导入期的市场策略

对于刚进入导入期的企业而言，生产该种产品的能力未完全形成，废品率通常较高，产品的广告宣传花费大，因此这一阶段是企业承担风险最大的时期。许多新产品的经营失败，大都是在这一阶段。所以，尽早结束这一阶段，让消费者尽快认同接受该新产品，是导入期营销策略的重点。

由于导入期的产品特征，企业只能集中力量向那些最有可能购买的顾客进行销售。为此，企业，尤其是市场先导企业，必须选择一种与企业设定的产品定位一致的新产品营销战略。通常，营销部门可以为各个营销变量，诸如价格、促销、分销和产品质量等分别设立高低两种水平。当仅考虑价格与促销两个因素时，可具体分为以下4种策略。

(1) 高价快速促销策略。以高价格和高促销水平的方式推出新产品。公司采用高价格，花费大量广告宣传费用，向市场说明虽然该产品定价水平较高，但有其值得肯定的优点，以图在竞争者还没有反应过来时，先声夺人，把本钱捞回来。采取这种策略的条件是：消费者对该产品求购心切，并愿意支付高价，但大部分潜在消费者还不了解此种产品；同时，这种产品应该十分新颖，具有老产品所没有的特色，适应消费者的某种需求。

(2) 高价低费用策略。以高价格和低促销水平的方式推出新产品。推行高价格是为了尽可能多地回收每单位销售中的毛利；而推行低促销水平是为了降低营销费用。采用这种策略的产品必须具有独创的特点，填补了市场上的某项空白。它对消费者来说主要是有无问题，选择性小，并且竞争危险不大。

(3) 低价快速促销策略。以低价格和高促销水平的方式推出新产品。这一战略期望能给公司带来最快速的市场渗透和最高的市场份额。采用这一策略的假设条件是：市场容量相当大，消费者对这种新产品不了解，但对价格十分敏感；潜在竞争比较激烈。同时，要求公司在生产中尽力降低成本，以维持较大的促销费用。

(4) 逐步渗透策略。采取低价格和低促销费用的方式推出新产品，占领市场。低价格的目的在于促使市场能尽快接受产品，并能有效地阻止竞争对手对市场的渗入。低促销费用意味着有能力降低售价，增强竞争力。采用此策略的条件是：市场容量大，产品弹性大，消费者对价格十分敏感，有相当的潜在竞争者。

2. 成长期的市场策略

在成长期，由于促销费用因销售量的分摊可以降低单位制造成本，因而利润得到增长。企业可以通过改善产品质量和增加新的产品特色和式样，或者进入新的细分市场和新的销售渠道，或者把一些广告的内容由产品认知改为产品销售和购买，或者在适当的时候降低价格以吸引更多的购买者，来尽可能长地保持市场的快速增长。

这一阶段的主要营销策略有以下几种。

(1) 保证/提高产品质量。成长期的市场策略主要是保证质量，坚决杜绝某些产品一旦进入成长期便粗制滥造、降低质量、失信于消费者、自毁声誉的现象，并要在此基础上不断提高质量水平。

(2) 开拓新市场。成长期产品的市场潜力较大，企业应加强促销活动，努力扩大流通渠道，拓展市场。

(3) 加强品牌宣传。加强品牌宣传的目的在于争取顾客，促使消费者增强对产品和企业的信任感，并培养消费者对本企业产品的偏爱。

3. 成熟期的市场策略

当产品销售进入成熟期后，所经历的时间通常比前两个阶段要长，市场竞争也更加激烈，营销管理部门的主要任务是想尽办法延长产品在成熟期的时间，所以在这一阶段采取的策略以渐进式地调整市场、产品和营销的组合策略为主。

(1) 调整市场策略。通过调整市场，企业应努力增加现行产品的消费量。企业可以寻找新的使用者和细分市场，也可以寻找增加现有顾客产品使用量的方法，或者想办法对品牌进行重新定位，以便吸引更大或增长更快的细分市场。

(2) 调整产品策略。企业可以通过改变产品特征，如质量、特色或式样，也可通过改进产品的质量和性能，如耐用性、可靠性、速度、味道等，还可以通过增加产品的特色，以扩展产品的有用性、安全性或便利性，甚至可以通过改善产品的风格和吸引力等，来吸引新的使用者或引发大量的使用。

(3) 调整市场营销组合策略。企业可以用减价来吸引新的使用者或竞争者的顾客。可以开展更好的广告运动或采用进攻性的促销手段,如暂时降价、舍零头、赠奖和竞赛等。如果较大的市场渠道处在增长之中,则企业还可以利用大规模推销进入这些渠道。最后,企业可以提供新的或改善的服务给购买者。

4. 衰退期的市场策略

当产品进入市场的衰退期以后,企业需要关注的问题是,经营业已衰退的产品对企业成本投入将会产生什么样的影响。然后,由管理部门决定是维持、收获还是放弃这些衰退产品。

(1) 收割策略。即利用剩余的生产能力,在保证获得边际利润的条件下,有限地生产一定数量的产品,适应市场上一般老顾客的需求,或者只生产某些零部件,满足产品维修的需求。

(2) 榨取策略。降低销售费用,精减销售人员,增加眼前利润。

(3) 集中策略。企业把人力、物力集中到最有利的细分市场和销售渠道,缩短战线,从最有利的市场和渠道获取利润。

(4) 撤退策略。当机立断,撤退老产品,组织新产品上马。在撤退的时候,可以把生产该种产品的工艺及设备转移给别的地区的企业,因为该种产品在别的地区可能并非处在衰退期。

这里需要强调的是,产品衰退期的营销策略并非丢弃市场和丢弃客户,除非企业关门,否则更要做好对老顾客的售后服务工作,并积极引导他们转移到本企业的新产品购买和使用当中。毕竟,对企业而言,老顾客才是企业最宝贵的财富。

表 8-3 概括了产品的市场生命周期各阶段的主要特征及其相应的市场营销目标和策略。

表 8-3　产品的市场生命周期各阶段的主要特征及其市场营销目标和策略

	导入期	成长期	成熟期	衰退期
销售	低销售	销售快速上升	销售高峰	销售衰退
成本	人均顾客成本高	人均顾客成本一般	人均顾客成本低	人均顾客成本低
利润	亏本	利润增长	利润高	利润下降
顾客	创新者	早期采用者	中间多数	落后者
竞争者	很少	逐渐增多	数量稳定,开始衰退	数量衰减
营销目标	创建产品知名度和试用	最大限度地占有市场份额	保卫市场份额,争取最大利润	对产品削减支出和汲取收益
战略	"短"	"快"	"改"	"换"
产品	提供基本产品	提供产品扩展、服务、担保	品牌和样式多样化	逐渐淘汰疲软产品
价格	成本加成法	市场渗透价格	较量或击败竞争者的价格	削价
分销	选择性分销	密集广泛分销	更密集广泛的分销	淘汰无利网点
广告	在早期接受者和经销商中建立知名度	在大量市场中建立知名度和激发兴趣	强调品牌差异和利益	减少到保持坚定忠诚者水平
促销	加强促销以吸引试用	利用大量消费者需求,适当减少促销	增加对品牌转换的鼓励	降低到最低水平

即测即评

请扫描二维码进行在线测试。

第 8.2 节习题

8.3　新产品开发策略

从市场生命周期的角度看，几乎每一种产品都会不可避免地进入衰退期，当更新更好的产品出现时，原来的老产品便渐渐被取代，特别是随着科学技术水平的迅速发展，产品生命周期也迅速缩短，这种现实迫使每个企业不得不把开发新产品作为关系企业生死存亡的战略重点。

视频：*产品创新*

8.3.1　新产品的类型及其特征

营销学上所说的新产品与其他领域所说的新产品不完全相同。从市场营销学的观点来看，所谓新产品，是指与现有产品相比，具有新的功能、新的特征、新的结构和新的用途，能满足消费者新的需求的产品。按照较为普遍接受的观点，营销学中的新产品主要包括以下几种类型。

(1) 全新产品：采用各种新技术、新材料、新设计或新工艺所制成的前所未有的崭新产品。全新产品的市场投入往往可能会带来人们生活方式和企业生产方式的改变，因而会对社会经济的发展产生重大的影响。但是，全新产品的开发需要投入大量人力、物力和财力，且一般需要经历相当长的开发周期，因此，对绝大多数市场经营的企业来说，将是不容易办到的事情。一般来说，在所有"新产品"中只有 10%真正属于创新或新问世的产品。

(2) 革新产品：已经投入市场，并且根据消费者需要，重新采用各种科学技术进行较大革新、改造后的产品。革新产品的特征及其价值，并不在于要改变或增加产品的使用功能，而在于影响和改变人们使用这种产品的习惯与方式，突破产品使用的时空限制。

(3) 改进新产品：对已投入市场的现有产品进行性能改良，以提高其使用质量的产品。这类产品的特征大多表现为产品使用功能的改进、规格型号多样化和花色款式的翻新。这类产品一旦进入市场，比较容易被消费者接受，也容易被竞争者模仿。实际上大多数公司着力于改进现有产品，而不是创造一种新产品。

(4) 新品牌产品：企业对现有产品做某些改变，以突出原产品在某一方面的特点，或者是对原产品重新使用一种新的名称或品牌之后投入市场的产品。这种产品大多是生产厂家利用产品结构上的某些组合特性，寻找新的市场卖点，以利于竞争。如市场上经常大量出现的新品牌的化妆品、营养滋补品、饮料等。这种新产品进入市场，只要具有某一特色，就很容易被消费者接受和普及。

(5) 市场重定位产品：把现行产品投入新的目标市场，进行重新定位的产品。通常，这种产品的推出赋予了生产厂家利用现有客户群体开拓潜在市场的经营理念。其表现为突破产品本身的限制，扩展营销组合策略的功能，因而具有很强的竞争优势。比如，自行车在传统观念中是一种交通工具，但如果将其作为一种运动器械推出，那么从这种意义上说，健身房中的健身车就是一种新产品。

(6) 成本减少的新产品：因为技术进步等多种因素而以较低成本提供的同样性能的新产品。

企业一般可通过两条途径获得新产品。一是通过收购整个企业、专利和产品生产许可证；二是通过企业自行开发。

实际案例　**"7 分甜"首推的超级爆品——杨枝甘露**

杨枝甘露本是一道著名的港式甜品，以往一般是以"碗装"的形式出现在各大港式茶餐厅、港式茶楼里。

2006年，来自广东的年轻人谢焕城在上海人民广场附近开了一间甜品小店，取名为"谢记甜品"，这也是"7分甜"的前身。

2007年，一位老顾客驾车来购买杨枝甘露，他希望打包带走。谢焕城敏锐地洞察到杨枝甘露杯装化的需求，决心研发适合杯装杨枝甘露的配方，第一杯杯装杨枝甘露从此诞生。从碗装到杯装，并不仅仅是容器变化那么简单。谢焕城花了多年时间，不断坚持打磨、优化这款爆品。

芒果颗粒：芒果粒控制在0.8cm以内，让顾客食用感更佳。

吸管口径：吸管口径1.1cm，吸管变成透明的，新鲜看得见，顾客喝起来更安心。

配方测试：无数次调整、测试产品配方，不断进行优化升级。

容量测试：从360ml升级至适合饮品的容量500ml。

2015年，新茶饮开始有了爆发之势，这一年，谢记甜品也正式更名为"7分甜"，主打其最受消费者喜爱的王牌爆品——杨枝甘露，不断深耕鲜果茶品类。招牌杨枝甘露的销量始终占据首位，成为现象级的爆品，引得众多茶饮品牌纷纷跟进推出。

资料来源：杨枝甘露，凭什么成为鲜果茶品类的超级爆品？[EB/OL]. (2022-08-19). https://mp.weixin.qq.com/s/EeCOQ4e0FnXSB0oFT2LD7Q，有删改。

8.3.2　组织新产品开发

成功的新产品开发要求公司建立一个高效的组织，并需要合理组织适合公司实际情况的新产品开发过程。

公司在搭建新产品开发的组织结构时有多种方法，但一个组织是否有效，取决于企业高层管理者。高层管理者不仅要高度重视和支持新产品开发工作，还需对新产品开发的成败负责。公司需要建立一个跨部门的开发团队，这是一个跨职能的组织结构，不仅有技术开发人员、产品人员，还有财务人员等。这种跨部门团队能够通过协作开发把新产品推向市场，所有队员团结协作，共同向新产品开发的目标迈进。

除了合理安排开发组织，新产品开发还要求统筹组织开发的过程。应做好产品开发的各个阶段的决策工作，包括中止、暂停、推迟或重做等，并要求每个阶段结束前进行检验，在评估报告的基础上计划下个阶段的工作，以控制资源投入的节奏和风险，杜绝无谓的浪费。

8.3.3　新产品开发过程

新产品的开发是一件难度极大的工作，新产品的开发必须遵循一套科学的方法和程序，新产品的开发过程如图8-4所示，通常要经历8个主要步骤。

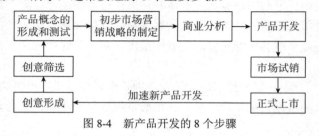

图8-4　新产品开发的8个步骤

1. 创意形成

(1) 创意来源。新产品开发过程的第一个阶段是寻找创意。新产品创意在Roope Takala(2001)的研究中被定义为：某可能产品未定义的标识。

新产品创意的产生有许多来源，包括企业内部来源和企业外部来源。

企业内部来源：企业的管理人员、技术人员、销售人员可以从不同的角度提出好的创意，企业应该建立各种激励制度，激发内部人员的热情，从而不断地提出创意。

企业外部来源：顾客是寻求新产品创意的一个最好来源，在此基础上开发的新产品成功率最高。科研机构和大学中的新发明、新技术，是新产品构思的重要来源。企业还可从竞争对手的新产品中了解新的设想方案，从报刊信息媒体中也可以寻找到许多重要的信息和创意灵感。

创意形成的相关内容，可扫描右侧二维码阅读。

创意形成

(2) 创意产生的方法。较为通用的系统方法包括"头脑风暴法"(brain storming)、哥顿法(Gordona method)、观察法等，还可适当地使用创意技巧，包括属性列举法、强制关联法、形态分析法、客户问题法等。

2. 创意筛选

"创意形成"的目的是创造大量的新产品开发创意，接下来的阶段是减少创意的数量，即"创意筛选"。在后面几个阶段，产品开发成本飞涨，所以企业必须采用能转变成营利性产品的创意。

绝大多数企业要求管理人员用标准的格式及描述性的语言写出新产品创意，以便提交给产品委员会审议。该书面报告描述了产品、目标市场及竞争，并对市场规模、产品价格、开发时间和成本、制造成本和回收率做出一些初步估计。接着，委员会针对一些通用标准对创意做出评价，如利润、效率、成本等指标。对创意进行筛选，通常的首要标准是其与公司的目标、战略和资源是否一致。

对创意进行筛选，必须尽量避免两种失误：一种是"误舍"，即将有希望的新产品创意放弃，当一个公司让某一有缺点但能改正的好创意草率下马，就犯了"误舍"的错误。另一种是"误用"，即将一个没有前途的产品设想付诸实施，结果惨遭失败。这种失败有三种类型：第一种称为产品的绝对失败，它损失了金钱，其销售额及变动成本都不能收回；第二种称为产品的部分失败，它也损失了金钱，但是，它的销售可以收回全部的变动成本和部分固定成本；第三种称为产品的相对失败，它能产生一定的利润，但是低于公司正常的报酬率。

3. 产品概念的形成和测试

一个有吸引力的创意必须发展成为一个产品概念。所谓产品概念是指用有意义的消费者术语对创意进行详尽的描述。概念测试是指用几组目标消费者测试新产品的概念，新产品概念可用符号或实物的形式提供给消费者。许多企业在试图把新产品概念转变成实际新产品之前，通过消费者来测试新概念，并根据对消费者的调查结果来判断哪个概念对消费者有最强的吸引力。

产品概念的形成和测试的相关内容，可扫描右侧二维码阅读。

产品概念的形成和测试

4. 初步市场营销战略的制定

在新产品的概念已经形成并已通过消费者测试之后，企业必须提出一个把这种产品引入市场的初步营销战略计划。

初步营销战略计划由三部分组成：第一部分主要描述目标市场，计划中的产品定位，以及在开始几年内的销售额、市场份额和利润目标；第二部分主要概述产品第一年的计划价格、销售和营销预算；第三部分是描述预算的长期销售额、利润目标市场营销组合战略。

5. 商业分析

企业一旦对产品概念和市场营销战略做出决策，接下来就需要评估一下这项建议的商业吸引力或商业价值。所谓商业分析就是指考察新产品的预计销售额、销售成本和利润或收益率，以便查明它们是否满足企业的目标。

为了估计销售量，企业应观察类似产品的销售历史，并对市场意见进行调查。通常估计销售量包括未来销售量、首次购买销售量、重置销售量等指标。应估计最大和最小销售量，以估量出风险大小。在预计好销售量之后，管理部门可为产品估计期望成本利润，包括市场营销、市场研究与开发、产品制造、会计及财务成本。接着，企业便可以用这些销售和成本数据来分析新产品的财务吸引力。

6. 产品开发

产品概念通过了商业测验，才可以进入产品开发阶段。产品研发部门的任务就是测试一个或多个产品概念实体形式，设计出一个能满足和刺激消费者，并且能快速生产，不超过预算成本的样品，再通过严格的性能测试，以便确信产品安全有效。

7. 市场试销

产品通过性能和消费者测试后，便可投入市场进行试销。在这一阶段，新产品和市场营销方案将接受真实市场环境的检验。市场试销可以使营销人员在进行大笔投资全面推广该种新产品之前获得诸多经验。它允许企业测试产品和整个市场营销方案——市场定位战略、广告销售、定价、品牌和包装、预算标准等。

当开发和推出产品的成本很低时，或企业管理部门对一种新产品很有信心时，企业可能很少或根本不进行市场试销；当推出一种新产品需要很大的投资时，或者当管理部门对产品或营销方案不能确信时，企业可进行大量的市场试销。

8. 正式上市

市场试销为管理部门提供了信息以做出最终决策：是否要设立新产品？在哪里设立新产品？何时推出新产品？新产品的推出对本企业的现有产品将会产生哪些影响？应该如何安排生产，是在单一的地点，还是在一个地区、全国市场或者国际市场，诸如此类。当所有这些判断都是基于市场的考验和正确反映时，便可证明该种产品具有市场潜力，应该不失时机地将其正式推向市场。

新产品的推出，先要将产品与包装的所有特性整理出来，然后对大量生产进行合理安排，训练并激励销售人员，安排广告与促销计划。所有这些，都有可能需要企业支付庞大的费用。

值得注意的是，新产品的开发过程，对不同性质和实力的企业而言，由于采用开发方式的不同，所经历的阶段也不会完全一样。作为企业高层管理人员，每个阶段都需要决定的关键问题是：是否有必要进入下一阶段？是否应该放弃？

8.3.4 新产品开发过程中的顾客参与

当前消费者的需求特征发生了明显的转变，人们不再满足于已有的产品，付出更多时间和金钱，会选择能够满足其个人喜好的产品。顾客期望生产商能够倾听他们的声音，以确保可以获得满足自身需求的产品，而不仅仅是那些"设计天才"认为可以畅销的产品。于是，顾客参与设计的理念应运而生。

在互联网和移动终端已成为生活必需品的时代背景之下，企业需要通过与顾客之间灵活高效的互动连接，不断改进完善产品及解决方案，提升顾客

视频：新产品开发过程中的顾客参与方式

体验，进而让顾客成为自己的忠实拥护者甚至粉丝。让顾客参与产品的设计过程，成为协同设计者，有助于企业生产出顾客需要的产品。众多研究表明，顾客参与新产品开发有利于企业缩短产品开发周期，减少开发成本，降低开发的不确定性，以及提高顾客满意度。在互联网出现之前，传统的产品开发以工程师为主导，顾客参与程度较浅，形式偏于被动，主要是填写调查问卷、接受访问，并按照工程师安排的内容对产品进行测试，提供反馈意见等。在

视频：顾客参与
新产品开发的案例

这种情景下，顾客只是作为被调查的对象和参考，无权决定哪种产品概念被采用，相互间少有沟通和交流，互动性较差。除非提供一定的奖励，大多数顾客不愿意投入大量的时间和资源协助企业开发产品。

然而，互联网的出现改变了这种局面。互联网上日益增多的社交网站为顾客知识的创造与分享提供了良好平台。这也使得企业能与顾客建立起高水平的、双向持续的互动，提高顾客参与的深度和广度。同时，虚拟顾客社区的出现，聚拢了能为企业提供解决方案的领先顾客，为企业产品研发提供了智力支持。同时，大数据浪潮的出现也给企业带来了机遇和挑战，通过采集大数据中有价值的信息，企业可以在精确掌握顾客群体行为偏好的基础上开发新产品，但这也要求企业掌握一定的技术开发和数据处理能力。

在这种情况下，产品创新的概念、设计、测试、上市等阶段均融入了顾客需求、反馈及技术等重要信息。在合作过程中，企业扮演了协助和补充的角色，由顾客决定产品开发方向，允许将复杂的开发问题交予顾客解决。一旦顾客集聚到社交平台上，他们在分享、咨询、互助、反馈过程中所形成的具有价值的信息会逐渐积累、沉淀为顾客知识。然后，企业应用一定的方法或工具对该顾客知识进行分析，进而实施敏捷开发和精准营销。

有三种方法可以将顾客转变成协同设计者：观察学习法、获取在线反馈法和产品定制法。

1. 观察学习法

有时，通过观察顾客的行为就可能产生好的产品创意。企业的调查人员可以在商店里观察顾客的购买行为，甚至到顾客家中拜访以了解他们使用产品的方式。

2. 获取在线反馈法

将顾客引入产品开发流程需要花费大量的时间和金钱。值得庆幸的是，借助网络，企业可以以非常经济的手段即时获得顾客的反馈，目前利用这种媒介的企业越来越多。

阿里巴巴利用其平台上的巨量顾客，为入驻店家在各个环节引入消费者协作，间接驱动制造业的改造升级。家电厂商如澳柯玛、手机厂商如华为等都曾利用天猫平台与顾客对话，调动顾客参与产品设计并取得了成功。通过数据共享计划，天猫将沉淀的数据分享给厂商以指导其产品设计、研发、生产和定价，实际上充当了消费者协同的代理人。

借助网络获取顾客反馈具有诸多显著的优势。顾客可以舒舒服服地待在家中提供反馈，因而响应时间最短；企业可以方便地对调研工具进行修改，或为顾客提供它的多个试验版本，从而一天 24 小时不停地收集顾客的反馈；调研人员可以接触到大量、分散的目标客户；由于顾客是以匿名的方式进行反馈，反馈的信息也将更为真实；由于系统可以自动完成数据收集工作，且避免了编译错误，获取反馈的成本相较于传统的调研方法也大大降低了。

实际案例 ▎**让顾客参与产品设计：获取在线反馈法**

　菲亚特汽车(Fiat)曾借助其公司网站，让顾客对新一代 Punto 车型的需求进行评估。顾客可以对这款车型的风格、舒适度、性能、价格、安全特性等指标进行优先级排序。他们也可以指出这款车

型最令他们不满意的地方，并给出改进意见。然后，他们可以选择车身风格、车轮样式，以及车头和车尾的样式，并在电脑屏幕上看到自己的"设计"。最后，公司软件系统会提取客户的最终反馈结果，并记录他们的选择顺序。通过这种方式，菲亚特公司3个月内就获得了超过3000份的反馈，内容涉及各个方面，包括在车内配备雨伞架，设计一款前排只有一张长椅的车型等。公司为这项调查仅花费了35 000美元，这在市场调查领域实在是一笔很小的数目。

资料来源：Michael R. Solomon. 让顾客参与产品设计[EB/OL]. (2007-03-05). https://www.ceconline.com/sales_marketing/ma/8800047128/01/.

3. 产品定制法

当为顾客生产定制产品的成本与生产标准化产品的成本相差无几时，就可以实现大众化定制(mass customization，MC)，以满足客户个性化需求。大众化定制需要具有足够数量的客户群体，而定制价值和定制成本因客户的不同而不同，因此企业需要以客户为中心，使客户参与到个性化产品的设计中去。

定制营销设计具有以下三大优势。第一，定制营销能更好地满足消费者的个性化需要，提高顾客对产品的满意度和忠诚度，提高企业自身竞争力。第二，定制营销设计的前提是订单信息流，物流、资金流、商流随着订单信息流的变化而变化，从而使企业摆脱生产的盲目性，有效地减少企业库存，同时极大地缩短生产周期。第三，定制营销设计把顾客与企业紧密联系起来：一方面，顾客可以直接参与产品的设计；另一方面，企业根据顾客的需求开发新的产品，加速产品的升级换代，更好地满足消费者的定制需求，从而使企业获取创新优势，增强企业的市场竞争力。

怎样才能实现大众化定制呢？

方法之一是使产品组件模块化：先将产品组件分解成不同的模块，然后以较低的成本对各个模块进行大规模生产，最后按照不同的配置将所需的模块组装成不同的产品。

方法之二是合作型定制：与顾客进行对话，以便清楚了解他们的具体需求，并为他们定制所需要的产品。当顾客面对众多选择而困惑时，这种方法最为有效。

方法之三是适应型定制：提供一种顾客可以自行更改的标准化产品。当顾客要求其购买的产品在不同场合有不同的表现时，这种方法最为合适。

实际案例 | **让顾客参与产品设计：合作型定制和适应型定制**

日本眼镜零售商Paris Miki花了5年的时间开发出了Mikissimes设计系统，在美国这一系统被称为眼镜裁缝。这套系统可以对顾客的脸部进行数字拍照，分析他的脸部特征，然后根据他的要求，来分析出他希望自己戴上眼镜后的效果。最后，系统会在顾客的数码照片上显示推荐的镜片尺寸和形状。

路创电子公司(Lutron Electronics Company)生产的照明系统能够将室内不同的灯具相连接。顾客可以调整照明系统的效果，以满足聚会、浪漫时刻、看书等不同场合的需要。

资料来源：Michael R. Solomon. 让顾客参与产品设计[EB/OL]. (2007-03-05). https://www.ceconline.com/sales_marketing/ma/8800047128/01/.

8.3.5 新产品的推广和采用

1. 新产品采用过程的特征

新产品的推广如同社会系统的扩散一样，需要有一个过程。美国著名学者埃弗雷特·罗杰斯

(E. M. Rogers)于 20 世纪 60 年代提出的创新扩散理论，至今都对企业的营销活动具有现实意义。

所谓采用过程是指个人从第一次听到一种新事物到最终接受和采用的过程。从企业经营的角度看，这就是指消费者对一种新产品从最初知晓到最后成为使用者的决策过程。通常，新产品采用者的发展过程一般包括以下 5 个阶段。

- 知晓：消费者对该创新产品有所察觉，但缺少关于它的详细信息。
- 兴趣：消费者已对这种新产品产生兴趣，受到激发，以寻找该创新产品的有关信息。
- 评价：消费者根据有关信息对新产品予以评价，并考虑试用该创新产品。
- 试用：消费者小规模地试用该创新产品，并进一步对其价值进行评价。
- 采用：消费者经过试用取得满意效果后，决定正式和经常地使用该创新产品。

消费者在采用一种新产品，特别是价值较高的耐用消费品时，通常要经历上述 5 个阶段。这时，营销人员的任务就是设法促使消费者迅速通过这 5 个阶段，以缩短他们的采用过程。

2. 影响新产品推广和采用的因素

(1) 对新产品反应的个体差异。不同消费者对新产品的反应是有很大差异的，不同的人对同一种新产品的态度往往也大不相同。按照人们对新产品反应时间的先后，罗杰斯把他们划分为以下 5 类采用者。

- **创新采用者**。他们具有冒险革新精神，是勇于接受新事物的人，也就是人们常说的那些"第一个敢于吃螃蟹"的人。
- **早期采用者**。他们是较早但谨慎接受新事物的人，他们通常是在某一范围内具有影响力的人物。这类采用者对新产品的扩散具有举足轻重的作用。
- **早期大众**。这是指那些一切行动都要经过深思熟虑的人，他们虽然很少起带头作用，但他们接受、使用新产品仍早于一般采用者。因而，适时研究这部分人群的消费心理和购买习惯有着重大的现实意义。
- **晚期大众**。这类人疑虑重重、行动迟缓。他们通常要等到大多数人经过试验并获得满意效果之后，才会下决心采用。
- **落后采用者**。这类人往往受传统观念的束缚、故步自封、行为保守。他们很难接受新事物，只有当新产品本身已经成为传统时，他们才会接受采用。

新产品的扩散过程，如图 8-5 所示。

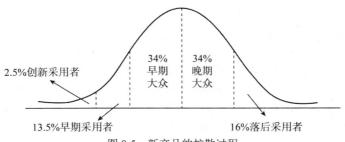

图 8-5　新产品的扩散过程

创新型企业应该研究创新采用者和早期采用者的人口统计、心理和媒体的特征，以及如何直接、具体地与他们互通信息。辨认早期采用者通常是不容易的。到目前为止还没有人证明所谓的创新性一般人格特性的存在。人们可能在某方面是创新者，而在其他方面是落后者。罗杰斯对早期采用者提出了如下的假设：在一个社会系统中，早期采用者相对年龄较轻、有较高的社会地位、财务状况较佳、有较专业的工作、心智能力超过晚期采用者。早期采用者比晚期采用者更善于利用较客观和广泛的信息来源,与新构思的来源有着密切的接触。早期采用者的社会关系比晚期采用者更具有世界性,而且有着较强的意见领导能力。

(2) 个人影响力在产品采用过程中的作用。在新产品的采用过程中,个人的影响力起着很大的作用。个人影响是指某个人对产品的陈述,影响到其他人的态度或购买。与其他阶段相比,在采用过程的评估阶段中的个人影响显得更为重要。它对后期采用者的影响胜过早期采用者。与安全环境相比,在风险环境下,个人影响力显得更加重要。

(3) 产品特征对消费者采用率的影响。新产品本身的特征对消费者的采用率也会产生影响。所谓采用率就是指消费者中采用者所占的比率。有些产品几乎一夜之间就流行起来,而有些产品要经过一段时间才会被接受,逐渐普及。对消费者采用率有显著影响的产品特性主要有以下5个。

- 新产品的相对优越性——优于现行产品的程度。
- 新产品的一致性——新产品与社会中的个人的价值和经验相吻合的程度。不一致的产品比一致的产品的传播要慢得多。
- 新产品的复杂性——了解和使用新产品的相对困难程度。新产品越复杂,传播速度越慢。
- 新产品的可分性——新产品在有限制的基础上可能被试用的程度。
- 新产品的传播性——新产品的使用结果被观察或向其他人转述的程度。

这5个方面的特点可以用来预测和解释一个新产品的接受程度和传播速度。但并不是说所有产品都是如此,而只是就一般情况而言。

此外,值得注意的是,有两种交流形式有助于产品的传播过程:消费者之间的口头交流和营销人员与消费者之间的交流。团体内部或跨团体的口头交流可以加速新产品的传播。领导潮流的消费者们会与同伴及其他领导潮流的人一起讨论新产品,因此,营销人员必须确保这些领导潮流的人可以在他们使用的媒介中找到想要的那一类信息。如专业的健康保健服务,对于新产品几乎只依靠口头交流。

第二种有助于产品传播的交流是营销人员与潜在消费者之间直接的交流。通常传递给早期采用者的信息要比传递给早期大众、晚期大众或落后采用者的信息更有吸引力。早期采用者比创新采用者更重要,因为他们所占的比例更大,更积极参加社会活动,并且通常是潮流的领导者。

当促销活动的重心从早期采用者转移到早期大众和晚期大众时,营销人员应该研究这些目标市场的主要特点、购买行为及媒介特征,然后修改信息和媒介战略以与之相适应。传播模型有助于引导营销人员开发和实施促销战略。

好学深思 | **碳中和,让"绿"染遍食品圈**

为顺应碳中和及消费者低碳生活的需求,食品行业迎来各环节产业链升级的机遇,纷纷推出符合环保主义的产品和服务,这是食品饮料行业对气候变化带来的机遇和挑战做出的快速反应。

在产品端,盒马自有品牌有机山茶油是全国较早实现产品碳中和的产品;2021年11月,海南农垦推出了中国首款"碳中和咖啡";2022年5月,伊利推出国内首款"零碳酸奶"畅轻蛋白时光,4天后伊利旗下"NOC须尽欢"也推出中国首款碳中和冰淇淋人间悦桃,该产品已获得碳中和认证证书。

2022年,康师傅、百事、可口可乐、雀巢等也相继推出无瓶标低碳环保包装产品;2022年7月,星期零与康师傅联合推出植物帕斯雀拌面,新品采用星期零"大师黑椒植物牛肉片",这也是星期零首款经认证的碳足迹产品。

与此同时,一系列新兴的植物奶、植物肉品牌及植物素食餐厅正在成为年轻消费者的餐品新选择,Manner咖啡、jpg咖啡及一些本土咖啡品牌将燕麦奶作为牛奶的替代品;肯德基、麦当劳、汉堡王相继推出植物汉堡。

资料来源：解析食品饮料行业的重塑与新创，6 大新消费趋势展望 2022 下半场[EB/OL]. (2022-07-18). https://mp.weixin.qq.com/s/9RITcbZAYbJSWkEP_2NUPQ，有删改。

即测即评

请扫描二维码进行在线测试。

第 8.3 节习题

8.4　包装策略

包装策略相关内容可扫描右侧二维码阅读。

包装策略

即测即评

请扫描二维码进行在线测试。

第 8.4 节习题

本章小结

1. 产品是指能够提供给市场进行交换供人们取得使用或消费，并能够满足人们某种欲望或需要的任何东西。根据不同的分类标准，产品可以分成不同的类别，需要采用不同的市场营销策略对其进行营销策划。

2. 现代营销学的产品整体包含三个层次的内容：第一层是产品的核心利益或功能，又称核心产品；第二层是有形产品或形式产品，是指核心产品借以实现的形式；第三层是指销售产品时同时提供的服务或利益，叫作附加产品或者外延产品。

3. 任何一种产品从进入市场到退出市场的全过程就是一个市场生命周期。产品的市场生命周期要经历 4 个阶段，即导入期、成长期、成熟期和衰退期。

4. 新产品导入期，要让消费者尽快尽早认同接受该新产品，企业必须选择一种与企业设定的产品定位一致的新产品营销战略。在成长期，企业可以通过改善产品质量和增加新的产品特色和式样，或者进入新的细分市场和新的销售渠道，或者改变广告内容，或者降低价格以吸引更多的购买者，来保持市场的快速增长。在成熟期，企业需要尽可能地考虑调整市场、产品和市场营销的组合策略。在衰退期，由管理部门根据产品销售、市场份额、成本和利润走势，决定维持、收获或放弃这些衰退产品。

5. 新产品开发过程一般包括创意形成、创意筛选、产品概念的形成和测试、初步市场营销战略的制定、商业分析、产品开发、市场试销、正式上市 8 个环节。

6. 新产品采用者的发展过程一般包括知晓、兴趣、评价、试用、采用 5 个阶段。影响新产品推广和采用的因素包括：对新产品反应的个体差异、个人影响力、产品特征。

思考题

1. 什么是整体产品？这一概念的提出对企业经营有何指导意义？
2. 请举例说明产品生命周期各阶段营销策略的差别，并阐述其理由。
3. 营销学上所指的新产品包含哪些类型？它们有何区别？

4. 新产品开发都经历了哪些过程？新产品开发中的顾客参与有何意义？

5. 企业主导产品的生命周期对企业新产品开发是否有影响？表现在哪些方面？为什么？

案例研究 **为女性量身打造汽车**

在传统印象中，男性车主远远多于女性车主，且男性群体普遍在购车方面更具话语权。但随着时代的变迁，女性地位也在不断提高。随着"她经济"的崛起，女性独立自主、掌控自我命运的形象愈加深入人心。越来越多的女性，不仅掌控了自己的钱袋子，还开始接管家庭的钱袋子。在她们看来，汽车不仅仅是简单的出行工具，更是个性、品位的一大象征，是她们追求美好生活的真实写照。越来越多的汽车品牌，尤其是电动车品牌，盯上女性群体。这背后，是正在崛起的女性汽车消费市场。

其实，早在十多年以前，一些传统燃油车品牌就有过尝试，只不过并未激起太大水花。过去的燃油车是实打实的机械产品，是工业化浪潮中生产出来的高级机器，其标签通常是速度、自由、驾驭等，这正好符合男性的审美需求。但是现在，随着新能源汽车乃至智能汽车的普及，汽车的内涵发生了一些变化。最典型的是特斯拉，很多人有这样一个观点：特斯拉卖的不是汽车，而是电子产品。于是，开启女性汽车市场的时机成熟了。

一、车企纷纷进军女性汽车市场

在2021年8月底举办的成都车展上，至少有8个汽车品牌，在展台上亮出了专门针对女性的新车型，且大多是电动汽车。这些车最大的特点是，从外观来看，无一例外都采用了粉红配色。粉色方向盘、粉色座椅、粉色中控台，有些甚至连轮圈也是粉色的。外观配色还只是表象，为了彻底抓住女性用户，汽车厂商在细节上下足了功夫。比如奇瑞小蚂蚁"女王梳妆台"，车顶上有一顶皇冠装饰，后备箱被改造成一个真实的梳妆台。车辆中控台上方摆满了"女王"装饰品，包括女王皇冠、水晶球、头饰等。这并非个例。国民神车宏光MINI EV在9月初推出了一款马卡龙化妆车。除此之外，各种贴画、卡通形象、化妆镜，都只能算是常规配置了。花样百出的装饰让人眼花缭乱，汽车厂商想要讨好女性的心思一览无遗。

长城汽车旗下的欧拉，号称"全球最爱女人的汽车品牌"，连车系命名都采用了女性喜爱的"猫"字眼，其车型已经从黑猫、白猫、好猫，到闪电猫、芭蕾猫、朋克猫，是"满足女人对于情景、情绪、情怀的时代所需"的车型。

宏光MINI EV在一二线城市打的是时尚标签，还收获了一批女粉丝，90后用户占比达72%。五菱称这些女性用户为"五菱少女"，举办"五菱少女潮妆派对"，跟化妆品品牌完美日记联名。汽车的潮品内涵被强化了。在淘宝上，出现了大量的宏光MINI EV改装配件，其中最多的是贴纸。对于很多女车主而言，给一辆车更换贴纸，就跟给手机换贴膜一样。

二、女性买车，就像买化妆品

在买车这件事情上，女性和男性的决策方式有着天壤之别。

过去，男性买车的过程是这样的：跑到汽车之家或易车的社区，先看市价，然后做产品对比，看产品口碑，看性能参数和油耗，预判二手车残值，然后在论坛里泡几天，看看有没有投诉，再到4S店试驾，最后综合对比。整个过程下来，可能好几个月就过去了，最后还没决策。

女性买车的需求简单直接、决策链路短，这是跟男性最大的一个差异。很多女性的决策链路是：我喜欢，也有需求，那我现在就下单，而且要马上就收到。这种决策链路跟购买化妆品有一些类似，触动她们的往往是一些无关紧要的小细节。例如奔驰C系受到很多女性喜爱，除了内饰讨喜之外，这款车的氛围灯是64色的，可以根据车主的心情和着装来搭配，而奥迪和宝马多是单色灯。就是这么一个跟车辆性能无关的小功能，却俘获了一大批女司机。

一位理想汽车的门店销售说，在他接触的客户中，研究车的女性几乎没有。遇到女顾客，他的销售策略通常是，强调车的颜色好看，销量很高，路上有很多年轻漂亮的小姐姐开，通常女顾客就会表示出兴趣。他强调，千万不要向女顾客介绍性能参数。"我说这车四百多马力，也没多少女性有概念，讲这个就没有意义了。"

但她们对车的颜值非常看重。在向一些女车主问"买车时你最看重什么"时，我们得到最多的答案是：好看。"好看比较重要，尤其是内饰，然后就是品牌和性价比。"一位特斯拉女车主说，"我喜欢极简风，特斯拉一是好看，二是内饰比较简单，品牌也还可以。"

而当女性成为某个汽车品牌的用户时，她们会将过去买包包、化妆品时的种草习惯，原封不动地搬到汽车领域。一位蔚来 ES8 的女车主在开上蔚来后，已经带动身边六个朋友跟风买了蔚来。

资料来源：这届车企，盯上女司机[EB/OL]. (2021-09-10). https://m.thepaper.cn/baijiahao_14442609，有删改。

案例思考题：

1. 女性消费者对汽车的需求是什么？

2. 女性消费者对汽车的消费行为有哪些特点？

3. 当前很多车企对于女性汽车的设计主要体现在颜色、内饰和小配件上，你觉得是否满足了女性消费者的需求？

4. 从产品层次的角度分析汽车产品，指出可以从哪些层次、哪些方面针对女性消费者设计汽车。

第9章

服 务 策 略

学习目标

第 9 章知识点

- 理解什么是服务和服务营销
- 了解服务的特点和分类
- 掌握服务营销组合 7Ps，特别是新 3P
- 了解服务质量的概念
- 了解服务质量差距模型
- 掌握提高服务质量的策略
- 掌握服务补救的方法

引入案例
蔚来汽车的服务营销

　　蔚来在业界创造了一个传奇。2017 年 12 月，高性能智能电动 7 座 SUV 蔚来 ES8 正式上市，其后采取了按订单生产零库存模式。更早的时候，当这辆汽车还停留在图纸阶段，腾讯、百度、京东、小米、联想等就成了股东，蔚来创始人李斌"游说" 15 分钟、刘强东 10 秒决定投资的故事更是被人津津乐道。从上海市嘉定区安亭镇安驰路一间小办公室起步，短短三年，公司已有来自 40 多个国家和地区的 4000 多位创业伙伴，分布于全球 19 个办公地。

把简单交给用户，把复杂留给自己

　　李斌认为，相对于外资品牌，中国品牌是最了解本土市场需求的，这是地缘和成长优势。他说，蔚来汽车致力于成为全球首家"用户企业"。在遵循汽车自身研发和制造规律的同时，蔚来一直以用户为中心，注重智能化和人性化。服务体系建设和充放电体系建设都要到位，让用户拥有最好的体验。

"用户本位"的体验式创新与服务营销

　　蔚来从创立之初就心心念念要"创造用户拥有汽车的感动"，凡是用户的触点都要自己来做，并将其视为核心竞争力之一。蔚来不仅要让用户成为粉丝，更重要的是让用户对企业和品牌有拥有感，而不是参与感。

　　每个车主在购车后，都会有一个由销售、保险、地区服务经理等组成的 4～6 人的专属服务群，用户出现任何问题都可以在群里提出，不到 1 分钟就会收到回复。

　　蔚来的 NIO Service 项目包括：上门取送车及代客保养服务、维保代步出行服务、事故安心服务、上门补胎服务、增值服务(洗车、代驾、机场代泊等)。在 NIO Service 的背后，是以智能云调度为核心，包括服务专员、服务中心、移动服务车、App 用户专属管家服务群等在内的综合体系，给予用户 7×24 小时的全天候守护。

蔚来中心是蔚来提供给用户分享快乐、共同成长的场所。在这里，共有七大核心功能区：能找到思想、灵感碰撞的剧场 Forums、可预订的会议室和共享工作空间 Lab、知识博物馆，放松独处的空间 Library、蔚来专属咖啡品尝区 NIO Café、孩子的乐园 Joy Camp、了解蔚来品牌和产品的 Gallery和轻松舒适的休息区 Livingroom。蔚来用户可以与工作伙伴开展头脑风暴，可以和朋友举办分享会、生日派对、个人音乐会，甚至开设属于用户自己的瑜伽课堂，也可以预约参与大咖演讲、设计、生活方式、极速赛车等主题的活动和体验。在某种程度上，蔚来中心像是一个实验，至少具有三个层面的意义：保持与用户的接触和互动、建立新的连接、形成用户之间的身份和价值认同，蔚来希望以此重塑汽车行业的用户体验。

蔚来的"换电服务"NIO Power

蔚来换电，是指汽车即将没电的时候开到换电站，然后将低电量的电池换下来，放到充电站里面充电，然后再将满电的电池更换到汽车上。蔚来的老车主享有终身不限次数免费换电的政策，新用户也享有终身每月免费换电 4～6 次的政策。

为了让更多用户享受这种便利，蔚来努力拓展换电网络，从 2021 年 4 月 15 日起，蔚来平均每天上线 2 座换电站，是过去三年建设总量的 4 倍。到 2022 年 7 月，蔚来换电站总数已超过 1000 座。

省时便捷是换电的最大价值，对此，蔚来创新性地提出了"电区房"的概念。"电区房"指的是距离换电站 3 公里以内的住宅或办公场所。蔚来认为，拥有"电区房"的用户通过换电站就近换电的体验，基本超越了驾驶燃油车前往附近加油站加油的体验。截至 2022 年 7 月 11 日，全国"电区房"覆盖率达 62.6%。到 2025 年，蔚来计划将"电区房"覆盖率提升到 90%。

用心服务，获得用户肯定

"买服务送车？""车界海底捞？""蔚来的车主都被洗脑了吗？"搜索蔚来汽车，可以看到很多类似的标题，这也从侧面反映了车主对蔚来服务的认可。蔚来每次搞活动，招募志愿者，名额都很难抢到，很多车主积极化身销售，帮忙为新车主准备交付仪式，讲解新车知识点。

当蔚来车主群体形成时，不论他们的职业、性格等是否相同，此时都会在某一条件下达成共识，如对蔚来品牌的高度认同感、对蔚来车主群体的强烈归属感。而处于互联网时代的蔚来车主，更多地会将这种认同寄托于李斌等人打造的蔚来 App 中。

不止于线上，蔚来"此地"功能的开发有助于传统本地车友会的发展，在线下形成一个个蔚来车友圈子。据一位蔚来用户整理，全国大约有 30 个蔚来车友会。车友会的建立给蔚来车友提供更多的交流和接触的机会。

(资料节选自：蔚来汽车官网 https://www.nio.cn，有删改。)

9.1　服务的基本概念

服务行业在世界经济中以远超过其他行业的速度发展着，全球服务行业的增长率几乎是制造业增长率的两倍，各种新型服务行业不断地涌现，全球经济将越来越多地受服务行业支配，这些都使人们不得不关注服务及其营销中的相关问题。在服务主导逻辑范式日益得到关注的服务经济时代，数字化服务营销时代更是如此。服务营销包括服务企业的服务营销，也包括制造企业的服务营销。服务营销更强调服务的特殊性及服务营销组合中的新 3P——人员、流程和有形展示；既强调传统的价值创造、传播和交付，更强调顾客体验的设计、打造和分享，以及顾客的期望与感知，更强调服务与利润的关系，乃至顾客资产的经营。

"服务"这个词是目前各行各业使用频率最高的词语之一。服务经济时代的来临使顾客越来越需要服务，越来越离不开服务。发达国家自20世纪60年代开始陆续进入服务经济时代，标志着其产业结构发生了革命性变化。美国在20世纪60年代中期率先向服务型经济转型(服务业在经济中的比重超过60%即为服务型经济)，此后英国在20世纪80年代中期、德国在20世纪80年代末、日本在20世纪90年代初相继实现向服务型经济的转型。目前在美国，每10个人中就有8个以上从事生产性服务，其服务产值占美国GDP总量的80%。

9.1.1 服务的性质与定义

除实体产品外，企业对市场的供给通常还包括一些服务，这些服务可以是全部供给的较小部分，也可以是较大部分。

关于外延产品的服务通常称为产品扶持性服务，即采用扩大实际产品外延的做法，不断充实服务内容，提升产品对消费者的吸引力，培养消费者的产品偏好和忠诚。越来越多的企业正在运用产品扶持性服务策略，把它当作取得竞争优势的主要手段。企业需要定期调查顾客，以便估计现有服务的价值和获得新的服务亮点。在估算出各类扶持性服务对顾客价值的影响的同时，还应该同时估算出提供这些服务的成本是多少，从而选择适当的扶持策略。

许多企业由于认识到了顾客服务作为市场销售工具的重要性，纷纷建立起了强大的顾客服务管理系统，以便处理投诉和调整信用服务、技术服务和消费者服务。一个活跃的顾客服务管理体系应该协调企业的各类服务，培养消费者对产品的满意和忠诚，并帮助企业有别于其他竞争对手。

服务行业门类众多，既包括营利的众多行业，也包括非营利的许多部门。在此，援引菲利普·科特勒关于服务的定义："服务是一方能够向另一方提供的各种基本上无形的活动或利益，其结果不导致任何所有权的产生。它的产生可能与某种有形产品密切联系在一起，也可能毫无联系。"从这个定义可以看出，我们所讨论的服务是作为购买和交换的产品。许多活动，如饭店租房、银行存款、旅游等，都涉及服务购买问题。

9.1.2 服务的特点

把服务作为一类商品与其他商品相比较，尤其是与有形商品相比较，会有一些不同于其他商品的独特之处。了解这些不同之处是制定适当的市场营销策略的基础。这些特点集中表现在以下几个方面：无形性、不可分性、可变性和易消失性。

企业在设计市场营销方案时，必须充分考虑这4个特殊的服务特点，如图9-1所示。

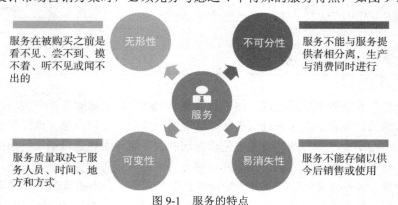

图9-1 服务的特点

1. 无形性

服务与实体产品最根本的区别就在于服务的无形性。这种无形性使得服务商品在被购买之前是看不见、尝不到、摸不着、听不见或闻不出的。这种特点使得企业在向消费者宣传服务商品的种种好处时要比有形商品困难得多。例如，人们在做面部美容和整形手术之前是看不到成效的，航空公司的乘客除了一张飞机票和安全到达目的地的承诺之外什么也没有。为此，服务的提供者必须在增强消费者对自己的信心方面下功夫，可以通过强调服务带来的好处、为自己的服务制定品牌名称、增加和转化服务的有形性等方式，增加消费者的信任感，从而实现无形服务有形化。

2. 不可分性

一般来说，服务与其来源是不可分的，无论这种来源是机器还是人，这与有形商品的生产和销售过程非常不同。有形产品是先生产、存储，然后销售，最终被消费掉。而服务的产生和消费是同时进行的，先被销售，然后被同时生产和消费。这种特点决定了提供者和被提供者双方对服务的结果都有影响，决定了作为购买一方的消费者参与所购买的服务的生产过程，决定了购买某项服务的人数要受到提供服务者的人数和时间的限制。为了克服这种限制，服务者一方面可以通过学习和培训，学会为较大的群体提供服务；另一方面，提供服务的企业还可以培训更多的服务者为需要此项服务的消费者服务。

3. 可变性

服务的可变性也称为服务的易变性。之所以称为可变或易变，是因为服务的质量取决于服务人员、时间、地点和方式。并且由于服务的购买者知道这一特点，因而他们在选择服务商品时通常会做许多调研，也会与别人交流和讨论。另外，虽然服务难以做到像有形产品那样统一和连贯的标准化管理，但并非无章可循。企业可以尽量利用科技的进步使服务过程机械化。例如，机场和车站用电子扫描检测行李代替人工检查；用自动柜员机替代银行出纳员。另外，企业可以选择优秀人员进行培训和投资，使他们能提供达到客户和企业要求的优质服务。还可以通过顾客建议和投诉制度，以及顾客调查和采购比较，来追踪和检查顾客是否感到满意，从而发现问题加以改进。

4. 易消失性

服务易消失性指服务不能储存以供今后销售或使用。如一次航班中一个空着的座位并不能存储到下一次使用，随着飞机的起飞，这个座位能创造收入的可能性已经消失了。当需求稳定时，服务的易消失性不成问题。但是当需求变动时，服务公司就会遇到困难。例如，由于交通高峰时期的需求，公共运输公司所需的运输设备必须多于全天的均衡需求。因此，服务公司经常需要设计能够更好地解决供求矛盾的策略和方案。例如，饭店和旅游胜地的定价在淡季都会降低，以便吸引更多的顾客；餐馆在高峰时期会雇佣兼职服务员，等等。

实际案例　海尔全天候 24 小时服务

　　海尔全天候 24 小时服务做到了以诚待客的典范：24 小时电话咨询服务、24 小时服务到位、365天服务等。全方位登门服务做到了同行业无微不至的楷模：售前详尽咨询服务、售中全部送货上门、售后全部建档回访、上门调试各类问题。这种温馨的服务举措看似举手之劳，却充分展示了名牌企业处处为消费者着想的求实精神。全免费义务服务做到了一诺千金的表率：保修期内全免费维修费等，使海尔特殊的服务美誉深深扎根于用户心中。海尔是中国第一家推出"三全"服务的彩电生产企业，它几乎囊括了服务方面的所有内容。这种服务措施的推出，对整个行业的服务都起到了规范和推动作用。

9.1.3 服务组合的分类

从前面所讨论的产品扶持性服务中可以看出，作为供应物的服务，由于行业和载体的不同，其组合方式也多种多样。根据服务在其供应物中所占比重的多少，可以区分为如下类型。

(1) 纯粹有形商品。这类供应物主要是有形物品，如香皂、纸巾或铁钉等。产品中没有伴随任何形式的服务。

(2) 与有形产品相伴随的服务。这类产品包括有形商品和一项或几项对产品销售有重要影响的服务。如计算机、汽车等产品，由于技术复杂，在销售此类产品时，所能提供的服务水平和程度就成为是否具有吸引力的关键因素。这类产品如果没有服务的支撑和吸引，其产品销售就会萎缩。因此，IBM 作为一个大公司，却将自己企业定位在"IBM 就是服务"；华为公司对企业使命的描述是"聚焦客户关注的挑战和压力，提供有竞争力的通信解决方案和服务，持续为客户创造最大价值"。

(3) 与有形产品混合在一起的服务。这里的服务往往依附于有形物品，有形产品中也包含服务的成分，两者很难完全分离。例如餐厅、酒吧等，它们不仅提供服务，也提供有形产品。

(4) 与小物品相伴随的主项服务。这类产品包括一项主要服务和一些辅助品或辅助性服务。例如航空和铁路运输等，旅客在旅行中购买的是运输服务，但在途中，需要给旅客提供一些食品和书报等。

(5) 纯粹服务。这类产品主要就是提供服务。例如请音乐老师教授技法，或者请钟点工做清洁，等等。

除了上面的分类外，作为产品的服务通常也做如下区分：

- 以设备为基础的服务和以人为基础的服务；
- 需要客户在场的服务和不需要客户在场的服务；
- 满足个人需要的服务和满足业务需要的服务；
- 需要满足盈利要求的服务和不需要满足盈利要求的服务。

以上的区分对于提供方和接受方在职场设计、人员要求及其他营销组合策略等方面均会有不同的影响。

> **即测即评**

请扫描二维码进行在线测试。

第 9.1 节习题

9.2 服务营销组合 7Ps 策略

9.2.1 服务营销的构成

服务营销不同于传统的实物产品营销，除了常规的企业与顾客之间的外部营销，还包括企业对员工的内部营销及员工与顾客之间的互动营销。服务营销的构成，如图 9-2 所示。

外部营销是指企业为顾客提供服务之前的服务设计、服务准备、服务定价、服务促销计划、服务分销等内容。

内部营销是指服务企业必须有效地培训和激励那些直接与顾客接触的员工和所有辅助服务

的员工，通过他们的通力合作，为顾客提供满意的服务，让公司的每一个服务人员都执行以顾客为导向的战略，以保障服务的质量。

图 9-2　服务营销的构成(服务营销三角形)

互动营销是指通过员工与顾客之间的交流进一步改进和提高服务的质量。服务的无形性和不可分性决定了服务的买卖双方对服务的结果都有影响，顾客直接参与了服务的生产过程，这使得服务质量在很大程度上取决于买卖双方的互动效果。互动营销所强调的不仅仅是良好的技术，更强调员工与顾客沟通的能力及向顾客提供服务的技巧。

联邦快递的服务营销三角形的相关内容，可扫描右侧二维码阅读。

联邦快递的服务
营销三角形

9.2.2　服务营销组合的策略

服务产品的特殊性使服务产品的市场营销组合策略经常会不同于有形产品。在制造业中，产品全都标准化并且能放在货架上等顾客来买。但是在服务行业，一线服务人员与顾客的互动形成服务，只有有效地影响顾客，才能创造出优质的服务价值。在这个过程中，一线服务人员的技术及沟通技巧直接影响着互动的有效性。因此，有学者提出，服务性产品的营销组合策略由 5 个"P"组成——除了产品(product)、价格(price)、渠道(place)、促销(promotion)，还有人员(people)，并且人员是其中最为重要的一个因素。在此基础上，美国的布恩思和比特勒在《服务企业的组织结构和营销战略》一文中提出，对服务营销来说，除了传统的"4P"，还要加 3 个"P"，即人(people)、有形展示(physical evidence)、过程(process)。

1. 服务营销组合的人员策略

在服务产品提供的过程中，员工是一个不可或缺的因素，这是"7P"营销组合的一个重要观点。高素质的服务人员能够弥补企业物质条件的不足，反之，素质较差的服务人员可能成为顾客拒绝再次光顾的主要原因，从而使企业受损。

1996 年，美国的詹姆斯·赫斯克特、厄尔萨塞、伦纳德·施莱辛格在《服务利润链》中提出服务利润链模型(见图 9-3)，被认为是服务营销的集大成者。他们根据长期的跟踪和研究发现：那些成功的企业把注意力集中在顾客身上的同时也关注着自己的员工，他们认为企业利润与雇员和顾客的满意紧密相连。

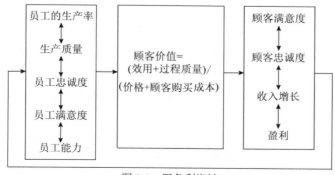

图 9-3　服务利润链

因此，要建立一支优秀的服务人员队伍，企业需要做好以下两方面的工作。

(1) 雇用正确的员工。人的素质是有差异的，这种差异是客观存在的。造成人们素质差异的因素是多方面的，既有先天的因素，也有后天的因素，不同的员工从事相同的工作会表现出不同的效果和效率。因此，要建立一支优秀的服务人员队伍，必须从源头做起，即做好人力资源招聘工作。许多传统的服务行业将服务人员看作公司的底层人员，在招聘时只强调以最少的工资完成相同的任务，这种观念在现在已经大大改变，招聘经理们开始关注更为有效的招聘活动，即除了强调服务人员的基本服务技能，强调服务人员接受技术培训、资格培训和专业培训外，还关注他们的服务价值取向。

(2) 留住优秀的服务人员。招聘到正确的员工只是建立优秀服务人员队伍的第一步，优秀服务人员的流失会对顾客的满意度、员工士气和整体的服务质量造成严重影响，特别是企业投入了大量的精力和财力物力所培养的员工如果流失并为竞争对手所用，对企业而言将是巨大的损失。因此，必须留住这些优秀的服务人员，并使之更好地为企业服务。

2．服务营销组合的有形展示策略

服务是无形的，消费者在接受服务之前无法感知服务的质量，因此服务产品必须有形化。在服务消费决策中，消费者正是根据其能够感知的有形展示的状况来判断无形服务的质量，从而做出是否消费的决策。企业应重视有形展示的管理，合理地设计、组合各种有形要素，以降低消费风险，减少顾客顾虑，吸引更多的顾客光顾。

1) 有形展示的要素

有形展示的要素主要包括以下三方面的内容：物质环境、信息沟通、价格。

(1) 物质环境(实体环境)。物质环境可分为三大类：周围因素、设计因素和社会因素。周围因素指不易引起顾客立即注意的背景条件，如温度、通风、气味、声音、整洁等。只有服务环境中缺乏消费者需要的某种背景因素，或某种背景因素使消费者觉得不舒服，他们才会意识到服务环境中的问题。一般说来，背景环境并不能促使消费者产生购买行为，然而，较差的背景环境却会使消费者退却。设计因素是顾客最易察觉的刺激。与周围环境因素相比，设计因素对消费者感觉的影响比较明显，设计精美的服务环境更能促使消费者购买。社会因素指环境中的人。服务环境中的顾客和服务人员的人数、外表和行为都会影响消费者的购买决策。

(2) 信息沟通。信息沟通是另一种服务展示形式，从赞扬性的评论到广告，从顾客口头传播到企业标志，这些不同形式的信息沟通都传达了有关服务的线索，它们可以通过多种媒体展示和传播。

(3) 价格。在服务行业，正确的定价特别重要，因为在服务消费中，服务的无形性使顾客很难在实际消费服务前对服务的质量做出评价，在这种情况下，价格高低也就成为无形服务质量的可见性展示，顾客也会把价格当作服务产品的一个线索。

2) 有形展示的作用

有形展示作为服务企业实现其产品有形化、具体化的一种手段，在服务营销过程中通常起着以下作用：

- 通过感官刺激让消费者感受到服务给自己带来的收益，激发消费者需求；
- 引导消费者对服务质量产生合理期望；
- 使消费者对服务产生第一印象；
- 使消费者对服务产生优质的感觉；
- 塑造企业形象；
- 协助服务人员的培训。

3) 有形展示的服务环境

在实施有形展示策略的过程中，服务环境的设计往往是企业市场营销管理的重点。顾客在接触服务之前，最先感受的就是服务环境，其中不仅包括影响服务过程的各种设施，还包括许多无形的要素。

以餐厅为例，一家餐厅的环境设计应该考虑如下几方面：

- 选择适当的地点；
- 注意餐厅的环境卫生状况；
- 营造恰当的餐厅氛围。

理想的服务环境还包括社交因素，主要指服务员工的外观、行为、态度、谈吐及处理消费者要求的反应等，这些因素对企业服务的质量及整个营销过程的影响不容忽视。调查显示，社交因素对消费者评估服务质量的影响，远比其他因素显著。

曲江书城的服务场景设计的相关内容，可扫描右侧二维码阅读。

曲江书城的服
务场景设计

3. 服务营销组合的过程策略

服务必须通过一定的程序、机制及活动才能得以实现。在营销过程中，服务的提供者不仅要明确向哪些目标顾客提供服务、提供哪些服务，而且要明确怎样提供目标顾客所需要的服务，即合理设计服务提供的过程。

图 9-4 是一个服务过程控制系统，在系统中不断将输出结果与既定标准对比，将偏差反馈给输入，通过系统调整使输出保持在一个可接受的范围内。这一策略在服务企业中最为常用，但也存在不尽如人意的地方，并且输出结果需要等到消费者的消费结束后，才能实现反馈。

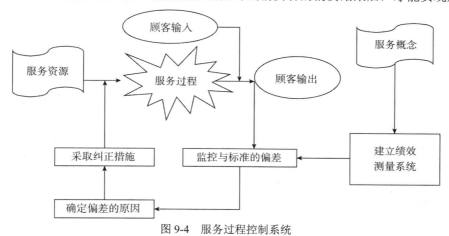

图 9-4　服务过程控制系统

同时，向顾客提供服务的过程也是一个价值增值的过程。在这一过程中，企业的各个部门通力合作，共同为更好地满足顾客的需要而努力。企业应以"用尽可能低的成本向顾客提供尽可能高的价值"为目标，优化整个价值增值的过程，确立竞争优势。

即测即评

请扫描二维码进行在线测试。

第 9.2 节习题

9.3　服务质量

服务质量连接着许多服务环节，在整个服务营销体系中占据着重要的位置。服务质量是不同于顾客满意度的一个概念，顾客满意度是消费者对任何一项特定交易和经验评价的结果，而服务质量通常被概念化为一种态度，是消费者对所提供的服务的总体感知。质量通常被看作连接评价和选择过程之间的环节，是消费者选择过程中的一种特征。

9.3.1　服务质量的概念

服务或多或少是一种主观体验过程。在这个过程中，生产和消费是同步进行的，消费者和服务提供者之间是一种互动关系，这种互动关系就是买者和卖者的服务接触(关键时刻)，它对感知服务质量的形成具有非常重要的影响。也就是说，服务质量是消费者感知到的质量。消费者通常从技术和职能两个层面来感知服务质量，如图9-5所示。

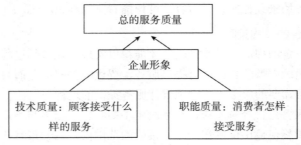

图 9-5　服务质量构成要素

技术质量(又称结果质量)是指服务过程的产出，即消费者从服务过程中所得到的东西。对这一层次的服务质量，消费者容易感知，也便于评价。不过，技术质量并不能概括服务质量的全部。服务是无形的，提供服务的过程是服务人员同消费者打交道的过程，服务人员的行为、态度等将直接影响消费者对服务质量的感知。所以，消费者对服务质量的感知不仅包括他们在服务过程中所得到的东西，还要考虑他们是如何得到这些东西的，这就是服务质量的职能层面。显然，职能质量难以被客观评价，这取决于消费者的主观感受。

企业形象会从许多方面影响消费者对服务质量的感知。如果企业形象良好，即使发生一些微小的服务失误，消费者也会给予原谅，但是如果失误频频发生，企业形象就会遭到损害；如果企业形象不好，即使一点很小的失误也会被消费者放大。在服务质量的形成过程中，企业形象发挥了调节器的作用。

9.3.2　服务质量差距模型

对服务质量的评价存在许多困难。其一，对服务质量的感知趋向于依赖消费者对某一特定服务期望与它的实际表现的反复比较。不管一项服务有多好，如果不能重复地满足消费者的期望，消费者就会认为服务质量不好。其二，在服务领域，消费者评价的是服务的过程及产出，而不是像产品市场那样评价的是完工的产品。

服务质量差距可以被描述为消费者期望服务和感知服务之间的差距，如图9-6中差距5所示。服务企业的目标应该是消除这个差距，至少应该是缩小它。我们应该谨记的是，消费者对一家企业的态度是消费者在多次的愉快或不愉快的服务经历中积累起来的。

1. 消费者期望与管理者感知的差距

最直接最明显的差距存在于消费者想要什么与管理者认为消费者想要什么之间。许多管理者认为他们知道其客户想要什么，但是实际上他们错了。银行的客户或许更看重安全，而不是高的利率；一家高级宾馆可能认为他们的客户最喜欢的是舒适的房间，实际上客人几乎不待在房间，而是对饭店的娱乐设施更感兴趣。

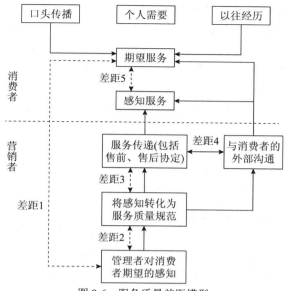

图 9-6　服务质量差距模型

引起这种差距的原因有很多，消费者购买服务的行为是难以捉摸的。一旦这个差距产生了，各式各样的其他错误就会接踵而至。消除这个差距需要从客户角度出发，认真地了解消费者的真正需求，并将其真正需要反馈到服务运营体系之中。

2. 管理者感知与服务质量规范之间的差距

即使消费者期望能被准确地估量，另一个差距也会产生，即管理者对消费者期望的感知与传递服务的质量规范体系之间的差距。消费者明确表达出来的需要并不能立即转化为企业运营的目标，管理者在试图建立一个服务质量规范的时候，必须将从消费者出发的规范和从企业运营出发的规范联系起来。

3. 服务质量规范与服务传递之间的差距

这种差距与服务的实际表现有关，即使确定了消费者期望并正确制定了服务质量规范，这种差距仍然会产生，它取决于员工依照规范提供服务时的自觉性和能力。

由于员工服务的自觉性因人而异，同一个员工在不同时期的自觉性也是不同的。所以让员工时刻保持同样的工作热情并且保持同样的工作自觉性是很困难的。员工为了避免解雇而达到的服务标准和他们热爱自己的工作所达到的服务效果之间的差距很大。所以，服务质量规范与服务传递之间的差距在某种程度上取决于员工依照规范提供服务的自觉性。

服务差距存在的一个普遍原因是角色冲突。无论管理者感知与客户期望之间的差异是否已经消除，服务提供者仍会认为管理者期望他们提供的服务与客户想要得到的服务是不一致的。对于不喜欢被打扰宁可自己点菜的客户，那些希望推销菜单上不同菜肴的侍者就很难讨得他们的欢心；在国外，如果客户没有给小费，也会对侍者产生消极影响。除此之外，服务提供者还会被期望去做太多各种不同的工作。例如，在忙碌的办公室中雇员需要同时接听电话和面对面地接触客户。如果这些冲突发生，雇员们可能会感到沮丧，并最终导致他们放弃提供最好的服务。

有时，不仅仅是察觉到的角色冲突，或许雇员们根本就不了解他们的角色。要么是不能胜任工作，要么没有经过足够的培训，当雇员们不明白他们的工作过程或工作目的时，角色模糊就产生了。出现这种情况,有时是因为他们不熟悉服务型企业及它的目标。即使企业有一套清晰的服务质量规范,仍然会有雇员误解规范的情况发生。

对雇员来说,比较棘手的问题是控制权的分散。当雇员不向上级请示就不能独立做出服务决定时,就会失去对服务的热情;当对服务的某些方面的控制被剥夺时,如单个银行的分支机构被取消了对信用审批的控制时,失落感就会增加,雇员们就会觉得对客户的服务请求无能为力。

上述的一切可能部分源于支持不充分,即雇员们没有经过上岗培训、没有得到技术支持和其他的资源配置,而这些是他们以最好的方式来完成他们的工作所必需的。如果被迫使用陈旧的或者不完善的设备来工作,特别是在竞争对手的员工拥有更优越的资源并能用更少的努力就可以达到同样效果的情况下,即使是最优秀的雇员也会感到沮丧。不能为雇员提供恰当的支持就会导致员工的努力付诸东流、生产力低下和客户不满意。

4. 服务传递与外部信息之间的差距

所谓的"许诺差距",是指企业在其外部交流中许诺提供的服务与它实际给客户提供的服务之间的差距。如果广告或销售传单许诺的是一种服务,而消费者得到的是另一种服务,那许诺无疑是失败的。例如,一位用餐者在菜单上看到了自己喜欢的酒品,却被告知没有,此时他不得不接受一种比较失望的酒品,他就会认为服务的质量低于他的期望。需要指出的是,在特定条件下,价格会成为质量的指标。由于缺少更多有形的线索,消费者往往将他们支付的价格作为他们所期望服务质量的基准,他们常常说的话也能表达出这种情感,如"这家餐馆很棒,服务质量也很高,考虑到价格,理应如此"。

5. 消费者期望与消费者感知之间的差距

最重要的差距就在于消费者对服务的期望与他们对实际提供服务的感知之间的差距,这种差距会直接导致消费者对一家企业产生满意或不满意的感受。如果消费者感知的服务质量大于消费者的期望,他会认为企业服务质量很高;如果消费者感知的服务质量低于他们的期望,则会感觉服务质量很差。

9.3.3 提高服务质量的策略

1. 弥合差距1:不了解消费者的真正期望

这个差距产生的原因主要有:市场调研和需求分析信息不准确;对消费者期望的解释不准确;消费者信息从员工传递到管理者的过程中出现了扭曲;管理层次过多,以致阻塞了信息的传递或改变了信息的真实性,特别是对管理层已做出科学决策的信息来说。

感知差距消除的方法很多,如果问题产生的原因是管理不善,就必须提高管理水平或者让管理者更深刻地理解服务和服务竞争的特性。很多情况下,后一种情况更具有实用性,因为感知差距产生的原因并不一定是缺乏服务竞争力,而是管理者缺乏对服务竞争的深刻认识。

任何解决办法都离不开更好地开展市场调研活动,唯有如此,才能更好地了解消费者的需求和期望。从市场和消费者的接触中获取的信息是远远不够的,企业还必须提高内部信息的管理质量。对于服务组织来说,这具有非常重要的意义。

2. 弥合差距2:未选择正确的服务设计和标准

服务质量标准差距出现的原因主要有:服务设计不明确、不系统,没能实现服务定位;缺少服务标准或标准没能反映消费者期望;存在不适宜的有形展示和服务场景;服务质量计划缺乏高层管理者的有力支持。

弥合这个差距的措施包括：建立消费者定义的服务标准并使之反映消费者的期望；制定明确、系统的服务设计；明确服务定位；建立有利于服务传递的有形展示与服务场景；高层管理者大力支持服务质量计划。

3. 弥合差距3：未按服务标准提供服务

未提供标准化服务的原因有：服务质量标准规定得过于复杂和僵硬；员工不赞成这些标准，所以不执行；服务质量标准与企业文化不相适应；服务运营管理水平低下；缺乏有效的内部营销；服务技术和系统无法满足标准的要求。

弥合这个差距的方法包括：组织员工培训，加强员工的服务态度管理和提高员工的服务技能；同时，还要对现有的监控系统进行改革，以使他们的水平与服务质量标准相匹配。

4. 弥合差距4：服务组织未能履行承诺

引起服务组织未能履行承诺差距的原因有：市场沟通计划与服务运营未能融合在一起；传统的外部营销与服务运营不够协调；组织没有执行在市场沟通中大力宣传的服务质量标准；过度承诺。

可以将上述原因分为两类，一类是执行不到位；另一类是企业在广告宣传和市场沟通中有过度承诺的倾向。对于第一类问题，解决的途径是建立服务运营与传递和外部市场沟通的计划和执行的协调机制。例如，每一次市场推广活动的推出必须考虑到服务的生产和传递，而不是各行其是。通过这种机制至少可以达到两个目的：一是市场推广中的承诺和宣传可以更加现实和准确，二是外部沟通中所做的承诺可以顺利实现，而且可以承诺的相对多一些。对于第二类问题，解决的办法是利用更科学的计划手段来改善市场沟通的质量。当然，管理监督体系的合理运用对此也会有所帮助。

5. 弥合差距5：消费者感知的服务与期望的服务不匹配

感知服务质量差距说明的是消费者感知的或实际体验的服务与所期望的服务不一致。这种情况出现的原因有：消费者实际体验到的服务质量低于其期望的服务质量或者存在服务质量问题；口碑较差或企业形象较差；服务失败。

弥合这个差距的方法主要包括：正确理解消费者的期望；选择正确的服务设计和标准；服务传递遵循消费者定义的标准；提高企业形象，形成良好的口碑等。

> **即测即评**

请扫描二维码进行在线测试。

第9.3节习题

9.4　服务补救

服务补救是指服务失败时所做出的一种及时性和主动性的反应。其目的是通过这种反应，将服务失败对顾客感知服务质量、顾客满意和员工满意所带来的负面影响降到最低。

服务补救概念最早由哈特(Hart)等人于1990年提出。不同的学者对服务补救的概念有不同的表述。塔克斯(Tax)和布朗(Brown)对服务补救的定义如下：服务补救是一种管理过程，它首先要发现服务失误，分析失误原因，然后在定量分析的基础上，对服务失误进行评估，并采取恰当的管理措施予以解决。而有的学者则认为，服务补救是服务性企业在对顾客提供服务出现失败和错误的情况下，对顾客的不满和抱怨当即做出的补救性反应。其目的是通过这种反应，重新建立顾客满意和顾客忠诚。

9.4.1 服务失败

即使企业尽了最大的努力，服务失败还是不可避免的。飞机会晚点，工作人员会态度粗鲁或不热情，服务环境中失误设计的维护也不会总是完美无缺的。服务的性质就决定了失败总会发生。只要服务不能按原计划或预想提供，消费者就会感觉到"服务失败"。因此，服务补救的关键是了解消费者心目中潜在的失败之源。

比特纳、布姆斯和太特拉奥特通过对来自航空、餐饮和饭店业的352个不满意事例的分析，得出如表 9-1 所示的结果。每一事例都由一位受访者给出描述，然后由独立评判人根据其来源予以分类。

表 9-1 不满意事例

事例	人数/人	比例/%
工作人员对服务执行失败的反应	151	42.9
对得不到服务的反应	29	8.2
对不合理慢速服务的反应	53	15.1
对其他核心服务失败的反应	69	19.6
工作人员对消费者需求的反应	55	15.6
对"特殊需求"消费者的反应	6	1.7
对消费者偏好的反应	37	10.5
对消费者失误的反应	8	2.3
对其他有潜在损害性事件的反应	4	1.1
工作人员的不期之举	146	41.4
对消费者的关注	48	13.6
实在不寻常的工作人员行为	41	11.6
在特定文化准则下的工作人员行为	42	11.9
格式化评价	15	4.3
不利环境下的表现	—	—

1. 工作人员对服务执行失败的反应

①得不到服务，即得不到正常情况下应得到的服务；②不合理慢速服务，指的是消费者感觉到服务或工作人员的服务速度异乎寻常的慢；③其他核心服务失败，包括核心服务失败的所有其他方面，这类服务被有意地定义得很宽泛，以包含各个行业所提供的不同种类的核心服务。运营管理与规划和质量系统方法试图减少这些失败，但这要以对一线服务人员的授权为代价，而这种授权可能是成功进行服务补救所必需的。

2. 工作人员对消费者需求的反应

消费者需要既可能是明示的也可能是默示的。明示的需要服务人员很容易接收到，但默示的可能要服务人员自己思考。例如，如果航空公司的飞行时间有变动而航空公司未通知客户以便选择安排换乘航班，那么航空公司可能就未能满足消费者的默示需要。

相对应地，明示要求是明确表达出来的。总的来说，明示要求有 4 种类型。①特殊需求：工作人员对特殊要求的反应涉及满足消费者基于其特殊的医疗、饮食、心理、语言或社会困难方面的特殊需求。为素食者备餐就算是一种特殊需求。②消费者偏好：工作人员对消费者偏好的反应要求工作人员从某些方面改动一下服务执行系统以满足消费者的偏好。消费者在餐厅就餐时要求更换菜谱上的项目就是消费者偏好的典型事例。③消费者失误：即服务中的失败是由消费者失误引起的(如票据丢失等)。④其他有潜在损害性的事件：对这类事件的反应要求工作人员能够解决与消费者之间的纠纷，如请求影院中的消费者保持安静或者不要吸烟。

3. 工作人员的不期之举

工作人员的不期之举是指事件和工作人员的行为不管是好还是坏完全超乎消费者的预料之外。这些行为不是由消费者引起的，也不是服务交付系统的一部分。这类失败可进一步细分为几个子类。①关注程度：指工作人员态度不佳，工作人员忽略客户或者工作人员态度冷淡。②不寻常行为：如外卖小哥送餐路上救人以致没有在规定时间内送达。然而，不寻常举动也可能是负面事件，例如工作人员的粗鲁、谩骂及不适当的接触等。③文化准则：既可能符合也可能违反诸如平等、公平和诚实等社会文化准则的行为。违规行为包括歧视、撒谎、盗窃及欺骗等不诚实行为和客户认为的其他不公平行为。④格式化评价：指消费者所做的评价是总括性的，即消费者不是对服务交流中独立的事件进行评价，而是使用总括性的词语，如令人愉快或特别糟糕等。⑤不利环境：指工作人员在紧张气氛下的行为。如果工作人员周围其他人都"失去理智"而该工作人员却能够有效地控制局面，消费者就会对这种在不利环境中的表现印象深刻。相反，如果一艘船正在下沉，而船长和船员抢在乘客之前先登上救生艇逃生，那么显然会作为不利环境下的不当行为，留在人们的脑海里。

但是消费者投诉行为并不仅仅是服务失败的结果。在服务失败后，消费者会有意识地选择是否投诉，即使没有产生服务失败，消费者也常常会投诉。企业要想建立和实施一个成功的补救战略，就必须正确理解消费者的投诉行为。

9.4.2 消费者投诉行为

有关服务失败的一个著名例子是，研究人员曾要求消费者就如下问题予以回答："你是否在商店遭遇过非常烦心的事？以至于你会说我以后再也不去那家商店或不买那个品牌的产品，而且以后就真的这样做了。"在所有受访者的回答中，最早发生的事例是在 25 年前，而 86%的事例发生在 5 年前。服务失败的结果是非同寻常的，大多数受访者表示，对所遭遇的服务失败，他们至今从感情上仍有点或非常不舒服，而这种感受比由于商店或产品性能不佳所导致的感受还要强烈。超过 75%的受访者表示，他们曾经口头告诉过别人自己的经历。典型的消费者投诉行为表明，虽然受到伤害的消费者会百分百投向其他企业，但只有 53%的人会向原来的店家投诉。

1. 消费者投诉的价值

多数公司一想到投诉的消费者就发怵，而另一些公司则把投诉看成是营业中的必然之果。其实，每家公司都应该鼓励其客户投诉。投诉的消费者是在告诉企业其在运营或管理方面存在的问题及应该如何改进。因此，投诉的消费者是在向企业免费送礼，也就是说，他们担当企业的顾问，诊断企业的问题，却不收取任何费用。另外，投诉的消费者为企业重新使客户满意提供了机会，投诉的消费者比不投诉的消费者更有可能与企业进行业务往来。因此，成功的企业将投诉看作避免客户流失和反面口头宣传的机会。公司所担心的不应该是投诉的消费者，而应该是那些产生了不满却没有投诉的消费者，他们要么已经向他人倾诉不满，要么正准备投奔竞争对手。

2. 投诉类型

根据消费心理学的研究，投诉可分为辅助性和非辅助性。辅助性投诉是为了改变事情的不合意状态；非辅助性投诉则并不期望因此改变不合意的状况。例如，向服务员抱怨牛排煎得不熟即为辅助性投诉，投诉人期望服务员会改变这种情况。有趣的是，研究显示，辅助性投诉只占到每天投诉量的一小部分，非辅助性投诉量远远超过辅助性投诉。

3. 消费者投诉的原因

在辅助性投诉的情况下，答案是非常明显的，即投诉人期望不合意的状况可以得到改善。然而对非辅助性的投诉，答案就不那么明显了。专家认为，非辅助性投诉原因有以下几点。

(1) 减压。起到缓解投诉人的精神压抑及宣泄的作用，即给投诉人一种消气和舒心的感觉。

(2) 投诉人得以恢复某种控制力。如果投诉人能够影响其他人对投诉来源的评价，则意味着投诉人恢复了控制力。例如，为了报复而对于冒犯自己的企业进行反面口头宣传，就可以使投诉人通过间接报复的方式得到某种程度的控制力。

(3) 寻求同情。投诉人想知道其他人在相同的情况下是否会有同样的感受，如果是，投诉人就会觉得理直气壮。

(4) 投诉人刻意制造一种印象。爱投诉的人通常被认为比不爱投诉的人更聪明、更有辨别力；而且通过投诉，投诉人可以表达自己的标准和期望比不投诉的人高。

4. 消费者放弃投诉的原因

有很多消费者明明有不满意却放弃投诉。这种情况可直接归因为服务所固有的无形性和不可分性。由于无形性，人们对服务执行过程的评价是主观性的，消费者常常由于缺乏客观观察的确定性而对自己的评价产生怀疑。由于不可分性，消费者常常对服务过程有所投入。因此，在出现不合意的结果后，消费者可能会很大程度上责备自己未能向服务者说清楚自己所希望得到的服务水平与类型。另外，不可分性指消费者与服务人员之间经常面对面的互动过程，消费者可能会觉得当着服务人员的面投诉不自在。最后，很多服务是专业化的，技术性很强。消费者可能会觉得自己专业知识不足，恐怕难以对服务质量做出评价，因此不投诉。

5. 消费者投诉后的结果

总的来说，消费者投诉行为会导致三种结果：表达、退出和报复，如表 9-2 所示。这三种投诉结果并不是互斥的。

表 9-2　消费者投诉行为的结果

	表达	退出	报复
含义	消费者口头表达出其对企业或产品的不满	消费者不再光顾该企业或不再使用该产品	消费者采取行动有意损害企业及其将来的业务
高度	向经理或高层管理人员表达不满	消费者决定永不再购买该企业的产品或服务	损害企业物质利益或向他人极力进行关于该企业业务的反面宣传
中度	消费者直接向销售人员表达不满	消费者决定只要有可能就尽量不再购买该企业的产品或服务	消费者为企业制造较小的不便并且仅将其遭遇告诉几个人
低度	消费者不向该企业或产品有关的任何人表达其不满	消费者不改变其购买行为	根本不对企业进行报复

6. 消费者投诉处理原则

(1) 迅速反应原则。公司如果未能及时识别客户的不满情绪，就会丧失最佳的服务补救时机，也增大了后来解决问题的难度。

(2) 了解原则。经研究发现：服务失败发生后，顾客最急于得到的是服务失败的真正原因。如果连服务失败的真正原因都说不清楚，那么，再"虔诚"与"诚挚"的道歉或感谢都将显得苍白无力，没有抓住导致服务失误的真正原因会使问题变得更加复杂而难以解决。顾客希望看到企业承认服务失误并知道企业正采取措施解决这一问题，企业要在解决服务失误的过程中时刻让顾客了解进展情况，当问题得到解决后应当告诉顾客解决的结果，并同时告诉顾客企业从这次服务失误中所得到的经验教训及其将来如何避免此类事情的发生，使顾客感觉到自己对事态的发展有一定的控制力，这样可以有效缓解由于服务失误而给客户造成的不满情绪。另外，服务人员在回访客户问题的同时可以抱着真诚的态度征询客户对公司的改进意见，让客户感到自己的想法受到该公司的重视，这样做不但有利于服务失败问题的解决，也有利于客户不满情绪的缓解。

(3) 授权原则。要在服务补救过程中授权顾客参与补救方案的抉择。心理学的相关研究发现，一个自认为是某项决策的内控者(即决策的控制人)的人要比自认为是外控者(即决策的被动接受人)的人更满意，因为掌握自己命运的感觉要比命运掌握在别人手里的感觉好一些。顾客希望是服务补救相关决策的控制者，而不是被动接受者。然而，顾客通常是不具备驾驭整个服务补救过程的经验与能力的。因此，在服务补救过程中授权顾客参与补救方案的部分抉择，是一种既保证服务补救工作的有序进行，又给顾客以驾驭或影响决策结果之感觉的有效策略。

(4) 沟通原则。服务沟通中的相关部门需要随时保持沟通和联络。因为服务补救并不是单纯的客户投诉处理，它包括问题识别、问题界定、问题解决、服务跟踪等多个环节，这不仅需要客户服务部门为客户提供服务，还需要跨部门间的沟通与合作。另外，在服务补救的过程中，各部门应随时了解服务补救的进展，在信息共享的同时商讨更好的解决方案。

(5) 顺畅原则。要使顾客能够轻松、容易、顺畅地进行投诉。顺畅的投诉渠道可以使客户的不满情绪得到合理的宣泄，周到细致的服务有助于客户平心静气地致力于与公司合作解决问题。

9.4.3 服务补救战略制定

1. 服务补救战略

如果服务失败比较普遍而投诉行为有限，则要采取服务补救战略。服务补救战略包含三大模块：

- 企业必须鼓励投诉行为。
- 企业必须培养善于听取投诉并从中吸取教训的能力。
- 企业必须制定在整个组织中贯彻实施的补救战略，并创造一种使该战略真正实施的文化氛围。

图 9-7 所示是一个消费者投诉的信息处理模型。

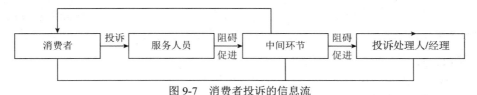

图 9-7 消费者投诉的信息流

有效地处理消费者的投诉有利于维护消费者的利益，而对消费者投诉的有效处理所带来的好处却远远不止于此。福内尔和韦斯特布鲁克将投诉管理定义为传播信息以便发现和消除消费者不满意的原因。因此，一个组织对待投诉可从如下几方面着手采取措施。

第一，一定要解决好每一个单独的事件以使所涉及的消费者满意。除此之外，在组织内部关于投诉的信息必须到达一定的管理层次，这样就可以采取措施重塑服务过程和系统等以便根除问题的原因。

第二，如果一线服务人员认为其不能解决投诉的问题，将向上一级报告。在制造企业采取这一步骤需要一些时间，而在服务企业中，要想真正解决问题，这一过程就必须是实时的。

第三，如果系统能够自动产生投诉解决方案，那么下一步就是由"投诉经理"去改变政策和程序以避免将来发生服务失败。事实上，在服务企业内部，是由投诉经理同时管理许多不同营业网点的经理人员，并不存在用来加强学习的系统。

2. 影响服务补救效果的因素

并非所有的补救战略都对消费者有着同样的吸引力。基于某家餐馆的一项研究对这个问题进行了探讨[①]。该研究使用关键事件技术，要求受访者就其所经历过的服务失败事件，对得到满意的补救和得到不满意的补救各给出一个例子。受访者还被要求按照从1(很差)到10(很好)的尺度对各种补救措施进行打分，并回答以后是否还会到此消费，结果如表9-3所示。

表9-3　打分效果

补救战略	有效性	保留率/%
免费餐	8.05	89
打折	7.75	87.5
赠券	7	80
经理人员介入	7	88.8
更换	6.35	80.2
更正	5.14	80
道歉	3.72	71.4
无	1.71	51.3

本研究中所示的消费者保留率说明，不管是什么类型的服务失败，都是可以补救的。总的来说，餐馆服务失败事件的消费者保留率达到75%以上，即使补救措施不理想，消费者的保留率仍达到较高。然而从总体上说，对服务失败率与补救成功率之间关系的统计也显示，随着服务失败严重性的增大，补救的困难也相应增大[②]。

研究表明，服务失败的投诉程序和补偿性质都会影响消费者对企业的态度。补偿的数额和以往的体验也对消费者的满意度、保留率及再消费有正面影响。另外，企业为消费者提供表达其感受的机会并恭敬地倾听消费者投诉的行为，进一步增强了消费者公平和满意的感觉。

总之，消费者是基于其所感受的公平性来评价服务补救战略的。所感受的公平性意味着补救过程本身与补救战略有关的结果和在补救过程中建立起来的人际行为及结果的执行，都对补救评价至关重要。相应地，所感受的公平包括分配性公平、程序性公平和互动性公平。

3. 消费者对于服务补救反应的判断

(1) 消费者认为企业对服务失败好的反应具体如下。

● 承认问题：消费者需要知道其投诉已被听取。

● 使消费者感到与众不同或很特别：向他们传达这样的信息，即他们的意见很受重视，

---

① Basedon Richard C. Oliver, "Aconceptual Model of Service Quality and Service Satisfaction", Advances in Services Marketing and Management 2(1993)：65～85.

② K.Douglas Hoffman and John E. G. Bateson, Essentials of Services Marketing(Fort Worth, TX: Dryden, 1997), 345.

他们对企业很重要。

- 当服务失败明显是企业的过错时，在合适的情况下，企业会向消费者道歉。
- 提出补偿：补偿通常是消费者最希望得到的反应，但企业很容易忘记与服务失败相关的隐含成本，如时间和挫折感。

(2) 消费者认为企业对服务失败差的反应包括：

- 未认识到问题的严重性；
- 未给客户意见以足够的考虑；
- 表现得好像自己什么都没错；
- 未能向客户解释问题的原委；
- 让客户自己去解决问题；
- 做出许诺却不全部履行。

(3) 在消费者出错时的好的反应具体如下。

- 承认消费者的问题：倾听并关注消费者的需要会传达这样的信息，即企业关心消费者，希望消费者好，而不管是谁的错。
- 负起责任：预计到消费者可能出的差错，如丢失房间钥匙和遗落个人物品，并准备好在问题出现时予以解决。
- 协助解决问题的同时又不使消费者感到尴尬：在解决问题时，避免说一些无礼的话，如消费者不够聪明或缺乏特定能力以致造成这种后果等。很可能消费者在寻求帮助时已经感到非常尴尬，切莫当着消费者或工作人员的面嘲笑，以免事情更糟。

(4) 在消费者出错时的差的反应包括：

- 嘲笑和使消费者难堪；
- 逃避责任，这意味着任消费者自行解决而不管不顾；
- 不愿帮助消费者解决问题。

平安保险大连分公司的服务补救难题

平安保险大连分公司的服务补救难题的相关内容，可扫描右侧二维码阅读。

9.4.4 服务补救注意事项

消费者预计到企业在提供服务时偶尔会出现失败，但他们也期望企业能够予以补救。图 9-8 反映了这一关系。此处所表明的态度是，对于服务质量更高的组织和消费者认知度更高的组织，消费者期望的服务补救水平也更高。后者代表着企业和个人之间角色和期望的对应性。反过来说，认知度受到消费者满意度和所感受到的服务质量的影响。

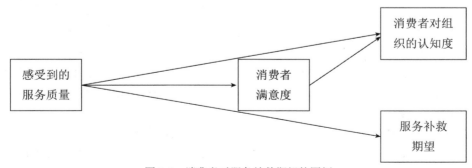

图 9-8 消费者对服务补救期望的图例

因此，希望让人感受到高服务质量的企业必须建立补救战略，消费者对这种战略有很高的期望,如果出现服务补救失败而又无相应的补救战略,消费者会感到加倍不满。要掌握服务补救技术,企业需要考虑以下几方面。

(1) 衡量成本。留住现有消费者与争取新消费者的成本与收益有实质性差别。简言之,获得新消费者的成本比留住老消费者的成本高5~10倍;现有消费者更易接受企业的营销方式,因而是企业利润的重要源泉;现有消费者的疑问较少,对企业的业务流程和工作人员更熟悉,更愿意为服务多花钱。

(2) 未雨绸缪。每一次服务交流都是由一系列关键事件组成的,这些事件反映了消费者与企业在系统中的相互作用点。具有有效的服务补救系统的企业会预先想到在服务执行系统中哪些地方最容易产生服务失败。当然,这些企业将首先采取一切措施尽可能地减少产生服务失败,但他们会提前做好准备以便发生服务失败时有备无患。专家认为,企业应特别注意那些员工流动性较高的职位。这些职位中很多是属于低薪的一线服务岗位,员工常常缺乏积极性且/或缺乏有效的补救技巧。

(3) 快速反应。服务一旦失败,企业的反应速度越快,其补救工作就越可能取得成功。事实上,以往的研究显示,如果投诉得到迅速处理,企业就会留住95%原本不满意的消费者。相比之下,如果投诉根本得不到解决,企业仅能留住64%不满意的消费者。时间是关键,企业对问题的反应速度越快,企业给消费者传递的信息越好。

■ 即测即评

请扫描二维码进行在线测试。

第9.4节习题

本章小结

1. 服务是一方能够向另一方提供的各种基本上无形的活动或利益,其结果不导致任何所有权的产生。服务营销包括服务企业的服务营销,也包括制造企业的服务营销。服务营销更强调服务的特殊性及服务营销组合中的新3P——人员、流程和有形展示。

2. 服务的特点表现在:无形性、不可分性、可变性和易消失性。根据服务在其供应物中所占比重的多少,可以区分为:纯粹有形商品、与有形产品相伴随的服务、与有形产品混合在一起的服务、与小物品相伴随的主项服务、纯粹服务。

3. 对服务营销来说,除了传统的"4P",还要加3个"P":即人(people)、有形展示(physical evidence)、过程(process)。在服务产品提供的过程中,员工是一个不可或缺的因素。企业应重视有形展示的管理,合理地设计、组合各种有形要素,以降低消费风险,减少顾客顾虑,吸引更多顾客的光顾。在营销过程中,服务的提供者要明确怎样提供目标顾客所需要的服务,即合理设计服务提供的过程。

4. 服务质量是消费者感知到的质量。消费者通常是从技术和职能两个层面来感知服务质量。技术质量(又称结果质量)是指服务过程的产出,即消费者从服务过程中所得到的东西。服务质量的职能层面是指消费者是如何得到服务的。

5. 服务质量差距模型包含5个差距:消费者期望与管理者感知的差距、管理者感知与服务质量规范之间的差距、服务质量规范与服务传递之间的差距、服务传递与外部信息之间的差距、消费者期望与消费者感知之间的差距。

6. 提高服务质量,就是要采取各种有效手段去弥合服务质量差距模型中的5个差距。

7. 服务补救战略包含三大模块：鼓励投诉行为、培养善于听取投诉并从中吸取教训的能力、制定在整个组织中贯彻实施的补救战略，并创造一种使该战略真正实施的文化氛围。

思考题

1. 服务产品有哪些主要特点？这些特点对服务型企业的市场营销策略有什么影响？
2. 对服务营销来说，除了传统的 4P，其他的 3 个 P 的内涵是什么？
3. 阐述服务质量差距模型的内涵。
4. 企业应该如何制定并实施服务补救战略？

案例研究　君智战略咨询的服务营销

君智是一家致力于协助企业赢得竞争的战略咨询公司，5 年内协助 5 家企业营收突破百亿，有力地促进了一批中国品牌的崛起。其"成果为上"的共创式咨询服务模式帮助君智克服了众多咨询公司面临的难题，与客户建立了互利共赢的关系，并实现了共同成长。

一、君智的服务模式

1. 独辟蹊径，顶层设计

2015 年君智创办时，君智创始人发现，国外咨询公司主要解决企业内部的效率与成本问题，而我国企业长期存在着一种商业瘟疫，就是它们无法摆脱价格战。因此，君智立足于战略咨询，致力于为企业设计顶层战略，协助企业提升盈利能力，获得行业领先者地位。

2. 协助落地的"共创式咨询服务模式"

君智开辟了共创式咨询服务模式，以帮助客户实现增长。君智遵循与客户合作关系的"长期主义"，至少合作三年，不仅提供咨询建议，也帮助其配称落地方案。一般而言，第一年为客户确立并落地竞争战略，第二年之后开展长期优化，使得品牌在顾客心中扎根。

相较于传统咨询企业，君智的服务模式更注重战略执行。从创立之初便处于摸索迭代中：1.0 阶段梳理出所有落地模块；2.0 阶段更注重模块的筛选与灵活应用；3.0 阶段的服务改进侧重于内部人员管理；目前正在进行 4.0 大数据运营的升级。

第一，护航落地。

如何帮助客户落地是咨询行业的痛点。针对战略的落地，君智会制定一份详细的计划表，围绕"抢占顾客认知"的核心要务制定相应的运营配称，从生产、物流配送、终端渠道、品牌推广等各个方面改善企业运营现状，并根据不同阶段顾客的认知变化而调整战略要务。在落地阶段最为重要的则是战略复盘，也就是在战略执行过程中对其进行管控。君智的战略复盘主要有三种：一是常规复盘，即遵循定期复盘的原则，不断观察战略的执行情况，并对其中执行不到位的地方进行调整；二是由行业突发事件引发的复盘，对于行业内竞争对手的突发动作，君智及时和客户研究对策；三是整个外部经济环境变化引发的复盘，这往往涉及所有项目的具体执行策略，分析企业是否可以充分利用突发事件带来的机遇。通过不断复盘，客户能从多个方面落实战略；君智也可以不断总结经验，提高工作效率。尽管君智针对战略会有相应的落地计划和复盘方案，但不同企业的财务、市场状态不同，受制于有限的资源，一些企业很难在短时间内成功落地实施战略。在此情况下，君智还会为客户做人力资本培育。例如，君智会为客户有潜质的中高层提供培训工作，解决人才培养问题，从而加深企业对战略的理解，更好地达到战略落地的目标。

为使客户不同部门形成共识，君智会邀请企业各个运营模块参与探讨，共同围绕顾客的潜在价值去审视企业内部运营环节，共同制订落地方案。以雅迪电动车为例，君智与企业各部门围绕"更高端的电动车"这一顾客需求,就采购、研发、生产、渠道、销售等全套供应链自上而下分析,对原本的工作提出删减与创新,再回到顾客价值的角度去评判执行方案。

第二,授人以渔。

在战略实施过程中,君智不追求解决企业的短期问题,而力求帮助企业查漏补缺,授人以渔。由于客户情况不同,有时会出现部门断层、企业功能不全的问题。例如,有些企业不重视市场部门,战略落地需要公关活动配称时,企业往往无能为力。在这种情况下,君智会先帮企业"补缺",将自己的传播组进驻企业,负责企业的公关活动,同时指导企业培养自己的传播部门,从而在服务的"互动"中,补齐企业的短板。

二、君智的服务流程

1. 精准获客

君智采取与客户双向选择的获客模式。君智首席客户官表示:"君智一年服务的客户数量不是很多,相比于客户数量,我们更注重合作质量。"获客流程包含开拓、激发与评估三大内容。对于有合作意向的潜在客户,君智会开设为期三天的培训课程介绍其方法论及效能,同时评估筛选出与君智理念相同的企业。君智首席客户官表示:"有一些企业家想通过营销快速地上市,或者赚快钱,我们认为他们就是做生意的,这种企业家我们很难服务。"

2. 战略研究

"长期主义"使得君智在每一个项目上花费更多的人力与时间成本。为了提高效率和稳定服务质量,构建标准化的后台系统势在必行。基于上百家企业实践,君智研发出了竞争战略系统,将咨询服务分为30个模块,每个模块都有特定的服务标准和分析流程,如市场需求、竞争形势、运营优势等。每个流程包含213个管控点,也就是具体的信息需求设计,据此开发出143个研究工具,助力企业高效导入战略、稳定运营护航、动态应对竞争。在这套标准化系统的支撑下,项目组从顾客与市场的角度入手开展战略研究。

刚接触项目时,项目组的分析人员首先进行市场初体验,即以顾客身份去购买使用该产品及其竞品,体验真实完整的消费路径,对项目产品形成初步感受,再通过线上、线下渠道自行搜集信息。君智与益普索、尼尔森、万得等数据公司达成了战略合作关系,并拥有自身的专家智库,可以获取到企业的相关数据。

接着,项目组向企业列出资料清单,以获取各运营板块的重要数据进行二轮研究,并开展企业访谈,了解客户中高层的感受与想法。

将资料梳理清晰后,项目组带着预判与资料下市场,进行定性定量相结合的深度市场调研。了解顾客需求并与企业产品特点相联系是君智研究过程中的重要一环。例如,在飞鹤项目中,表面上,消费者心目中的国外奶粉品牌就是高端产品。但随着对市场的深入了解,君智挖掘出"一方水土养一方人"这一消费者常识,这与飞鹤采用本土新鲜、高质量奶源的特点不谋而合,从而协助飞鹤制定"更适合中国宝宝体质"战略,帮助飞鹤锁定了核心竞争优势。在调研方式的选择上,为了避免集中式访谈的弊端,项目组采取了"心智快照"的定性调研方式,即采访店内外顾客,以获取真实消费场景下顾客最真实直接的感受;同时结合Ipsos提供的数据进行定量研究,得出最终的简报与预判,基本确定战略方向。

制订初步战略方案后,最后一个环节为内部专家会审。专家委员会对战略与执行方案进行判断把控,并提出建议,当项目方案在整个君智层面获得确认,方可向企业提报。

三、困则思变,模式延伸

2019年底新型冠状病毒感染疫情暴发后,社会各项活动都受到了影响,许多企业因此深陷泥潭。比起如何获得增长，此时君智的工作重点，更在于如何帮企业找到那一支"疫苗"，从而摆脱危机。因此君智员工每天召开大量的研讨会与复盘会，密切关注消费者在非常时期的需求变化，并匹配客户区别于竞争对手的独一无二的价值。君智通过动态周报等形式向外界传递信号，指导客户应当承担起行业领导者的引领作用，联合同行共克时艰，壮大行业品牌，并配合"抗疫"活动提升消费者对于品牌的好感度。此外，君智还建议客户未雨绸缪，提前布局，整合上下游渠道，搭建起竞争"护城河"。此外，君智还加强了业界交流，联合多家权威媒体开展直播分享与深度访谈，更多地通过线上渠道输出观点与建议，为各行各业献计献策，用专业知识帮助更多企业破难题、渡难关。

资料来源：曹鸿星，李筱婕. 中国管理案例共享中心[EB/OL]. (2022-03). http://www.cmcc-dlut.cn/Cases/Detail/6114，有删改。

案例思考题：

1. 君智的咨询服务有什么特点？
2. 针对咨询行业的问题，君智确立了怎样的战略定位和服务模式？
3. 运用服务营销三角形理论解释君智咨询服务后台支撑体系。

第10章
定 价 策 略

学习目标

- 熟悉产品定价基本程序及原理
- 掌握企业定价方法
- 掌握企业定价技巧
- 熟悉价格变动策略

第10章知识点

引入案例
"以价格取胜"的蜜雪冰城

2022年以来，喜茶、奈雪的茶和乐乐茶相继宣布降价，调整后的价格区间集中在14～25元。曾经风光无限的新茶饮赛道，泡沫开始显现，一杯难求的排队盛况已成为过去。

高端定价的新茶饮品牌不得不向市场低头，而一直以来都坚持低价策略的蜜雪冰城却越战越勇，凭着"蜜雪冰城黑化"等营销话题频繁出圈，更进一步加快了攻城略地的步伐。

蜜雪冰城的创始人张红超几次创业以失败告终后，1999年在郑州开出了"蜜雪冰城"的第一家门店。2006年，有一种彩虹帽冰淇淋火遍了河南，定价却高达20元。张红超马上嗅到了商机，连夜扛来二手冰淇淋机，跑去找老师学做脆皮蛋卷，高价买配方……最终，定价仅为2元的蜜雪冰城冰淇淋诞生了，很快便火遍了郑州。

别人卖20元的冰淇淋，他却只卖2元。这样真的能赚钱吗？张红超表示确实能赚钱，只是毛利低。当时的张红超并不知道什么商业理论，之所以将东西卖这么便宜，只是因为他觉得苦学生太多，很多还是从农村出来的，张红超体恤大家的不容易，所以想把产品的价格定得低一点。

正是因为这款冰淇淋的暴火，张红超的亲友才成为蜜雪冰城的第一批加盟商。2007年，蜜雪冰城开了20多家加盟店，一年之后，其加盟店的数量已有180余家。

后来，张红超用十年前刚创业时候的配方调配了不同口味的果汁，只卖一块钱一杯，清爽解渴便宜实惠，销量很快就超过了冰淇淋。接下来，蜜雪冰城每一年的不同季节都会推出新品，陆陆续续上过咖啡、奶茶、各种果汁、椰奶等，配方原料都是张氏兄弟自己摸索出来的，通过不同的爆品确保业绩不会下滑。

2014年，蜜雪冰城门店数正式突破1000家，2018年突破了5000家，到2022年8月，门店数已经超过22 000家。蜜雪冰城在高速扩张的过程中，也必然承受着大跃进带来的食品安全问题、加盟商矛盾等各种"副作用"。目前，蜜雪冰城选择先"跑"起来的战略。

2022年以来，茶饮赛道持续收缩，原本专注于高端产品的喜茶等品牌，也纷纷降价转向中低端消费群体，市场竞争更加激烈了；蜜雪冰城目前的加盟店数量已经超过2万家，已触及规模天花板，想要进一步发展，只能在增量市场和产品品类上做文章。

蜜雪冰城已经开始开放全国乡镇加盟申请，全国共有 4 万多个乡镇行政单位，会带来非常庞大的市场增量。除了进一步"下沉"之外，蜜雪冰城旗下创立于 2017 年的咖啡品牌"幸运咖"也从 2021 年开始加速招商，单品售价为 5～15 元的"幸运咖"依然主打低线城市的路线。

资料来源：洁云. 万店帝国！靠低价策略的蜜雪冰城能走多远？[EB/OL]. (2022-08-18). http://news.sohu.com/a/577898648_120862319.

产品定价是任何一个产品进入消费领域的前提和基础。虽然最初确定的定价可能并不是产品最终的成交价格，但它是买卖双方讨价还价的起点。

人类最早的"价格"(一种交换比例)是产品交换双方协商的结果。后来，出现了货币，产品的价格便开始用数字表示。19 世纪末，另外一种价格确定方式伴随着大规模零售业的发展开始出现——企业"严格执行单一价格"的政策以简化对日益增加的商品销售的管理。发展到网络时代，价格的决定机制又有了显著的变化，出现了利用网络平台的多个买方同时面对多个卖方的共同的价格撮合机制(如：国内证券市场新股上市的集合竞价机制)及买方或卖方借助网上交易平台(如淘宝等)而形成的在线价格。

无论是传统的协商定价，还是大商业时代的单一价格，再到网络时代的在线价格，价格始终是消费者做出产品选择的主要决定因素。虽然近些年，在消费者的购买行为中，非价格的服务因素已经变得相对重要，但是价格仍然是决定企业产品市场份额和盈利能力的最重要因素之一。

另外，在营销组合中，价格也是唯一能产生收入的因素，而其他因素则表现为成本。价格也是市场营销组合中最灵活的因素之一，能适应市场需求的变化进行迅速的改变。电子商务的普及改变了消费者的购买习惯与支付方式，消费者可以轻松实现跨区域的网购，无须考虑消费地点、交通便利等区域属性，目标市场也拓展到范围广泛的全球性市场，这使得网络营销产品在定价时必须考虑得更多。

10.1 产品定价基本程序及原理

定价区间定价问题首先出现在企业对产品的定价上，它决定产品能否顺利地进入市场，能否站稳脚跟，能否获得较大的经济利益。

企业在为产品定价时需要考虑以下几个方面的因素：①确定盈利目标；②测定产品需求；③测算产品成本；④分析竞争对手；⑤分析消费者行为；⑥选择定价方法；⑦确定最终价格。

视频：定价区间

10.1.1 确定盈利目标

企业定价的盈利目标是企业定价的指导思想，它直接决定企业定价的方法和策略。

一般来说，企业有以下几方面的盈利目标可供选择。

(1) 利润最大化。经济学家指出，当企业生产的产品数量 Q 使企业的边际收益 MR 等于边际成本 MC 时就实现了利润最大化。以垄断竞争环境下企业的短期均衡为例，当 $MR=MC$ 时，企业便可根据需求曲线 D 确定产品的价格 P。

但利润最大化往往只是企业经营的一个原则。不同行业的不同企业在运用这个原理时也会有所不同。同时，在不同的利润目标前提下，产品的价格制定标准也略有不同。

(2) 销售增长率最大化。追求高的销售增长率可以帮助企业的产品迅速由投入期过渡到成长期，确立产品在市场竞争中的有利地位。这时，伴随着高的销售增长率，企业的产品销售额也会不断扩大，在产品生产效率提高之后，产品的单位成本就会降低，企业的远期利润也就越大。在市场对产品价格显现敏感(即产品的需求弹性大于 1)的情况下，企业会采取低价策略，吸引消费者，迅速占领市场，减少实际的和潜在的市场竞争，以谋取远期的稳定利润。

(3) 销售收入最大化。按照经济学理论，销售收入的最大化只受到产品的需求函数 D 的影响。但因为需求函数的不同，价格变动对销售收入的影响也不完全一样。对于需求弹性小于 1 的产品，只有提价销售才可以增加销售收入、对于需求弹性大于 1 的产品，只有降价销售才能增加销售收入。企业可以根据产品的需求函数寻求销售收入最大化的产品价格。

(4) 维持企业生存。当市场环境变得恶劣，企业面临产量过剩、竞争加剧、需求变化时，维持企业自身的生存能力会比追求利润最大化、销售增长率最大化、销售收入最大化更加现实和重要。此时，企业在制定定价策略时会充分考虑如何弥补企业的经营成本，而非盲目提高产品的销售价格来追求利润。

企业的保本点价格公式为

$$PQ = F + VQ$$

式中，Q 为保本点产量；P 为保本点价格；F 为保本点固定成本；V 为保本点可变成本。所以，在确定企业产品的产量时，保本点的价格 $P = F/Q + V$。

10.1.2 测定产品需求

盈利目标不同，所采用的定价原则也是不同的，但是几乎所有的定价方法都涉及产品的需求函数(量)，而企业产品的不同价格对应于产品的不同需求水平，可见确定产品需求对产品的定价是相当重要的。

测定产品需求主要包括两个方面：一是通过市场调查，了解产品的市场总体需求量；二是分析需求的价格弹性，即产品价格的变动对市场需求量的影响。不同产品的价格变动会对市场需求量产生不同的反应，即弹性各不相同。对弹性大的产品，就可用降价来刺激需求和扩大销售；而对缺乏弹性的产品，由于降价对需求没有什么刺激，也就不可能通过降价来促进产品的销售增长。

10.1.3 测算产品成本

成本是产品定价的基础，也是产品价格的底线。产品成本可以分为两类：一类是固定成本，一类是可变成本。固定成本指一般不随产量或销售量多少而变动的相对固定的成本，如房租、办公费用、设备折旧费等；可变成本则指随产量或销售量的变动而发生变化的成本，如原材料、能源消耗等。总成本是指在一定生产水平之下的固定成本和可变成本的总和。

在测算产品成本时，由于产量不同，会带来不同的总成本，所以要用平均成本来比较和确定最优规模产量。企业在进行产品定价时应该平衡实际成本、目标利润和销售价格三者之间的关系。

10.1.4 分析竞争对手

价格变动不仅会影响市场需求，也会影响市场供给。因此，除了掌握产品的需求和成本的情况，企业还必须了解市场供给的情况，即了解企业的竞争对手。最基本的反映供给变动的指标是"供给弹性"，即供给量对价格变动的反应敏感程度。

当然除了价格之外，影响供给的还包括其他市场环境的变化、竞争对手的经营状况、品牌、商誉和服务等非价格因素。企业在充分掌握了竞争对手的产品和价格情况后，就可以将竞争对手的产品价格作为自己产品的定价基础。但也应该考虑到，当自己的产品价格公之于众之后，竞争对手的产品价格也将会随之而动，企业应该有相应的对策，以及时地做出反应。

10.1.5 分析消费者行为

消费者行为，尤其是心理行为，是影响企业定价的一个重要因素。无论哪一类消费者，在消费过程中，必然会产生种种复杂的心理活动，并支配消费者的消费过程。因此，企业制定商品价格时，不仅应迎合不同消费者的心理，还应促使或改变消费者行为，使其向有利于自己营销的方向转化。同时，要主动积极地考虑消费者的长远利益和社会整体利益。

根据消费者消费心理的不同，一般将消费者分为三种类型。①冲动和情感型。这类消费者的购买由其情绪波动所支配，购买行为具有冲动性、即景性和不稳定性。这类消费者对商品价格不是十分重视，主要注重商品的花色、式样等。因此，企业对于适销对路的商品，定价可略高，且可根据市场即时状况调高价格。②理智和经济型。这类消费者购买商品时往往会分析评价，并喜欢货比几家再购，对价格比较慎重。③习惯型。这类消费者对零售商或品牌等产生了信任或偏爱。因此，企业定价可略高。但应注意，价格过高会导致消费者购买的转移。

10.1.6 选择定价方法

在确定企业定价的盈利目标、测定产品需求和测算产品成本、分析竞争对手之后，企业可以着手选择适合企业定价目标的具体定价方法。根据实践经验，企业定价策略大体可归纳为三大类：第一类是以成本为基础，加上一定的毛利定价；第二类是以市场需求价格为基础来确定价格，使实际出售的商品价格能与消费者的收入相吻合；第三类是以竞争者价格为基础，根据应对或避免竞争的具体要求来制定价格。

从目前越来越普遍的网络营销来看，企业借助互联网进行销售，虽然销售渠道有了更大的扩展，但产品价格信息也更为透明，更方便消费者搜索查询。有调查显示，消费者选择网上购物，一方面是因为网上购物比较方便，另一方面是因为从网上可以获取更多的产品信息，从而以最优惠的价格购买商品。所以，如何选择定价方法，以及如何综合运用显得尤为重要。

10.1.7 确定最终价格

确定最终价格需要经过如下步骤：①通过一定的定价方法得出基本价格；②根据市场和需求的具体情况，采取相应的价格策略；③对基本价格进行调整，制定出最终价格。

值得注意的是，企业在最终公布、实行价格之前还应该考虑一些相关的因素：一是其他营销组合要素对价格的影响，如产品推广的广告成本、根据市场变化推出的降价促销等营销活动等；二是产品销售的相关人员对价格的看法，如企业内部的营销人员、企业外部的渠道商和消费者等对最终价格是否认同等。这些因素也将影响产品是否能顺利进入市场并在竞争中站稳脚跟。

由此可见，最终价格在推出之前还有许多问题值得思考。

即测即评

请扫描二维码进行在线测试。

第 10.1 节习题

10.2 企业定价方法

10.2.1 成本导向定价法

成本是企业生产和销售产品或提供劳务所耗费的各项费用之和，它是构成价格的基本因素。以成本为基础加上一定的利润和应纳税金来制定价格的方法称为成本导向定价法。常有以下几种计价方法。

1. 成本加成定价法

成本加成定价法即按产品的单位成本加上一定比例的利润和税金来制定价格，共有三种计算方法。

(1) 定额法。定额法的计算公式为

$$价格 = \frac{单位成本 + 定额成本}{1 - 税率}$$

$$定额利润 = \frac{全部产品要求达到的总利润}{总产量}$$

$$成本利润率 = \frac{要求达到的总利润}{总成本} \times 100\%$$

其中：
$$税金 = 价格 \times 税率$$

(2) 外加法。外加法的计算公式为

$$价格 = \frac{单位成本 \times (1 + 成本利润率)}{1 - 税率}$$

其中：
$$成本利润率 = \frac{要求达到的总利润}{总成本} \times 100\%$$

(3) 内扣法。内扣法的计算公式为

$$价格 = \frac{单位成本}{1 - 销售利润率 - 税率}$$

其中：
$$销售利润率 = \frac{要求达到的总利润}{销售总额} \times 100\%$$

成本加成定价法是很多进行网络销售的企业在定价时采用的一种方法，不过其利润部分会比一般线下销售时定得低，有时甚至是零利润。另外，基于网络销售可以一定程度地降低产品的销售成本，从而给了企业降低销售价格的空间，如制造业企业的自营网店。

2. 加工成本定价法

加工成本定价法是将企业成本分为外购成本与新增成本后分别进行处理，并根据新增成本定价的方法。其计算公式为

$$价格 = 外购成本 + \frac{加工新增成本 \times (1 + 加工成本利润率)}{1 - 加工增值税率}$$

其中：

$$加工成本利润率 = \frac{要求达到的总利润}{加工新增成本总额} \times 100\%$$

$$加工增值税率 = \frac{应纳增值税金总额}{销售总额 - 外购成本总额} \times 100\%$$

对于外购成本，企业只垫付资金，只有企业内部生产过程中的新增成本才是企业自身的劳动耗费。因此，按企业内部新增成本的一定比例计算自身的劳动耗费，按企业内部新增成本的一定比例计算利润，按企业新增价值部分缴纳增值税，使价格中的盈利同企业自身的劳动耗费成正比，是加工成本定价法的要求。

3. 目标成本定价法

目标成本定价法是指企业以经过一定努力预期能够达到的目标成本为经济依据，加上一定的目标利润和应纳税金来制定价格的方法。其计算公式为

$$价格 = \frac{目标成本 \times (1 + 目标成本利润率)}{1 - 税率}$$

其中：

$$目标成本利润率 = \frac{要求达到的总利润}{目标成本 \times 目标产量}$$

目标成本的确定同时受到价格、税率和利润要求的多重制约，即价格应确保市场能容纳目标产销量；扣税后销售总收入在补偿目标产销量计算的全部成本后能为企业提供预期利润。此外，确定目标成本时还应充分考虑原材料、工资等成本价格变化的因素。

10.2.2　需求导向定价法

需求导向定价法是企业依据消费者对商品价值的理解和需求强度来定价。

1. 理解价值定价法

所谓理解价值定价法，就是企业按照买主对价值的理解来制定价格，而不是根据企业生产商品的实际价值来定价。例如，曾经在市场上销售的一种营养补品，尽管市场售价每盒在100～120元之间，但购买者人数众多，且无人对此价格质疑。因为消费者认为，此类商品都是采用各种名贵药材配制而成的，价格自然高。而实际上，其成本远低于销售价格。这就是根据消费者所理解和认可的价值来定价的。

理解价值定价法有两种方法可供使用。第一种是直接价格法，要求被调查的消费者为产品确定能代表其价值的价格，然后将所有参与调查的消费者的定价进行平均，以最后的平均价格作为该产品的市场价格。第二种是理解价值评比法，要求被调查的消费者对 A 产品及在市场上销售的同类 B、C 产品，在产品的质量、性能、服务等方面按照一定的评分标准进行打分，然后综合三种产品的评分，并参照 B、C 产品的市场价格定出 A 产品的市场销售价格。当然，企业在根据理解价值定价法确定了产品的价格后，还要将该价格结合产品的成本及企业的期望利润进行相应的调整。

2. 需求差异定价法

所谓需求差异定价法,就是根据需求方面的差异来制定产品的价格,主要有以下5种情况:不同目标消费者采取不同价格、不同花色或式样确定不同价格、不同部位制定不同价格、不同时间采取不同价格、不同的交易平台采取不同价格。

值得特别指出的是,在网络市场环境中,传统的以生产成本为基础的定价方式正在被淘汰,消费者的需求已成为企业制定其产品价格时必须首先考虑的最主要因素。这种新的定价方法创造了价格优势,其体现在满足消费者的特定需求后在某种程度上降低消费者对价格的敏感度,或者采用完全按消费者的需求定制生产,可以减轻企业的库存压力,而较低的库存可以使企业降低成本,从而获得价格优势。总之,需求差异定价法能反映需求差异及变化。特别是在买方市场的情况下,有助于提高企业的市场占有率和增强企业产品的渗透率。但这种定价法不利于成本控制,且需求差异不易精确估计。

> **好学深思** 大数据杀熟(扫描右侧二维码阅读)

10.2.3 竞争导向定价法

"大数据杀熟"

竞争导向定价法是依据竞争者的价格来定价,使本企业产品的价格与竞争者价格相类似或保持一定的距离,主要有以下三种方法。

1. 随行就市法

随行就市法,即以同类产品的平均价格作为企业定价的基础。这种方法适合企业在难于对消费者和竞争者的反应做出准确的估计、自己又难于另行定价时运用。在实践中,有些产品定价难以计算,采用随行就市定价一般可较准确地体现商品价值和供求情况,保证能获得合理效益;同时有利于协调同行业的关系,融洽与竞争者的关系。

2. 相关商品比价法

相关商品比价法,即以同类产品中的标准品的价格作为依据,结合本企业产品与标准品的成本差率或质量差率来制定价格。有以下两种计算方式。

(1) 按值论价。

当产品与标准品相比,成本变化与质量变化方向、程度大体相似时,可按成本变化,实行"按值论价",其计算公式为

$$产品价格=标准品价格 \times (1+成本差率)$$

(2) 按质论价。

①当产品与标准品相比,成本上升不多而质量有较大提高时,可根据"按质论价、优质优价"原则,综合考虑供求关系,在下列区域中定价,其计算公式为

$$标准品价格(1+成本差率) \leqslant 产品价格 \leqslant 标准品价格(1+质量差率)$$

式中,质量差率要通过对商品质量效用的综合评估来确定。

②当产品与标准品相比,成本下降不多而质量下降较多时,则应严格执行"按质论价"原则,实行低质廉价,其计算公式为

$$产品价格=标准品价格 \times (1-质量差率)$$

采用这种定价法,由于价格常与标准品保持由牌誉、质量和成本等方面的差别而形成的一

定距离，因此，这是一种以避免竞争为主要意图的定价方法。

3. 竞争投标定价法

在商品和劳务交易中，采用招标、投标的方式，由一个卖主(或买主)对两个以上并相互竞争的潜在买主(或卖主)出价(或要价)，这种择优成交的定价方法称为竞争投标定价法。其显著特点是招标方只有一个，处于相对垄断的地位，而投标方有多个，处于相互竞争的地位。能否成交的关键在于投标者的出价能否战胜所有竞争对手而中标，中标者与买方(卖方)签约成交。

目前比较常用的竞争投标定价法有以下几种。

(1) 英式拍卖。英式拍卖(English auction)购物者彼此竞标，由出价最高者获得物品。当前的拍卖网站所开展的拍卖方式以英式拍卖为主，以这种方式进行拍卖的物品有二手设备、汽车、不动产、艺术品和古董等。

(2) 荷兰式拍卖。荷兰式拍卖(dutch auction)也叫作降价式拍卖，拍卖标的竞价由高到低依次递减，直到第一个竞买人应价为止，当然最终的成交价格应该高于卖方事先确定的底价。荷兰阿姆斯特丹的花市所采用的便是这种方式。

(3) 标单密封式拍卖。标单密封式拍卖(sealed-bid auction)是一种招标方式，在这种拍卖方式中，拍卖商是唯一能看到"各投标者投标价格"的人。目前，在国内各大城市相继展开的药品招标活动所采取的就是这种方式。

(4) 复式拍卖。复式拍卖(double auction)是指众多买方和卖方提交他们愿意购买或出售某项物品的价格，然后通过电脑迅速进行处理，并且就各方出价予以配对。股票市场便是复式拍卖的典型范例。网络消费出现后，越来越多的普通消费者也能使用这种方式购买商品，复式拍卖也就变化成一种由消费者集体议价的交易方式。

即测即评

请扫描二维码进行在线测试。

第 10.2 节习题

10.3　企业定价技巧

市场营销不仅要讲究定价策略和方法，而且要掌握一定的定价技巧。

10.3.1　针对消费者心理的定价技巧

视频：价格歧视

1. 奇数定价

奇数定价也称尾数定价，就是使商品价格带个零头结尾，特别是奇数结尾。例如，0.95 元、19.99 元、119.97 元等。根据消费心理学家的调查发现，价格尾数的微小差别，能够明显影响消费者的购买行为。尾数定价法会给消费者一种经过精确计算的、最低价格的心理感觉。

2. 整数定价

在现实生活中，同类商品的生产者众多，花色、式样各异，消费者往往根据价格的高低来判断商品的质量。特别是对一些高档、名牌产品或消费者不太了解的产品，消费者总是抱着"一分钱一分货"的心理。因此，采用整数定价，可以提高商品的"身价"。同时，在众多尾数定价的商品中，整数能给人一种方便、简洁的印象。

3. 声望定价

声望定价是利用消费者追求高贵、名牌商品而并不计较价格高低的心理来制定价格。当一种商品在消费者心目中已赢得较高的声誉时，可以较高的价格出售。德国拜尔药房的阿司匹林，行销世界各地几十年，虽然价格较高，仍受患者的欢迎。北京同仁堂的药品尽管比一般药店的同类药品价格要高，但仍很畅销。当然，采用这种定价法必须慎重，一般商店和一般产品滥用此法，反而会失去市场。

4. 安全定价

消费者在决定购买大件耐用消费品时，不仅注重价格高低，而且更注重能否长期安全使用。不少品种尽管价格不贵，但消费者仍担心质量是否可靠、安装和维修是否方便、易耗件能否保证供应、搬运过程中会不会损坏等问题。倘若企业加强售后服务，实行免费送货、安装、定期上门维修、赠送易损耗备件等措施(尽管这些费用实际上已按加权平均估算额加到价格中去，仍由消费者负担)，就可以提高消费者对商品的安全感，从而大大促进销售。

5. 分档定价

一类商品往往有许多品牌、规格、型号，据此可分成几档，不同的档次定不同的价格。这既可满足消费者的不同要求，又有利于商品的销售。但要注意，分档不可太细，且各档间的差价要适中。

6. 促销定价

有些企业利用消费者求廉动机，把几种商品的价格调整到低于正常水平的价格，甚至低于成本，以促进销售。如果企业是为了拓展网上市场，但产品价格又不具有竞争优势时，则可以采用网上促销定价策略吸引更多的消费者关注。网上的消费者很多而且具有很强的购买能力，许多企业为打开网上销售局面和推广新产品，可以采取临时促销定价策略，包括利用节假日举行"酬宾减价"等活动(如国家法定年节假日的促销活动、618大促、双十一购物节等)，把部分商品按原价打折出售、有奖销售和附带赠品销售等，来吸引更多的消费者。

7. 组合定价

一个企业或企业集团若生产或经营两种以上有相关关系的商品时，可针对消费者希望价格便宜的心理特点，采用组合定价技巧。比如购买单件化妆品按正常价格，购买一套则可给予优惠。对互补或配套使用的一组商品，可有意识地将价值大、使用寿命长、购买频率低的主产品价格定得低廉些，而对与之配套使用的价值小、购买频率高的易耗品价格适当定高些，以此来求得长远和整体的利益。比如可将打印机的价格定得低些，但打印耗材的价格定得高些。这样，既可扩大总销量，获得总收入的增长，又可使消费者满意。

10.3.2　新产品定价技巧

一种产品投放市场，能否站住脚，能否获得预期的效果，除了商品本身的质量、性能及必要的促销措施以外，还要看是否能选择正确的定价策略。

1. 高价保利

高价保利也称撇脂策略，即在产品投放市场的初期，将价格定得很高，以便在短期内获得较高的利润，尽快地收回投资。因为在产品刚投放市场时，需求弹性小，尚未有竞争者，因此，只要产品质量过硬，就可利用高价来满足一些消费者求新、求异的消费心理。采用高价策略，有一定的风险。因为价格定得过高，一旦销售情况不好，产品就有夭折的风险，同时，由于利润大，容易招来竞争者仿制，从而使产品的销路受到影响。所以，这种策略一般适用于价格需求弹性小、产品生命周期短、更新换代较快的产品。

2. 低价渗透

低价渗透也称渗透策略，即为了迅速占领市场、打开销路，尽量把产品价格压低，实行薄利多销，利用低价的优势把产品渗透到市场中去。在市场竞争激烈的环境下，采用这种策略，会给竞争者造成价低利少甚至无利可图的印象，从而抑制竞争者插足，保持自己在市场上的独占地位。但采取这种策略也有不足之处，即收回投资慢。因此，这种策略适用于技术较简单、同行易于仿造，有相当的技术含量但市场竞争较激烈，或者生命周期较长、价格需求弹性较大的产品。

3. 满意标准

满意标准是把新产品的价格定在比较合理的位置上，既不太高，也不偏低，比较适中，使买卖双方都有利。这种价格对大多数消费者来说是可以接受的，从而能较快地打开销路，企业也能因此而迅速收回投资。因此，目前大多数企业对新产品定价多采用这种策略。

10.3.3 折扣运用技巧

折扣是企业营销的重要手段。企业在出售商品前可先定出一个正式价格，而在销售过程中，则可利用各种折扣来刺激中间商和消费者，以促进销售。

这种定价方式可以让消费者直接了解产品的降价幅度以刺激其购买欲。在网络营销的今天，一些网商一般会按照市面上的流行价格进行折扣定价。例如：京东、当当所售的图书均有一定的折扣，折扣最低的时候可达到原价的 3~5 折，甚至更低。

折扣定价主要方法有以下几种。

1. 数量折扣

数量折扣是根据买方购买的数量多少，分别给予不同的折扣。买方购买商品的数量越多，折扣越大。例如，购买铅笔 1 支为 0.20 元，购买一打，可打 9.5 折，共计 2.28 元。

数量折扣可分为累计数量折扣和非累计数量折扣。前者规定买方在一定时期内，购买商品达到一定数量或一定金额时，按总量给予一定折扣的优惠，目的在于使买方企业保持长期的合作，维持企业的市场占有率。后者是只按每次购买产品的数量给予一定折扣的优惠，这种做法可刺激买方一次大量购买，减少库存和资金占压。这两种折扣价格都能有效地吸引买主，使企业能从大量的销售中获得较高的利润。

2. 现金折扣

现金折扣是对按约定日期提前付款或按期付款的买主给予一定的折扣优惠，目的是鼓励买主尽早付款以利于企业的资金周转。运用现金折扣应考虑三个因素：一是折扣率；二是给予折扣的限制时间；三是付清货款的期限。例如，某项产品成交价为 1500 元，交易条款注明"3/10，净 30"，意思是，限定 30 天内交款，如 10 天内付款给予 3%的现金折扣。

3. 交易折扣

交易折扣是生产企业根据各个中间商在市场营销活动中所担负的功能不同，而给予不同的折扣，所以也称"功能折扣"。如其产品销售价为 100 元，其批发商和零售商的折扣率分别为 20%和 10%，则批发商需付款 80 元，零售商需付款 90 元。采用这种策略有利于调动中间商经销本企业产品的积极性，扩大销售量。

4. 季节(时间)折扣

季节折扣是指生产季节性商品的企业，在产品销售淡季时，给购买者一定的价格优惠。目的在于鼓励中间商和消费者购买商品，减少企业库存，节约管理费，加速资金周转。季节折扣率应不低于银行存款利率。

时间折扣是指企业对于不同时期甚至不同钟点的产品或服务也分别制定不同的价格。

5. 折扣卡

折扣卡是营销中常用的销售优惠方式。折扣卡也称优惠卡，是一种可以以低于商品或服务的价格进行消费的凭证。消费者可凭此卡获得购买商品或享受服务的价格优惠。

6. 运费让价

运费是构成商品价值的重要部分，为了调动中间商或消费者的积极性，生产企业对他们的运输费用给予一定的津贴，支付一部分，甚至全部运费。

10.3.4　地区定价技巧

地区性定价是企业要决定对于卖给不同地区(包括当地和外地不同地区)消费者的某种产品，是分别制定不同的价格，还是制定相同的价格。也就是说，企业要决定是否制定地区差价。地区性定价的形式有以下几种。

(1) 原产地定价：指经销商或消费者按照出厂价购买某种产品，企业(卖方)只负责将这种产品运到产地某种运输工具(如卡车、火车、船舶、飞机等)上交货。交货后，从产地到目的地的一切风险和费用概由经销商或消费者承担。如果企业按这种方式定价，那么每一个经销商或消费者都各自负担从产地到目的地的运费，这是很合理的。但是，这样定价对企业也有不利之处，即远方的经销商或消费者可能不愿购买这个企业的产品，而选择购买其附近企业的产品。

(2) 统一交货定价：指企业对于卖给不同地区经销商或消费者的某种产品，都按照相同的出厂价加相同的运费(按平均运费计算)定价。也就是说，对全国不同地区的经销商或消费者，不论远近，都实行统一价格。因此，这种定价又叫作邮资定价。例如，目前我国邮资也采取统一交货定价，如寄往外埠的平信邮资均为1.2元，而不论收发信人距离远近。

(3) 分区定价：指企业把全国(或某些地区)分为若干价格区，对于卖给不同价格区经销商或消费者的某种产品，分别制定不同的地区价格。距离企业远的价格区，价格定得较高；距离企业近的价格区，价格定得较低。在各个价格区范围内实行统一价。

> **学以致用**　**价格欺诈**
>
> 《中华人民共和国价格法》第十四条第四项规定，经营者不得利用虚假的或者使人误解的价格手段，诱骗消费者或者其他经营者与其进行交易。这种价格违法行为通常称作价格欺诈行为，又称作欺骗性价格表示。
>
> 由国家市场监督管理总局公布的《明码标价和禁止价格欺诈规定》自2022年7月1日起施行。该规定明确7种典型价格欺诈行为、不再过多限制经营者的标价方式、灵活规定网络交易明码标价的形式，对于明码标价规则和价格欺诈行为的认定更加科学合理。
>
> 规定明确的7种典型价格欺诈行为包括：
>
> (1) 谎称商品和服务价格为政府定价或者政府指导价；
>
> (2) 以低价诱骗消费者或者其他经营者，以高价进行结算；
>
> (3) 通过虚假折价、减价或者价格比较等方式销售商品或者提供服务；

(4) 销售商品或者提供服务时，使用欺骗性、误导性的语言、文字、数字、图片或者视频等标示价格以及其他价格信息；

(5) 无正当理由拒绝履行或者不完全履行价格承诺；

(6) 不标示或者显著弱化标示对消费者或者其他经营者不利的价格条件，诱骗消费者或者其他经营者与其进行交易；

(7) 通过积分、礼券、兑换券、代金券等折抵价款时，拒不按约定折抵价款。

明码标价不能简单理解为仅标示价格，经营者还应当标示与价格密切相关的其他信息，尽可能减少信息不对称，使消费者和其他经营者对价格所对应的商品或者服务价值有更为清晰的认识，减少价格欺诈的发生。如某饭店宣称某菜品打八折销售，但消费者结账时才被告知须"达到最低消费标准"方可享受八折优惠。根据规定，经营者的此类行为属于不标示或者显著弱化标示对消费者不利的价格条件的表现，属于价格欺诈。

随着经营模式的发展，广大消费者逐渐接受商品吊牌、模型展示、电子屏幕等多种个性化标价方式，对经营者的标价形式进行严格限定并实行标价签监制制度已经没有必要。因此，规定取消了标价签监制制度。除法律、法规和规章有明确规定的，只要能保证明码标价真实准确、货签对位、标识醒目，不再过多限制经营者的标价方式。同时，规定对于网络交易明码标价的形式更加灵活，明确经营者通过网络等方式销售商品或者提供服务的，应当通过网络页面，以文字、图像等方式进行明码标价。

资料来源：禁止价格欺诈新规 7 月起施行 明确七种典型价格欺诈行为[EB/OL]. (2022-07-04). https://www.gov.cn/xinwen/2022-07/04/content_5699209.htm.

即测即评

请扫描二维码进行在线测试。

第 10.3 节习题

10.4 价格变动策略

10.4.1 降价策略

降价是指企业通过将产品的价格在原来基础上向下调整的形式，来达到其营销目的的一种价格策略。一般来讲，企业之所以进行降价调整，一般不外乎需求弹性较大、市场竞争加剧、适应经济形势、维系客户关系等几方面的原因。从积极方面来看，降价可以达到价降量增的结果，求得更高的边际效益和规模利润，同时提高产品的市场占有率。从消极方面来看，降价措施利用得不恰当，会导致竞争双方两败俱伤，甚至危及行业声誉。

降价策略中的营销风险包括如下几点。

(1) 质量"降低"风险。消费者会认为价格降低是因为产品质量下降。

(2) 市场占有率降低风险。因为降价，暂时获得的市场占有率的增长没有维持很久。对于追求低价的消费者，可能会因为其他更低价格的商品离"你"而去。

(3) 竞争者反击风险。可能会因为竞争者实力更强，做出更大幅度的降价，而将自己处于被动或无力反击的局面。

另外，值得一提的是，降价时机的选择，首先要看竞争对手是否有可能跟进，是否有能力跟进，因为竞争产品跟进的时间长短和跟进程度将直接决定降价的效果。和降价时机相关的一个重要问题是降价周期如何把握？如果降价周期太短，容易打击消费者的信心，反而造成新一轮的持币待购；降价周期太长，产品销量可能受到更大的抑制，或者等于把市场拱手让给了竞争对手，而且容易错失降价的最好时机。

10.4.2　提价策略

这里指的提价策略是企业为了适应市场环境和自身内部条件的变化，主动提高原有的商品价格。

(1) 提价原因。提价原因包括成本上升、供不应求、产品更新、应对竞争等。

(2) 提价方式。企业采用提价策略时，一般会采取两种方式，分别是直接调高价格和间接调高价格(例如缩小产品的尺寸、分量；使用便宜的代用原料；减少产品功能或服务项目；减少价格折让等)。一般情况下，任何一类商品都会面临价格调整问题，但降价容易涨价难，调高产品价格往往会引起消费者的反感。因此，在实施提价策略时必须慎重，尤其应掌握好提价幅度、提价时机，并注意与消费者及时进行沟通。

10.4.3　应对竞争者价格变动策略

面对竞争者的价格变动，企业应该先了解其价格变动的原因。例如，是为了夺取更多的市场份额，还是为了适应不断变化的生产成本？这样的价格变动会导致全行业的调价吗？同行业的其他企业对价格变动会有何反应？价格变动是长期的还是短期的？对本企业的市场占有率、销售量、利润等方面有何影响？本企业有几种应对方案？

(1) 同质产品。如果竞争者降价，企业也应该随之降价，否则大部分消费者将转向价格较低的竞争者；但是，面对竞争者的提价，企业既可以跟进，也可以暂且观望。如果大多数企业都维持原价，最终会迫使竞争者把价格降低，使竞争者涨价失败。

(2) 差异产品。由于每个企业的产品在质量、品牌、服务、包装、消费者偏好等方面有着明显的差异，所以面对竞争者的价格变动，可以有几种策略选择。其一，不变策略。不变策略是指靠消费者对产品的偏爱和忠诚度来抵御竞争者的价格进攻，待市场环境发生变化或出现某种有利时机，企业再行动。或者在价格不变的前提下，加强产品宣传，增加销售网点，强化售后服务，增加产品功能、用途和提高产品质量，或者在包装等方面对产品进行改进。其二，同步策略。同步策略是指部分或完全跟随竞争者的价格变动，采取较稳妥的策略，维持原来的市场格局，巩固取得的市场地位。其三，强化策略。以优越于竞争者的价格跟进，并结合非价格手段进行反击。例如比竞争者更大的幅度降价，比竞争者小的幅度提价，强化非价格竞争，形成产品差异，利用较强的经济实力或优越的市场地位，居高临下，给竞争者以毁灭性的打击。

但是在价格变动的时候，企业并不总是能够对这些选择做出全面的分析，竞争者可能用了很多时间做出调价的决定，但是企业可能不得不在几个小时或者几天内做出反应。减少反应时间的唯一方法是，提前做好可能的竞争者调价及可能的反应计划。

即测即评

请扫描二维码进行在线测试。

第 10.4 节习题

本章小结

1. 产品定价基本程序：①确定盈利目标；②测定产品需求；③测算产品成本；④分析竞争对手；⑤分析消费者行为；⑥选择定价方法；⑦确定最终价格。

2．企业定价方法：①成本导向定价法(成本加成定价法、加工成本定价法、目标成本定价法)；②需求导向定价法(理解价值定价法、需求差异定价法)；③竞争导向定价法(随行就市法、相关商品比价法、竞争投标定价法)。

3．企业定价技巧：①针对消费者心理的定价技巧(奇数定价、整数定价、声望定价、安全定价、分档定价、促销定价、组合定价)；②新产品定价技巧(高价保利、低价渗透、满意标准)；③折扣运用技巧(数量折扣、现金折扣、交易折扣、季节折扣、折扣卡和运输让价)；④地区定价技巧(原产地定价、统一交货定价、分区定价)。

4．价格变动策略：①降价策略；②提价策略；③应对竞争者价格变动策略。

思考题

1．你认为成本导向定价法有何不足？

2．"总成本最低能使企业保持绝对优势"的提法是否合理？

3．试分析网络营销中的产品定价策略。

4．观察你熟悉的一种消费品，分析它的定价策略，以及该定价策略的特点。

5．举实例说明企业该如何应对竞争者的价格变动。

案例研究　雪糕刺客

近几年雪糕的价格越来越贵，品类更是多到眼花缭乱。2022 年夏，极热天气持续数周，"雪糕刺客"被列入互联网通缉令。如何避开那些外表平平无奇、价格刺痛人的雪糕，成为这个夏天最热门的话题之一。

一、异军突起的"钟薛高"

成立于 2018 年 3 月的钟薛高成为高价雪糕的代表。2022 年夏季，对钟薛高来说是不平静的。无论有人"火烧钟薛高雪糕但也没有烧化"，还是围绕钟薛高的定价、原材料、营销等各个方面展开讨论，都让钟薛高频频上热搜。当然，这一切的背后，归根结底，就是钟薛高"高价格"问题。

据其官网介绍，钟薛高采集对应的百家姓形成了"钟薛高"这一名字，雪糕采用中式瓦片型设计，辅以顶部"回"字花纹，意为"回归"本味。相比其他产品，钟薛高的产品研发坚持在配料简洁且不额外添加香精的基础上，通过原料的风味来打造雪糕口感，从而备受好评。

钟薛高旗下常售产品官方售价，从低至 14 元/片到高达 32 元/片均有。高价雪糕中最著名的，要数 2018 年推出的 66 元的"厄瓜多尔粉钻"雪糕。此前，还没有一支国内雪糕敢卖出 66 元的高价，钟薛高强行提高了雪糕这个总体不高的价格上限。这是钟薛高第一款引起全网轰动的雪糕品种，价格刷屏、颜值刷屏，双十一期间 15 个小时售罄。钟薛高凭此款雪糕一炮而红，并战胜了雪糕界的"洋巨头"哈根达斯，坐上冰品类销售第一的宝座。2021 年，钟薛高故技重施，再度推出高价单品"杏余年"和"芝玫龙荔"，凭借 68 元、88 元的高价吸引舆论目光，为品牌引流造势。

2019 年，钟薛高全渠道销售成交总额过 1 亿元；2020 年，达到 4 亿元；2021 年，达到 8 亿元。

二、雪糕价格持续上涨的原因

根据中国绿色食品协会的统计，2015 年中国冰淇淋行业市场规模仅有 839 亿元，2021 年增至 1600 亿元，直接翻了一番，且稳居全球第一。其中，高价"雪糕刺客"的大量涌现功不可没。根据第三方机构欧睿国际咨询的数据显示，从 2015 年到 2020 年，中国整体冷饮平均单价上涨了 30%。在媒体随机走访的一家冰淇淋批发部中，雪糕约 145 种，其中 10 元以上的约有 42 种，占比近 1/3。

雪糕价格持续上涨基本上离不开以下几点原因。

1. 成本上涨

高端化的一大动力来自成本端的压力，尤其是原材料、冷链物流运输等方面耗资提升。伊利财报显示，2021年公司冷饮产品主营业务因材料价格变动、产品结构调整增加成本2.86亿元，装卸运输增加成本0.41亿元。

上游供应链原材料价格上涨，尤其是以奶制品为主要原料的雪糕类制品，奶类价格的浮动直接就决定了其市场定价，其中又包括有很大一部分奶制品的原材料都依赖进口。但雪糕的成本决定了，这不是一种可以随便定出高价的消费品。高级乳业分析师宋亮在接受媒体采访时表示："雪糕的生产成本其实并不高，一款再好的雪糕，全部添加纯奶油和高倍奶酪，其生产成本可能也就是三四元。我们计算过一个雪糕的平均生产成本，如果按2020年对比2019年，从生产成本来说大概增长了10%～15%，涨幅在一个正常范围内，所以雪糕的售价不会大幅度上涨。"

冷链物流占据了成本的很大一部分，这是由冰淇淋/雪糕的特殊商品属性决定的，冷链的好坏直接影响产品的最终口感，以电商为主的线上新兴渠道也对冷链提出了更高的要求。通过伊利最新财报计算可知，其冷饮产品平均装卸运输费为861元/吨，接近液体乳443元/吨的两倍。钟薛高此前也透露，其雪糕冷链相关的成本占比达到46%，远高于业内平均的32%。

2. 营销成本支出

以钟薛高为代表的高价雪糕为了能够建立产品知名度和维系自己高端的形象，在营销方面的投入一直都比其他品牌力度要大一些，尤其是找网红达人带货，既是带货，更是品宣的一种形式。在钟薛高老板林盛看来，网红是通向品牌的必经之路，外围造势十分重要。

相比之下，财大气粗的伊利、蒙牛采用的方式更加传统，伊利甄稀连续五季独家冠名《拜托了冰箱》，紧接着又签下了《让生活好看》《一起露营吧》的冠名合同。代言方面，伊利甄稀选了李现，蒙牛的蒂兰圣雪则由戚薇变为了更具流量的肖战。

3. 品牌溢价

一旦形成了品牌势能，其价值自然也会水涨船高。钟薛高是针对一二线城市的精英人群开发的，定位是"高品质的雪糕"，被媒体戏称为"雪糕界的爱马仕"。这一定位被人们所接受之后，就有了满足口腹之欲以外的购买理由，这些理由类似于购买奢侈品的心理动机。

4. 渠道的争夺

目前销售渠道更热衷尝试高价产品。一线城市便利店的选址往往更靠近核心商圈，更重视坪效，选品逻辑也较为严苛。这也为试图进入便利店的雪糕品牌设立了更高的门槛。便利店的前后台费用(如销售扣点、运输费、仓储费等)合计通常在40%～50%。一支售价10元的雪糕中，有4～5元是被便利店赚走的。高昂的渠道费对产品的毛利提出了更高的要求，这也成为"雪糕刺客"频繁出现在便利店的直接导火索。

高级乳业分析师宋亮在接受媒体采访时表示，从品牌全线产品来看，钟薛高平均毛利率或高达60%～70%。相比之下，伊利冷饮业务毛利率为40.27%，三元股份的冰淇淋业务毛利率则为31.7%。

《中国冰淇淋/雪糕行业趋势报告(2022版)》显示，伊利、和路雪、蒙牛、雀巢4家雪糕/冰淇淋品牌线下冰淇淋市场份额分别达到19%、15%、9%和8%，合计达51%。这样的占比与渠道渗透情况直接挂钩，深耕多年的传统品牌短时间内难以被超越。截至2020年底，伊利在全国拥有600多万个终端网点，其中乡镇网点超过100万个；到2021年9月底，伊利经销商数量共计14 559家。近两年才开始布局线下渠道的钟薛高，目前销售网点近40万个。

新消费品牌想通过薄利多销的路子与巨头掰手腕，希望渺茫，便只能通过网红包装抬高身价，切走更为细分的中高端市场。

三、打造"雪糕刺客"的三大秘籍

要打造一款"雪糕刺客",将 10 元左右的均价提升到 20 元以上,需要更多的溢价理由,只有这样,才能让消费者有动力买单。现在,越来越多的雪糕还兼具了网红文创打卡、社交曝光、礼品奖励等功能。这也让企业往雪糕里装载故事、提高溢价找到了更多理由。

秘籍一:"高端食材"打造尊享气质

对于一款雪糕来说,基础原料无外乎牛奶、乳脂、糖、食品添加剂。这些原材料价格终究是有天花板的,如果不巧立名目对雪糕的材质做包装、讲故事,很难说服消费者购买一款价格超出均价100%以上的雪糕。

最简单的方式,就是添加一些稀少又几乎无人知晓的食材名目,让消费者既感到高端大气上档次,又无法轻易地追查到这些食材的真相。

以售价高达 66 元的钟薛高厄瓜多尔粉钻雪糕为例,据钟薛高介绍,这款雪糕的巧克力外壳采用了在厄瓜多尔种植的天然粉色可可豆,内料还添加了种植 20 年才结果的 120 万元一吨的日本柚子。这款雪糕,据称总共只生产了两万支。尽管目前没有证据表明林盛说的"120 万元一吨"柚子是否属实,但显然这段话已经对厄瓜多尔粉钻雪糕的高价做了背书。

再以一款网红晴王葡萄味雪糕为例,产品宣传称原料有"天然的晴王葡萄果汁",网络零售价约10 元/支。在某网购平台上,云南种植的日本晴王葡萄,售价约为 90 元/斤,这样看来,这款雪糕的售价并不算高。但仔细查看该款雪糕包装会发现,包装正面有"晴王"两个大字,而在上方小字则明确写明,这只是一款"晴王葡萄味"雪糕;在包装袋反面的配料表中,更是找不到任何与"晴王"有关的东西,只有"葡萄果酱"四个字。

这种简单的文字游戏,大大提升了雪糕的溢价空间,成为"雪糕刺客"最常用的包装手法,但也有着"名不符实"的硬伤。钟薛高曾先后两次被行政处罚,就是因为虚假宣传。

秘籍二:改个模具就是"跨界联名"

跨界联名是另一种简单粗暴提升产品溢价的手法。

据钛媒体调查,近两年,仅 13 家主流冰淇淋品牌就至少有过 34 次跨界联名。从跨界领域来看,从酒水(例如茅台)、游戏(例如英雄联盟)、茶饮(例如奈雪的茶)、咖啡(例如 Costa),到景区(例如武汉黄鹤楼)、零售店(例如罗森),再到大学(例如中国人民大学)、博物馆(例如沈阳故宫),冰淇淋品牌们的"跨界"格局一开再开。

"雪糕刺客"的跨界联名方式主要有以下两种。

第一种是非食品企业的跨界,主要来自各大景区、知名文创品牌。此类雪糕一般不会在口味和原料上大做文章,主要采取模具创新的方式,把知名文化 IP 的建筑、人物等做成别致的雪糕造型,从而获取溢价。比较成功的有德氏食品与沈阳故宫合作的故宫雪糕,以及武汉黄鹤楼与之间味道合作的黄鹤楼雪糕等。对于这种跨界,雪糕企业一般只需要支付一笔授权费和模具设计费,就可以轻松将价格提高到同样配方口味雪糕的两三倍以上。如巧克力味的黄鹤楼雪糕网售价约 20 元/支,作为对比,梦龙巧克力雪糕的网售价还不到 7 元/支。

第二种是其他食品企业与雪糕企业的联名。如"醋都"镇江的百年企业恒顺推出文创冰淇淋和雪糕,有酱油芝士、香醋和黄酒三种口味,售价 18 元/支。2022 年 2 月,国货老字号六必居也推出了两款"暗黑"口味冰淇淋,黑蒜冰淇淋和黑芝麻冰淇淋,定价为 18 元/支。迄今为止最为"大牌"的跨界冰淇淋,非茅台冰淇淋莫属。茅台冰淇淋共分三种口味,包括青梅煮酒、经典原味及香草口味,每颗冰淇淋里含 2% 的飞天茅台,价格从 59 元到 66 元不等。

秘籍三：雪糕也要做到"0 糖 0 脂"

据中国绿色食品协会发布的《中国冰淇淋/雪糕行业趋势报告(2022 版)》显示，90 后及 95 后群体已占整体线上冰淇淋/雪糕消费人数的三成。近年来，绿色食品、健康食品大行其道，雪糕企业也敏锐察觉到，打健康养生牌是提高雪糕溢价的另一种有效方式。

根据《线上冰品消费趋势报告(2021 版)》，2021 年线上冰淇淋市场中低脂产品销量同比增长131%，无糖产品增长 128%。中国疾病预防控制中心营养与健康研究所副研究员徐维盛表示，基于群众对健康的向往和追求，低糖、低脂、清洁标签的健康雪糕将是未来研发方向，企业应结合健康原料进行研发。

在某网购平台，一款 0 蔗糖冰淇淋 10 支售价 158 元，一款零脂冰淇淋 6 杯售价 99 元，甚至一款标为"0 糖 0 脂 0 卡"的冰棍，售价都超出了 4 元/支，"低糖低脂无添加"几乎就等于"卖得可以更贵一点"。

2022 年 6 月，消费日报委托北京市营养源研究所有限公司，对钟薛高低糖丝绒可可雪糕等 6 款低糖、低脂冰淇淋产品进行测试。检测结果显示，无论是低糖还是无糖产品，均被测出含有 5 种糖，甚至标注为无蔗糖的产品也被检测出蔗糖含量，而且总糖含量比低糖产品还要高。

注册营养师、知名科普作家吴佳解释说："糖是一个特别大的种类，像葡萄糖、果糖、乳糖、蔗糖、麦芽糖都属于糖这个大分类，对食物进行检测，肯定是能够检测出糖的，0 蔗糖不等于 0 糖。"

对于雪糕、冰淇淋外包装上标注的"低糖、低脂"，吴佳表示，按照现行标准，只要糖含量在5.0g/100g 以下的，都可以宣称是低糖产品；脂肪在 3.0g/100g 以下的，属于低脂产品。

四、"雪糕刺客"们的未来在哪里

高价格的雪糕是智商税还是物超所值，是仁者见仁智者见智的问题。在钟薛高爆红之前，国内冰淇淋的顶流一直都是国外品牌，例如哈根达斯、古巴哈瓦那维达度的美味冰淇淋、法国巴黎Berthillon 冰淇淋等，钟薛高的出现正好弥补了国内中高端的品牌市场，也为国内餐饮走向世界树立了一个标杆。

高价雪糕营销战打得热闹，但在小卖部、社区超市等线下传统渠道，3～5 元价位的雪糕仍牢牢把握着主流地位。在线上平台，平价雪糕也是主流。在一个高端需求仍未被充分验证的市场里，声势浩大的营销成了把双刃剑，为"雪糕刺客"争议不断发酵做足了铺垫。

在经历 2022 年夏天的风波后，产品能力在攻占消费者心智上将会扮演更重要的角色。陷入过度营销怪圈的网红品牌或许会更审慎地考虑，如何避免在雪糕江湖中做一名短命的"刺客"。

资料来源：

① 66 元的雪糕刺客钟薛高，高价的背后究竟是消费升级，还是炒作噱头[EB/OL]. (2022-07-04). https://baijiahao.baidu.com/s?id=1737375258155247024&wfr=spider&for=pc.

② 真敢讲故事！"雪糕刺客"养成记：成本三四元市场上千亿[EB/OL]. (2022-07-12). https://baijiahao. baidu.com/s?id=1738134531556157551&wfr=spider&for=pc&searchword=%E5%8E%84%E7%93%9C%E5% A4%9A%E5%B0%94%E7%B2%89%E9%92%BB%E9%9B%AA%E7%B3%95.

③「雪糕刺客」后半场，钟薛高们怎么走？｜氪金·大消费[EB/OL]. (2022-08-05). https://baijiahao.baidu. com/s?id=1740301812384062770&wfr=spider&for=pc.

案例思考题：

1. 雪糕定价策略的影响因素有哪些？

2. 结合案例分析，"雪糕刺客"们采取了哪些定价方法和技巧？

3. 高价雪糕引发了很多的争议，未来相关企业应该采取哪些策略以避免在雪糕江湖中做一名短命的"刺客"？

第11章 渠道策略

第 11 章知识点

学习目标

- 了解营销渠道的概念，能描述出营销渠道的结构
- 理解渠道权力转移理论
- 了解营销渠道的几种常见形式和平台商业模式的特点
- 了解电子商务的概念和营销渠道的演进过程，掌握 O2O 模式的概念
- 掌握营销渠道设计和管理的基本方法
- 了解零售批发与物流管理的基本概念，了解零售业态的新变化

引入案例
中外玩具制造

　　《中外玩具制造》杂志在 2022 年 3 月刊载的"商超渠道变革"专题中对玩具销售渠道多元化现状进行了剖析。上海妙咪贸易有限公司(以下简称"妙咪贸易")总经理徐灿宏表示，以前的玩具销售渠道可以用"二八定律"概括：即线上渠道基本上由阿里系(淘宝、天猫)、京东系(京东、唯品会)占绝对地位，销售占比达 80%，甚至更高；而线下则以超市批发占主体，占了 20%左右的业绩。随着消费习惯的碎片化和新兴平台的不断涌现，如潮流集合店越开越多，拼多多、B 站(哔哩哔哩)、抖音、小红书、微商、私域流量等把阿里巴巴、京东原有的大量客群分流掉，从而导致渠道出现"长尾理论"。

　　以妙咪贸易为例。妙咪贸易目前的客户分布大致为线上和线下，线上有天猫、淘宝、拼多多、京东、唯品会等；线下有超市、集合店、批发、书店、文创店等。徐灿宏称，公司以前的关键客户以超市和批发为主，占了公司 80%的业绩；而现在因为集合店的资本进入和扩张，加之集约化采购，渠道占比发生了变化，集合店约占公司业绩的 70%，其他渠道则比较分散。

　　以销售潮流和收藏玩具为主的集合店，近两年如雨后春笋般在全国各地纷纷开业，而且扩张速度非常快，如番茄口袋 Qpokee、KKV、LoFt、名创优品等杂货品牌集合店；泡泡玛特、TOP TOY、52TOYS、潮玩星球、酷乐潮玩、九木杂物社、KNOWIN 潮流实验室、X11、19 八 3 TOYS 等潮玩零售店。它们要么以大面积、多 SKU[①]为特色，要么以轻体量、门店多为卖点，都是玩具企业布局的重要系统。

　　资料来源：张澄. 玩具销售渠道从聚合走向裂变[J]. 中外玩具制造. 2022(5)，有删改。

　　产品和服务如何传递给消费者？这是所有制造商和服务提供商需要考虑的问题。大多数生产者和服务提供者通常不是将其产品或服务直接出售给最终消费者，而是通过中间商或中介机

[①] SKU 一般指最小库存单位，全称为 stock keeping unit，对于电商而言，SKU 是指一款商品的编码。

构来实现商品和服务的流转，帮助商品和服务顺利地被消费和使用，这些中间商或中介机构就构成了营销渠道。

在工业经济时代，传统营销渠道商具有很强的议价能力，例如以沃尔玛为代表的大型零售商拥有强大的渠道权力，"渠道为王"和"得渠道者得天下"成为至理名言。但随着网络科技的发展，营销渠道的表现形式已经发生了颠覆性的变化，以移动电商和自媒体为代表的新型营销渠道让企业在进行营销渠道决策时有了更多的选择与考虑。

11.1 营销渠道体系

营销渠道是由一系列中间机构构成的，其主要作用就是实现商品或服务的传递及价值的实现。由于经济活动的复杂性及市场环境的变化，企业的营销渠道常常不是单向、线性的，而是会形成一个网络状结构，网状结构中的成员都对企业的价值实现产生作用，即为价值网络。

11.1.1 营销渠道结构

营销渠道(marketing channel)通常也被称为分销渠道或营销通路，构成营销渠道的中间机构有多种类型，通常有经销商、代理商、渠道辅助机构等。

(1) 经销商：这些机构买进商品，取得商品所有权，再出售商品给下游客户或最终消费者，通过进销差价盈利。某些批发商和零售商常会扮演这个角色，通常经销商会推动商流、物流、资金流、信息流的实现。

(2) 代理商：代理商与经销商最大的不同在于它们不获得商品的所有权，它们负责寻找顾客、谈判、销售，以此获得佣金。

(3) 渠道辅助机构：渠道中常常还有物流公司、金融机构等中间机构的参与，但它们既不取得商品所有权，也不参与交易谈判，常常只是帮助物流、资金流或信息流中某些部分的实现，故称为辅助机构。

营销渠道的起点为制造商或服务提供者，终点为消费者，随着中间机构层级不同便形成了不同层级的渠道结构，渠道级数的主要类型如图 11-1 所示。

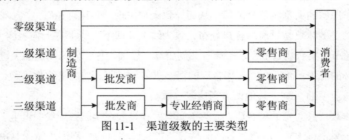

图 11-1　渠道级数的主要类型

1. 营销渠道级数

渠道级数是指制造商到消费者之间所经过的中间商的层级数量。

(1) 零级渠道即为直接营销渠道(direct-marketing channel)，由制造商或服务提供者直接销售产品或服务给顾客。直接营销的主要方式包括网络直销、厂家直销、电话直销、上门推销、电视购物等。

(2) 一级渠道即只包括一个中间商(如零售商)的渠道。例如宝洁通过与沃尔玛的品类管理的战略合作，其产品通过沃尔玛这一级中间商进行销售，是典型的一级渠道。

（3）二级渠道包括两个层级的中间机构。在消费者市场，一般是一个批发商和一个零售商。在组织市场，则可能是一个分销商和一些代理商。

（4）三级渠道通常由批发商、专业经销商和零售商这三类中间机构组成。在中国也很常见总代理商、一级代理商、零售商这样的渠道结构。

通常来说，渠道越长，生产商对终端进行控制及获取最终用户信息的难度就越大，而且整个渠道效率也会越低，供应链管理通常说的"长鞭效应"正是由于供应链过长，从而导致某端微小的变化即会导致另一端剧烈波动或信息极大的偏差。

2. 营销渠道宽度

渠道宽度是指企业在某一市场上并列地使用中间商的数量。企业在制定渠道宽度决策时，一般有三种选择。

（1）独家分销：指在一定地区、一定时间内只选择一家中间商经销或代理，授予对方独家经营权。这是最窄的一种分销渠道形式。生产和经营名牌、高档消费品和技术性强、价格较高的工业用品的企业多采用这一形式。其优点是中间商经营积极性高、责任心强；缺点是市场覆盖面相对较窄，并且有一定风险，如该中间商经营能力差或出现意外情况，将会影响企业开拓该市场的整个计划。

（2）广泛分销：又称密集型分销，即利用尽可能多的中间商从事产品的分销，使渠道尽可能加宽。价格低、购买频率高的日用消费品，工业用品中的标准件、通用小工具等，多采用此种分销方式。其优点是市场覆盖面广泛，潜在顾客有较多机会接触到产品；缺点是中间商的经营积极性较低，责任心差。

（3）选择性分销：指在市场上选择部分中间商经营本企业产品。这是介于独家分销和广泛分销之间的一种形式。其主要适用于消费品中的选购品，工业用品中的零部件和一些机器、设备等。经营其他产品的企业也可以参照这一做法。如果中间商选择得当，采用此种分销方法可以兼得前两种方式的优点。

11.1.2 平台商业模式

平台模式是与垂直模式相对应的一组概念。所谓垂直模式，即是传统营销渠道模式，制造商进行商品生产，中间商购进商品再向消费者进行出售，这是一种线性的渠道模式，如图 11-2 所示，也是一种重资产模式，中间商购进商品，拥有较大的库存，同时拥有较大的设施设备、建筑物等资产，中间商一方面与上游供应商进行交易，另一方面也与下游顾客进行直接交易。而平台模式则是一种轻资产模式，平台本身通常不直接拥有商品，不直接进行交易，而是让交易双方在其介质上(有形或无形)进行交易，如图 11-3 所示。

图 11-2　垂直模式　　　　　图 11-3　平台模式

平台模式根据其交易方群体的数量可分为双边平台和多边平台，其中最为常见也最为基础的是双边平台，即平台上有两方不同的使用群体，比如淘宝上的"买家"与"卖家"。多边平台则有三个甚至三个以上不同的使用群体，例如最常见的内容产业平台，如电视台以节目吸引观众，再以观众的收视率吸引广告商。

平台模式其实是一种非常古老的模式，传统市集、农贸市场、购物中心乃至城市都是平台模式。以传统的市集为例，市集规模越大、商家越多、商品越丰富，对赶集者的吸引力就越大，来逛市集的人就越多。而同时来逛市集的人越多，就有越多的商家愿意来市集，这个市集的影响力、价值也就越大，市集的所有者或管理者则可以从中收到更多、更高的租金或管理费等。现代零售业态中购物中心也是一个典型的平台，其原理与古老的市集如出一辙。

在互联网时代下，平台模式又一次大放异彩，淘宝、大众点评等众多互联网公司运用平台模式产生了巨大的商业价值——电子商务平台给商家和消费者都带来了极大的便利，让营销渠道形态发生了革命性的变化。

实际案例 **京东：家电电商领域强势破局(扫描右侧二维码阅读)**

11.1.3 营销渠道系统

京东：家电电商
领域强势破局

随着市场环境的变化，营销渠道处于不断变化中，新型的批发机构和零售机构不断涌现，全新的渠道系统正在逐渐形成。下面将探讨几种主要的形态。

1. 垂直营销系统

垂直营销系统是近年来渠道发展中最主要的形式之一，它的出现给传统营销渠道带来了冲击。传统营销渠道是由独立的生产者、批发商、零售商组成。其中每个成员都作为一个独立的企业实体，围绕着实现自身利润最大化而行动，即使会损害系统整体利益，也在所不惜。而垂直营销系统则不同，它是由生产者、批发商和零售商所组成的一种统一的联合体。在这里，某个渠道成员拥有其他成员的产权，或者一种特许经营关系，或者因某个渠道成员拥有相当实力，而其他成员愿意与其合作。垂直营销系统可以由生产商支配，也可以由批发商或者零售商支配。

垂直营销系统有利于控制渠道行动，消除渠道成员为追求各自利益而造成的冲突。它们能够通过其规模、谈判实力和重复服务的减少而获得效益。在消费品销售中，垂直营销系统已经成为占主导地位的分销形式，占全部市场的 70%~80%。垂直营销系统主要有公司式、管理式和合同式三种类型。

(1) 公司式：由同一个所有者名下的相关生产部门和分配部门组合而成。垂直一体化得到公司偏爱是因为公司能对渠道实现高水平的控制，垂直一体化有向后或向前一体化。如美国西尔斯(Sears)百货公司销售的商品中，超过 50%的部分来自自身所拥有的制造业公司；家电制造企业(如格力)拥有众多自建零售网点。

(2) 管理式：形成这一组织的各个部门并不属于同一个所有者，而是由某一家规模大、实力强的企业出面组织而形成的。如依靠自己强有力的品牌，许多制造商有能力从经销商那里得到强有力的销售合作和支持。如吉列、宝洁等能够在商品展销、货柜位置、促销活动和定价政策等方面得到其零售商的积极配合。

(3) 合同式：由生产和分销阶段上不同的相互独立的公司组成，它们以合同为基础来统一行动，以求获得比其独立行动更大的经济效果。合同式垂直营销系统近年来获得了很大的发展，成为经济生活中最引人注目的发展之一。合同式垂直营销系统又有三种形式。

① 批发商牵头办的自愿营销组织。批发商制订一个方案，组织独立的零售商成立自愿连锁组织，使各个独立零售商的销售活动标准化，并获得集中采购的好处，这样能使这个群体有效

地和其他连锁组织竞争。

② 零售商合作组织。由零售商带头组织一个新的企业实体，开展批发业务和部分生产活动。其成员通过零售商合作组织集中采购，联合进行广告宣传，利润按成员的购买量比例进行分配。非成员零售商也可以通过合作组织采购，但是不能分享利润。

③ 特许经营组织。这是近年来发展最快和最受瞩目的零售形式。特许经营的方式可分为以下三种。

- 制造商牵头办的零售特许经营系统。如福特汽车公司由特许经销商出售它的汽车，这些经销商虽然都是独立的生意人，但是他们已就有关销售和服务的各种条件达成共识。
- 制造商牵头办的批发特许经营系统。在软饮料行业里能见到这种经营方式，如可口可乐特许各个市场上的装瓶商(批发商)购买该公司的浓缩饮料，然后由装瓶商充碳酸气，装瓶，再出售给本地零售商。
- 服务公司牵头办的零售特许经营系统。由一个服务公司组织整个系统，以便将其服务有效地提供给消费者，快餐服务行业(如麦当劳公司、汉堡王公司等)即为此类。

2. 水平营销系统

水平营销系统是由两个或两个以上的公司联合开发一个市场。这些公司缺乏资本、技能、生产或营销资源来独自经营或者承担风险；或者与其他公司联合可以产生巨大的协同作用。公司间的联合行动可以是暂时性的，也可以是长期的，也可以创立一个专门公司，因而会出现一种共生现象。

3. 多渠道营销系统

随着顾客细分市场和新渠道的不断增加，越来越多的公司采用多渠道营销，而不再使用过去面向单一市场，使用单一渠道进入市场的办法。如越来越多的公司同时具有线上线下的营销渠道，光是线下渠道也常常有多种渠道的组合。

有些企业还会以不同包装、不同价格或不同规格的产品区分不同渠道销售的产品，比如统一方便面，在社区便利店往往是以独立包装为单位进行销售的，在仓储式大型超市是以"家庭装"或"分享装"的大包装来进行销售的，而在火车站、加油站的便利店是以碗装的形式进行销售的，从而更好地满足消费者的不同需求。

一些企业不仅开发了多条渠道，还实现了"跨渠道"销售。"跨渠道"是指多种渠道交互，每条渠道仅完成销售的部分功能，而消费者选择在多个不同的渠道上完成同一购物过程的不同阶段的购物行为。由此可见，跨渠道更考验企业对于销售渠道的综合管理和运用功能。

在家电零售市场上，线下负责产品体验、线上负责销售与服务的零售形态已成为主流家电零售渠道商的共识。以京东为例，线上市场一直是其家电商品主要的销售通道，但为解决消费者体验问题，京东大力拓展线下市场覆盖全国一到六线各级市场的京东家电专卖店和体验店；相反，老牌的电器零售商苏宁则依托线下实体卖场大力发展其自有电商平台。

11.1.4 渠道权力转移理论

随着时代的变化，渠道权力也发生了相应的转移。渠道权力由初期的制造商拥有过渡到发展时期的中间商拥有，最终过渡到成熟期的消费者拥有，整个演变过程呈对角线状，美国整合营销传播之父唐·舒尔茨(Don E. Schultz)据此提出渠道权力转移理论，也称对角线理论，说明了渠道支配方的变化，整个演

视频：渠道
对角线理论

变过程移动的轨迹如图 11-4 所示。

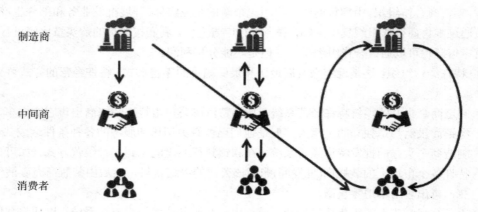

图 11-4　渠道权力转移过程

1. 制造商掌握渠道权力时期

起初，制造商在专家权力、信息权力和参照权力方面比中间商和消费者都有优势，因此拥有支配权力。

(1) 专家权力的绝对化。在中间渠道建立初期，制造商在商品制造、商品性能与技术把握等方面拥有的专业知识足以令渠道中的其他成员侧目。而作为"新生代"的中间商尚属弱势群体，其在经销方面的专业特长还未充分体现。渠道中的另一个成员——消费者在商品知识方面一直表现为"非行家"特征，专家权力方面更显苍白，因此，制造商的专家权力在渠道成员中显得异常突出，呈绝对化状态。

(2) 信息权力的绝对化。信息权力的大小取决于信息拥有量的大小。中间渠道产生初期，经过了长期直销模式的制造商一直与消费者保持着密切的联系，对消费者的消费需求及购买行为等信息掌握得非常充分，再加上自身所拥有的商品信息，成为渠道成员中信息获取最多、最充分的一个，其信息权力也呈绝对化状态。

(3) 参照权力的绝对化。由于制造商的渠道行为早于中间商，因此，在中间渠道建立初期，制造商已形成了一批知名品牌产品，对于刚刚起步的中间商，其品牌的建立还需一段时日。在渠道成员中，制造商以其明显的渠道形象优势对其他成员构成绝对的吸引力。

正是上述权力的综合作用，制造商在中间渠道形成的初期阶段，成为渠道权力的主要控制者，也成为渠道的最大受益者。

2. 中间商掌握渠道权力时期

20 世纪 70 年代后，中间商的力量开始日益壮大，以其在渠道结构中的特殊位置——介于制造商与消费者之间的桥梁，开始成为渠道结构中的主要控制力量，渠道权力开始从制造商向中间商转移。

(1) 中间商的信息权力不断扩大，而制造商与消费者的信息权力相对缩小。中间商的出现，使得制造商与消费者之间的信息沟通被拦腰截断，制造商由过去的信息充分获取者变为信息不完全获取者。中间商成为渠道交易行为的"操盘手"，一头连接制造商另一头连接消费者，是信息的最充分获取者。

(2) 中间商的强迫权力不断扩大，而制造商与消费者的强迫权力相对缩小。随着中间商经验的积累与成熟，市场渗透力及辐射力的加强，制造商对中间商的依赖性也进一步增强。制造商必须依赖中间商强大的经销网络，才能有效地将产品传递到消费者手中。为此，中间商对制造商及消费者的强迫权力也随之增强，为了谋取最大化的利益，中间商往往对制造商提出种种让利要求，并在制造商抵触时，采取拒销或退货等处罚性行为，胁迫制造商妥协。

(3) 中间商的专家权力不断扩大，而制造商与消费者的专家权力相对缩小，最终导致中间商在渠道中处于支配地位。中间商的产生是渠道成员功能专业化的结果。中间商的相对功能优势主要体现在市场网络的构成、销售力等市场运作方面。这些功能优势构成了中间商区别于其他渠道成员的专家权力。从 20 世纪 70 年代开始，随着中间商的发展加速，其专业功能优势迅速扩大，专家权力在渠道中的作用凸显。受渠道分工的影响，制造商从市场销售功能领域退出，专注于产品生产与制造，专家权力逐步萎缩。因此，在渠道的发展壮大时期，渠道权力主要集中在中间商的手中，渠道权力的天平严重地倒向中间商。

3. 消费者掌握渠道权力时期

21 世纪的营销渠道是一个由消费者主导的渠道，因为他们控制着信息技术。消费者渠道权利扩大主要表现在以下方面。

(1) 消费者的信息权力急剧增强。网络技术为消费者带来的渠道效益是巨大的。首先它为消费者获得商品信息提供了极大的方便，消费者可以直接从网上查询全球企业的各类信息，在充分比较的基础上进行商品的选择与交易。其次，增强渠道信息的透明度。传统渠道模式，消费者的商品与市场信息主要源

视频：中间商的转型

于中间商的多层传递，由于人为与非人为因素的影响，信息到达消费者时不免出现失真现象。网络技术使信息呈现公开化与直接化特征，信息透明度增强。最后，网络技术使得信息传递速度加快，消费者可以及时获取所需信息，解决了消费者信息长期滞后的问题。

(2) 消费者的专家权力急剧增强。随着商品交易活动的增加，消费者逐渐成熟，消费行为更加理智。尤其是需求个性化的趋势，使消费者在渠道中的专家权力日益突出。在网络营销条件下的"一对一营销"及"方案营销"中，消费者可以根据自己的个性需求，提出产品的设计方案，从而由过去的产品被动接受者转为产品的主动设计者。同时，消费者还可以根据自己的兴趣爱好，向制造商或中间商直接个别订货，再由制造商或中间商组织生产或货源予以满足。

即测即评

请扫描二维码进行在线测试。

第 11.1 节习题

11.2 电子商务及全渠道模式

11.2.1 电子商务的模式

电子商务(electronic commerce 或 electronic business)是指以现代网络技术为基础实现整个贸易活动的电子化。从交易手段上看，交易各方以电子手段进行交易而非当面交易；从技术上看，电子商务是一种多技术的集合体，包括收集信息、传递信息、接收信息与处理信息等多方面技术。电子商务发展到今天，已经成为最主流的渠道之一，电子商务也越来越具有 SoLoMo 的特征：即社交化(social)、本地化(local)、移动化(mobile)。经过多年的发展，特别是随着智能手机的普及，电子商务从 PC 端向移动端转移，电子商务演化出各种各样的业务模式。

1. 企业-企业(B2B)

B2B(business to business) 的电子商务指的是企业与企业之间依托互联网等现代信息技术手段进行的商务活动，如企业利用互联网接收供应商商品信息、采购或进行网上付款等。企业对企业的电子商务占了电子商务较大的一部分。目前，电子商务已经在 B2B 领域产生足够收益并相较传统模式具有更高的效率，因此很多企业都乐意加入 B2B 领域开展经营活动，电子商务帮助很多企业建立了竞争优势。

2. 企业-客户(B2C)

B2C(business to customer) 即企业通过互联网为消费者提供一个新型的购物环境——网上商店，消费者通过网络在网上购物、在网上支付，甚至通过网络与企业交互。由于这种模式节省了客户和企业的时间和空间，大大提高了交易效率，特别是对于工作忙碌的上班族，这种模式可以为其节省宝贵的时间，对于行动不方便的客户，B2C 能让他们不出家门就买到需要的商品或服务。国内目前已有大量的电子商务网站采用了这种经营模式，最典型的如天猫、京东等。

3. 客户-客户(C2C)

C2C(customer to customer) 的出现是由于互联网为个人经商提供了便利，各种个人拍卖网站层出不穷，形式类似西方的"跳蚤市场"。其中在国际上最成功、影响最大的应该算是 eBay，它是由美国加州的年轻人奥米迪尔(Pierre Omidyar) 在 1995 年创办的，是互联网上最热门的网站之一，每周有数千万人次访问，用户遍及全球。而在国内，淘宝网的知名度与销售额更高。C2C 网站上交易的商品，从古董、邮票到宝石、首饰，从玩具、书刊到电脑、电器，应有尽有。对很多热衷于电子商务的消费者来说，C2C 网站的魅力毫不逊色于任何一家特大型百货商场。

4. 企业-政府(B2G)

B2G(business to government) 的电子商务指的是企业与政府机构之间依托现代信息技术手段进行的商务或业务往来活动。政府与企业之间的各项业务都可以纳入其中，包括政府采购、税收、商检、报关等。例如，政府的采购招标信息可以通过网站或其他信息手段发布，企业通过网络购买标书、制作标书，并通过网络上传给政府，政府通过网络开标、评标，最后使用电子化手段同中标人联络，甚至还可以签订电子合同。政府可以通过这种示范作用促进电子商务的发展。

5. 消费者-企业(C2B)

C2B(consumer to business) ，通常情况为消费者根据自身需求定制产品和价格，或主动参与产品设计、生产和定价，产品、价格等彰显消费者的个性化需求，生产企业进行定制化生产。

6. 供应者-运营者-采购者(BOB)

BOB (business-operator-business)指的是供应方(business)与采购方(business)之间通过运营者(operator)达成产品或服务交易的一种新型电子商务模式，其核心目的是帮助那些有品牌意识的中小企业或者渠道商们有机会打造自己的品牌，实现自身的转型和升级。

7. 企业网购引入质量控制(B2Q)

B2Q(enterprise online shopping introduce quality control)，是指交易双方网上先签意向交易合同，签单后根据买方需要引进公正的第三方(验货、验厂、设备调试工程师) 进行商品品质检验及售后服务。通过这种模式，企业可以有效杜绝电商产品假货泛滥的问题。

8. 工厂-消费者(F2C)

F2C(factory to customer)，是指厂商生产后，经过电商平台或者互联网平台来销售给消费者。

F2C 的优势是具有强有力的线下产业支撑、有效的全程品控、快速的市场反应，这是因为 F2C 平台的销售方是厂商，厂商直销很好地保证了信誉、产品质量和售后的问题。

9. 线上线下协同(O2O)

O2O 将线下的商务机会与互联网结合，通过有线或无线互联网提供商家的销售信息，聚集有效的购买群体，并在线支付相应的费用，凭借各种形式的凭据，去线下的商品或服务供应商处完成消费，让互联网成为线下交易的前台。这样线下服务就可以利用线上揽客，消费者可以通过线上来筛选服务，特别适合必须到店消费的商品和服务。

从 2012 年开始，O2O 模式被互联网巨头广泛关注，BAT 三巨头也纷纷布局 O2O。原因在于：一方面，O2O 模式可以提高商业效率，单纯的线下实体存在诸多信息不对称、交易成本过高等问题，单纯的线上模式也存在物流配送成本高、商品不能即时获得等问题，而两种模式的融合可以充分利用双方的优势，提高双方的效率；另一方面，O2O 模式可以更好地实现顾客体验，线上渠道商最缺乏的便是"实际感"，无论图片拍得如何精美，终究无法替代实际的接触。

O2O 模式有两种类型：一是 Online to Offline(线上交易到线下消费体验)，例如阿里开发出"喵街"App 布局线下，京东开发出"京东到家"业务。二是 Offline to Online(线下营销到线上交易)，主要由线下零售商发起，将自身业务从线下拓展至线上。最具影响的是苏宁的 O2O 战略，从苏宁电器向苏宁云商转型，大力发展苏宁易购、实现线上线下同价。

以上两种类型常常会交互出现，例如天猫等电商平台常常通过线下实体店(实体零售店、线下广告等)进行营销，诱导顾客线上消费后，鼓励顾客线下自提，这实际上是一个 Offline to Online to Offline 的连环。随着 O2O 的发展，其类型也将越来越多。

超级物种盒马鲜生的两难抉择

可扫描右侧二维码阅读《超级物种盒马鲜生的两难抉择》。

好学深思 中国古代的购物渠道(扫描右侧二维码阅读)

11.2.2 全渠道模式

中国古代的购物渠道

在移动电商越来越成为主流的背景下，多数零售商已经不再局限于原有的渠道模式，纷纷开展全渠道的尝试。所谓全渠道是指企业为了满足消费者消费、娱乐、社交等多元化的需求，将实体渠道、电子商务渠道和移动电子商务渠道有机整合在一起，进行商品或服务的销售，提供给顾客无差别的综合体验。

全渠道具有三大特征：全程、全面、全线。

(1) 全程。一个消费者从接触一个品牌到最后购买的过程中，全程会有 5 个关键环节：搜寻、比较、下单、体验、分享，企业必须在这些关键节点保持与消费者的全程、零距离接触。

(2) 全面。企业可以跟踪和积累消费者的购物全过程的数据，在这个过程中与消费者及时互动，掌握消费者在购买过程中的决策变化，给消费者个性化建议，提升购物体验。

(3) 全线。渠道的发展经历了单一渠道时代(即单渠道)、分散渠道时代(即多渠道)的发展阶段，到达了渠道全线覆盖(即线上线下全渠道)阶段。全渠道覆盖包括实体渠道、电子商务渠道、移动商务渠道的线上与线下的融合。

全渠道是消费领域的革命。具体的表现是全渠道消费者的崛起，他们的生活主张和购物方式不同以往，他们的消费主张是：我的消费我做主。具体的表现是他们在任何时候如早上、下午或晚间，任何地点如在地铁站、在商业街、在家中、在办公室，采用任何方式如电脑、电视、手机、iPad,都可以购买到他们想要的商品或服务。

全渠道为商家拓展了除实体商圈之外的线上虚拟商圈,让企业或商家的商品、服务可以跨地域延伸,甚至开拓国际市场,也可以不受时间的限制 24 小时进行交易。实体渠道、电商渠道、移商渠道的整合不仅给企业打开千万条全新的销路,也能将企业的资源进行深度的优化,让原有的渠道资源不必再投入成本而承担新的功能,如给实体店增加配送点;或者通过线上线下会员管理体系的一体化,让会员只使用一个 ID 号即可在所有渠道内通行,享受积分累计、增值优惠、打折促销、客户服务。

提供全渠道体验的方法不止一种,根据企业的性质和客户群,每个公司使用的方法是不同的。企业要抓住机会跳出原有的框架,综合各渠道的优势为客户提供不同于单一渠道的全新体验。尽管"全能"意味着"所有",但全渠道零售不一定是指无处不在。一个全渠道战略应该以客户为中心,在他们与企业互动的任何地方满足客户需要,包括实体店和移动设备。在顾客不使用的渠道建立营销战略是无效的。

前文提及的线上线下协同 O2O 就是近年来最热门的电子商务模式,也是一种比较典型的全渠道经营模式。

即测即评

请扫描二维码进行在线测试。

第 11.2 节习题

11.3 设计和管理营销渠道

在实际营销渠道运作中至少包括两大问题:(1) 选择何种渠道最为合适,如何设计营销渠道系统;(2) 营销渠道涉及诸多合作方,如何有效地管理营销渠道,以提高整个渠道效率。如何设计和管理营销渠道是一个综合性、复杂性很强的问题,需要一个系统的分析框架,主要要点如图 11-5 所示。

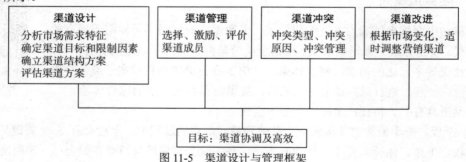

图 11-5 渠道设计与管理框架

11.3.1 渠道设计

渠道设计是关于构筑新的分销渠道或者对已经存在的渠道进行变更的决策活动。一个新公司在某个地区的市场上开始销售时,常因资金有限等原因,要利用现有的中间商。而当地市场可供选择的中间商总是很有限:为数不多的几个销售代理商、批发商、零售店、运输公司,需要说服几个可利用的中间商来经销这种产品线。制造商的渠道系统必须在适应当地市场机会和条件的过程中逐步形成。

设计一个渠道系统要求分析市场需求特征、确定渠道目标和限制因素、确定渠道结构方案，以及对它们做出评价。

1. 分析市场需求特征

首先要了解目标市场中消费者购买什么商品、在什么地方购买、为何购买、何时买和如何买。营销人员必须了解目标顾客在购买一个产品时所期望的服务的类型和水平。渠道可提供的服务包括如下几个方面。

(1) 批量大小：营销渠道在顾客购买过程中提供给顾客的单位数量。

(2) 等候时间：渠道的顾客等待收到货物的平均时间。顾客一般喜欢快速交货渠道。

(3) 空间便利：营销渠道为顾客购买产品所提供的距离远近上的方便程度。

(4) 产品品种：营销渠道提供的商品花色品种宽度。顾客一般喜欢较多的花式品种，这样才能创造更多满足顾客需要的机会。

(5) 服务支持：渠道提供的附加服务(信贷、交货、安装、修理)。服务支持越强，渠道提供的服务工作越多。

营销渠道的设计者必须了解目标顾客的服务需要。提高服务的水平意味着渠道成本的增加和价格的提高，必须清楚认识顾客在接受公司服务和产品价格之间会做何种选择。

2. 确定渠道目标和限制因素

无论是创建渠道，还是对原有渠道进行变更，设计者都必须将公司的渠道设计目标予以明确。因为公司设置的渠道目标很可能因为环境的变化而发生变化，明确列示出来，才能保证设计的渠道不偏离公司的目标。

在确定渠道目标时，还需考虑市场规模、产品标准化程度、公司规模及中间商能力的限制。一般来说，市场规模越大，渠道的长度和宽度会相对更大一些；笨重的、价值高的或容易腐烂的产品，应采用短的渠道结构；小公司往往难以获得理想的中间商的支持，大公司则不必担心没有中间商加入他们的渠道；另外，如果中间商能力十分强大，影响力强，则限制了公司对渠道的选择性。

3. 确立渠道结构方案

确定了渠道目标后，就需要选择适合于帮助实现这些目标的中间机构及这些机构的结合方式，这样会出现若干个候选方案。不同的渠道方案，其优劣大不相同，因此必须从中选择可行的方案。影响渠道结构选择的主要因素，如图 11-6 所示。

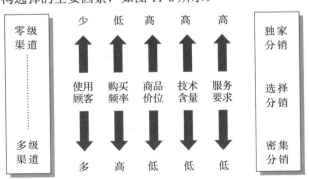

图 11-6 影响渠道结构选择的主要因素

4. 评估渠道方案

评估渠道方案可从经济性标准、控制性标准和适应性标准三方面进行评估。

(1) 经济性标准。每种渠道都会有不同的产出效率和成本，衡量渠道的经济性主要可从每次交易的成本和渠道产出(销量、附加值等)两个方面来评价。

(2) 控制性标准。使用中间商时需要考虑控制问题，中间商常常是一个独立的公司，有其自身的目标，出于自身利益最大化的考虑往往与制造商或服务提供商的目标不一致。因此，制造商或服务提供商在选择渠道时必须考虑是否能对中间商产生影响，能否对其保持控制力，只有这样，才能避免中间商行为与自身目标偏离太远。

(3) 适应性标准。在不同地方也应根据当地实际情况选择不同的渠道，以使渠道更能适应当地消费者的习惯，同时，市场环境也在不断变化，制造商在选择渠道时需要考虑有高度适应性的渠道结构。

11.3.2 渠道管理

1. 选择渠道成员

作为生产者，希望能有合格的、足够的中间商与自己合作，但由于生产者自身的能力有显著不同，因此生产者的选择会受到各种限制。如丰田汽车这样的公司可以轻而易举地吸引到新的经销商销售雷克萨斯汽车，或者靠在招聘条件中许诺给予独家经销、选择性分销引来大批申请人。而有些生产者则须付出很大努力才能找到足够的合格的中间商。

选择中间商时主要的依据是：从业时间、发展情况、信誉、财务能力、经营的产品组合、市场覆盖面、仓储条件、发展潜力等。除此之外，还要考虑中间商所经营的竞争产品情况，中间商所处的地理位置、拥有的顾客类型等。

2. 激励渠道成员

生产商和渠道成员之间常常会产生矛盾，双方之间存在相互支持与制约，谁的渠道权力更强，谁更可能在其中获得相对有利的地位。渠道权力主要包括以下几种类型。

(1) 强制权力：中间商不合作的话，制造商就会威胁停止供应某些资源或终止合作关系。在中间商严重依赖制造商的情况下，该方法相当有效，但实施压力会使中间商产生不满。

(2) 报酬权力：中间商执行厂商要求的特定活动时，制造商给予其的附加利益。其针对的是那些被制造商确认为是应做工作以外的行为。

(3) 法律权力：被广泛地应用于制造商依据合同所载明的规定或从属关系，要求中间商有所行动。如通用汽车坚持经销商应保持一定的存货以作为授权协议的一个内容。

(4) 专家权力：可被那些具备专门技术的制造商所利用，而这些专门技术正是中间商认为有价值的。例如，制造商可能有一个很完备的体系来给中间商的负责人或给中间商的销售员以专业训练。

(5) 认同权力：当一个渠道成员的形象对其他成员具有较大的吸引力时，就能获得其他成员的尊重和认同，很多行业里知名的大公司往往拥有这种权力。

如有可能，管理者依次培养认同权力、专家权力、法律权力和报酬权力，他们将获得最成功的合作，但最好避免使用强制权力。

3. 评价渠道成员

制造商要想对中间商进行适当的激励，需要按一定的标准来衡量中间商的表现，并将这种衡量长期化。这些标准可以根据中间商的不同而不同，一般包含以下几个方面的内容。

(1) 中间商的渠道营销能力是每个制造商在选择中间商时首先考虑的问题，也往往是衡量中间商的能力与参与程度的第一个标准。其包括销售额的大小、成长和盈利记录、偿付能力、平均存货水平和交货时间等内容。

(2) 中间商的参与热情也是评价中间商的一个重要标准。一个十分有能力的中间商不积极配合制造商的营销活动，其结果可能比一个普通的但积极配合制造商的活动的效果要差许多，甚至可能会影响制造商目标的完成。衡量中间商参与程度的内容包括与公司促销和培训计划的合作情况、中间商向顾客提供的服务及对损坏和遗失商品的处理等。

(3) 由于中间商往往会经营多种品牌或多种类型的产品，因此可以通过对中间商经销的其他产品进行调查来衡量中间商的能力。如果中间商的经营品种多，总体的销售量大，那么说明该中间商具有较强的实力。同时，还可以从中了解到自己产品的销量在中间商销售的产品总量中占有多少比例，处于什么样的地位，从而决定对中间商进行的激励着重于哪一个方面。

11.3.3 渠道冲突

任何渠道在它的运营过程中，发生各种冲突几乎是不可避免的，原因是各个独立的业务实体的利益总不可能一致。因此，必须了解渠道中产生冲突的形式、导致渠道冲突的主要原因及解决渠道冲突的途径。

1. 渠道冲突的类型

营销渠道冲突可分为渠道内冲突和渠道间冲突两类。

(1) 渠道内冲突，是指同一渠道内各成员之间的冲突。这种冲突一般有两种，一种是渠道内不同层次成员间的冲突，常称为纵向冲突；另一种是同一渠道层次成员间的冲突，常称为横向冲突。这两种冲突在企业的渠道中广泛存在。如比亚迪汽车的经销商抱怨另一些比亚迪汽车经销商，说他们的定价和广告抢走了自己的顾客。

(2) 渠道间冲突，是指数种渠道之间发生的冲突。当制造商使用了两个或更多的渠道，并且它们在同一市场推销时，渠道间的冲突就产生了。当固特异开始把它畅销的品牌轮胎通过市场零售商(如西尔斯、沃尔玛和折扣轮胎店)出售时，代销其产品的独立经销商就异常愤怒。以至于后来，为了缓和他们的不满，固特异提供给他们在其他零售点不销售的某些特许轮胎型号。当一个渠道的成员或者降低价格(在大量购买的基础上)或者降低毛利时，多渠道冲突会变得特别强烈。网络渠道也会存在线上线下之间的冲突。目前，许多零售商之所以不愿意采用新渠道，就是因为害怕渠道冲突，造成消费者从现有渠道转向新渠道。

2. 渠道冲突的原因

各个渠道成员均是独立的利益主体，因而分别围绕着自己的利益、判断展开行动，相互之间产生冲突极为常见。要解决出现的冲突，须先查清产生的原因。

渠道的冲突虽表现为多种形式，但根本原因是渠道成员的目标及利益不一致，或者对市场形势的判断不一样。如制造商决定通过低价政策实现市场快速成长，但经销商却更愿意有高毛利和高盈利率；制造商可能对近期经济前景表示乐观并要求经销商多备存货，但经销商却对经济前景不看好。冲突的原因还在于中间商对制造商有巨大的依赖性。如独立的汽车经销商，由于他们的前途受到制造商产品设计和定价决策的极大影响，因而可能提出特殊的要求等。

3. 渠道冲突的管理

可以根据产生冲突的原因、冲突的严重程度采取如下处理方法。

(1) 建立共同的目标。渠道成员签订一个可作为其共同目标的协议，从而在市场份额、品质或顾客满意方面实现协调。紧密的合作也是一个途径，它可以教育各部门为追求共同目标的长远价值而工作。

(2) 沟通。通过在各个层次上的接触、交流，使组织间增强信任、相互理解，并能获得支持，以减少冲突。

(3) 许多冲突的解决也可以通过贸易协会之间的合作实现。如美国杂货制造商协会与代表大多数食品连锁店的食品营销协会进行合作，产生了通用产品条形码。

(4) 协商、调解或仲裁。协商是一方派人或小组与对方面对面地讨论以达到解决冲突的目的。通过形成共识以避免冲突尖锐化。调解意味着由一位经验丰富的中立的第三方对双方的利益冲突进行调停。仲裁是双方同意把纠纷交给第三方(一个或更多的仲裁员)，并接受他们的仲裁决定。

11.3.4 渠道改进

一个营销渠道并不是一经选定，就从此成为该生产商可以永久使用的系统了。渠道系统必须根据市场上众多条件的变化(如消费者的购买方式变化、市场规模扩大、新的竞争者的进入、新的分销战略、产品生命周期变化等)适时调整，以保证渠道的效果与效率。

对营销渠道改进的基础是对营销渠道及其中间商的评价。若评价结果显示现有渠道中某些中间商不能适应企业的要求，同时其工作状况难以改进，或者现有中间商在数量上不能满足发展要求等，则应考虑剔除或增加一部分中间商；若分析结果显示现有的营销渠道效果不理想，则应考虑剔除或增加一定数目的新渠道；若发现效率更高的全新营销渠道，致使现有渠道变得不再有使用价值，则应对整个营销渠道进行更新。

即测即评

请扫描二维码进行在线测试。

第 11.3 节习题

11.4 零售批发与物流管理

零售与批发是最常见的两种中间商形态，在营销渠道中扮演重要的角色。在工业经济时代生产过剩时，零售商一度长期掌握着渠道权力，在营销渠道中起主导作用。零售商和批发商在实体产品的物流中也起着重要作用，将产品从制造商传递至消费者手中这一过程就是物流实现过程，本节简要介绍物流管理的基本环节及决策。

11.4.1 零售与零售业态

所谓零售，包括将商品或服务直接出售给最终消费者，供其非商业性使用的过程中所涉及的一切活动。零售商是指主要从事零售业务的企业。

零售业态(retailing format) 即指零售的经营形态，是零售商向顾客提供商品和服务的具体形态。零售业态通常可分为有店铺零售业态和无店铺零售业态两大类。按照我国零售业态分类国家标准，有店铺零售业态主要包括食杂店、便利店、折扣店、超市、仓储会员店、百货店、专业店、专卖店、购物中心、厂家直销中心。无店铺零售业态包括电视购物、邮购、网上商店、自动售货亭、直销、电话购物等 16 种零售业态。但这么多零售业态并不是同时出现的，而是经历了不同的发展阶段，西方国家零售业态的发展至少经历了 5 次零售革命。

- 第一次零售革命发生于 19 世纪中叶，1852 年第一家百货店在巴黎的诞生标志着现代零售业态的产生，从原来的杂货店、流动商贩、集市等古老的业态转变为商品丰富、更时尚、环境良好的百货店。
- 第二次零售革命发生于 19 世纪末 20 世纪初，随着工业革命的发展及流水作业的诞生，工业的标准化思路融入零售业，便产生了连锁店。
- 第三次零售革命发生于 20 世纪 30 年代，以超市的出现作为代表。世界上第一家超市 1930 年诞生于美国，当时正处于世界性经济大危机中，超市以廉价且商品丰富的姿态很好地适应了当时的市场环境，从而快速发展。
- 第四次零售革命发生于 20 世纪 70 年代，随着第二次世界大战后世界经济经历了长达十余年的黄金发展时期，各国消费者普遍富裕，基本生活需求得到满足，因而出现了消费需求的分化，因此购物中心、仓储式商店、专业店、专卖店、便利店等多种业态分化出来，齐头并进、蓬勃发展。
- 第五次零售革命从 21 世纪开始，随着信息技术的发展及互联网的普及，电子商务的发展开启了第五次零售革命，我们正身处其中，特别是近年来移动互联网的发展让第五次零售革命方兴未艾。

我国没有完全经历这五次零售革命。20 世纪 90 年代，随着中国零售市场对外资的放开，几乎所有零售业态同时涌入中国，这是中国零售市场与西方国家显著的区别。以下对几种主要的零售业态进行介绍。

1. 百货店

百货店(department store)是一种经营多个产品线、商品组合宽且深的大型商店，通常百货店更具时尚感且提供较多的服务，百货店过去往往是流行时尚的发布地，法国的老佛爷(Lafayette)、美国的梅西百货(Macy's)、日本的伊势丹(Isetan)等都是享誉世界的百货公司。但传统百货现在遇到越来越多的困境，主要是由于购物中心、电子商务、专业店、折扣店等新兴业态的发展更能满足消费者的部分需求，而传统百货的商品吸引力、服务能力出现下滑，且定位常常不清晰，因此很多传统百货出现业绩下滑，甚至倒闭。

2. 超市

超市(supermarket)是一种规模相对较大、低成本、高销量、高自助服务的零售组织，主要满足消费者对食品、家居日用品等的需求，通常有包装食品、非食品、生鲜三大类别。超市按其规模也可分出大型综合超市(通常 6000 平方米以上)、标准超市(通常 3000～5000 平方米)、便利超市(通常 1000 平方米左右)等，沃尔玛、家乐福、华润万家、永辉等均属于此类。此外根据档次不同还有高端超市、精致超市等细分市场超市，例如华润旗下的 Ole'、blt 等。

3. 购物中心

购物中心(shopping mall) 是多种零售店铺、服务设施集中在一个建筑物内或一个区域内，由企业有计划地开发、管理、运营以向消费者提供综合性服务的商业综合体。购物中心通常有较大的体量，其内容也更为丰富，常常会将多种业态装入其中，满足消费者的不同需求，包括购物、餐饮、娱乐、儿童教育、社交等。购物中心是实体零售中依然具有较强发展势头的业态之一,很多购物中心已经不再是一个购物场所,而成为顾客的第三生活空间。例如中粮大悦城、万达广场、华润万象城等都是购物中心的典型代表。

4. 专业店

专业店(specialty store) 是专门经营某一类商品的商店,也常被称为"品类杀手",如书店、眼镜店、服装店、家具店、电器专业店等,所经营的产品线均有多种商品项目,规格、品种、档次齐全,能满足不同细分市场的需要。如苏宁电器、迪卡侬、玩具反斗城等就属于专业店。

5. 专卖店

与专业店是针对某一或某些品类不同,专卖店是以品牌来区分的。常常是某一品牌制造商的直营门店或授权中间商开设的零售店铺,专卖某一或某几个品牌的商品。

6. 便利店

便利店主要为方便消费者作"补充"式消费,常常位于主要商业街、写字楼、社区人流较多处等。其具体营业时间长、商品范围有限、商品周转率高、价格偏高、满足消费者即时需要等特点,多以连锁店形式出现,规模一般均较小,营业面积几十平方米,如 7-11、全家等。

7. 仓储会员店

仓储会员店通常将仓储与零售卖场结合在一起,其主要面对会员销售,会员通常是家庭型顾客或企事业单位,无会员资格者不能在其中消费。对希望一次购齐、批量较大的顾客有吸引力,典型代表有麦德龙、山姆会员店等。

11.4.2　零售业的发展趋势

随着零售业在新环境下的发展,其经营形式和经营方向已经发生了很多变化。

1. 品类管理

品类管理已经不是一个新鲜事物,但品类管理无疑是现代零售业最重要的管理体系之一。品类管理是消费品生产商、零售商的一种合作方式,是以品类为战略业务单元,通过消费者研究,以数据为基础,对品类进行数据化的、以消费者为中心的决策思维过程。其是高效顾客响应(efficient consumer response, ECR) 的主要策略之一。

视频: 新零售的起源

品类管理起源于 20 世纪 80 年代宝洁和沃尔玛的合作。为提升供应链效率、实现快速响应,宝洁和沃尔玛从供应链的源头到终端进行品类分析,进行信息共享,快速调整品类策略,发展简单而高效的储运体系,取得了巨大的效益。沃尔玛和宝洁的成功案例唤醒了零售商和生产商,他们开始追随着全面实践品类管理。

视频: 新零售的进化路径

品类管理主要包括 7 个步骤:品类定义、品类战略、品类角色、品类评估、品类策略、品类实施、品类回顾。这是一个完整的工作闭环,帮助零售商和生产商更好地洞察顾客,开展基于实时数据的决策,实现更有效的营销、改善供应链。

视频: 新零售应该如何贴近消费者

2. 体验式消费

在电子商务蓬勃发展的背景下,实体店存在的最主要意义似乎就是"体验"。将体验营销付诸实践并取得巨大成效的当属星巴克,星巴克将店铺环境、顾客店内感受与咖啡售卖结合起来,给顾客一种别样的感受。

零售业现在都开始强调体验的部分，越来越多的购物中心已经不再是购物的场所，而是生活中心。购物中心中餐饮、娱乐的比例越来越大，其中电影院、儿童乐园、主题餐饮等几乎已经成为购物中心的标配。零售商也通过室内环境的改善及其他元素的融入来吸引消费者，例如K11 将艺术引入购物中心，成为购物中心的核心主题。

此外，零售商在进行商品售卖的过程中更加注重体验性，如诚品书店通过给顾客更为舒适自由的阅读空间、更加丰富的文化讲座活动等吸引客流，已不再是一个单纯书店，而成为一个有影响力的文化空间。

3. 纵向一体化

前面讲到中间商常常有垂直经营和平台经营两种模式。百货店常常采用联营模式，更像一个平台，缺乏对商品的控制力。由于其对商品缺乏控制力，导致千店一面现象的产生，从而更容易受到其他业态的冲击。因此，许多供应商开始从供应链上的纵向一体化找出路，提升自身的商品经营能力，更有效地控制商品，以及实现与顾客零距离的接触。

零售商的自有品牌和产地直采是之前最常见的纵向一体化的方式，这是典型的向上游供应链的延伸。向上游的延伸还包括加大国际采购力度、收购或参股上游生产商、开展品牌代理、百货自营等尝试。同时，也有零售商布局最后一公里物流体系等，这属于向需求链下游延伸的例子。

4. 网红经济

网红经济是新媒体营销时代的产物。网红，是网络红人的简称，指在网络上拥有大量支持者(粉丝)的人。网红经济是指这些网络红人利用自己在网络上的影响力，依托庞大的粉丝群体进行定向营销，从而将粉丝转化为购买力的一个过程。

企业采用"网红+直播+电商"的模式取代价格战来刺激用户进行消费。与传统的电商广告相比，网红直播的形式比图片与文字更加生动；而观看主播试用商品，让消费者产生"亲身体验"的感觉。与传统的电视购物相比，主持人的单向销售变成了消费者参与其中的互动沟通、共享销售，从而实现了"边看边买""边玩边买"的体验。不仅如此，网红所吸引的高忠诚度的粉丝还能通过社交媒体对企业品牌或产品进行口碑宣传，进一步提升企业品牌的市场知名度和影响力。

实际案例　**新东方直播为何"火"了？(扫描右侧二维码阅读)**

新东方直播为何"火"了？

11.4.3　批发

菲利普·科特勒将批发(wholesaling) 定义为：包含一切将货物或服务销售给为了转卖或者商业用途而进行购买的人的活动。作为产销中介环节，批发首先是一种购销行为。其一是购进，即直接向生产者或供应商批量购进产品。这种购进的目的是转卖而非自己消费。其二是销售，将产品批量转卖给工商企业、事业单位，供其转售(如零售商)、加工再售(如制造商)或转化再售(如事业单位)。

批发商是从事批发业务的人或部门(公司、营业部、办事处等)，他们直接向生产者(或提供服务者)购进产品或服务，再转卖给零售商、批量产品消费者或其他批发商。

批量产品消费者，主要是对产品进行再加工或业务使用的部门，如加工厂、宾馆酒店、公用事业单位、机关团体等。

1. 批发的功能

批发的功能是由它在分销渠道中的角色地位决定的。批发商的主要功能如表 11-1 所示。

表 11-1　批发商的主要功能

功能	说明
销售与促销	批量从生产者进货，故能以低价成交，有广泛的业务关系
购买与编配商品	批发商有能力按照顾客需要来选择和编配产品品种，因而方便顾客
分装	将整批商品分成小批量，小批销售，满足不同规模的需要
仓储	多数批发商备有仓库和存货，可减少供应商和顾客的仓储成本和风险
运输	提供快速运输，方便用户
融资	为顾客提供货款上的支持，如准许赊购等；也为供应商提供财务援助，如提早订货，按时付款等
承担风险	因拥有产品所有权而承担了若干风险，以及商品的毁坏、丢失带来的损失
市场信息	向供应商和顾客提供竞争者行动、新产品、价格变化等方面的信息
管理服务与咨询	帮助零售商改进经营活动，向客户提供培训和技术服务

2. 批发商类型

一般来说，批发商主要有三种类型，如表 11-2 所示。

表 11-2　批发商类型

类型	说明
经销批发商	进行批发营销业务的独立法人，可分为完全服务批发商和有限服务批发商
经纪人与代理商	与经销批发商的区别是这二者对商品没有所有权，只执行批发经营中的若干项职能
采购代理商	俗称"买手"，不是帮生产厂家销售产品，而是帮其采购所需物资(全部或部分)；不是代理批发某一类产品，而是专为一家或几家企业代理采购物品

11.4.4　物流管理

物流是供应链的一部分，指物料或商品在空间和时间上的位移。物流管理就是对过程中所发生的信息、运输、库存、搬运及包装等活动进行的集成管理，物流管理需以尽可能低的成本完成任务。物流活动基于作业功能可分为基本活动和支持活动，基本活动包括运输、储存、包装、装卸、搬运等，支持活动则包括流通加工和物流信息活动，它们共同构成了物流的业务环节。

1. 物流管理决策

物流业务环节中有以下几项重要的决策问题。

(1) 订单处理速度。为了完善订单的处理和执行，大多数公司均努力缩短订单处理的周期，即从下订单到收款的周期。这一周期包含诸多环节，包括销售员提交订单、订单录入、存货和生产安排、订单和发票传递、收到货款。订单处理时间越长，越容易造成客户不满，降低公司利润。通过现代信息技术实现订单快速处理已成为业内的共识。

(2) 如何运输商品。运输是物流中最主要的部分，也是物流的关键。运输方式有铁路运输、公路运输、船舶运输、航空运输和管道运输等。运输方式的选择是营销人员必须加以关注的环节，在选择运输方式时要综合考虑运输品的种类、运输量、运输距离、运输速度和费用。在运输品种类方面，物品形状、危险性、变质性是制约因素，如鲜活易腐品适宜于汽车、航空运输。在运输量方面，一次性运量大的运输品应尽可能选用铁路运输和船舶运输。如追求低成本，则适宜选用船舶运输和管道运输。

（3）如何、在哪里存储商品。仓储在物流系统中起着缓冲、调节和平衡的作用，但由于仓储也会产生巨大的成本，因此如何提高仓储效率值得关注。公司需要决定储存场所的数量，还要决定仓储的地点及是自有仓库还是租用仓库。仓储条件还必须考虑商品的特性，不同商品对仓储条件的要求各有不同。合理仓储需要遵循以下几个原则：①高层堆码原则，尽可能向高处码放，有效利用库内容积；②先进先出原则，尤其是对易变质商品；③周转最快原则，加快周转速度、减少损耗、降低仓储成本；④适度集中储存原则；⑤采用储存定位系统原则，以提高找货、上货、取货速度。为了提高仓储效率，随着 RFID 技术的成熟，现代化的仓库已经运用 RFID 技术提高仓储效率。

（4）库存。库存管理问题是物流管理中的关键决策之一，过大的库存成本对公司来说是个很大的经济负担，在日本的精益生产中，库存被视为"万恶之源"。因此，企业在进行库存决策时需要关注安全库存及经济订货批量的确定，以便及时满足顾客的订货、提货需求。

2. 物流业务模式

物流业务模式可以分为自营物流、第三方物流和第四方物流等。

（1）自营物流。自营物流是企业早期物流的重要特征，企业自营物流直接支配物流资产、控制物流职能、保证货物畅通和顾客服务质量，从而有利于保持企业和顾客的长期关系。例如京东就是自营物流的典型代表，其通过自营物流实现了商品的快速投递，获得了很好的顾客评价。

但自营物流的缺点是会分散、占用企业资金，而且自建物流体系投资回收期长，因此不适用于小企业。

（2）第三方物流。20 世纪 90 年代以来，第三方物流实现了快速的发展。在现代电子商务体系中，第三方物流更是起到了关键的推动作用。所谓第三方物流，本质上是物流的外包，是指供方与需方以外的物流企业提供物流服务的业务模式。企业把物流运作外包给专业的第三方物流公司，能使企业更加专注发展其核心业务，提高企业的运作效益。

（3）第四方物流。第三方物流的出现能够为企业节省成本、提高效率，但大部分第三方物流企业都不会对整个供应链的运作进行战略性分析和投资建立整合供应链流程的相关技术。于是，第四方物流的概念便应运而生。安达信咨询公司将第四方物流定义为一个供应链集成商，结合自己与第三方物流供应商和科技公司的能力，整合及管理客户的资源、能力与技术。

即测即评

请扫描二维码进行在线测试。

第 11.4 节习题

本章小结

1. 营销渠道是由一系列中间机构构成的，其主要的作用就是实现商品或服务的传递及价值的实现。构成营销渠道的中间机构有经销商、代理商和渠道辅助机构等。根据中间机构的层级数量可分为零级渠道、一级渠道、二级渠道和三级渠道。根据企业在某一市场上并列地使用中间商的数量，可分为独家分销、广泛分销和选择性分销。

2. 随着时代的变化，渠道权力依次从制造商向中间商、消费者转移。

3. 常见的渠道形式包括垂直营销系统、水平营销系统和多渠道营销系统。

4. 平台模式是与垂直模式相对应的一组概念。平台模式是一种轻资产模式，通常不直接拥有商品，不直接进行交易，而是让交易双方在其介质上(有形或无形)进行交易。

5. 电子商务是指以现代网络技术为基础，实现整个贸易活动的电子化，常见的电子商务模式包括 B2B、B2C、C2C、B2G、C2B、BOB、B2Q、F2C 及 O2O。

6. 渠道设计是关于构筑新的分销渠道或对已经存在的渠道进行变更的决策活动；渠道管理则是对渠道成员进行选择、激励或者评价，对渠道进行改进并解决渠道冲突。

7. 零售业态是指零售的经营形态，是零售商向顾客提供商品和服务的具体形态。随着社会与技术的发展，零售业的经营形式和经营方向已经发生了变化，包括：开展品类管理、体验式消费、纵向一体化及发展网红经济等。

8. 批发是指将商品或服务出售给那些为了将商品再出售或为企业使用的目的而购买的顾客时所发生的一切活动。

9. 物流是供应链的一部分，指物料或商品在空间和时间上的位移。

思考题

1. 请分别为牙膏、名牌西装和水果设计一个适合的营销渠道。

2. 某工业用品企业，其用户数量较多，但集中在 5 个重要的工业城市。该企业应如何选择它的营销渠道？

3. 制造商和零售商之间经常会有冲突，他们分别想从对方那里得到什么？为什么这些期望会演变为冲突？

4. 举例说说你所了解的新媒体营销案例。

5. 如何理解 O2O？结合自身购物经历，谈谈 O2O 带来的变化？

案例研究 | **线上到线下，小米的全渠道战略研究**

一、2021 双十一，大获全胜

自从双 11 火爆以来，每年的 11 月 11 日零时就是各大电商巨头秀数据的开始。每一次天猫、京东、苏宁等电商平台的速度总是能够刷新人们的想象空间。

如图 11-7 所示，小米 2021 双十一表现非常亮眼。

虽然，近几年新零售已是行业热词，但每到双 11 购物节，大多数商家仍然主打线上购物场景，只有极少数商家将双 11 拓展到线下。小米正是其中之一。在双十一这些成绩中，官方数据显示，在这个双十一，线下小米之家销售额同比增长 102%，手机销量同比增长 113%。这正说明小米营销渠道"线上+线下同步"日益完善。

二、线上到线下，小米全渠道发展之路与众不同

毫无疑问，小米一开始是一家专注网上销售的互联网企业。2017 年 8 月，小米集团创始人、董事长兼 CEO 雷军发文《小米如何成功逆转》，对小米的经营状况进行复盘：在过去几年里小米专注于电商，但是有一个天大的缺陷，电商只占商品零售总额的 10%，90% 的人买东西还是在线下买，即便线上做到占有率 100%，实际也只有 10% 的市场。

正是认识到自身线下渠道的短板，小米开始全面布局

图 11-7 小米 2021 双十一战绩

小米之家，抢占线下零售高地。2015 年 9 月，小米在北京海淀区的当代商城六层开了第一家具有零售、服务双职能的小米之家，奠定了小米新零售的起点。在开业仪式上，雷军提出了小米之家的未来目标与愿景：用互联网的思维来改造传统低效的零售行业，打破信息的不对称，实现线上和线下的融合，最终目标是用户来了可以闭着眼睛买。2021 年 10 月底，小米之家第 10 000 家门店在深圳欢乐海岸正式营业，也迎来了小米之家 4.0 形象的门店。按照小米统计的数据来看，在打造线下渠道的前 5 年诞生 2000 家小米之家，而第六年新增了 8000 家，小米之家已下沉至全国 2200 多个县城，县城市场覆盖率已经达到 80%。

在被问及"小米之家突破一万家门店意味着什么"的时候，小米集团副总裁卢伟冰从选址、效益和质量三方面进行了介绍。

选址上，目前的一万家店里面大约有 6000 家店选址在城市核心商圈的商城里，覆盖率接近 60%。一个城市的商城往往占据该区域线下消费场景最重要的位置，这也就意味着小米已经占据了国内各重点城市最好的零售高地。另外，还有 3000 家店在县里，不到 1000 家店在镇里，选址也是占据着当地最好的商业中心。当友商都还在手机街里开店的时候，小米之家的选址已占据县里、镇里商业最集中的地方。

效益上，手机行业里抢占线下渠道最多的两家企业加起来大约有超过 20 万家门店，每月销售量占线下市场份额的 25%～26%，而小米线下市场份额大概占 7%～8%。也就是说，小米一万家门店做到了同行 20 万家门店产出的 1/3。考虑到 9000 家店开张还不到 1 年，随着门店经营进入成熟期，加上管理各方面的提升，门店效益还有 30%～40% 的提升空间。

质量上，小米对每一家门店都进行统一的管理标准，从店面装修、展陈到服务都是标准化的，做到无论在城市还是县镇，无论是品牌店还是授权店，用户都能体验到高质量的消费环境和服务。

"所以，简单来说，这一万家店占据中国最好的零售码头，有着中国最优质的客流，一定会对小米的高端战略产生最重要的支撑。"卢伟冰总结道。

面向线下零售未来的发展，卢伟冰表示，从消费习惯的发展趋势来看，以前消费者购买的多为单品的品类，比如到手机渠道去买手机，到电脑渠道去买电脑。未来消费者的购买一定会从单品的品类逻辑升级到全场景逻辑，即在购买手机的同时选择周边产品。小米新零售要为消费者构建一站式的全场景体验，包括 AIoT[①]和未来的小米汽车。同时，小米新零售还将进一步拓展下沉市场，用 3 万家店基本完成对国内市场的覆盖，并计划以 2～3 年的时间完成这个近期目标。

三、小米全渠道体系构建

小米的创始人雷军曾经表示，新零售要线上线下融合着做，线上更适合卖标准产品，线下更需要极致体验。小米之家、小米授权体验店、小米直供专营店等线下门店，有利于用户现场感受小米的产品品质，能够让用户切实体验到 AIoT 的应用场景，是新零售对消费体验的一次重大升级。

关于如何理解小米新零售战略，卢伟冰介绍，基于对电商的逻辑思考，小米采用的新零售与传统手机的零售完全不同，其核心就是"新思维、新模式、新工具"。

新思维：以电商思维做线下

用电商思维做线下就是要做全链路数据化，经营指标看重流量、转化率、客单价和连带率，这套指标跟做手机的零售思路完全不同。

新模式：线上线下融合+城市农村市场贯穿+"销服一体"创新零售行业经营规则

打破传统零售层层分销的模式，小米做线上线下融合，线上以小米商城和有品电商为主体形成全渠道电商，线下以小米之家为主体，依托统一的发货渠道管理实现线上线下同价。

---

① AIoT 即人工智能物联网，包括 AI(人工智能)和 IoT(物联网)。

区别于城市市场、农村下沉市场分开经营的战略，小米通过一万家门店的统一管理，打通了贯穿城市和农村下沉市场的新模式。

"销服一体"是小米新零售下一步的发展重点。产品销售出去，服务同时跟上，用户可以在同一个店面进行购买和维修，探索出更加高效、方便的用户服务新模式，这一模式走在了行业前端。

新工具：零售通实现门店经营数字化管理

零售通可以帮助门店对经营数据进行数字化管理，管理者可以对每天进入门店的人流量、售卖商品数量、供应链情况等核心指标做到精准掌控，并通过实时调整每个店面的运营策略，提升经营效益。

卢伟冰认为，企业的商业模式根本上是企业价值观的外化，小米新零售承载了小米"让世界上每个人都能平等地享受科技带来的美好生活"的使命，这也是小米新零售面向未来发展的自信所在。

资料来源：线下门店数量破万，线上销售起家的小米想做怎样的新零售[N]. 上海证券报，2021-11-12，有删改。

案例思考题：

1. 案例中的小米是如何构建全渠道体系的？

2. 结合案例谈谈你对全渠道的理解。

第**12**章
促 销 策 略

学习目标

第 12 章知识点

- 理解整合营销传播的思想与思路
- 掌握信息沟通系统的构建步骤
- 学习制定广告策略的步骤
- 掌握销售促进的概念、工具、主要决策、结果评估
- 掌握人员推销的过程、职能、管理
- 理解公共关系的含义、工具、主要决策
- 学习事件营销的目标与主要决策
- 了解数字营销与社交媒体营销

引入案例

屈臣氏"1 分钱促销面膜"被质疑玩不起，登上热搜

　　事件起源于 2022 年 1 月 11 日。当天，屈臣氏在美团推出促销活动——指定面膜 1 分钱 1 盒，线下门店提货。但一些下单成功的消费者前往提货时却被告知因缺货，无法兑换面膜订单。因提货受阻，2022 年 1 月 11 日 12 点，有消费者发起集体投诉，投诉量超 1500 人。

　　2022 年 1 月 14 日，网友发布视频称，屈臣氏主播对前往直播间维权的 1 分钱面膜活动消费者发表不当言论，录屏中主播做出"就为了一分钱的东西，像疯狗一样咬人""踢了你就高兴""活该"等发言，事件随之引发舆论关注。

　　2022 年 1 月 14 日晚间，屈臣氏发布道歉信称：活动因系统原因导致在短时间内产生了远超库存的大量异常订单，公司决定采取补货的方式继续履行剩余订单。对于直播间出现的不当言论，屈臣氏称该主播为公司合作的第三方机构人员。

　　原本便因兑换受阻已引起消费者不满，"屋漏偏逢连夜雨"，主播的不当发言给它加了把火，将负面情绪越拱越高。在 2022 年 1 月 14 日、15 日两日间，负面情绪持续占据了绝对比例，达 80%；即使在道歉之后，情况也未发生明显转变。从消费者发起集体诉讼到发布道歉，84 小时的时间内，屈臣氏从原本的活动失误的单一危机，变成了受到二次拱火的多重危机，大大加剧了公关难度和品牌创伤，值得品牌们引以为戒。

　　资料来源：屈臣氏陷促销舆论危机，消费者取货不成反"被抢劫" [EB/OL]. (2022-01-15). https://k.sina.com.cn/article_5617041192_14ecd3f28020017t7g.html.

促销策略是指 4P 中的"promotion",包含广告、销售促进、人员推销、公共关系等,是营销组合的重要组成部分。各种促销活动都需要依赖于信息的传播,过去信息传播的主体无疑是企业,但是随着卖方市场向买方市场转变,消费者的需求和反馈信息变得前所未有的重要,单向的大喇叭传播方式逐步让位于具有反馈机制的信息传播线路设计,"promotion"(促销)也被"communication"(沟通)所取代,企业营销进入了沟通时代。

然而,媒体环境的迅速变化让企业的营销活动措手不及。面对日益远离大众媒体、沉溺于社交网络、信息高度碎片化的受众,沟通变得前所未有的艰难。不过,沟通是一切营销活动的起点,企业营销部门也只能顺势而为,以沟通策略引领各种促销活动协同作战,实现传播的目标。

12.1 整合营销传播与信息沟通系统

12.1.1 整合营销传播

1991 年,美国市场营销学教授唐·舒尔茨(Don Schultz)提出了"整合营销传播(integrated marketing communication,IMC)"的概念,强调企业需要在与消费者的每一个接触点上保持沟通信息的一致性,让各个独立的营销活动能够产生协同效应,使得受众不知不觉置身其中而做出被期望的反应。

舒尔茨认为,整合营销传播的核心思想是通过整合企业内外部所有资源,重组企业的生产和市场行为,充分调动一切积极因素以实现企业统一的传播目标。它强调与受众进行全方位的接触,协调运用各种不同的传播手段,发挥不同传播工具的优势,通过接触点向受众传播一致的、清晰的品牌形象或企业形象。

传统的以 4P 为核心的营销框架,重视的是产品导向而非真正的消费者导向。面对市场环境的新变化,企业要从"消费者请注意"的大喇叭式的单向灌输向"请注意消费者"的双向沟通的传播方式转变。正因如此,企业需要在沟通策略中体现出 4C 对 4P 的互补和引领作用,传统营销与整合营销在传播重点上的对比如表 12-1 所示。

表 12-1 传统营销与整合营销在传播重点上的对比

传统营销传播重点	整合营销传播重点
交易	关系
顾客	关系利益人
营销传播工具的结合	品牌讯息的策略一致性
大众传播媒体(单向传播)	互动(对话)
问题营销	任务营销
根据上一年计划做调整	自主性活动企划
单一职能组织	跨职能组织
单功能专业能力	强调核心能力
大众营销	数据资料驱动营销
与一级代理商合作	与传播管理代理商合作

整合营销传播主张把一切企业活动,如采购、生产、外联、公关、产品开发等,不管是企业经营的战略策略、方式方法,还是具体的实际操作,都要进行一元化整合重组,使企业在各

个环节上达到高度协调一致，紧密配合，共同进行营销活动。其主要特点如下。

1. 以整合为中心

整合营销传播重在整合，打破了以往仅仅以企业为中心或以竞争为中心的营销模式，着重对企业所有资源进行综合利用，实现企业的高度一体化营销。其主要的营销手段就是整合，包括企业内部的整合、企业外部的整合、企业内外部的整合等。具体来说，其既包括企业营销过程、营销方式及营销管理等方面的整合，也包括对企业内外的商流、物流及信息流的整合。

2. 讲求系统化管理

生产管理时代的企业管理将注意力主要集中在生产环节和组织职能上；混合管理时代则基本上以职能管理为主体，是各个单项管理的集合，是"离散型管理"；整合营销传播时代的企业由于其所面对的竞争环境复杂多变，因而只有整体配置企业所有资源，企业中各层次、各部门与各岗位，总公司与子公司，供应商、经销商及相关合作伙伴都协调行动，才能形成竞争优势。整合营销传播所主张的营销管理，必然是整合的管理、系统化的管理。

3. 强调协调与统一

整合营销传播就是要形成一致化营销，形成统一的行动。这就要强调企业营销活动的协调性，不仅强调企业内部各环节、各部门协调一致，还强调企业与外部环境协调一致，共同努力以实现整合营销传播，这是整合营销传播与传统营销模式的一个主要区别。

4. 注重规模化与现代化

整合营销传播是以当代及未来社会经济为背景的企业营销新模式，因而，十分注重企业的规模化与现代化经营。规模化不仅能使企业获得规模经济效益，还为企业有效地实施整合营销传播提供了客观基础。与此同时，整合营销传播依赖于现代科学技术和现代化的管理手段，现代化可为企业实施整合营销传播提供效益保障。

实际案例 无惧年龄就要赢，姐姐都涂梵蜜琳

近年来，国货美妆品牌异军突起。而 2020 年的盛夏，最负盛名的国货品牌莫过于梵蜜琳。"无惧年龄就要赢，姐姐都涂梵蜜琳。"因为冠名综艺节目《乘风破浪的姐姐》，梵蜜琳成功出圈，进入更广泛的大众视野。这个成立于 2015 年的美妆品牌引发了高度关注和讨论。

在品牌营销路上，梵蜜琳也有自己独特的玩法，选择了传统营销视角之外的运营模式——私域流量营销。随着近年来美妆类关键意见领袖(KOL)的崛起和新兴消费的发展，越来越多消费者的购买行为从线下转移到线上，新锐国货品牌梵蜜琳抓住互联网电商、直播带货及私域流量机遇，快速圈住一批忠实粉丝。在渠道多样化的今天，国货品牌要想走到消费者面前，需要的不仅是评估各渠道价值的能力，还需要有判断市场趋势的远见力。梵蜜琳这一运营模式，不仅颠覆了传统的电商、微商、实体店格局，使品牌能够听到消费者的真实反馈与诉求，而且迎合了更多的中高端消费理念人群，成为国货护肤品牌中的一匹"黑马"。

除此以外，梵蜜琳在打响 IP 知名度上也有所行动。梵蜜琳曾与《歌手》《妻子的浪漫旅行》《声临其境》《向往的生活 4》等多部爆火的综艺节目有过深度合作，还与《瑞丽》《BAZAAR 芭莎》《时装 L'OFFICIEL》等时尚杂志达成了品牌战略合作关系。持续稳定的曝光度，让许多观众记住了这个倡导"让美更简单"的国货品牌，同时也让品牌的形象更上一层楼。

资料来源：梵蜜琳乘风破浪，拿下高端美妆市场大份额的背后原因 [EB/OL]. (2022-07-23). http://news.sohu.com/a/570683861_121382232，有删改。

12.1.2 信息传播的沟通模式

信息传播的沟通模式的相关内容可扫描右侧二维码阅读。

信息传播的
沟通模式

12.1.3 信息沟通系统构建

市场部通常使用以下 8 个步骤来建立信息沟通系统：确定目标受众；确定沟通目标；设定传播信息；选择沟通渠道；分配总体的促销预算；确定促销组合；衡量促销效果；管理与协调总体的市场营销沟通过程。下面重点阐述前 4 个步骤，后 4 个步骤则需要企业根据自身情况合理选择和安排。

1. 确定目标受众

有效沟通意味着找对人、说对话，市场营销沟通人员的目光首先是聚焦目标受众。市场定位是聚焦目标受众的前置程序。如果是新产品，其在设计过程中应该已经完成市场细分；如果是已有产品，则可能延续原有市场定位或者需要重新进行市场定位。应根据定位勾画出目标受众的个体和群体特征，然后决定说什么、如何说、何时说、何处说及谁来说。

例如可口可乐是希望有人的地方都有可口可乐，沟通策略为"开启快乐"。对于年轻人，其引入可飞行装置（"a shooting star"，一个配合开瓶瞬间在天空发射流星的飞行装置），当一瓶可口可乐被开启的时刻，天上就会划过一颗流星，为年轻人的表情达意创造梦一般的意境。而对于孤身在外的劳工群体，其引入了"电话亭"，把可口可乐的瓶盖投入定制的电话亭，就会获得三分钟免费通话时间，从而给这个群体带来家的温情。不同目标受众不同，执行脚本也不同，但是这些脚本均紧扣同一个沟通策略。

广告代理商有特定的策略工具做目标受众分析，以确定品牌所承载的企业、产品等信息在目标受众头脑中的印象，以及做竞争品牌的对比联想。这种策略能力是做社交媒体传播的数字营销公司很难企及的，虽然数字营销公司在语言风格上更能迎合网络受众。

2. 确定沟通目标

细分市场和目标受众轮廓一旦勾勒完成，市场营销沟通人员就需要确定品牌期望值，即本轮沟通需要达成的认知目标：希望目标受众如何认知品牌。要在品牌认知和消费者最后的购买决策之间建立强因果关系，沟通目标的确定至关重要。

对于品牌认知的创建，不仅要为特定目标受众量身定做，在产品与消费者之间建立强纽带关系，还要区隔其他竞品的沟通策略。对于已有品牌，还要考虑原有品牌认知状况，是决定延续还是颠覆。

广告代理商有各自的品牌侦测工具，用来对品牌认知状况做分析，以确定从已有认知状态走向既定沟通目标的最佳路径。数字营销公司则更多地集中于短期沟通目标，缺乏长远考虑和对品牌认知的把控能力。而市场部则需要把握企业的整体战略到整体营销策略到沟通策略逐层传递过程中的核心精神，高屋建瓴地确定沟通目标。将沟通目标分成长期目标和短期目标，让传统广告公司和数字营销公司处于不同的沟通层面，避免彼此消耗。

3. 设定传播信息

美国广告学家 E. S. 刘易斯在 1898 年提出了 **AIDMA** 理论。该理论认为，消费者从接触信息到最后达成购买，会经历 5 个阶段，所以传播信息的设定要与之相对应。

- A：attention(引起注意)——广告会使用预告片(teaser)等方式通过制造悬念来吸引人群的

注意力。

- I：interest(引起兴趣)——广告会设置一些与产品相关的兴趣点，比如大堡礁的旅游广告采用高价招聘看护员且通过网站上传应聘视频的参与方式，充分发挥网络媒体的互动特性；或者设置与消费者相关的利益点，比如新西兰银行为了提高储蓄额，设计了红色按钮 App，帮助人们克制冲动消费。

- D：desire(唤起欲望)——牛排卖的是滋滋声，面包卖的是香味，香水卖的是浮想联翩，从知道到感兴趣再到渴望得到，这个过程是根据马斯洛需求层次理论来精确设定的。

- M：memory(留下记忆)——根据艾宾浩斯(Hermann Ebbinghaus)的记忆曲线，即使广告突出信息爆炸的重围出现在受众面前，记忆本身引起的信息损耗也遵守二八法则，这才有了"广告要重复七次"才有效的无奈之举。如果不想一次把受众的忍耐力耗尽，多一点创意，多一点持续投放还是有必要的。

- A：action(购买行动)——在传播信息设定过程中，一定不能忽略必要的获取产品的渠道信息，这些信息是帮助受众成功转化成消费者的临门一脚，促成购买行为的发生。比如微信朋友圈软文务必留下网址链接，报纸杂志软文务必嵌入店家地址，至于把标志(logo)放到最大，其实也是必要的。

尽管消费者从被信息吸引到最终发生购买行为会经历这 5 个阶段，但并不意味着这 5 个阶段彼此之间具有必然性。换言之，即使购买决策已经做出，目标受众已经被成功转化为消费者，广告将消费者带到了产品面前，仍然可能因店头陈列的竞品促销信息或者推销员的性价比言论而改变购买决策，如当年舒蕾洗发水的"终端拦截"策略就收到奇效。在每一个环节都制造强转化率是信息设定质量的衡量指标，一个有经验的推销员对此一定深有体会。

然而，在万物互联时代，网络使得人们分享的愿望快速同步实现。消费者行为模式从 AIDMA 到 AISAS 转变(见图 12-1)，二级传播模式开启，作为分级传播的信息起点，意见领袖的重要性凸显。

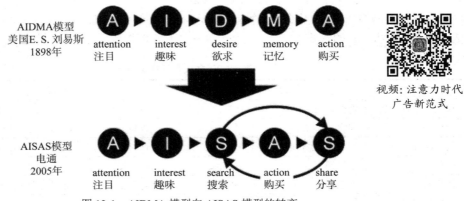

图 12-1　AIDMA 模型向 AISAS 模型的转变

AISAS 是指"attention""interest""search""action""share"，从引起注意、感觉有趣、搜索产品、发生购买行为到分享使用感受。成功的传播信息设定不仅要引起目标受众发生消费行为，还要触发意见领袖意识发生主动传播行为，这需要极其深刻的受众心理洞察。而社交媒体更是带来了升级版的意见领袖 KOL(key opinion leader)的兴起，各类"网红"应运而生。

4. 选择沟通渠道

当信息完成以上编码过程以后，如何将之传播出去，需要设计沟通渠道。这需要对目标群体的媒体使用习惯有很深的了解，否则只会浪费媒介费用。通常，媒介策划人员会帮助市场部选择沟通渠道，前提是市场部要了解产品所针对的目标群体。沟通渠道有人员沟通渠道和非人员沟通渠道两大类型，两种类型又有很多分支形式。

(1) 人员沟通渠道。人员沟通是最原始也是目前最时尚的渠道。所谓"好事不出门，坏事传千里"就是自古至今的一条信息高效率传播的原则。在各个市场阶段，人员沟通渠道都以不同生态方式发挥着信息传播的功能。人员沟通渠道可进一步分为倡议者渠道、专家渠道和社会渠道。

- 倡议者渠道由企业销售人员组成，他们负责与目标市场上的买者接触，比如卖点的推销人员。
- 专家渠道由向目标购买者作宣传的独立专家组成，比如金融产品上市路演等。
- 社会渠道由邻居、朋友、家庭成员及同事组成，他们直接与目标购买者交谈，比如安利直销人员、保险代理人等。

人员沟通渠道还有一个美称叫"口碑营销"。在社交媒体时代，"口碑"作为分级传播形成的力量，由微博大V扮演的专家型意见领袖、名人微博扮演的潮流型意见领袖往往担当了二级传播的发射点。

根据199IT数据中心发布的2015年全球广告信任度调查报告显示：最值得信赖的广告来自我们信任的人；83%的消费者表示完全或者很相信朋友和家人的推荐；70%的消费者表示完全或者很相信品牌网站广告；66%的消费者相信其他消费者发布的评论。

许多广告主意识到"口碑"的影响力，对于意见领袖培育策略还有过散养还是圈养的讨论。希望能够借助这些社交媒体上的活跃分子对社会热点的及时响应能力来增加企业的产品和服务的曝光率和好感度。社交媒体KOL和网红就经常出现在各类现场推广活动中，比如宏碁产品系列掠夺者体验中心开业活动就邀请多位网红coser[①]到现场助阵。

(2) 非人员沟通渠道。广告、销售促进、事件、公共关系等都被认为是非人员沟通渠道，包括各种媒介形式，比如印刷媒体(报纸、杂志、直邮、书籍)，电台、电视、电影、户外等传统媒体，以及网络、App、社交媒体等新媒体，如表12-2所示。除了人员沟通渠道，按照《中华人民共和国广告法》的四要素定义，其他沟通渠道都在广告范围内了，简言之，一切都是广告。

表 12-2 非人员沟通渠道举例

广　告	促 销 手 段	事件/体验	公共关系	直接销售	网络营销
报纸、电视广告	竞赛、游戏	体育比赛	宣传资料袋	商品目录	企业网站
外包装	赌金、彩票	娱乐	演讲	邮购销售	产品品牌社区
包装内插入物	奖金和礼物	节日	研讨会	电话销售	移动端 App
电影广告	抽样调查	艺术品	年度报告	电子购物	搜索引擎优化
宣传册	展览会和交易展示	参观工厂	慈善捐款	电视购物	SNS 营销
海报和传单	展览	公司博物馆	出版物	传真	微博营销
目录	示范	街头促销活动	社团联系	电子邮件	微信营销
再版广告	试用		游说	语音信箱	病毒式营销
广告牌	折扣优惠		身份媒介		
招牌展示	低价销售		公司刊物		
购买点展示	娱乐活动				

---

① coser 是对动漫或者游戏角色的真人扮演者。

(续表)

广　告	促 销 手 段	事件/体验	公共关系	直接销售	网络营销
视听材料	交易补贴				
商标标志	连续计划				
分众传媒	搭卖				

即测即评

请扫描二维码进行在线测试。

第12.1节习题

12.2　广告策略和销售促进策略

广告不仅是快速传播工具，还是帮助企业建立品牌的最有效武器，每一次广告战役都会崛起一个新的象征，成功的广告策略甚至可以延续几十年依然有效，广告百年的征战业绩已充分证明了广告之于销售的巨大贡献。

视频：让人又爱又恨的广告

12.2.1　广告策略

1. 广告与广告计划

菲利普·科特勒在《营销管理》一书中将广告定义为：广告是由明确的主办人发起，通过付费的非人员介绍并推销其创意、商品或服务的行为。

这一定义将广告与人员推销区分开来，即广告是非人员推销。这和肯尼迪的"纸上推销术(salesmanship in print)"是一致的。当年"纸上推销术"让很多推销人员失业，是因为便士报的产生，是媒介的不断发展带来了广告的商机，是媒介替代了销售人员对市场发声，所以媒介成为广告费用的主要支付对象。

随着社会专业分工的形成，企业一旦产生广告需求，都会在市场上寻找合适的广告代理商来承接广告业务。广告行业内部由于专业分工细化成种类繁多的代理商，营销人员首先要制订初步的广告计划，再进行外部接洽，决定邀请哪些代理商参加。代理商们也可以根据广告计划，决定是否参与比稿。

初步的广告计划，可以遵循5Ms路径，如图12-2所示。

- 任务(mission)：广告的目的是什么？
- 资金(money)：广告预算有多少？
- 媒体(media)：使用什么媒体？
- 信息(message)：要传送什么信息？
- 衡量(measurement)：如何评价结果？

2. 确定广告目标

在产品的不同生命周期，广告所起的作用是不同的。制订广告计划的第一步是要根据商品所处的阶段来确定广告目标。广告目标可分为通知性、说服性和提醒性三类。

(1) 通知性广告。这类广告的主要目的是将有关商品或服务的信息以比较有趣的方式传递给目标群体，以引发关注。

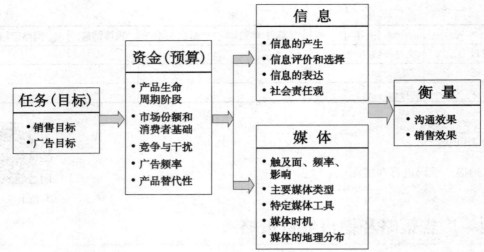

图 12-2　广告的 5Ms 路径

(2) 说服性广告。这类广告的主要目的是建立对某一特定品牌的选择性需求。它通过对目标群体有说服力的沟通表达，尽力消除认知上的障碍，建立起品牌与消费者的情感联结点，以求将目标群体快速转化为客户群体。

(3) 提醒性广告。这类广告的主要目的是强化已有的产品消费人群对本企业产品的记忆，不断的提醒往往会有助于持续购买行为的发生，并逐步形成购买惰性。

广告目标的选择要尽量与产品当前的市场营销状况相一致，合理分配媒介费用。如果广告预算不足，好的创意却没有足够的媒介费用去传递，没有足够的到达率或者信息频次强度不够，都不能取得预期效果。

3. 制定广告预算

确定了广告目标后，企业可以着手为每一产品制定广告预算。广告预算的 85% 以上都是支付给各类媒介，且费用高昂，所以企业要慎重考虑，根据自身资金量的情况量力而行。在制定广告预算时要考虑以下 5 个特定因素。

(1) 产品生命周期阶段：新产品一般需花费大量广告预算以便建立知名度和取得消费者的试用。已建立知名度的品牌所需预算往往是参照往年的广告费用与销售额的比例关系根据市场竞争环境和媒介环境的变化预测做一些微调。

(2) 市场份额和消费者基础：如果广告目的是维持市场份额，广告预算可以与往年持平。如果打算通过增加市场销售或从竞争者手中夺取份额来提高市场占有率，则需要增加广告预算。

(3) 竞争与干扰：在一个有很多竞争者和广告开支很大的市场上，品牌必须更加大力宣传，以便高过市场的干扰声使人们听见。即使市场上一般的广告干扰声不是直接对品牌竞争，也有必要大做广告。

(4) 广告频率：把品牌信息传达到顾客需要的重复次数，也会决定广告预算的大小。

(5) 产品替代性：对于快消品等低卷入度商品，由于产品替代性和同质化程度很高，广告的提醒作用对于购买决策的影响力是很大的。

4. 设计与选择广告信息内容

广告所要传递的信息经过策略思考会形成广告诉求，广告诉求分理性诉求、感性诉求和道义诉求。针对不同产品类别，需要组合使用不同的诉求方式。总体来说，广告诉求要符合以下

几个基本要求:

    (1) 要与产品特性相关;

    (2) 要与消费者利益相关;

    (3) 要为产品创造正面联想;

    (4) 表达要简单。

5. 媒体决策与绩效衡量

随着媒体环境和媒体使用习惯的改变,要求营销人员具备全媒体思维能力和跨媒体运作能力。华纳梅克浪费率[①]很大程度上取决于营销人员的媒体选择能力,媒介购买决策就是要寻找一条成本效益最佳的途径,其中**千人成本**是一个基本的衡量指标。

$$千人成本＝(广告费用/到达人数)×1000$$

千人成本也是媒介向广告主提供的用以评价自己媒体效率的指标。虽然有第三方公司如 AC 尼尔森、中国广视索福瑞媒介研究等提供各类纸媒发行量、电台收听率、电视收视率等指标的数据报告,以帮助广告主进行媒介购买决策,但是送达和看到仍然是两个概念。1954 年,美国一个自来水专管员发现某个时间段用水量剧增,原来是广告时间。传达信息质量的重要性就体现出来了。

毛评点(GRP)也是媒体决策的一个重要指标。

$$毛评点＝收视率×播放频次$$

1991 年,恒源祥在电视连续剧《婉君》中插播 15 秒贴片广告,每 5 秒读两遍"羊羊羊",每集插播 3 次,一举成名。把 15 秒的广告时间分三次,在不增加广告预算的前提下,不仅增加了播放频次,而且解决了"抽水马桶时间"问题,因为 5 秒对受众来说实在来不及,只能坐等。随着《婉君》收视率的飙升,毛评点在两个指标最大化的共同作用下,迅速为恒源祥带来了知名度,让恒源祥从南京东路上的一家门店迅速扩张成全国性企业。

同时,最大化两个指标的可能性非常小,广告主必须明确:在预算有限的前提下,希望更多的到达率和希望更强的到达频次往往不能兼顾,因此需要考虑所购买的触及面广度与深度的成本效益最佳组合是什么?

此外,媒介计划者必须了解各类主要媒体在触及面、频率和影响等方面所具备的能力,了解各类主要媒体的优缺点。

主要媒体广告优缺点比较的相关内容可扫描右侧二维码阅读。

基于大数据的程序化购买方式、实时竞价机制(RTB)也有助于媒介计划者直观地发现媒介所聚集的人群特性,更精准、更实时、更高效地管理广告的媒介投放。

主要媒体广告优缺点比较

6. 广告效果评估

广告效果评估是信息沟通系统构建的重要环节,只有建立良好的反馈机制,才能不断调整广告策略,并使之更好地配合销售活动的进行。

1) 广告沟通效果的评估

广告沟通效果的评估通常分成事前、事中和事后。

广告事前测试主要观察受众对广告所要传递信息的解读程度和可能产生的反应。比如佳洁

---

    ① 美国百货公司之父约翰·华纳梅克的名言"我知道我的广告费有一半浪费了,问题是我不知道哪一半被浪费了"。

士在二三线城市投放的降价信息广告，是以一家街头小店为主镜头，如果投放一线城市会否影响品牌的固有形象？测试表明，由于牙膏属于低卷入度的快消产品，人们并不介意这样的画面，而只关注降价信息，因此这个广告就被允许投放在一线城市。

事前测试有各种原因，但通常都是以定性的方式，没有样本要求。如果没有特殊担心，并不一定要做。而事中测试和事后测试是一定要做的，并且定量数据往往以其覆盖面来反映广告的沟通效果，以为下一轮广告创意和投放策略的调整提供依据。

2) 广告对销售效果的评估

广告对销售效果的评估一直是广告行业的软肋，也是广告无法得到应有评价的根源。这也造成了广告主与广告公司之间的矛盾。任何一家有经验的广告主都不会否认广告对销售的贡献，但是当传统的 15% 佣金制被打破，代理商企图将收费方式与销售业绩挂钩，广告对销售的贡献评估就变得很棘手。

因为一次成功的销售需要营销各要素的配合，而诸多要素的贡献又没有合适的模型做变量分离，以确定功过得失。比如曾经有一个洗衣粉的四小天鹅篇广告深得妈妈们的心，可是当她们来到超市却找不到这个牌子的洗衣粉。从渠道的角度讲，铺货没有跟上，广告对销售的效果就被浪费了。乔布斯的"1984"的广告虽然至今被视为经典，当时也没有帮上销售的忙，因为价格定高了。广告只是 4P 的一个子项，不可能力挽狂澜，当然也不可能成为替罪羊。

但是在大数据时代，网络的点击配送系统可以将 4P 中的 3 个 P 做变量固定。若广告支出与销售额之间一一对应的作用关系可以类比于直邮和人员销售，霍普金斯的科学广告的梦想或许就会实现。企业可以根据销售情况，对广告诉求或者投放做调整，以更有效地使用广告预算。

12.2.2 销售促进

如果说广告是作用于受众的大脑认知，那么销售促进则是直接作用于受众的感知，能够立刻对行为产生影响。作为短期促销最有力的工具，销售促进是企业最容易想到也是最容易提高销售业绩的工具。

1. 销售促进的概念

销售促进策略也称营业推广策略(sales promotion)，菲利普·科特勒给出的定义如下："销售促进包括多种短期性的刺激工具，用以刺激消费者和贸易商迅速或较大量地购买某一特定产品或服务。"如果说广告为受众提供了购买的理由，销售促进则提供了马上购买的行动刺激。

2. 销售促进的工具

(1) 用于消费者市场的销售促进工具有以下几种。

- 赠送样品或试用品，让消费者无偿体验商品。新品体验是企业基于对自己产品的信任把选择权交给消费者，也是对消费者的一种尊重。
- 有奖销售。在销售商品的同时给消费者抽奖的机会，以提高销售活动的吸引力，对于对本商品有足够认知的消费者，抽奖活动确实会促成更大的购买量。
- 折价券。消费者在购买某些商品时有折价优惠，或者在消费超过一定数额时给予优惠券，对于价格敏感型的消费者有极大的杀伤力。
- 赠品。在消费者购买某种商品时附带赠送某些其他商品，如果送的东西有诱惑力，甚至会促使非本商品消费者的购买行为发生。
- 配套特价包装。将某些相互有配套关系的商品组合包装，比分散购买时价格低一些，使消费者感到实惠。如护发素以洗发水一半容量搭配包装出售，就能改善促销效果。

- 现场演示。体验营销通过让消费者亲眼看见和尝试产品，帮助消费者充分了解产品，所谓眼见为实，耳听为虚，感知在前，认知在后。在现场演示后，安排销售人员对问题做解答，往往能够促使消费者做出当场购买的决策。

(2) 用于中间商的销售促进工具有以下几种。

- 购买折扣。通常是为了帮助经销商在产品的销售旺季时有比平时更多的毛利率，实施针对终端客户的促销、让利活动。
- 广告合作。供应商与中间商联合开展广告活动，增强宣传力度，而供应商对中间商的广告费用给予必要的资助。
- 陈列折扣。在产品销售旺季，热门渠道和销售终端的陈列位置竞争相当激烈，不同品牌的厂商都会争取占据最好的排面，因此提前策划陈列折扣活动，向终端提供最优化的陈列方案，是赢得销售增长的重要方式。
- 销售奖励。销售奖励是厂商针对经销商较为常规的激励政策，通常会在经销合同中明确约定，并在每年制定不同的目标和返还比例。

(3) 用于推销人员的销售促进工具包括企业开展的推销竞赛，发放的销售红利、奖金、奖品、提成等。

3. 销售促进的主要决策

销售促进的主要决策是围绕着消费者、中间商和销售人员，根据不同的销售目标选择不同的促销工具，并制订相匹配的销售促进方案。在制订销售促进方案时，要考虑以下几个因素。

- 所提供刺激的大小：促销本身意味着某种程度的让利行为，刺激大小要与产品相匹配，也要与消费者预期相匹配。
- 促销的持续时间：为了鼓励重复购买并形成定向购买习惯，促销时间不宜太短；促销时间也不能太长，否则会导致消费者记忆更新，一旦撤除让利部分会引起不良反应。理想的促销周期长度要根据不同产品种类乃至不同的具体产品来确定。
- 促销的时机：比如房市"金九银十"，秋季房展的促销活动要在全年促销活动的日程安排上占据重头戏；"双十一"是各电商比拼的大日子；圣诞节是传统的礼物节等等，踏准节拍往往事半功倍。
- 确定促销总预算：通常总预算由分预算合并而成，需要营销各子部门根据当年促销预算使用情况结合来年销售指标按比例调整新一年的预算并上报。

4. 销售促进结果的评估

促销结果的评估不仅可作为决策的反馈环节，还要为下一年度的预算制定提供决策依据。因此，评估促销效果的必要性不言而喻。设定销售期初值，观察销售促进投入与销售额增长之间的关系，考虑竞争对手的市场反应对活动影响力的削弱程度，对活动前后消费者购买习惯和态度(usage & attitude，U&A)的改变情况进行跟踪，只有这样，才有可能对一个促销活动在市场中激起的涟漪有一个比较全面的评价。

实际案例 "双十一"优惠券眼花缭乱 老年人不得不"望券兴叹"

"双十一"期间，除了电商们给予大幅折扣，一些手机软件甚至手机小游戏也开启"福利时刻"，或者放出交通补贴，或者链接优惠商品……这让不少习惯精打细算、量入为出的老年人很感兴趣。老年人本来兴高采烈地想要凑个热闹，得点实惠，可体验下来才发现，领取界面过于复杂、优惠券使用规则限制太多、存在过多弹窗广告……"年轻人都研究不明白，我们哪里玩得转？"很多老人不得不"望券兴叹"。

艾媒咨询《2021中国银发经济行业调研报告》显示,2016—2020年,中国银发经济市场规模持续上升,2020年已达5.4万亿元,较2019年增加了1.1万亿元,年增长率为25.6%。以老年用户为主体的"银发经济"加速崛起的同时,很多老人仍然不愿尝试网购。阿里巴巴发布的《老年人数字生活报告》显示,老年人在线上购物遇到问题选择放弃的比例高达50%,放弃的主要原因是认为网购流程过于复杂或操作便利性不足,具体表现在优惠券使用限制多、规则复杂、"0元购"暗藏销售陷阱等。

资料来源:优惠券确实满天飞 真正用起来还挺难 老年群体更要留神"双十一"销售陷阱[EB/OL].(2021-11-11). http://news.cnhubei.com/content/2021/11/11/content_14240009.html,有删改。

即测即评

请扫描二维码进行在线测试。

第12.2节习题

12.3 人员推销、公共关系和事件营销

12.3.1 人员推销

人员推销是直接营销的方式之一,与广告活动、销售促进一样,是企业产品走进千家万户的推动力。相较广告活动影响人的认知,人员推销则直接作用于人的感知。人性化特点是人员推销独有的优势,特别是在培养、赢得消费者信任和促使产生购买行为方面。但是,相比较媒介投放的千人成本来说,人员推销的"一对一"特点使其成为成本最昂贵的营销沟通工具之一。尽管如此,对于那些需要更多解释说服的产品而言,一支强大的销售队伍在营销组合中的重要性不言而喻。

1. 人员推销的概念

人员推销是指通过销售人员与目标市场的中间商或消费者进行直接的产品推介,促使中间商或消费者产生购买行为的一种促销形式。作为人类最古老的促销活动,推销人员逐渐发展出各种技巧和形式来促成交易,广告的第一个定义"纸上推销术"正是类比人员推销技巧而建立起来的区分概念。

人员推销在商品经济高度发达的现代社会,表现形式多种多样。每年交易展会上的市场代表、售点的企业驻点推销人员、商店的售货员,甚至对于保险金融产品等需要强解释说服过程的代理人,都属于人员推销。他们都需要通过谈话、演示、解释等方式来促成购买行为的发生。好的销售业绩与销售人员的个人素质关系密切。

2. 人员推销的过程和职能

企业的推销人员队伍通常分成两部分:外勤人员和内勤人员。外勤人员除了推销产品的职能外,还必须具有寻找顾客、传递信息、销售产品、提供服务、收集情报等多项职能。这些职能设定是与实际工作内容相关的。

对于一个典型的人员推销活动,从发现潜在客户到成功地将潜在客户转化为产品的购买者,必然要经过这样一个流程。

(1) 寻找可能的顾客:甄别线索的标准包括是否产生利益点,是否有支付能力,是否有购

买决定权或者影响购买决策等。

(2) 准备工作：一旦目标确定，要尽可能多地了解对方的信息掌握需求，以便进一步沟通。

(3) 接近方式：第一印象常常是促销成功的基础，如果可能，事先的印象设计是非常有效的。衣着、谈吐和仪表，以及合适的时机把握都是成功出场的必备要素。

(4) 推销陈述与演示：推销自己成功后要把握好时机，在尽可能短的时间内引起对方的注意和兴趣，并为进一步展示创造机会。当对方愿意坐下来听你说的时候，推销活动才真正开始。如何展示产品特点，并使之与需求相匹配，建立并加强联结是推销术的制胜关键。

(5) 处理异议：不要害怕异议，异议往往意味着突破障碍即可到达终点。

(6) 成交：基于对客户的察言观色和对产品坚定不移的信心，一旦识别出成交信号，临门一脚不可犹豫。

(7) 售后工作：是产品构成的一部分。对于反复购买的产品，客户关系维护的重要性不言而喻，即使是一次性购买行为，建立口碑也有助于开拓新客户，开始下一个流程。

作为后台支持的内勤人员也是销售队伍的重要一员。虽然职能不同，但是服务于客户的目标是一致的。内勤人员的职能包括电话接待客户、接待上门客户、提供所承诺的服务、处理发生的问题，等等。

3. 客户关系营销

人员推销是一种面对面的促销活动。一个专业的推销员首先是一个好听众，懂得如何倾听并从中了解需求，思考产品如何去满足需求，并在这个过程中培养起与潜在客户的信任关系，最终将潜在客户转化为现实客户。而一旦建立起长期的客户关系，促销工作事半功倍。

客户关系营销的前提是集中和连续关注重要客户的需要。销售人员与主要客户打交道时，除了在他们认为客户可能准备订购时进行业务访问外，还需另外安排时间进行拜访，邀请客户共同进餐，对他们的业务提些有价值的建议，等等。销售员尤其要关注大客户的动向，了解他们存在的问题，并愿意以多种形式给予帮助。

在企业中制订客户关系营销计划方案包括以下主要步骤。

● 确定需要关系营销的主要客户：一个企业可以选定 5 个或 10 个最大的客户，为他们设计关系营销。如果其他客户的业务有极大的增长，也可以增补其为主要客户。

● 为每个主要客户选派精干的关系经理：为客户服务的销售员必须经过关系营销的训练。

● 为关系经理规定明确的职责：要明确规定关系、目标、责任和评价标准。关系经理要对客户负责，他们是客户所有信息的集中点，是协调企业各部门为客户服务的动员人。每个关系经理一般只管理一家或几家客户。

● 任命一名管理各关系经理的总经理：这个经理负责制定关系经理的工作内容、评价标准和资源上的力量，以提高这一功能的有效性。

● 每个关系经理必须制订长期和年度客户关系管理计划：年度计划要确定目标、战略和具体活动及所需的资源。

4. 人员推销的管理

对于以人员推销为产品销售主战场的企业，一方面，需要根据特定的素质期望来制订培训计划，培养一支专业素养的销售队伍；另一方面，企业也应考虑如何善待销售人员，建立有效的激励机制，激发销售人员的工作积极性和长期服务于企业的愿望。

(1) 推销人员的素质和培训。推销人员的素质包括思想素质、业务素质、文化素质、身体素质等。关于思想素质，企业大多以企业文化的方式进行潜移默化的熏陶。业务素质培训是培训的重头戏，一般由企业培训部定期进行，内容包括与产品有关的信息、销售技巧等。对于需要与高端客户打交道的销售人员，文化素质就显得很有必要，需要通过面试的方式选择已具备此素质的人。销售工作不仅劳心劳力，而且业绩指标直观可见，对销售人员来说身心压力都很大，身体素质是一切素质得以正常发挥的前提。

(2) 推销人员的激励和评价。推销人员的付出和回报必须是高度相关的，只有这样才能对推销人员的工作积极性和持续性起到支持作用。应确定合理的计件制的薪酬设计，这是非常有必要的物质激励，有利于激发销售人员的潜力。

销售业绩排行榜则是记分制的精神激励机制。日常的销售业绩排行榜往往可以激发销售人员的斗志和竞争意识，而年底的销售业绩排行榜上有名者的集体旅游则是一种荣誉的物质化表现。这对于激发销售人员的工作热情作用不可小觑。

为了让激励制度更好地发挥作用，作为报酬分配的依据，制定合理的评价标准很关键。要兼顾数量指标和质量指标，比如签约保险单数是一个数量指标，但如果不考虑悔约率就会产生投机行为。还要兼顾新老推销人员的推销能力，对新人来说，6 个月是生存期，需要更多的激励，否则不仅会造成培训成本的浪费，对于稳定销售队伍的年龄结构也是不利的。

12.3.2　公共关系

公共关系和广告活动、销售促进、人员推销并列为大众传播的四大促销工具之一。

1. 公共关系的含义

菲利普·科特勒对公共关系的定义如下："公众是对公司达成其目标的能力具有实际或潜在兴趣和影响力的任何一组群体。公共关系包括用来推广或保护一个公司形象或它的个别产品的各种设计与计划。"

公共关系(public relationship，PR)从其起源来说，是要传播企业形象和社会影响力；相较于通过广告创建产品与消费者的关系，公共关系是以非广告的方式建立企业与社会群体或者消费群体的关系。大多数企业都有一个公关部来监控企业与外部的各种公众关系，及时应对可能出现的负面信息，发布正面信息以建立和维护良好的企业形象与信誉。当商誉被视为极其宝贵的营销资源时，公共关系自然成为营销战略的重要组成部分。公共关系由此划分为企业公关与营销公关两种类型。

企业公关包括企业与媒体的关系、企业与股东的关系、企业与政府机构的关系、企业与社区的关系、员工交流沟通、公众事务运作和企业广告等，继续保持管理公众传播事务的原始功能，支持企业的整体目标。

营销公关包括宣传产品、策划赞助活动、举办特别活动、参与公共服务、编制宣传印刷品、举办记者招待会、邀请媒体参观采访、支持往来厂商及其业务等，以及借助于事件吸引曝光率的推广方式，直接服务于产品与品牌，支持企业营销计划的目标。正因如此，公共关系成为促销的另一个强有力工具，并有超越广告之势，2009 年起被誉为"广告界的奥斯卡"的戛纳广告节(2011 年起正式更名为"戛纳国际创意节")特设 PR 奖项，以鼓励其发展。

2. 营销公关工具

营销公关工具通常可用一组首字母缩略词PENCILS表示。

- P 为出版物(publications)，指企业杂志、年度报表、实用性的顾客手册，等等。
- E 为事件(events)，包括记者招待会、讨论会、郊游、展览会、竞赛和周年庆祝活动。
- N 为新闻(news)，即对企业、员工与产品有正面助益的故事。
- C 为社区参与活动(community involvement activities)，指把时间和金钱奉献给当地社区所需的事物。

- I 为身份媒介(identity media)，包括印有企业名称与标志的文具用品、名片、企业的服装规范。
- L 为游说活动(lobbying activities)，即推动具有正面影响或劝阻具有负面影响的立法和规范。
- S 为社会责任活动(social responsibility activities)，指为企业的社会责任建立起良好的名声。

下面通过实例来详细说明一些主要的营销公关工具。

(1) 公开出版物。广告代理商替无数企业创造了富有影响力的广告，却从来不给自己做广告。《奥美有情》《实力主张》《至爱品牌》等公开出版物就成为与外界沟通最主要的工具。

(2) 事件。2022 年 3·15 晚会上，插旗菜业"土坑酸菜"的曝光后，白象适时地站出来发声："一句话：没合作，放心吃，身正不怕影子斜"，光速打消消费者疑虑，还将"工厂直播"作为了长期项目，接受消费者监督。白象借此进一步提升了品牌形象，成为名副其实的"国货之光"。

(3) 新闻。谷歌无人驾驶汽车设立的媒体开放日曾主动邀请媒体体验了解无人驾驶汽车的性能，充分挖掘自身的新闻价值。

(4) 演讲。苹果创始人乔布斯的斯坦福演讲励志多少学子，而新产品发布会上十年不变的一身黑 T 恤和牛仔裤更是引领 IT 行业的着装风格，将牛仔裤从叛逆穿成创新符号，成为苹果的精神象征。

(5) 公益服务活动。汇丰银行探索建立以员工志愿服务进行社区建设的新模式，打破企业以捐款参与社会公益事业的单一方式。

(6) 形象识别媒体。巴比馒头在获得消费者喜爱的基础上迅速扩张市场，但是遭遇各种盗版馒头以巴比谐音跟进，巴比馒头立刻进行了企业视觉形象设计，并将之用在整个店面布置上，红色元素成为醒目的识别元素。

3. 营销公关的主要决策

营销公关的主要决策的相关内容可扫描右侧二维码阅读。

营销公关的
主要决策

好学深思　企业公益捐赠

企业公益捐赠被称为"社会影响力投资"，是主动承担社会责任的体现，以捐赠者的身份建立和巩固企业与当地政府、社区或媒体领袖的关系，有利于企业的发展，同时也能够提升公众形象，增加消费者黏性，提高企业员工忠诚度。

有研究表明，企业承担社会责任的能力与其自身经济实力成正比；而且与消费者密切接触行业的公司，如零售、保险或服务业等，其捐赠水平要高于与公众接触较少行业的公司。在这个感性消费的时代，企业的慈善捐赠活动对其产品的推广与品牌的塑造有很大的影响。调查表明，消费者在购买产品时越发看重产品所传递的精神，所以企业如果采取慈善品牌战略，会更容易赢得消费者的青睐。

2021 年 7 月，鸿星尔克拿出 5000 万元捐助河南暴雨受灾群众，让全国人民深受感动，购买热情倍增，甚至出现野性消费，该事件对于鸿星尔克来说也是成长的转折点。根据不完全统计，仅微博一个平台，在之后的一年里，鸿星尔克至少上过 30 多次热搜。鸿星尔克通过公益行为尝到了流量的益处。其通过捐赠，找到了一个有效的差异化竞争的路径。但慈善是慈善，营销是营销，如果将慈善当成营销，最后受伤的是品牌。归根到底，企业的竞争力还要依靠产品力和品牌力去驱动，从而俘获消费者的心，与品牌产生黏性。

资料来源：为鲤城企业点赞！鸿星尔克为河南捐赠 5000 万救灾物资[EB/OL]. (2021-07-22). http://www.qzlc.gov.cn/xxgk/gzdt/lcxw/202107/t20210722_2591133.htm.

12.3.3 事件营销

事件营销(event marketing)是指企业通过策划、组织和利用具有新闻价值、社会影响及具有名人效应的人物或事件，吸引媒体、社会团体和消费者的兴趣与关注，以求提高企业或产品的知名度、美誉度，树立良好的品牌形象，并最终促成产品或服务的销售的手段和方式。

有研究表明，和20世纪80年代中期的40%相比，现在第一时间通过广告只能接触15%的人口，基于此，很多公司已经把营销费用转移到可以更为目标人群所喜爱的活动中。现如今，事件营销正在以将产品融入受众生活的方式扩大并加深广告与目标市场的关系，集新闻效应、广告效应、公共关系、形象传播、客户关系于一体。当事件营销成为营销公关的主打工具，甚至承担起公共关系的原始职能时，很难再将两者分而述之。互联网的飞速发展更是给事件营销带来了巨大契机。通过网络，一个事件或者一个话题可以更轻松地进行传播和引起关注，借助社交媒体、App等新媒体，成功的事件营销案例大量涌现。

1. 策划事件的目标

(1) 定位一种特殊的目标市场或生活方式。比如耐克的"出来出来"和麦当劳的"夜星空"就是针对城市年轻人群的夜生活，特别是"北上广"一线城市的年轻人。

(2) 提升公司和产品的知名度。赞助可以为一个品牌提供持续曝光，这是形成品牌知名度的必要条件。比如安踏赞助2022年冬奥会，直接带动品牌销量在行业整体下行时逆势增长了35%。再比如伊利赞助《乘风破浪的姐姐》《奔跑吧兄弟》《新游记》等综艺节目，以维系品牌和产品的曝光度。

(3) 创造或提升客户对品牌形象联想的感知。事件本身可以帮助创造或提升品牌的联想，比如蒙牛借势神舟五号落地新闻，以"中国航天员专用牛奶"的电视广告实时投放于几十家电视台，完成了蒙牛与"神舟五号"的联想创建。

(4) 提高企业形象。如在2021年新疆棉事件中，一批优秀的国货脱颖而出：李宁把新疆棉写在标签，安踏退出BCI(瑞士良好棉花发展协会)等，国货品牌的正面姿态赢得网友的一片好评与支持，都是值得称道的事件营销案例。

(5) 创造体验并博得感情。例如，2020年网络话题"秋天的第一杯奶茶"火了之后，奈雪的茶顺势做起了促销，促进了奶茶订单的疯狂增长。奈雪的茶还进一步顺势推出"奈雪奶茶节"，让品牌形象更有温度和情感，达到了品牌谋求的"品效合一"。

(6) 表明对社会或公共事务承担义务。例如，2021年4月，腾讯提出"可持续社会价值创新"战略，并宣布将为此首期投入500亿元，设立"可持续社会价值事业部"，推动战略落地。同年8月，腾讯宣布再次增加500亿元资金，启动"共同富裕专项计划"。同年9月，阿里启动"阿里巴巴助力共同富裕十大行动"，将在2025年前累计投入1000亿元，助力共同富裕。

(7) 招待重要客户或回报关键职员。如国际网球顶级赛事大师杯赛的众多赞助商将球赛票赠送客户，就是一种维护客户关系的形式。又如，保险公司用年终旅行来激励保险代理人已成惯例。

(8) 增加销售业绩提升的机会。尽管不同的事件策划的目标不同，事件策划之所以被称为营销正是因为其最终的活动效果直指销售业绩的提升。

2. 策划事件的主要决策

事件策划必须为不同的目标选择合适的事件，将产品和品牌的特性与事件形成良好的匹配度，并且要选择合适的时机，如果需要，再辅以最佳的赞助计划，赞助的效果还是可预测的。

(1) 选择项目时机。①事件投放的观众必须匹配品牌的目标市场。②事件本身必须有充分的知名度，才能得以借势。

(2) 设计赞助计划。设计赞助计划非常重要，需要充分利用各种展示机会，战略性地展示自己。比如对于赛事赞助商而言，不仅是赛事期间的各种展示，赛事前的推广阶段也是值得充分利用的。赞助商可以将赛事的标志和名称用于自己的市场活动，利用媒体和公众对赛事的关注和联想来推广自己的品牌，从而获得理想的品牌知名度和美誉度的提高。

(3) 衡量赞助活动的效果。有两种衡量赞助活动效果的基本方法。①曝光率用来衡量供给方：通过媒介监测，估计媒体对事件的报道时间和空间的数量，如上电视的时间、报纸上的篇幅大小、网络的点击率、微信的转发量等。②U&A 用来衡量需求方：通过第三方调研公司鉴定赞助者对消费者关于品牌意识的影响程度，跟踪或者调查事件对品牌知名度、顾客态度甚至销售的影响。

即测即评

请扫描二维码进行在线测试。

第 12.3 节习题

12.4　数字营销与社交媒体营销

互联网作为一条新的营销渠道，互联网思维作为一种万物互联思想，带动了共享经济的发展，互联网营销实践正在改写整合营销传播理论。

视频：新媒体的
定义

12.4.1　数字营销

1. 数字营销的含义与发展历程

从传播的角度来说，数字营销(digital marketing)是指通过数字化媒体渠道来推广产品和服务，从而以一种及时、相关、定制化和节省成本的方式与消费者进行沟通。

视频：新媒体的
基本策略

数字营销的范围比较广泛，除了需要使用互联网的一些沟通渠道(如电子邮件、搜索引擎、社交媒体、论坛、各种门户和资讯网站、自媒体平台等)外，还包括了很多不需要互联网的沟通渠道，比如电视、广播、短信等。数字化营销和传统营销相比，最大的区别就是传播渠道，或者说与客户沟通的触点发生了改变。

数字营销也经历了几个发展阶段。

(1) 第一阶段，20 世纪 90 年代初，互联网开始走进人们的生活。互联网内容创造由网站主导，用户没有交互权，广告以单项传播为特征，用户被动接受网站上的营销信息，主要运用展示类横幅广告、弹出式广告、搜索引擎广告等，营销的理念则是以销售产品为主要目的。

(2) 第二阶段，随着社交媒体和视频网站的异军突起，企业拉近了与用户的距离，建立了全面的营销策略，实现了对数据的实时监控和定期分析，互联网逐步成为企业营销的重要渠道，广告主将更多的广告预算投入从线下媒体转移到线上媒体。

(3) 第三阶段，以大数据技术应用为特征，收集和分析用户搜索、浏览、点击、购买和共享等数据变得可行，基于这些数据的"用户画像"帮助企业精准了解用户的需求和偏好，从而使营销活动更加集中和高效，使品牌得到充分有效的展示。

(4) 第四阶段,是生态圈营销阶段。大型互联网公司都在构建自己的生态圈,如阿里系、百度系、腾讯系、小米系等。营销也由只注重产品生产到偏重销售环节再到重视商业生态圈的协作,通过生态圈内企业间数据共享、策略导流,实现产品的个性化定制、广告的定向投放、线上线下渠道的融合和消费者需求的精准锁定。

2. 数字营销给企业带来的变革

数字营销时代,个体化体验的程度和质量将决定企业的核心竞争力。个体化体验,不仅包括营销自动化、精准营销和大数据分析在内的营销技术方法,它的核心基于用户体验设计。用户购买流程的简化和用户体验增值是用户体验的核心设计的两个关键点,需要企业在人才、流程、技术和文化上的转型,数字营销部门将更多地开始和市场、销售部门跨部门合作,在数字营销与企业销售、客户管理系统之间实现流程和数据的对接。

但是企业内部的数字化转型面临着巨大的内部阻力:互不统属的各类部门及互不相连的各种软件和平台。为了解决这一问题,一部分企业架构扁平化的企业(如星巴克等)设立了首席数字官、首席客户官和首席体验官这类高级管理职位,来协调各部门的协作。另一部分组织架构复杂的企业(如耐克、宝洁等)则通过设立独立的数字部门甚至更庞大的数字商业部门把所有数字化工作都整合在一起,由独立的部门进行战略规划和统一支持。从创意驱动的外部扩张转向数据驱动的内部转型,成为数字营销最不可忽视的趋势。

3. 数字营销整合传播的趋势

相对于整合营销传播的革命性意义,数字营销活动同样带来了营销思想上的变革。如果说整合营销传播实现了从"消费者请注意"到"请注意消费者"的换位思考,数字营销传播则彻底实现了从"我的经济"向"你的经济"的思想转变。相比较整合营销传播的沟通策略一个声音"one",数字营销传播则是用"different"去贴近不同媒体接触点上的受众,正走在从"one big idea"到去中心化的路上。从传播的意义上说,数字营销传播不仅是一种技术手段的革命,还包含更深刻的观念革命。但是受众关于品牌的所有碎片化记忆最后总会形成一个总的印象,人的心理认知规律告诉品牌不要放弃持续的沟通,把握引导和共享的分寸感,从一个声音、一个形象的传播整合向"横看成岭侧成峰,远近高低各不同"却能汇聚出千年不变的庐山真面目的品牌印象整合转变。稳定的品牌特性是人们生活中一股稳定的力量,这正是品牌的基因所带来的存在感。

现在大部分企业都会把广告方面的工作交给专业的广告公司来完成。全面服务性广告公司也必须加入数字营销的浪潮。广告公司要成功转型,不仅要把数字营销部门纳入其中,重新评估数字媒体的盈利前景,发挥全媒体驾驭力的优势;更需要重新反思品牌理念、媒介策略与目前媒体环境的匹配程度。在传统媒体日渐式微、新媒体"吸睛力"无与伦比的今天,企业需要以跨媒体思维引导内容创建,学会和用户一起创造和共享,赋予品牌更大的弹性、更深的人性。显然,参与感才是品牌体验最重要的部分,这正是广告从认知向感知的原初状态的回归,也是产品得以存在的基本立足点。

12.4.2 社交媒体营销

社交媒体营销(social media marketing)是一种数字营销方式,指利用论坛、微信、微博、博客、SNS(社交网络服务)社区,以及图片和视频等内容生产与交换媒体来进行营销。

社交媒体营销有几个优势。

(1) 流量"惊人",用户数量巨大。

(2) 自由度大，其平台具有自发选择、编辑及传播的能力。

(3) 用户黏性和稳定性高，定位明确，可以为品牌提供更细分的目标群体。

(4) 在人群间分享信息和讨论问题，通过不断的交互和提炼能够有效地对某个主题达成共识，为品牌提供了大量被传播和被放大的机会。

(5) 以信任为基础的传播机制及用户的高主动参与性，更能影响网民的消费决策。

1. 社交媒体营销的步骤

第一步：分析目标客户的特征。分析目标客户特征后，可使用一些分析工具推荐流量来源，将品牌自身目标客户的特征和不同平台的用户画像相对应，选择一个最为合适的平台。

第二步：设置目标和定义指标。确定此次营销的目标是提高品牌知名度、产生潜在客户、提供客户支持，还是增加品牌参与度和影响力？此外，还需要确定完成目标的指标。例如，如果想提高品牌知名度，那么其指标应是在多长时间内积累多少粉丝。

第三步：定义内容策略。内容策略应基于前述的目标和目标市场。

第四步：了解社交媒体上的算法。在某个时间点，社交媒体平台会更喜欢某种内容格式。

第五步：定义付费社交媒体策略。根据目标，设置预算并规划一个广告系列，概述各个广告系列预算、目标受众群体、广告系列目标、广告格式和出价策略。

第六步：监控、测量和优化。活动开始后，需要不断监控社交媒体活动，跟踪哪些方法有效。

2. 社交媒体的广告价值评价

尽管社交媒体仍然沿用传统媒体的千人成本(cost per mille，CPM)来为其广告价值定价，但各个社交媒体平台也各自发展出有利于其平台推广模式的定价指标。大致分类如下。

- CPS(cost per sales)，销售分成。
- CPA(cost per action)，每次动作成本。
- CPM(cost per Mille，cost per thousand)，每千人成本。
- CPC(cost per click)，每点击成本[①]。
- CPR(Cost Per Response)，每回应成本。
- CPP(Cost Per Purchase)，每购买成本。

建立在点击率基础上的购买指标是卖方指标，就像传统媒体曾以受众人数作为定价指标一样，这显然是不够的，还需建立基于转化率的相关指标，才能构成广告效果的评估体系。其涉及以下数据。

- 点击次数(click)：也称为点击量，即用户点击广告的次数，是评估广告效果的指标之一。
- 点击率(click rate)：也称为点进率(click through-rate，CTR)，是网络广告被点击的次数与访问次数的比例。如果这个页面被访问了 100 次，而页面上的广告被点击了 20 次，那么 CTR 为 20%，CTR 是评估广告效果的指标之一。
- 二跳率：页面展开后，用户在页面上产生的首次点击被称为"二跳"，"二跳"的次数即为"二跳量"，"二跳量"与浏览量的比值称为页面的"二跳率"。
- 跳出率：指浏览了一个页面就离开的用户占一组页面或一个页面访问次数的百分比。
- 转化率(conversion rate，CR)：指在通过点击进入链接访问某一网站的访客中，产生购买行为的访客占全部访客的比例。
- 投资报酬率(return on investment，ROI)：指投资获利与投资金额间的百分比率。

[①] 有时候，CPC 也被视为每千次点击成本(cost per thousand click-though)。

3. 提升社交媒体营销效果

2019 年以前是品牌方实施社交媒体营销，获得最大流量和曝光度提升的时期。那时常见的社交媒体营销方式是利用明星种草、达人测评、亲身体验等方式引起消费者注意，营造一种真诚的"卖货"场景，许多网红品牌因此走红。在当前社交媒介多元化、信息碎片化的情况下，消费者注意力被无限分散，消费者不再只专注一个社交平台。多触点、整合多个社交媒体的广告投放方式，成为品牌不得不考虑的方式。并且，如何在社交媒体上做创新营销、破局社交媒体营销，成为必须考虑的问题。

(1) 打造优质内容。当前，大数据实现了目标人群的精准定位，技术发展支持更强大的视觉表现形式，内容的创建能力对沟通效果的价值贡献再度显现。只要是高质量的内容，无论是传统媒体还是新媒体，广告价值都会不断上升。在"内容为王"的时代，无论是流行文化还是消费趋势，"90 后"和"00 后"正在取代"70 后"和"80 后"成为趋势的引领者和定义者。而在传统广告和公关时代被赋予重要意义的 key message(主要信息)和 master narrative(核心话术)在数字营销时代已经被边缘化。内容的实时化减少了品牌对内容的控制和垄断，让内容的制作和传播更加透明和平等。

(2) 提升认知，挖掘成功营销背后的逻辑。简单复制偶然刷屏成功的社交营销事件，未必是正确的，要学习成功社交营销事件背后的方法，在学习中适度创新传播逻辑。如锦鲤活动，是利用利益刺激，满足消费者"暴富"的心理，利用转发抽奖等低门槛、高收益的形式让消费者充满期待地主动参与互动。

(3) 建立深度消费需求认知。包含品牌价值和消费需求的软硬广告，更有利于精准传播。一方面，寓教于乐或者深情传递人间情感的软视频广告、软图文广告能够引起社交话题讨论，流量迅速上涨。另一方面，主打某种需求的广告产品卖点突出。当消费者准备购物时，可以立即想起知名度高的品牌，但真正付款购买时，选择的却是需求突出的品牌。因此，打造社交媒体营销广告的品牌，在选择创意策略的时候，除了注重创意策略，还需要注重传递有价值的产品卖点信息，给消费者留下有价值的品牌认知。

▌ **即测即评**

请扫描二维码进行在线测试。

第 12.4 节习题

本章小结

1. 整合营销传播的核心思想是通过整合企业内外部所有资源，重组企业的生产和市场行为，充分调动一切积极因素以实现企业统一的传播目标。

2. 市场部通常使用以下 8 个步骤来建立信息沟通系统：确定目标受众；确定沟通目标；设定传播信息；选择沟通渠道；分配总体的促销预算；确定促销组合；衡量促销效果；管理与协调总体的市场营销沟通过程。

3. 初步的广告计划，可以遵循 5Ms 路径：任务(mission)、资金(money)、媒体(media)、信息(message)、衡量(measurement)。

4. 销售促进包括多种短期性的刺激工具，用以刺激消费者和贸易商迅速或较大量地购买某一特定产品或服务。销售促进的主要决策是围绕着消费者、中间商和销售人员，根据不同的销售目标选择不同的促销工具，并制订相匹配的销售促进方案。

5. 人员推销是指通过销售人员与目标市场的中间商或消费者进行直接的产品推介，促使中间商或消费者产生购买行为的一种促销形式。客户关系营销的前提是集中和连续关注重要客户的需要。

6. 公共关系包括用来推广或保护一个公司形象或它的个别产品的各种设计与计划。营销公关与企业公关的区别在于营销公关直接服务于销售业绩，它有着明确的销售目标任务。

7. 事件营销是指企业通过策划、组织和利用具有新闻价值、社会影响及具有名人效应的人物或事件，吸引媒体、社会团体和消费者的兴趣与关注，以求提高企业或产品的知名度、美誉度，树立良好的品牌形象，并最终促成产品或服务的销售的手段和方式。

8. 从传播的角度来说，数字营销是指通过数字化媒体渠道来推广产品和服务，从而以一种及时、相关、定制化和节省成本的方式与消费者进行沟通。社交媒体营销是一种数字营销方式，指利用论坛、微信、微博、博客、SNS社区、图片和视频等内容生产与交换媒体来进行营销。

思考题

1. 整合营销传播的含义和特点分别是什么？
2. 简述广告的5Ms路径。
3. 如何区分广告、销售促进、人员推销、公关、事件营销等促销工具？
4. 社交媒体营销一般如何实施？

案例研究　**春晚广告39年变迁史**

1983年正式开办的春晚作为中国人的一种新民俗已经走过了39年。难忘今宵依旧是晚会压轴的节目，小品演员却从熟悉的冯巩、赵本山变成了年轻的新人。老一辈的隐退，让更多年轻的面孔涌入了春晚。

随着时间更迭的不仅仅是演职人员，品牌商对于春晚的赞助、冠名、合作也在悄然发生变化。晚会中主持人的口播植入广告因影响观众体验而在2011年起被取消，"我最喜爱的春节联欢晚会节目"冠名也在2012年退出了历史舞台。如今，只有零点报时的冠名和开播之前的硬广套装(包括特约冠名)仍出现在观众的视野里。

与此同时，春晚也给新兴的互联网企业搭建了"露脸"的平台，红包赞助商、春晚社交媒体平台等身份的争夺，逐渐成为互联网巨头们的"修罗场"。以至于每年争夺独家合作，都成为了互联网行业里备受关注的大事。将近40载的春秋，春晚中的广告有增有减，参与其中的品牌商也你来我往。这背后有时代变迁的历史缩影，也有众多行业历经发展的痕迹。

天价零点报时

相比快速洗牌的硬广金主，零点报时的赞助商显得更为稳定——当然，支撑这个独家冠名的品牌同样要财力雄厚。

1984—1994年是春晚零点冠名伊始的十年，限于经济水平的物质匮乏，老三样在这段时间里独领风骚。除了1985年冠名的海鸥手表和1994年的中华自行车，其余年份都是康巴斯手表。康巴斯在20世纪80年代是石英表的领军品牌，曾率先打破了国内机械钟表统治的行业格局。但随着国内市场的变化，主要依靠国有传统商贸流通销售的康巴斯一度陷入债务危机，企业还因为商标注册纠纷而一蹶不振，因此也就不再继续冠名春晚。

而之后七八年的时间，则是酒企、药企叱咤风云的年代。1995年，贵州长寿长乐集团竞标零点报时冠名成功。当时这个品牌比茅台的价格还要高，是驰名中外的药酒品牌。此后拿到冠名的还有山东酒业的孔府家酒，凭借春晚广告，该品牌从一个不见经传的小企业，扶摇直上冲进酒业的头部梯度，可谓第一个流量传说。但之后因勾兑的负面新闻，山东酒业走向了没落，接棒的川酒成为了主流，四川酒业的沱牌曲酒连续两年获得零点冠名。

药企则在新世纪伊始瞄准了春晚倒计时的高光时刻。2001年，太极集团获得零点冠名，2000年和2002年则花落哈药六厂。当时的哈药六厂科研费用仅仅234万元，总资产不足1亿元，却敢在每年投入数亿元广告费用，希望广告营销打通发展路的"豪爽"可见一斑。

2003年，美的集团的冠名标志着零点报时第三阶段的开始。中国加入世贸组织后，以美的、格力为代表的中国家电行业崛起，打破了外资垄断的局面，并大踏步走出中国、面向世界。除了2012年没有零点报时以外，至今零点冠名已被美的集团垄断长达16年之久。

而美的也确实是为此下了血本。2005年，美的集团央视春晚零点倒计时广告拍卖价格为680万元，2009年为4701万元，2011年则涨到5720万元。若以2011年的价格计算10秒倒计时，相当于每秒572万元。虽然之后美的集团没有再披露冠名的具体花费，但不难猜测价格的水涨船高。

2021年和2022年，零点报时被洋河梦之蓝夺走，春晚零点冠名重新回归酒企。

入侵春晚的互联网企业

和众多"前辈"品牌们一样，快速崛起的互联网公司近几年也纷纷加入了与春晚合作的大军中，而互联网公司开发出的春晚发红包也作为一种新玩法逐渐流行起来。虽然这也是一种品牌营销和软植入，但观众参与有钱拿的结果，显然更能俘获大众的芳心，接受度也更高。

2015年羊年春晚，微信投入5300万元的营销费用成为了春晚发红包的开山鼻祖。因为红包的使用需要绑定银行卡，作为社交软件的微信借此成功"偷袭"支付宝跃升为支付龙头。而随后支付宝为了追赶微信，连续两年用"集五福"玩法打入了春节的众多活动中。

但并非所有互联网玩家都能如此顺利。2019年，百度的红包赞助使当晚的DAU(日活跃用户数量)冲上了3亿，但除夕过后App的流量就又回到了往常的水平，可谓一夜千金只换得黄粱一梦。希望通过春晚缓解DAU疲软的百度，也终究没能将旗下的好看视频和全民小视频拉入短视频圈子的一线阵营。

同样在2019年，抖音、快手两个短视频一线品牌开始了春晚舞台上的较量。

自2016年以来，短视频站上风口，在国内迅速兴起。其迎合了受众群体碎片化的阅读习惯，成为一种流行的娱乐方式。而2018年前后，短视频行业的竞争也已进入白热化阶段，处于头部的两强玩家想要抢下亿级用户的短视频App，势必要在营销上下功夫。

2019年，抖音成为春晚独家社交媒体传播平台，而快手则获得了央视春晚的短视频版权，授权内容不仅包括2019年央视春晚、2019年央视元宵晚会，还包括历届春晚内容。两家企业也都在这次与春晚的合作中收获满满。除夕当晚抖音的春节主题特效被使用超过2000万次，春晚挑战视频播放总量突破了247亿次。在春晚过后不到半年的时间，快手的DAU也从2018年12月的1.6亿突破至2亿。

而如今，抖音和快手的竞争仍在持续。2022年，抖音仓促代替负面新闻缠身的拼多多成为了春晚独家互动合作伙伴，春晚直播期间红包金额刷新历史达到12亿元，春节总红包达20亿元。不甘示弱的快手很快也宣布与10家省级卫视春晚达成合作，并送出红包21亿元。"只多1亿元"的操作，大有掐架之势。

不论是在黄金五分钟里"露脸"，还是天价抢下冠名、发数十亿元红包，争夺春晚的品牌绝非"单纯钱多"。作为一年一度国民级别的庆典晚会，春晚的曝光度、国民覆盖度绝非其他内容营销形式所能企及。

即便是营销费用水涨船高，只要春晚在大年三十必定开播，未来这就还会是兵家必争之地。

资料来源：阿里巴巴大数据营销应用研究-阿里巴巴大数据营销应用分析[EB/OL]. (2014-02-14). https://www.docin.com/p-2897235833.html，有删节。

案例思考题：

1. 你眼中的春晚是个怎样的节目？如何看待春晚中出现的广告？

2. 应如何看待近年春晚出现的新变化？

3. 面对春晚广告位的激烈竞争，企业应该如何制定促销策略？

4. 如何实现春晚广告高质量发展，让观众更容易接受？请谈谈你的观点。

第13章
数字营销新趋势

学习目标

- 了解大数据营销、AI营销
- 对比微信营销与微博营销
- 了解搜索引擎营销
- 掌握短视频营销
- 正确认识直播带货

第 13 章知识点

　　大数据是信息化发展的新阶段。随着信息技术和人类生产生活交汇融合，互联网快速普及，全球数据呈现爆发增长、海量集聚的特点，对经济发展、社会治理、国家管理、人民生活都产生了重大影响。世界各国都把推进经济数字化作为实现创新发展的重要动能，在前沿技术研发、数据开放共享、隐私安全保护、人才培养等方面做了前瞻性布局。

——《新华网》习近平：实施国家大数据战略加快建设数字中国，2017-12-09.

引入案例
阿里巴巴的精准营销

　　阿里巴巴是中国最大的电商企业，旗下拥有众多业务平台，如淘宝网、天猫、支付宝、阿里云等。通过对这些平台资源的整合，阿里巴巴形成了强大的电子商务客户群及消费者行为的全产业链信息，开启了日增长数据量百 T 计的崭新时代，拥有大量来自买卖双方的搜索与交易信息，包括所有用户的基本信息、账户信息店铺数据、用户浏览情况、点击网页数据、交易数据等，以及由此概括而成的用户画像、行为及兴趣爱好等。

　　这是阿里巴巴自身平台所拥有的信息数据，但仅仅依靠在阿里巴巴平台上收集到的商品与用户数据是不够的，微博、微信等平台是用户更加能够畅所欲言、产生舆论的地方，所以除此之外，阿里巴巴尝试掌握外部更多的信息数据。早在 2013 年 4 月，以 5.86 亿元收购了新浪微博 18% 的股权，获得了其既有用户的数据足迹，同年 5 月，收购高德软件 28% 股份，分享高德用户地理位置、周边交通信息数据。同时，其对墨迹天气、美团、虾米、滴滴、UC 等企业先后入资入股，囊括各方面的数据信息。

　　他们将这些数据按存储层次划分为基础层、中间层和应用层数据，代表了不同的冗杂和可用程度。为了做到更加精细化，阿里巴巴将数据按照业务归属分类，比如订单数据、会员数据、用户行为数据等。同时对这些数据进一步细化，以性别为例，现实中只存在男性与女性两类，但是阿里巴巴却有 18 个性别标签，因为有些男性注册用户，到了晚上会把账户交给妻子使用，该用户的行为就会偏女性。

阿里巴巴通过多年的电商经验积累，能够有效地还原完整的用户行为路径，通过对从曝光、转化到销售的用户完整路径的转化，进行消费者全景还原，完成营销闭环。由此，大数据营销效果日益显现。通过推送符合特定用户需求特点的广告，使广告由用户被动接受向自然推广转变，更容易接受，提高了转化率；通过对产品的片段营销投放扩展到全链条，可以进行更长期的、更大范围的整合营销及品牌持续性传播；通过用户的及时反馈，有效改善，提高客户满意度。

另外，阿里巴巴还充分运用其所掌握的信息资源，推出多项大数据营销产品，为中小企业大数据营销奠定了基础。从 2005 年开始，阿里巴巴先后开发淘数据、数据魔方平台、聚石塔、花呗、芝麻信用、猜你喜欢等产品与功能。以卖方淘宝为例，功能涵盖店铺基础经营分析、商品分析、营销效果分析、买家分析、订单分析、财务分析、预测分析等，对于阿里巴巴来说，这不仅增加了数据收入，也能增强小商户的营销能力，促进淘宝大平台的发展。

资料来源：根据网络资料整理。

随着当今世界先进技术，如大数据、人工智能(AI)、物联网(IoT)、自然语言处理(NLP)、会话智能(ASR)、虚拟现实(VR)、增强现实(AR)、混合现实(MR)、区块链、元宇宙(Metaverse)等新技术快速发展，以及数字技术的突飞猛进，一种使用高科技解决当今最具挑战性难题的营销策略诞生了。如今，营销已进入 5.0 时代，营销 1.0 时代是以产品为中心，营销 2.0 时代是以消费者为中心，营销 3.0 时代是以消费者价值观为中心，营销 4.0 时代则以数字为中心，开展将传统世界与数字世界相结合的全渠道整合营销，并建立连续追踪顾客、和顾客交流的平台，营销 5.0 时代关注人性化技术，使用能够模拟人类的技术，在营销整体流程中创造、沟通、交付和丰富客户体验。营销 5.0 结合了营销 3.0"以人为中心"的本质和营销 4.0"全渠道整合营销"的底层逻辑，通过数字化、智能化技术的应用，实现全渠道整合化、个性化、自动化的营销方式，全面提升客户体验。

13.1　大数据营销

大数据营销是基于多平台的大量数据，在大数据技术的基础上，应用于互联网广告行业的营销方式。大数据营销的核心在于让网络广告在合适的时间，通过合适的载体，以合适的方式，投给合适的人。大数据营销既衍生于互联网行业，又作用于互联网行业。依托多平台的大数据采集，以及大数据技术的分析与预测能力，能够使广告更加精准有效，给品牌企业带来更高的投资回报率。

视频：大数据的定义
和特征

视频：大数据的三种
基础思维

视频：大数据营销的
十种应用策略 I

视频：大数据营销的
十种应用策略 II

视频：大数据营销的
十种应用策略 III

视频：大数据营销的
十种应用策略 IV

实际案例 | **用户的专属个人报告**

近几年来，最受欢迎的年度账单和年度歌曲可以在年底为用户生成专属的个人报告，展示他们一年中对应用程序的使用情况。这类详细的个人报告实际上是运用大数据技术，对用户的个人行为数据进行分类、计算而生成的；近几年来，网易云音乐"吸粉"无数，成为最受欢迎的 App 之一。网易云音乐收集用户聆听的信息和数据，如歌曲播放量、发送的评论、收听时间、收听习惯等，清晰地列出每个用户的收听偏好，分析了用户的情绪和个性，为用户定制专属标签，为其推荐更多的个性化内容。其通过细致周到的播放列表，给用户留下深刻印象，并通过用户进一步的转发和分享，达到传播和"刷屏"的效果，用户也在愉快的使用过程中，与网易云音乐建立起情感信任。

资料来源：36 氪企服点评小编. 经典大数据营销案例有哪些[EB/OL]. (2021-06-02). https://www.36dianping.com/news/1744.html.

13.1.1 大数据营销的含义与特点

大数据(big data)是指无法在一定时间范围内用常规软件工具进行捕捉、管理和处理的数据集合，是需要新处理模式才能具有更强决策力、洞察发现力和流程优化能力的海量、高增长率和多样化的信息资产。在维克托·迈尔·舍恩伯格(Viktor Mayer-Schönberger)及肖尼斯·库克耶(Kenneth Cukier)编写的《大数据时代》中，大数据分析是指不用随机分析法这样的捷径，而采用所有数据进行分析处理。大数据不再是传统数据中的二维数据表，除了数字与符号等简单的结构化可表示性数据，还涉及大量的文字、照片、视频、音频等非结构化数据。

IBM 公司将大数据概括为 3 个 V，即 volume(大量化)、velocity(快速化)、variety(多样化)，后面逐渐添加了 veracity(真实性)与 value(低价值密度)。大量化是指数据量的庞大，这种庞大的量能够反映现实生活，提供足够多的信息与价值；快速化是指数据的时效性，因为互联网技术的存在，数据的传输与获得可以做到几近实时，数据世界与现实世界是几乎同步的；多样化是指数据的多维性，大数据包括结构化数据，还包含大量的非结构信息，能够全面、具体地传达某个空间和某个时间内的所有信息；真实性是指数据的质量，数据采集于真实消费环境中，它代表了某个环境中真实的消费行为，同时要注意采集数据的普适性，以确保能够准确真实而非独特地表示此类消费行为；低价值密度是指大数据信息的价值含量低，由于数据的大量化，我们需要的信息往往隐藏在千千万万的数据流中，有价值的信息可能只是那万分之一，有效且高效的挖掘与分析技术是解决这一问题最为关键的工具。

大数据营销是指基于多平台的大量数据，将大数据技术应用于营销过程的营销方式。大数据营销有以下 4 个特点。

(1) 时效性。由于大数据传达的是实时信息，代表了实时环境下消费者的行为，在面对一些极易在短时间内发生变化的消费行为时，企业凭此选择营销策略，务必要强调时间效率。

(2) 个性化营销。通过大数据采集每个用户的消费与行为信息，有利于对每个用户实现个性化营销，"今日头条""网易云音乐""淘宝"等不同类别的 App，纷纷推出个性化推荐板块，使得消费转化率、客户黏性大大提高。

(3) 性价比高。企业投放广告时能够做到有的放矢，根据实时性的效果反馈，及时对投放策略进行调整，使得与目标顾客的接触增多，实现与真实需求的对接，提高广告转化率。

(4) 关联性。由于大数据是多维的，是结构化与非结构化数据相结合的，企业可根据某类信息关联推动同类信息的推送。

13.1.2　大数据营销的产生与发展

1) 大数据营销的产生

1980 年，未来学家阿尔文·托夫勒在其代表作《第三次浪潮》中写道："如果说 IBM 的主机拉开了信息化革命的大幕，那么大数据则是第三次浪潮的华彩乐章。"其预言了大数据的光辉未来。2011 年 5 月，以倡导云计算而著称的 EMC 公司在"云计算相遇大数据"的年会上提出了大数据的概念。同年 6 月，IBM、麦肯锡等众多机构发布大数据相关研究报告。至此，"大数据"作为一个正式的概念进入公众生活，并带来一系列推陈出新与技术更迭。在此背景下，大数据营销的产生有其必然性。

(1) 技术发展是基础。互联网技术逐渐发展成熟，使得数据的获得更加方便与直接；数据挖掘、数据仓库、语义分析等数据分析技术的发展使得利用大数据分析消费者行为成为可能；用户画像、词云、移动互联、线上推广和舆论平台使得营销策略能够及时实施，并收获反馈，及时调整。

(2) 消费者行为多样是挑战。消费者人多面广，需求范围大，个性化需求明显；需求差异较大，具有不同特征的消费者有不一样的需求；需求弹性大，消费者需求随着时间、价格变化较大；非理性购买较强，许多消费者易产生冲动型购买；需求联系内隐，消费者对于商品的需求规律往往不能通过肉眼观察得知，而这种联系对于需求匹配又至关重要。现代营销理念强调以消费者为中心，只有理解消费者的行为规律与特点，才能抓住市场，而大数据技术能有效解决这些痛点。

(3) 信息获取是关键。市场竞争激烈，企业为争夺市场份额，必须具有自身的核心竞争力，而除了产品、价格等传统竞争优势之外，信息是 21 世纪至关重要的一项新型企业资本。利用大数据技术，准确获得市场需求信息，及时了解市场反馈，能够增强企业对市场的反应能力，将此项技术渗透到营销活动中，对于企业实现精准营销具有很大意义。

2) 大数据营销的发展

大数据营销有着无可比拟的优势，但在现实生活中，它的发展同样遭遇了一些挑战，也指明了未来的发展方向。

(1) 数据源的获取。在大数据时代，数据规模虽然庞大，但数据的拥有者是相对独立的。在中国，主流企业能够收集大量消费者信息，比如淘宝平台每天数亿元成交额。对于其他非直接掌握数据源的企业来说，数据的来源取决于数据拥有者的释放程度，他们除自身可能拥有的部分数据之外，还可以自己抓取数据，向拥有数据源或能抓取数据的企业购买数据。对他们来讲，获取数据不是一件简单的事情。

(2) 数据分析技术不够成熟。大数据结合了许多非结构化内容，存在碎片化、不统一性、衡量标准不一、采集方式不一等问题。分析数据前，需要先对数据进行整合、清洗与匹配，这是一个极度耗费工时与精力的过程。当数据分析技术并不那么成熟，并且没有一套完整系统可以借鉴时，企业要进行数据分析就需要不断探索、优化和改进。

(3) 数据分析人才与经验的缺乏。大数据技术为新兴的技术，缺少对专业人才的体系化培养。对于应用大数据营销方式的企业来说，企业有必要对组织结构、人员构成及工作内容进行合理规划，或者选择第三方公司进行合作。

13.1.3 大数据营销的应用手段与方法

1. 明确大数据是用户、产品、企业产生的关联数据

前文中，我们已经讨论了大数据及大数据营销的相关概念。在真正应用时，我们有必要明确大数据的构成。用户、产品和企业是大数据的三大维度，三者之间都存在着关联。用户消费时，会产生大量的用户信息，如用户本身的信息，消费的产品特征信息，产品牵涉的企业、生产链信息，以及用户对产品的口碑信息等。这些数据会形成一个整体，发生在各个时间与地域上。除此之外，外部环境因素也是近来大数据应用商们频频考虑的因素，比如，市场的政治环境、天气等，这些数据纳入大数据体系主要是为了更加多维地研究用户的行为特征。各平台指的是基于互联网的能承载数据的各个网络平台，比如网页、微博等。

收集大数据，便是收集在各平台的某段时间与空间上，主要包含用户、产品、企业三者关系的结构化及非结构化的大量信息数据。

2. 基于大数据对消费者需求、行为进行分析，做精准营销

通过对海量信息的抓取，形成数据仓库；对数据进行一遍清洗与筛选；然后，运用技术工具对某些可能存在的逻辑关系、时间联系进行数据上的验证或者挖掘。其价值体现在以下几点。

(1) 企业对用户进行区隔，了解个体用户偏好，对用户进行画像。由于大数据可以刻画出每个消费者的行为特征，企业可以创建一个单一的客户视角，洞察个体，以便找到有效的方式与个体之间进行交互，提供用户个性化体验，提高客户的满意度与忠诚度。

(2) 收集海量信息，了解消费者整体特征。在互联网经济下，企业可以以前所未有的速度收集用户的海量行为数据，从而进行分析、洞察并且预测，为消费者提供最能满足他们需求的产品、信息与服务，传递准确且有效的广告信息。

(3) 消费者舆情监测。由于大数据的快速化特征，企业能够几乎实时收集网络上关于某种产品或者品牌的口碑与评价。这既有助于收集消费者对产品或品牌的看法，针对不利舆论导向积极做出反应，挽救企业形象。

(4) 制定产品战略。通过对消费、舆论等数据的分析，可以帮助企业发现不足。对产品在包装、设计、功能等方面进行动态化调整，有助于促进公司团队的创新能力，也是真正以用户为中心的体现。

(5) 精准营销和反馈改进。大数据能够支撑用户细分，实现消费者精准定位与营销，并通过持续跟进，营销方式可以不断改进，随着消费者行为的改变而不断创新发展。

13.2 AI 营销

出行工具越来越智慧，家居生活也越来越智慧，电子产品更是越来越智慧。在科技驱动下，物与物、人与人、人与物之间通过人工智能技术更加高效智能地联系在一起。随着 AI 技术的普及和发展，AI 营销渗透到消费各环节中，在消费者自己都未意识到他将会需要这件商品时就唤起他的购物欲，这就是 AI 营销。

13.2.1 AI 营销的含义和特点

1. AI 营销的含义

AI 营销既包括利用 AR、VR、语音识别、图像识别等 AI 技术为企业提供创新营销手段，

也包括通过社交媒体和移动网络两大新渠道收集顾客信息，利用数据挖掘技术和社会网络技术分析顾客行为、洞察顾客需求、寻找社会联系、强化顾客关系，从而实现有目标的、个性化的精准营销和实时营销，提升市场推广的准确率和成功率。

AI 营销基于大数据、社会化、移动化的大视野战略和现代数据技术，寻求提升营销绩效的解决方案，以增强企业的市场竞争力。AI 营销的重点是精准营销，在移动互联网时代，其核心方法就是数据挖掘，即数据驱动的营销。AI 营销是在数据库营销基础上发展而来的，通过采集大量历史客户数据，构建以客户为中心的数据仓库，并借助数据挖掘技术，了解客户的特征、产品喜好等消费行为问题，从而实现对目标市场不同消费者群体强有效性、高投资回报的营销效果。

2. AI 营销的特点

AI 营销被认为是数字营销的下一阶段，是新竞争环境下的必然选择，这是由产品因素、技术因素、客户因素共同决定的。具体来讲，AI 营销有以下几个方面的特点。

(1) 更透彻的感知：对客户需求更透彻地、随时随地地感知、获取、分析与传递。

(2) 更全面的互联互通：系统之间的无障碍互联互通。

(3) 更深入的智能化：功能更强大的支撑系统，能够随时、迅速地分析、满足客户的个性化、多样化需求。

13.2.2　AI 营销的产生和发展

AI 营销不是经济生活中的某种突发现象。我们经历了从社交平台的崛起到大数据和云计算的广泛应用、从移动互联网的来势汹汹到连接万物的"互联网+"的全过程。信息技术的发展，特别是通信技术的发展，促使互联网形成辐射面更广、交互性更强的新型媒体，它不再局限于传统的广播电视等媒体的单向传播，而是可以与媒体信息的接收者进行实时的交互式沟通和联系。总之，AI 营销是伴随信息技术、网络技术的发展而产生的，并随着消费者价值观、消费观的变化和市场竞争的激烈状况而不断地发展。互联网飞速发展，以及可以带来的现实和潜在效益，促使企业积极利用新技术变革企业经营理念、经营组织、经营方式和经营方法，搭上技术发展的快车道，推进企业飞速发展，这就促成了 AI 营销的产生。所以说"AI 营销"是一个时代概念，而不是一个产品概念。

13.2.3　AI 营销的应用手段与方法

尽管 AI 营销的前景非凡，但是仍然面临诸多挑战。首当其冲的就是技术难题，包括大数据等前端技术尚处于发展初期，各方面技术基础并不十分扎实，各项工具尚需进一步完善。与此同时，企业若想真正启动 AI 营销，不仅要应对技术工具难题，更重要的是转变传统经营思维和组织架构。

1. 确定企业目标和标准

大数据资源繁杂丰富，如果没有明确的应用目标，很容易陷入迷途。因此，建设者首先要明确营销的短中期目标，定义机构的价值数据标准，之后再使用能够解决特定领域问题的 AI 技术工具。

2. 储备好相关技术人才

运用 AI 技术为营销管理服务之前，要保证技术团队的到位。要确保企业技术人员已经接受过相关技能培训，了解如何最大化利用最前端技术的作用和潜力为企业营销服务。

3. 解决碎片化问题

AI 营销的重点是解决大数据营销中的数据碎片化问题。很多企业存在这样的现象,即数据散落于互不联通的数据库,相应的数据技术存在于不同部门。如何将这些孤立错位的数据库打通、使之互联,并能实现技术共享,才是最大化大数据价值的关键。数据策略要成功提升网络营销成效,要诀在于无缝对接网络营销的每一个步骤,从数据收集到数据挖掘、应用提取、洞悉报表,缺一不可。

4. 培养内部整合能力

要做好 AI 营销,首先,要有较强的数据整合能力,整合来自企业的不同数据源、不同结构的数据,如客户关系管理、搜索、移动、社交媒体、网络分析工具、普查数据、离线数据等。这些整合的数据是定位更大目标受众的基础。其次,要有研究探索数据背后价值的能力,未来营销成功的关键取决于如何在大数据库中挖掘更丰富的营销价值,如整合站内外数据、汇兑多平台的数据、结合人口与行为数据去建立优化算法等,这些都是未来的发展重点。最后,结合 AI 技术给予精确的行动纲领,以有效地解决问题,创造价值。

| 实际案例 | 雅诗兰黛虚拟试妆 |

美妆领域消费者时常通过 KOL 或大众的文字、视频的形式测评"种草"美妆产品,但确认产品是否适合自己仍需进一步地上妆尝试。一方面,消费人群难以实现线上浏览至线下专柜的转化;另一方面,不同产品的试妆过程需要不断涂、不断卸,费时且伤皮肤。因此,各大品牌试水虚拟试妆,以解决用户"试妆难"痛点。

为了把握线上电商的流量,雅诗兰黛借助百度 App 打造虚拟试妆智能服务入口,用户仅需点开百度 App 首页扫一扫,选择"人脸"类别中的"虚拟试妆",就可以快速了解雅诗兰黛的口红、粉底产品在自己脸上的上妆效果。通过雅诗兰黛品牌专区在线试妆入口,也可以获得同样的虚拟试妆体验。

借助图像识别、EasyDL 等 AI 技术,雅诗兰黛实现细颗粒度的原始特征采集,呈现细腻的面部妆容效果。通过面部多处打点,妆容还可以紧随面部移动,让用户从不同角度观察妆效,获得高度贴近真实的体验效果。这样一来,用户省却了以往"做功课"才能了解产品是否适合自己的中间路径,快速了解产品在自己脸上的妆效,并直接跳转百度 App 进行购买。

借助百度图像识别能力,雅诗兰黛大大缩短了用户决策路径。高度拟真的试妆体验,配合后端销售转化链路,让用户无须前往专柜,也能轻松做出消费决策。

资料来源:

① 百度营销中心. 百度营销荣获 IAI 多项大奖,AI 技术驱动营销多元创新[EB/OL]. (2022-07-29). https://mp. weixin.qq.com/s/C7dFrJIxKJwieJStvaL4FA.

② 雅诗兰黛虚拟试妆,让用户消费决策更轻松[EB/OL]. (2022-08-01). http://e.m.baidu.com/case/102.html? refer= 5594678.

13.3 微信营销

微信是腾讯公司于 2011 年初推出的一款移动端即时通信服务程序。经过多年的运营,2022 年,微信及 WeChat 的合并月活跃账户数已达到 12.833 亿,有望成为全球性的社交媒体社区。从最早的即时通信、朋友圈图文分享等基础社交功能,到目前的媒体信息推送、企业服务支持、移动支付、小程序开发、视频号等功能,微信已成为用户线上线下生活的重要组成部分。伴随着其信息传播辐射能力不断扩大,各大中小企业也愈加注重日常运营与微信平台的结合,开始更多地通过微信与用户建立起更加紧密的联系,凭借其巨大的用户流量,以及强大的媒体属性,微信平台逐步成为各大企业网络营销的常规选择,微信营销的概念也应运而生。

13.3.1　微信营销的含义与特点

微信营销是 21 世纪网络经济时代营销模式的一种创新,主要包括:微信公众号营销、微信朋友圈营销、微信群营销、信息流广告、微信分销、小程序营销、视频号营销等。商家可利用微信平台展示商家微官网、微会员、微推送、微支付、微活动,为其产品或理念做营销。个人或团队也可通过微信公众平台与商家合作,进行软文、软广告的推广。

目前,市场上已经形成了一种主流的线上线下微信互动营销方式,这为商家提供了更多的契机,也为消费者带来了更多的选择机会。

微信营销有以下几个特点。

(1) 营销形式多样。利用微信进行营销的形式和途径有很多,比如:企业可以设定自己品牌的二维码,用折扣和优惠信息来吸引用户关注,开拓 O2O 的营销模式;企业通过微信开放平台,应用开发者接入第三方应用,将应用标志(logo)放入微信附件栏,使用户可以方便地调用第三方应用进行内容选择与分享。另外,在微信公众平台上,每个个体、小型商户、企业都可以打造自己的微信公众号(订阅号、服务号、企业号)与视频号,并在微信平台上实现与特定群体的文字、图片、语音、视频的全方位沟通和互动。比如一家餐饮企业,将门店的打折、会员信息都搬到微信公众号上,实现了微信订座、等位、点餐等内容,到店之后直接下单让老顾客去分享,吸引新客户。

(2) 消费者占据主动位置。营销讲究"推"和"拉"的概念。在微信平台,消费者更具主动性,他们主动选择、关注甚至推广自己感兴趣的内容,而非被动接受。消费者决定了微信营销能走多远;只有赢取用户的青睐,才能获得高阅读量、关注量和转发量,实现圈层式发展,在维系老客户的同时增加新客户。

(3) 点对点精准营销。微信拥有庞大的用户群,借助手机移动终端天然的社交和位置定位等优势,每个信息都是可以推送的,每个个体都有机会接收到信息,继而帮助商家实现点对点精准化营销。例如,拥有微信公众平台的商家可以建议前来消费的顾客扫描微信二维码关注,当商家发布有关产品或服务的消息及优惠信息时,可以及时地被其目标客户群接收到,并且这部分客户群一定是在地理位置上能够容易到达并且对产品或服务感兴趣的潜在客户群体。

(4) 推广成本低廉。相对于传统的营销方式来说,微信广告的营销成本比较低廉。如果宣传内容足够引起用户关注,会形成朋友圈内的主动推广,这种圈层式传播的潜力是巨大的,而商户为此不需要付出额外的时间和物质成本。

(5) 良好的用户黏性。微信的点对点产品形态保证了其能够通过互动的形式提高内容的人文情感,增加用户的黏性,从而产生巨大的价值。文章末尾留言回复、公众号留言自动/人工回复、回赠用户资源等都是与用户建立亲密联系的互动方式,商家可以通过及时高效的微信沟通服务,最大限度地保持及提高用户黏性,提高关注度,同时在过程中发现潜在消费者,对客户进行准确定位。

13.3.2 微信营销的产生与发展

微信营销具有社交、信息传播、媒体等功能属性(包括微信聊天、微信群、朋友圈、公众平台、视频号等),是建立在微信巨大的用户体量和使用频次的基础上而产生的。这些营销方式的出现和完善其实与微信版本的不断升级和功能的不断拓展息息相关。微信一直以非常规的思维模式去研发一条自主创新的媒介营销路线,它不直接推销微信本身平台,而是不断地"想群众之所想,急群众之所急",不断地思考探索,在潜移默化中推销自身,走非常规的媒介营销路线,建立新的价值链条。

微信营销的发展经历了多个阶段,主要的历程如下。

1. 投入期

在成立之初,微信最基础的功能是聊天。2011 年,微信发布的 1.0 测试版中,主要功能是一对一的快速消息、照片分享及头像设置,"一对一"互动营销初现端倪。

2. 成长期

2012 年,微信推出朋友圈功能,这是微信营销的重要转折点。朋友圈传递的信息完整度更高,阅读性也更强,同时对用户的打扰性更小,它的出现大大提升了信息传播的能力,很快就受到了企业的关注,大量基于朋友圈的营销手段开始出现,初始者收获了丰厚的回报,先发效应明显。不过,朋友圈营销形式适合个人或者小品牌的商户,对于大企业的促进还不够明显,同时客户积累较为粗放,无法实现批量化的用户导入及管理。不可否认的是,朋友圈的出现大大提升了微信营销的效果,各大企业也开始关注微信的营销潜力。

3. 成熟期

随着 2013 年微信公众号功能的推出,微信营销由初始的粗放型发展,向标准化、规则化、市场化的方向转变。公众号为企业营销提供了一个更加合理、专业的营销平台,微信营销开始有明确的形式和统一的管理。公众号的出现,也让企业营销有了面向全微信用户的可能,信息传播的深度和广度大大提高。各类公众号以井喷式的速度涌现,几乎囊括每个行业的知名企业,目前总数已突破 1000 万个,并以每日新增 1.2 万个的速度增长。微信公众平台成为企业微信营销的主战场,成为数字化营销的重要组成部分,各大企业在公众号上的营销投入也在逐年上升。

4. 转型期

2015 年 1 月,微信团队在所有用户朋友圈发布了第一条内侧信息流广告。随后,官方又在朋友圈陆续投放了三条广告,分别是宝马、vivo 和可口可乐。这三条广告并不是面对所有用户的普遍推送,而是微信团队在对用户进行大数据分析后的精准投放,试图做到降低骚扰程度,并提高微信朋友圈营销的精准度。微信也从营销服务的单纯平台提供者,向企业具体营销服务提供商转变。2016 年,微信又推出了"小程序"功能,用户无须下载,即可在微信内使用各类应用,同时带有独立的 iOS 与安卓的脚本编写功能,向全社会化开发者开放;2020 年 1 月,随着短视频平台的发展,微信推出了"视频号"功能,上线半年用户数量超过 2 亿,大大提升了微信本身的延展性,未来很有可能引发微信营销的变革。

微信营销经历了从一对一微信聊天营销,到事半功倍的微信群营销,再到朋友圈营销,以及使微信营销获得巨大发展的公众号、视频号营销。这样的发展历程,也是微信作为营销工具由辅助工具变为主要工具,微信营销行为由零散走向正式化的过程。可想而知,微信营销未来的发展潜力不可估量。我们对其发展趋势进行以下预测。

(1) 营销内容质量决定成败。无论是做传统互联网营销还是移动互联网营销,逃不掉的一个话题就是内容。在做传播、推广的过程中,内容起着至关重要的作用。放眼当下的微信大号,无一不是以内容作为驱动的。内容的形式多种多样,可以是文字、图片、漫画、视频、语音、H5 等。随着微信慢慢步入深水区,将会有一大批账号被淘汰,而这批账号恰恰是没法产生优质内容的,对于能持续产生优质内容的账号,流量将会慢慢被吸附转移,马太效应将会越来越明显。在未来的传播当中:内容为王,渠道为辅,内容即广告,分享即流量。

(2) 用户趋利传播将逐渐淡出。经过这几年的发展,无论是微博还是微信,大家对于转发有礼、分享有奖、关注抢红包这类型的活动司空见惯,积极性下降。这种趋利传播活动存在一定的信任问题,同时趣味性不高,参与这种活动的用户大部分都是为了眼前的小利而参与,留存不了关注度,活动结束,会出现大面积的用户流失。在未来,借鉴诸多经验后,商家举办的各类用户趋利类营销活动将大大减少,应把更多的注意力转移至用户需求本身,以用户需求、体验为导向,进行各类微信软营销。

(3) 自媒体依旧是营销主力军。从目前用户关注的公众号比例来看,自媒体类公众号关注比例超过了30%,同时在用户内容偏好上,自媒体依旧是最受欢迎的注重类别。随着公众号市场逐渐"洗牌",各类有清晰商业模式、大量精准粉丝用户的公众号将得到更多资本青睐,未来各类自媒体融资案例将更加多见,资本的推动也将进一步鼓励各类自媒体公众号的发展。

(4) 各类新型营销手段将不断产生。在相同内容的基础上,图文的传播力远远大于纯文字的传播力。目前,越来越多的微信营销开始注重图文形式的结合,在内容层面上,"表情包"就是很好的例子。文字通过与各类表情包的结合,能够更精准地表达信息内涵,更好地激发受众的情感共鸣。在技术层面,H5 技术为单纯性内容的信息输出增加了互动性,其传播效果较之以往大大增强。而"小程序"的出现是对微信巨大流量的进一步挖掘,微信营销的商业化及生态化形态将很可能发生巨大的变革。

13.3.3　微信营销的应用手段与方法

微信营销是基于微信平台已有的功能模块展开的,主要聚焦于社交互动、信息推送等功能板块,结合微信内嵌的支付功能,形成了从信息传播、用户触达到交易支付的营销闭环。目前,常见的营销手段与方法主要有以下几种。

1. "朋友圈"营销

(1) 口碑分享。考虑到微信已成为众多用户日常生活的一部分,微信平台的信息传播属性受到了越来越多企业与商户的重视,其运营的网站、手机智能应用相继推出微信分享功能,旨在引导用户将产品或服务使用的体验及感兴趣的内容(如:喜欢的音乐、已购买的商品、品尝过的美食、看过的电影等)通过微信平台分享至个人朋友圈,在满足用户口碑传播需求的同时,实现对自身品牌的露出,建立更广泛的用户认知,从而达到品牌传播的营销目的。

(2) 广告投放。随着微商及口碑分享营销的兴起,微信平台自身也推出了针对各大企业的"朋友圈"广告投放功能。相较于传统的商户型朋友圈营销,企业层面的朋友圈营销覆盖的用户更为广泛,同时用户定位的精准度也大大提高。核心机理是通过用户在微信的行为轨迹数据,基于大数据的分析,将用户集群按照不同特征(包括性别、地域、兴趣标签等属性)进行细分,提升推送的精准度和触达度。

企业通过设置推送内容、内容形式、目标群体分类、露出时间等要素,使企业广告在目标用户群的微信朋友圈集中展示,保障企业的品牌露出。这一手段目前已成为各大企业新品上市、热门活动发布等信息的重要推送渠道。

2. "附近的人"营销

"附近的人"功能板块,是微信推出的基于 LBS 的陌生人社交功能模块。用户在此模块可以查看附近的陌生人,并申请添加对方为好友。建立联系后,商户可以适当地开展产品介绍等营销内容。同时,商户可以设置与运营产品、服务相关的个人签名,实现主动的露出,有兴趣的陌生人可以主动与商户建立联系。

此类营销方式主要适用于独立的个体工商户,例如餐饮、便利生活等区域性较强的产品与服务。优点在于,可以足不出户地在线上实现区域性商业"地推",触达的用户都是真实用户,成本极低。缺点是覆盖人群较少,难以突破陌生人之间的信任壁垒,用户响应率及转化率较低,难以建立起积极的品牌形象。

3. "漂流瓶"营销

与"附近的人"类似,"漂流瓶"也是微信平台陌生社交功能板块的组成部分。商户可以在此功能下,实现和陌生人直接建立联系。商户自营的产品与服务相关信息以漂流瓶的形式随机推送给陌生用户,接收到的陌生用户查看此内容,在此阶段产品或服务内容可以实现初步的露出,如果能够进一步建立联系,可以开展后续的营销工作。

此类营销手段主要针对独立的个体电商店铺,同时经营的业务范围不局限于本地,适用于需求普遍的常规产品或服务,是低成本集客的一种手段,但是受制于较小的推送数量及信任壁垒等问题,该手段的用户响应率及转化率较低,目前还无法成为普适性的营销策略。

4. "公众号"营销

微信公众号是嵌在微信内部的给个人、企业和组织提供业务服务与用户管理能力的全新服务平台,基于公众号的使用者角度,可将公众号分为订阅号、服务号及企业号三种类型,其中个人只能申请订阅号,而企业可以申请任意类型的公众号。其中订阅号与服务号面向的用户是社会化用户群体,而企业号面向的是企业内部人员。从营销的功能性而言,前两种类型是公众号营销的主要形态,企业号更加注重企业内部管理层面,对外的营销属性相对较弱。因此,本节关于公众号营销的相关内容也将基于订阅号、服务号展开。

在公众号营销过程中,需要特别思考以下几个问题。

(1) 公众号定位问题。正确的公众号定位可以让运营者方向明确,不断进行有效的积累。对于用户而言,定位准确的公众号更能适应自身需求,与其建立良好的亲密度。

(2) 公众号的内容问题。优质的内容能够激起用户的共鸣,保证老用户的黏性,同时也能够鼓励用户进行主动的内容分享,增加公众号的露出,吸引更多新用户点击关注,形成良性循环,大大增强公众号的营销能力。

(3) 公众号的传播渠道问题。"酒香不怕巷子深"的时代已经逐渐远去,再好的内容如果没有合适的传播渠道,也无法实现良好的营销效果。公众号在运营初期时,需要重点培育种子用户,维系好自有的传播渠道,同时也可以考虑与外部成熟的公众号合作,借助其他渠道进行营销推广。

5. "小程序"营销

微信小程序是一种不需要下载安装即可使用的应用,实现了应用"触手可及"的梦想,用户扫一扫或搜一下即可打开应用,可以在微信内被便捷地获取和传播,同时具有出色的使用体验。

开发者可以快速地开发一个小程序,企业、政府、媒体、其他组织或个人的开发者,均可申请注册小程序。同时，小程序作为商家转型线上经营的一大利器，也为商家带来了更多商机，商家可以打造商铺微信小程序入口，并通过以下营销功能，利用微信生态圈实现流量变现。

(1) 砍价。商家在后台设置砍价商品的分享次数规则，用户自发分享给微信朋友圈来获取低价的商品，在这个分享过程中也会不断裂变，吸引新用户参与。通过这种方式，可降低商家的运营和营销成本，达到引流和口碑双赢。

(2) 直播。直播带货已成为营销的新常态，对于商家来说，小程序直播比其他平台更具性价比，不仅能利用微信生态圈实现流量变现闭环，还可以提高自身品牌的知名度。

(3) 拼团。商家通过设置优惠团购商品，由消费者自发邀请亲朋好友来凑足人数，从而满足以拼团价格成团下单。对于商家来说，这是一种薄利多销的低成本营销，以老客户带动新客户，社群营销效果更好，也不需要商家自己去费心做推广。

(4) 分销。通过用户成为分销员，分销员通过主动分销推广产品并获得一定比例的佣金。这不仅可以增加销售数量，还能提供持续的推广作用。

(5) 社区团购。社区团购小程序是以"社区"为单位，以微信和微信小程序为载体，首先需要经营商家雇用和集中管理多个团长，由团长在社区范围内建立社区团购群，发布分享居民日常所需商品，同时团长负责推广商品并发货。社区居民下单成功之后，到团长处取货核销，团长得佣金，形成一套商家集中管理的经营模式，是现在较为常见的一种门店经营本地化营销。

(6) 积分商城。小程序积分商城功能往往和会员管理一起配置使用，客户通过消费、签到等特定行为产生积分，可以在积分商城里兑换优惠券或者商品。这一功能有助于商家构建线上线下会员系统一体化，能够满足消费者对会员增值服务的需求，提高会员黏性。

13.4　微博营销

"微博是地球的脉搏"，美国《时代》周刊如此评价微博强大的信息传播功能。而在企业层面，微博公关与营销作为网络营销的新工具之一，愈加受到重视。

13.4.1　微博营销的含义与特点

微博营销是以微博作为营销平台，每个用户都是潜在的营销对象。每家企业都可以在新浪等门户网站注册微博账号，然后通过发布微博传播企业、产品的信息，树立良好的企业形象和产品形象。微博营销有以下几个特点。

(1) 即时性强。通过微博，企业能与粉丝及时沟通，获得即时反馈。

(2) 传播力强。微博的传播方式就像原子核裂变一样，如滚雪球般瞬间裹挟大量人群，用户渗透率极高，传播影响力也更大。

(3) 精准度高。在大数据的支持下，企业发布的信息可以精准地投放给他们的消费群体，同时企业可以关注有潜在消费力的微博用户，观察他们感兴趣的活动和话题。因此，无论企业是通过微博搜集市场反馈，还是做品牌传播，都能面对更加精准的消费群体。

(4) 亲和度高。微博营销在某种程度上淡化了企业的商业形象，让企业以倾听者的姿态亲近消费者，从而为彼此搭建沟通的桥梁。

实际案例　　**螺蛳粉先生的微博营销**

螺蛳粉先生是北京蓟门桥一家以卖螺蛳粉出名的店铺，因在新浪微博中率先使用"螺蛳粉先生"

一名与顾客在微博上互动，开通微博订餐而名扬远播。目前，"螺蛳粉先生"的微博粉丝数已达到 2.8 万，店面 80%的顾客都是通过微博引流的，日销螺蛳粉 400 多份。

"多年以后，你会不会想起这样一个夜晚，那时我们在北京，时值秋季，在螺蛳粉先生家门外的空地，支上桌椅，就着灯光和月亮，叫上三五好友，来一碗火辣火辣的螺蛳粉，就着漓泉，我们一起喧嚣，一起欢乐，一起书写那些肆无忌惮的青春……"这是"螺蛳粉先生"的一条微博。

"螺蛳粉先生"由店主马中才运营，马中才的确是个文艺青年，曾出版过 8 本小说，获得过"新概念作文大赛"一等奖，将 140 字的微博写得生动好玩可谓游刃有余。

马中才说，微博是非常适合餐饮业推广生意的平台，可以黏住老顾客，招徕新顾客。不过一切营销的本质还是在产品，产品的好坏决定了营销效果。马中才的"产品"，就是螺蛳粉。他说，小店位置偏僻，食材成本较高，唯一的竞争力就是把味道和服务做好。

因为味道好，顾客才会在微博中@螺蛳粉先生，食客们看到微博，找到店里品尝才能不失望。但是马中才也经常在微博中看到"投诉"，例如顾客抱怨店太小、等太久等，马中才都及时回复和改进。他说正是微博营销的两面性，让小店不断改进，以质量和服务为重，才能黏住粉丝和顾客。

总结"螺蛳粉先生"的微博(见图 13-1)营销成功之道，马中才称，没有法则，但可以总结出以下几点。

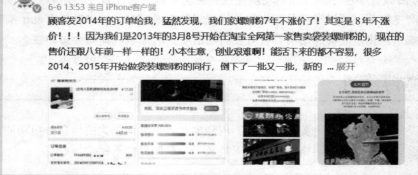

图 13-1　"螺蛳粉先生"的微博截图(图片来源："螺蛳粉先生"官方微博)

(1) 好记性。马中才平时留心观察顾客，在微博中看到粉丝晒的螺蛳粉照片，就会想起顾客到店的场景，用这种方式回复粉丝的微博，会产生浓厚的亲切感。马中才说："'螺蛳粉先生'只不过是故事中的一个地点，每天都有各种故事在这里上演。留心观察这些有故事的人，展现在微博中，跟粉丝特别有共鸣。"于是，在"螺蛳粉先生"的微博中，诞生了"螺蛳粉先生家的顾客"这个栏目，无非写些市井小事，却被马中才讲述得津津有味，充满了人情味，每条都能产生几十个转发量。

(2) 名人口碑效应。作为一个作家，马中才的圈中好友常常在店里聚会，例如作家柏邦妮(咆哮女郎柏邦妮)、蒋峰(蒋峰之梦)、蔡骏、吴虹飞，美食家陈晓卿等微博红人都是"螺蛳粉先生"店里的常客，饕餮一番难免要在微博中晒一晒，"每当有名人@了我，当天的粉丝数都会有 100 个以上的增长。"随着螺蛳粉先生越来越火，名人效应愈发明显。

(3) 及时反馈建议与意见。"这点非常重要，服务也主要靠这种方式改进。有时候服务上的失误，也会被顾客发到微博上，尤其在微博上出名了之后，来自微博的顾客心理预期比较高，让这些人满意，要下很多功夫。"

(4) 在微博中发布优惠活动。"微博的传播形式非常适合宣传优惠活动。"螺蛳粉先生家的促销奖品也很特别，例如赠送话剧演出票；端午节的时候，家人包了 300 个粽子，马中才统统送给了顾客。

资料来源：创业学院. 螺蛳粉先生的微博营销案例[EB/OL]. (2019-12-31). https://www.chushihome. com/article/content-21558.html.

13.4.2　微博营销的产生与发展

"如果你的粉丝数量超过 100，你就是一本内刊；超过 1000，你就是个布告栏；超过 1 万，你就像是一本杂志；超过 10 万，你就像是一份都市报；超过 100 万，你就像是一份全国性报纸；超过 1000 万，你就像是一家电视台。"这番话形容的是微博的媒体影响力。

依靠 140 字的便捷传播方式，微博不仅掀起了一场互联网领域的"微革命"，同时，在商业领域，微博的即时性、传播性、便捷性也足以让它在营销界引起一场革命。微博是一个以人为中心、以个体为基本单位的群体多维、多边、实时的互联网平台，是企业有效的实时营销平台，多种商业模式由此诞生。从企业的角度讲，微博为企业的产品和服务提供了一个直接的、即时的展示、沟通、服务平台。从消费者角度讲，消费者可以利用微博这个社会化媒体更加立体地了解和选择自己所需的产品与服务。从功能和营销价值角度讲，微博为营销提供了新鲜的元素。从功能上来讲，微博营销集中了市场调研、产品推介、客户关系管理、品牌传播、危机公关等诸多功能。微博开放的平台将会为进驻微博的企业带来更多的盈利模式。那么微博今后将会走向何方，又会产生哪些新的趋势呢？

(1) 微博营销将逐渐呈现本地化和实用化的趋势。

(2) 越来越多的网店将大规模地应用微博营销手段。

(3) 将有越来越多的完全基于微博生存的小型企业，比如微博网店。

(4) 短期内大型企业仍难在微博营销方面取得好成绩。

(5) 微博互动方式将越来越多样化。

(6) 企业会越来越关注日益成为个人消费门户的个人微博。

13.4.3　微博营销的应用手段与方法

1. 微博营销的定位和分类

从企业营销的传播主体和内容角度来讲，我们把微博分为官方微博、企业领袖微博、客服微博、公关微博和市场微博；从微博本身的价值来讲，又分为微媒体、微传播、微服务、微公关和微营销。其具体内容如下。

(1) 官方微博，又称为微媒体。由于企业微博必须是官方的，传播内容相对比较正式，可以在第一时间发布企业最新动态，对外展示企业品牌形象，成为一个低成本的微媒体。

(2) 企业领袖微博，又称为微传播。领袖微博以企业高管的个人名义注册，是具有个性化的微博，其最终目标是成为所在行业的"意见领袖"，能够影响目标用户的观念，在整个行业中的发言具有一定号召力。

(3) 客服微博，又称为微服务。通过微博与企业的客户进行实时沟通和互动及深度的交流，为客户在互动中提供产品服务，同时缩短了企业对客户需求的响应时间。

(4) 公关微博，又称为微公关。遇到企业或者产品危机事件，可通过微博对负面口碑进行及时的正面引导。

(5) 市场微博，又称为微营销。通过微博组织市场活动，打破地域、人数限制，实现互动营销。

2. 微博营销优化技巧与手段

要做好微博营销，还要善于利用微博优化技巧和手段，比如热门关键词选取优化、微博名称优化、微博 URL 地址优化、个人资料优化、个人标签优化等。合理利用这些优化技巧和手段有助于提升微博营销的效果和获得更多的关注。

(1) 热门关键词选取优化。微博内容尽可能以关键字或者关键词组来开头，并且加上"#话题#"。尽量利用热门的关键词和容易被搜索引擎搜索到的词条，增加搜索引擎的抓取速率，但考虑到你的受众，这些内容应与推广的内容相关。

(2) 关键词选取要和 SEO(搜索引擎优化)结合起来。对于 SEO 来说，微博的信息是非常重要的，搜索引擎会把微博的信息纳入搜索结果，它们的索引算法也会根据微博的内容，选取信息作为标题。要明确 SEO 优化哪些关键词，只有找到了关键词，才能做好微博的 SEO。

(3) 用户名要简单易记。设置简单易记的微博用户名，要让微博用户名成为你的代名词，让其他人看到你的微博用户名的时候，就能很快记住。

(4) URL 地址要简洁明了。除了用户名，微博的 URL 地址也尤为重要，因为通过 URL 地址才能访问到你的微博，而这个 URL 会影响搜索引擎的搜索结果。

(5) 个人资料要填关键词。微博的个人资料也会被搜索引擎抓取，所以在说明自己的同时，也要填入要优化的关键词，提升搜索引擎抓取的概率。

13.5　搜索引擎营销

如今的搜索引擎具有强大的社会属性，并实现了网上论坛、博客(blog)、百科等多种功能，使得其具有重要的营销应用价值。搜索引擎营销的基本思想是让用户发现信息，并通过点击进入网站/网页进一步了解其所需要的信息。在介绍搜索引擎策略时，一般认为，搜索引擎优化设计的主要目标有两个层次：被搜索引擎收录并推广，在搜索结果中排名靠前。从目前的实际情况来看，仅仅做到以上两点是不够的，因为取得这样的效果实际上并不一定能增加用户的点击率，更不能保证将访问者转化为顾客或者潜在顾客。接下来将对搜索引擎营销进行全面系统的分析。

13.5.1　搜索引擎营销的含义与特点

所谓搜索引擎营销(search engine marketing，SEM)是指基于搜索引擎平台的网络营销，利用人们对搜索引擎的依赖和使用习惯，在人们检索信息的时候尽可能将营销信息传递给目标客户。搜索引擎营销追求最高的性价比，以最少的投入，获得最大的来自搜索引擎的访问量，并产生商业价值。

搜索引擎营销有如下特点：

(1) 搜索引擎营销方法与企业网站密不可分；

(2) 搜索引擎传递的信息只发挥向导作用；

(3) 搜索引擎营销是用户主导的网络营销方式；

(4) 搜索引擎营销可以实现较高程度的定位；

(5) 搜索引擎营销的效果表现为网站访问量的增加而不是直接销售；

(6) 搜索引擎营销需要适应网络服务环境的发展变化；

(7) 搜索引擎营销成本低，时效长。

13.5.2　搜索引擎营销的发展历程与发展趋势

1. 搜索引擎营销的发展阶段

第一阶段：自然搜索引擎营销。搜索引擎以人工编辑分类目录为主，将关键词等基本信息提交给搜索引擎并进行跟踪，以达到营销目的。

第二阶段：简单搜索引擎营销。基于自然检索结果的搜索引擎优化开始得到重视，搜索引擎营销进入快速增长时期，出现了以 Google AdSense 为代表的基于定位内容的搜索引擎广告。

第三阶段：专业化搜索引擎营销。新的搜索引擎不断出现，搜索引擎营销进入快速成长时期，全面引领互联网经济，其营销效果被企业普遍认可。

2. 我国搜索引擎营销发展趋势

(1) 搜索引擎营销服务深度增加。随着我国搜索引擎运营商逐渐开放 API 数据，第三方公司将开放大量搜索引擎营销技术工具，广告投放商可以在本地系统中完成统计、分析、修改等管理功能，无须访问 Web 用户界面，自动智能体系将取代人工方式，应用深度增加。

(2) 搜索引擎营销及移动搜索引擎营销得到广泛认同。随着搜索引擎用户的不断增长，搜索引擎将逐渐成为细分覆盖最高的媒体。虽然还是有企业把网络营销、搜索引擎营销和传统营销在经营思想上分开处理，但是无论中小型企业还是大型企业，都在关注网络营销和搜索引擎营销，他们积极与技术先进的第三方公司合作，完善他们的搜索引擎营销服务体系，共同驱动中国未来的搜索引擎市场。

(3) 搜索引擎营销和移动搜索引擎营销渐成营销战略组成部分。信息化和网络营销越来越得到企业的重视，越来越多的企业不仅仅购买搜索引擎广告或者做搜索引擎优化，还将搜索引擎营销作为企业营销战略的一个组成部分。搜索引擎营销可能发展成为网络营销一个相对完整的分支，这种产业化的趋势将创造更多的市场机会。

(4) 搜索引擎营销服务紧贴民生。从我国搜索引擎服务的发展历程可以看出，除了与全球范围相似的趋势，还逐渐形成有中国特色的发展趋势。目前，搜索引擎用户所需要的各种信息，包括工作、生活等服务都在一个搜索平台上实现，人们希望通过一站式服务来满足多方面的搜索需求。因此，融合了门户、社区等优势元素，我国搜索引擎服务逐渐向产品多元化转型。iUserTracker 数据显示，我国的搜索引擎运营商正根据用户搜索内容的转变来不断优化产品线，力图使搜索服务一站式满足用户多方面的信息需求和内容需求。

13.5.3　搜索引擎营销的应用手段与方法

1. 搜索引擎营销的发展阶段

搜索引擎营销经历了几个发展阶段，分别是：

第一阶段(2010 年)，线型阶段，即商家(营销)产品→关键词→转化；

第二阶段(2013 年)，二维阶段，即用户搜索行为+关键词之间的关联→捕捉用户决策时刻；

第三阶段(2017 年)，多维阶段，即用户意图+搜索营销场景→线索运营。

2. 搜索引擎营销的基本方法

搜索引擎营销的基本方法包括竞价排名(如百度竞价)、分类目录登录、搜索引擎登录、付费搜索引擎广告、关键词广告、TMTW(来电付费广告)、搜索引擎优化(搜索引擎自然排名)、地址栏搜索、网站链接策略等。同时，企业利用搜索引擎工具可以实现 5 个层次的营销目标，包括：①被搜索引擎收录；②在搜索结果中排名靠前；③增加用户的点击(点进)率；④将浏览者转化为顾客；⑤成为企业忠诚客户。

在这5个层次中，前三个可以理解为搜索引擎营销的过程，而只有将浏览者转化为顾客才是最终目的。在一般的搜索引擎优化中，通过设计网页标题、META标签中的描述标签、关键词标签等，通常可以实现前两个初级目标(如果付费登录，当然直接就可以实现这个目标了，甚至不需要考虑网站优化问题)。实现高层次的目标，还需要进一步对搜索引擎进行优化设计，或者说，设计从整体上对搜索引擎友好的网站。

下面介绍搜索引擎营销的基本方法。

(1) 竞价排名。顾名思义，就是网站付费后才能出现在搜索结果页面，付费越高者排名越靠前；竞价排名服务，是由客户为自己的网页购买关键字排名，按点击计费的一种服务。客户可以通过调整每次点击付费价格，控制自己在特定关键字搜索结果中的排名，并且通过设定不同的关键词捕捉到不同类型的目标访问者。而在国内最流行的点击付费搜索引擎有百度、360、搜狗和Bing等。值得一提的是，即使是做了付费广告和竞价排名，也最好对网站进行搜索引擎优化设计，并将网站登录到各大免费的搜索引擎中。

(2) 购买关键词广告。在搜索结果页面显示广告内容，实现高级定位投放，用户可以根据需要更换关键词，相当于在不同页面轮换投放广告。

(3) 搜索引擎优化(SEO)。搜索引擎优化是通过对网站优化设计，使得网站在搜索结果中靠前。搜索引擎优化又包括网站内容优化、关键词优化、外部链接优化、内部链接优化、代码优化、图片优化、搜索引擎优化等。

(4) PPC (pay per call，按照有效通话收费)，如TMTW，就是根据有效电话的数量进行收费。购买竞价广告也被称为PPC。

3. 实施搜索引擎营销的基本步骤

(1) 了解产品/服务针对哪些用户群体。例如，25～35岁的男性群体，规模在50～100人贸易行业的企业。

(2) 了解目标群体的搜索习惯(目标群体习惯使用什么关键词搜索目标产品)。

(3) 了解目标群体经常会访问哪些类型的网站。

(4) 分析目标用户最关注产品的哪些特性(影响用户购买的主要特性，如品牌、价格、性能、可扩展性、服务优势等)。

(5) 规划竞价广告账户及广告组(创建谷歌、百度的广告系列及广告组；考虑管理的便捷性，以及广告文案与广告组下关键词的相关性)。

(6) 选择相关关键词(借助谷歌关键词分析工具、百度竞价后台的关键词分析工具等，这些工具都是以用户搜索数据为基础的，具有很高的参考价值)。

(7) 撰写有吸引力的广告文案。

(8) 投放内容网络广告。

(9) 设计目标广告页面。

(10) 基于KPI广告效果做转换评估。

4. 付费搜索引擎广告和搜索引擎优化的共同点

付费搜索引擎广告和搜索引擎优化(SEO)都有一个共同点，排名会不断地产生波动，付费搜索引擎广告并不是关键词单价高就能排在前面的，如Google Adwords的关键词排名与单价是与展示次数和点击次数相关的。例如，如果展示次数高而点击次数少，那么单价就会水涨船高。所以需要对关键词的展示进行设计分析，跟踪展示和点击效果及转化率，进行进一步的优化。

如何提高用户点击率、降低单价是一个很重要的话题。但目前很多企业一味地追求超热门的关键词，不愿意去分析这些关键词的效果及转化率。

5. 运用付费搜索引擎广告和搜索引擎优化(SEO)

搜索引擎营销应该将搜索引擎优化与付费搜索引擎广告相结合。随着搜索引擎算法的不断改变，部分关键词排名会下降，甚至没有排名，这就需要借助付费搜索引擎广告进行补充。为了降低搜索引擎广告的投入成本，企业需要通过搜索引擎优化调整热门关键字的投放，不要把注意力完全集中在少数热门关键词上。

实际案例　　BMW(宝马)——根据 IP 显示搜索结果，达成品牌的本地化细分覆盖

BMW 在美国本土的搜索营销策略是激进的投放策略，即让旗下所有产品名称都置于搜索结果的前位，并在此基础上，详细研究用户查询时可能出现的关键词组合方式，将有关产品名称的各种排列组合的关键词一并购买，并使之搜索结果排名处于首位。

此外，BMW 与搜索运营商达成精诚合作，利用搜索引擎分 IP 显示关键词广告的功能，联合分散在全美各城市的经销商，进行当地市场的品牌精准传播。用户输入 BMW 产品的名称后，在结果列表首位展示的是 BMW 美国的网站，结果列表次位展示的是当地经销商的网站。如果用户的 IP 来自西雅图，第二位结果则是西雅图的经销商网站。

BMW 的这一创举，首先，其达成了品牌的大面积覆盖，关于 BMW 的一切产品都排在搜索结果首位，在用户心目中树立了良好的品牌形象。其次，其达成了品牌的细分覆盖，能够根据用户所属地区提供有针对性的结果，为经销商的销售带来线索。最后，BMW 与经销商联合进行搜索营销，使 BMW 的整体品牌形象得到高度统一，同时节省了各经销商各自为战带来的高额广告预算。

资料来源：搜索引擎营销案例分析[EB/OL]. (2017-11-17). http://www.360doc.com/content/17/1117/11/49754096_704586950.shtml.

13.6　短视频营销

随着移动互联网的发展，信息传播速度和人们生活节奏陡然加快，人们的空闲时间更趋于碎片化。短视频在此期间迅速发展，因为它播放时间短，而且"痛点"集中，在当前视频移动化、资讯视频化、视频社交化的趋势下，短视频营销日益成为网络营销的新风口，并受到越来越多企业的关注，且具有良好的营销效果。

13.6.1　短视频营销的定义及特点

1. 短视频营销的定义

短视频营销是内容营销的一种，是指利用新媒体为传播途径，将品牌或者产品融入视频，通过剧情和段子的形式将其演绎出来，从而传递价值。其关键在于能在用户观看的过程中不知不觉地将产品推荐给用户，使用户产生共鸣，并主动下单和传播分享，继而实现推广产品、品牌和服务目的的营销方式。

2. 短视频营销的特点

(1) 碎片化观看，用户高效接受。短视频与传统视频的一大区别是播放时间变短，时长从几秒到几分钟不等。随着信息化时代的发展及人们生活节奏的加快，用户的空闲时间越来越

趋于碎片化,工作与休闲、学习与娱乐之间的界限越来越模糊,大多数人在获取信息时更加追求高效、迅速的消费方式。短视频与短视频营销正是抓住了这一特点,片段式的视频内容让用户可以在短时间内完成观看并理解视频的含义,内容集中、言简意赅的短视频更容易被用户观看和分享,避免了传统视频时间长、连贯性要求较强的特点,在碎片化内容时代日益占据主流。

(2) 制作简单,交互性强。短视频与传统长视频的另一个重要区别是制作门槛低,不需要专业的设备,非专业人士也能制作。通过手机拍摄,经过简单处理就可以发布并获得流量与关注。于是,创作者迅速增加,每个人既可以是视频的观看者,又可以是视频的制作者与传播者,这为大众提供了一个自我展现的平台,互动形式从评价升级到内容的生产。

(3) 病毒式的传播速度和难以复制的原创优势。从当前热门的短视频平台我们就可以看出,比之传统营销模式,短视频营销病毒式的传播速度将互联网的优势发挥得淋漓尽致。其关键在于短视频的"短",这在快节奏的生活中尤其受到用户的青睐。只要内容好,就能大面积传播。

(4) 优质内容是核心竞争力。短视频并非简单地将长视频进行压缩和选取,而是将更精彩的内容在较短的时间内呈现在观众面前,抓住观众眼球,呈现最有价值的信息,"内容为王"依旧是准则。其内容可以聚焦于幽默搞笑、时尚潮流,也可以基于内容场景和情感式共鸣。

(5) 数据效果可视化。与传统营销相比,短视频营销的一个显著特点是,它可以分析视频传播的范围和效果的数据,例如,多少人关注,多少人浏览,转载多少次,评论多少次,多少人互动等,可以直观地看到各项数据。同时,通过数据分析、观测,掌握行业风向,及时调整并优化短视频内容。

实际案例 **iPhone X《三分钟》短片**

大品牌在广告片拍摄上总是占据更多的资源和创意,因而总能造就更多的营销经典案例。iPhone X 在广告短片推广上也拥有非常精彩的表现,《三分钟》这支与春节有关的短片在当时就在很多人心中留下了深刻的印象。

短片《三分钟》请来了知名导演陈可辛操刀,保证了较好的拍摄质量。在内容题材上,短片选取了中国春节期间一位女乘务员与孩子团聚的真实故事,从最平凡的生活中提取素材,所以故事非常感人,富有感染力,表现了很多劳动者在春节期间渴望与家人团聚的愿望,引发了强烈的社会共鸣。朴素动人的故事,精致走心的内容和电影质感,恰到好处的时长与煽情,令这支短片在春节期间获得了大量的刷屏。

观众对这支短片的感动来自其温暖走心的故事内容,但让其真正走红的原因却不止于此。导演陈可辛的名气和影响力、iPhone 自身的品牌效应、春节期间的氛围等,都是不可缺少的重要因素。在原有的品牌影响力之上,iPhone X 打造暖心短片,是春节营销的正常策略,但从其内容来看,却表现出了 iPhone 品牌的人性化和人文情怀,为其品牌形象加分不少。作为推广对象的 iPhone X 在短片中充当着拍摄道具,不仅借此展现了一个动人的故事,更表现出了 iPhone X 镜头下的真实场景和电影般的质感,具有不容忽视的存在感。

挖掘生活中的真实故事,展现社会百态,触动大众柔软而脆弱的一处,引发共鸣,可以从情感上获得大众的认同,并借此对品牌和产品产生关注和好感。在此内容基础上,导演和品牌的合作本身就是一个重大的噱头,发挥品牌效应和名人效应,也是非常聪明的一点。

资料来源: 秦志强. 短视频营销成功案例(经典案例)[EB/OL]. (2021-07-03). https://www.qinzhiqiang.com/archives/64424.html.

13.6.2　短视频营销的形式

1．App 开屏广告

在启动 App 加载时，开屏广告一般会全屏展现 3～5 秒，并在展示完毕后自动进入应用。这种广告可以广泛触达 App 覆盖的人群，在用户使用时强制送达，具有强曝光、触达的特征，因此从曝光度来讲，开屏广告具有极大的优势。开屏广告是进入 App 的第一入口，此种形式能够充分利用心理学中"第一印象效应"：用户开始浏览信息时，大脑记忆力和专注力最高，因而在打开 App 后对第一眼看到的事物会留下深刻的印象。品牌方只要把握住这种机会，让广告强有力地吸引住用户的眼球，便能收到良好的营销效果。

2．视频贴片广告

视频贴片广告声影结合，广告冲击力和记忆力更强，通常在用户观看视频前或视频播放过程中出现，这种广告一般依托于优质的媒体资源，品牌曝光质量较高，但其违背了用户时间碎片化的特征，过长时间的广告可能引起用户反感，因此短视频贴片广告要适当控制播放时间。

3．内容植入式广告

受欢迎程度最高的短视频广告一般具有以下特征：将产品作为剧情中的素材；让广告与视频内容相关；将产品自然而然地带入视频。目前，抖音、快手等短视频平台中此类广告植入较多，而且集中于网红账号，涉及领域广泛，既有类似"陈翔六点半"的幽默搞笑账号，也有《一杯美式》此类的系列短剧，抑或美妆账号利用对比植入，对产品种草、拔草。同时，话题、链接植入也是一个重要形式，通过在视频的标题栏直接参与或建立一个新的品牌话题，在视频中加以推广，从而带动其他短视频用户加以引用，提高话题曝光度，也能取得良好的营销效果。

13.6.3　短视频营销的应用方法和手段

1．明确传播视频的人群

把目标人群放在首位，是希望大家能够养成用户视频的习惯。现在看短视频，接受短视频传播的人群，普遍是"80 后""90 后""00 后"，这是一批接受新鲜事物较为宽容的人群。但是，这个范围太大，我们要明确我们的目标人群。

2．明确产品消费人群

为什么我们总是离不开产品。因为营销的最终目的，或者最简易的目的就是卖货。不管我们是做内容营销还是视频营销，都离不开产品本身的定位。我们要回到产品本身，针对产品消费人群进行传播。

3．做好内容定位

要想让视频具有传播性，其内容应满足以下特点：有趣、感动、有故事、有反转、有期待。我们在架构视频结构的时候，要想好视频内容，从以上几点出发，以达到较好的宣传结果。

4．制定有吸引力的视频标题和封面

标题和封面决定读者是否会点击进来。标题和视频封面要设计得让人有点击的欲望，视频封面要有吸引读者的地方，同时应与视频相符。

5．价值升华

价值升华是短视频营销所要传递的价值观。不管是产品还是品牌所带来的感动、价值，都

应巧妙地嵌入其中。如果你做不到很巧妙，也可以直接一点说出来。因为只要视频内容有价值，消费者是不会介意的。

13.7 直播带货

媒介技术的发展使人类社会的信息传播前所未有地突破了传播的时间和空间的制约，极大地释放了传统营销语境下人、物、财、信息等重要资源，商家与顾客之间得以实现即时互动，营销进入了以直播带货为重要载体的新发展阶段。

13.7.1 直播带货的含义与特点

直播带货，主要指通过某些大型平台(如互联网、展会、节庆活动等)，使用直播技术进行商品线上或现场展示、咨询服务、引导销售的新型商业服务方式，具体形式可由店铺自己开设直播间或由展会参展商自设展台，由职业主播、企业相关人员或者明星、嘉宾等联合进行推介。直播带货构建了一种新型的需求场景，既包括直播的传播性，也包括带货的销售性。从本质而言，直播带货不同于传统贸易中"货—场—人"的关系，直播带货创新了货品的零售形式，塑造了"人—场—货"的新型销售模式。直播带货更强调客户端的反馈和直播的机动性、趣味性，作为直播带货的核心，消费者可以在短时间内完成了解商品并下单购买的过程，极大地简化了销售链路。直播带货各环节梳理如图 13-2 所示。

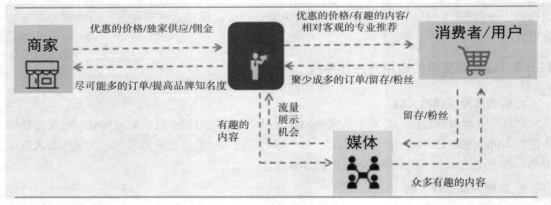

图 13-2　直播带货各环节梳理

直播带货具有以下特点。

(1) 实时互动性。不同于依靠文字、画面等方式的传统广告模式，直播带货中主播可以突破传播的时间和空间的制约，实时地与用户进行交流和多维展示商品，回答用户关注的问题。因此，主播和导购可以更加深入地理解顾客的顾虑与需求，为其提供相应的保障，刺激顾客的购买欲望。

(2) 网红化。在直播带货的模式中，网红的作用非常关键和明显。其一，网红主播的出现显著降低了用户的时间成本和决策成本。后信息时代，生活节奏不断加快，人们逐渐失去货比三家的耐心，倾向于寻求头部买家的建议，主播效应随之显现。其二，网红主播增加了直播带货的观赏性和趣味性，能够吸引更多的观众。用户观看直播的首要需求是消磨时间，有趣的人和有趣的内容是网红直播带货商业模式可持续的基础。

(3) 价格优势。优惠的价格是吸引消费者通过直播购物的重要因素。大多数商家在直播时会给予一定的消费折扣，这主要是出于薄利多销和品牌推广的考虑。直播带货往往通过打出"全网最低价"、限时超低折扣、限量发放优惠券、开展粉丝秒杀活动、设置抽奖送礼环节等吸引顾客，并且直播间的促销优惠大多是限时限量的，以此激发消费者的购买欲望。

13.7.2　直播带货的产生与发展

我国的网络直播从 2005 年起步，早期直播模式单一，主要是聊天或唱歌，经历了十年的探索形成了网络直播的雏形。2016 年被称为直播电商元年，淘宝、京东均在这一年推出直播业务。2017—2018 年直播生态逐步建立，直播 MCN(多频道网络)机构涌现，主播群体数量剧增。2019 年传统电商企业全面进军直播电商，带货主播成为新兴职业，许多明星也加入直播行业。2020 年受新型冠状病毒感染疫情影响，传统线下营销和商业体系面临挑战，直播成为重要的带货方式，全民直播时代正式开启：不仅有之前的网红直播、店主直播、明星直播等，还有企业家、财经作家、基层干部等走入直播间带货。

国内直播带货呈现出多元化的发展趋势。

(1) 主播多元化。直播带货最早由职业带货主播开展，职业带货主播是指在直播或电商等多种平台专职从事带货服务的主播；后来随着直播的火爆，具有大量粉丝的明星、网红开始走入直播间，出现了明星或名人主播、网红主播这样的非职业带货主播。2020 年国内开始复工复产的一段时间里，还涌现了一批非职业人士来直播间客串带货，例如助农干部临时带货主播、企业负责人主播、传统媒体主播、跨界主播等。而随着网络直播向年轻群体渗透，虚拟主播开始发展。虚拟主播是指使用虚拟形象在视频网站上进行直播活动的主播，相较于真人主播，其在体力、人设、形象稳定性方面具有一定的优势，还可以带来"突破次元壁"的趣味互动，例如 2020 年二次元偶像"初音未来"和"洛天依"相继入驻淘宝直播带货。

(2) 品类多元化。直播带货最初以美妆、服饰、母婴用品、日用品、家居等作为主打带货产品，近年来由于客观环境和市场需求的不断变化，直播带货产品品类逐渐呈现多元化发展态势。例如 2016 年前后，阿里巴巴、百度、京东等公司纷纷布局医药电商领域，寻求新的市场机遇。另外，国潮品牌成为直播带货的新亮点，数据显示国潮品牌在近十年间的关注度上涨了528%，其核心付费用户为"90 后"与"00 后"，他们在全部用户中占比高达 74.4%。在乡村振兴的背景下，农产品也成为直播带货的新品类，例如阿里巴巴作为"中国农民丰收节"金秋消费季战略合作平台，举办 2020 丰收节公益直播，带火了长岭花生、汪清木耳、普安红茶等特色农产品。

(3) 载体形式多元化。直播带货具有多元化的载体形式，如大型购物平台直播带货(淘宝、京东等)、短视频平台直播带货(抖音、快手等)、综艺直播带货、微博与微信公众号直播带货、网站直播带货(华为、小米等)、官方媒体直播带货、网络与传统媒体融合直播带货等。从场景上看，传统的网络直播带货逐渐发展为线上线下融合直播带货。

(4) 服务多元化。直播带货的服务呈现出平台推送服务多元化、物流配送服务模式多元化、选品服务多层次化、咨询服务温馨化、售后服务人性化等新特点，归纳起来主要体现在三个方面：售前服务及时化、售中服务场景化、售后服务人性化。例如湖南卫视在天猫"双 11"开幕直播盛典晚会现场，在舞台周边设置可视化网络直播间，打造"舞台现场助力表演+舞台网络直播间带货"双线并进的形式，消费者可以在下单购物的同时欣赏精彩演出。

13.7.3 直播带货的实施流程

直播带货的实施流程主要划分为三个阶段:直播前、直播中、直播后。

(1) 直播前需要写脚本、定选品、做预热。直播脚本包括直播主题、直播目标、时间节奏、人员分工、货品板块、主播话术、互动策划、演绎道具等。直播脚本的作用一方面是让主播更好地控制直播间的节奏,提高带货转化效果;另一方面是让团队信息保持同步,沟通更顺畅,执行更到位。定选品是指确定直播间的带货种类,通常认为成熟的直播间需要同时具备5类产品:剧透款,吸引用户眼球;宠粉款,留住进入直播间的用户;爆款,给消费者一个必买的理由;利润款,解决商家怎么赚钱的问题;特供款,品牌专供,营造稀缺感。选品时主要考虑两个方面,一是根据主播的内容垂直度选品,二是根据主播的粉丝画像来精准选品。直播前还有预热引流环节,如短视频预热、个人信息预热、站外预热引流等。

(2) 直播中,各个岗位的人员按照直播脚本进行分工:主播负责讲解产品,中控配合主播进行产品的上下架,场控带节奏,维护直播间的互动气氛,投手根据流量情况及时调整投放,客服及时回复用户的信息。直播带货最常见的两种流程是过款型和循环型,前者适用于产品种类较多的直播,一款一款依次介绍;后者适用于产品种类较集中的直播,为了避免每款产品介绍时间过长而采用循环介绍的方式。

(3) 直播后的工作除了发货和售后客服外,最重要的就是直播复盘,主要分为"人、货、场"的复盘和数据复盘。"人、货、场"是直播间的黄金三要素。人员复盘是对主播、场控、助理、运营、客服等各个团队角色的表现进行总结;货品复盘需要考虑选品逻辑、流程安排、核心卖点提炼、货品展示等;场景复盘主要包括场地布置、商品陈列等。数据的复盘重点关注以下关键数据:人气峰值和平均在线人数、观众平均停留时长、带货转化率、单个用户给直播间贡献的价值(UV价值)。

| **实际案例** | **太平鸟女装的抖音电商经营之道** |

太平鸟女装创立于2001年,专注于为都市女性提供平价优质的时尚产品。从2020年下半年起,太平鸟女装进驻抖音电商,正式设立专门团队运营抖音小店。

亮点一:借助付费投放撬动流量增长,精细化运营

汇流量:在开店初期,由于粉丝积累少,难以获得足够的自然流量。品牌首先凭借每天超过18个小时的持续直播投入,逐步沉淀高购买意向的用户人群;然后通过分析这一批初期客群画像,准确定位出付费流量的投放人群,由此补充流量来源,提高转化率。

促转化:内容是良好运营的核心,太平鸟女装持续打磨、优化内容。升级布置直播间装修和商品橱窗;通过不同体型的主播搭配讲解同一套衣服,全面展示商品的卖点。优质的直播间运营带动了商品的高转化。

聚沉淀:太平鸟女装围绕用户生命周期,前后台密切协作。从短期来看,其以口播形式为账号增粉,撬动短效杠杆;从长期来看,其不断完善客服响应速度和备货情况,以迅速的物流和优质的售后服务保证了客户的满意度,极大提高复购率。

亮点二:通过人性化主播团队,打造优质内容

太平鸟将主播团队打造成"PB女团",通过每位主播鲜明的人设特点,传递品牌理念,主播的成长也极大带动了店铺人气的增长;在直播中,以主播个性化的风格、体型、穿搭场景匹配合适的货品,借助专业的主播表现力和直播间成熟的运营配合,为用户呈现丰富的货品选择;在短视频创意方向上,将品牌诉求与流行内容相结合,灵活运用穿搭、变装、人像摄影、探店等诸多流行主题拍摄短视频，为账号持续积累粉丝。

资料来源：抖音电商商家经营方法论白皮书[EB/OL]. (2022-07-23). https://m.renrendoc.com/paper/215529797.html.

即测即评

请扫描二维码进行在线测试。

第 13 章习题

本章小结

本章主要介绍了数字营销领域的新趋势。

从营销方式来看，近年来出现了大数据营销、AI 营销、微信营销、微博营销、搜索引擎营销、短视频营销、直播带货等新方式。大数据营销依托多平台的数据采集和数据分析、预测能力，能够获得实时的消费信息，进行精准的广告投放，从而实现个性化的营销。AI 营销的重点是精准营销，核心是数据挖掘，能够带来更透彻的感知、更全面的互联互通和更深入的智能化。微信营销基于微信平台现有的功能模块，如社交互动、消息推送等功能板块，结合微信内嵌的支付功能，形成信息传播、用户触达、交易支付的营销闭环，包括公众号营销、朋友圈营销、微信群营销、信息流广告、微信分销、小程序营销、视频号营销等多种形式。微博营销是以微博作为营销平台，通过官方微博(微媒体)、企业领袖微博(微传播)、客服微博(微服务)、公关微博(微公关)、市场微博(微营销)等多种方式开展营销活动，具有及时性强、传播力强、精准度高、亲和度高的特点。搜索引擎营销是基于搜索引擎平台的网络营销，其实现方式包括竞价排名、分类目录登录、搜索引擎登录、付费搜索引擎广告、关键词广告、来电付费广告、地址栏搜索、网站链接策略等。短视频营销是一种适应于新媒体时代的内容营销，具有碎片化观看、病毒式传播、制作简单、交互性强等特点。直播带货是利用直播技术进行商品线上或现场展示、咨询服务、引导销售的新型商业服务方式，呈现出实时互动、网红效应、价格优惠的特点。

思考题

1. 简述大数据营销和 AI 营销的区别和联系。

2. 选取一个品牌，分析它在微博营销、微信营销、短视频营销、直播营销方面的策略，你认为其成功因素或需要改进之处是什么？

3. 搜索引擎营销的核心是什么？谈谈这种营销方式的优缺点。

案例研究　**林清轩的数字化转型**

林清轩成立于 2003 年，从线下门店起家，带有浓郁的实干色彩。为了避免经销商扰乱价格、损害品牌形象，它坚持采取直营模式，目前其在全国只有 300 多家直营门店。

2016 年，当新零售的理念被提出后，林清轩品牌创始人孙来春非常认可这种以互联网为依托，通过运用大数据、人工智能等先进技术手段，对商品的生产、流通与销售过程进行升级改造，进而重塑业态结构与生态圈，并对线上服务、线下体验及现代物流进行深度融合的零售新模式。此后，林清轩高调推进新零售，逐渐完善线上线下的数字化转型。2020 年新型冠状病毒感染疫情期间，林清轩通过直播激活 500 万粉丝的核心消费群体，最终给萧条的线下门店带来巨大销量，实现逆风翻盘，并在 2020 年 3 月登顶淘宝直播购物节。

这得益于品牌在 2017 年就开始推动数字化建设，2018 年上线业务中台，2019 年打通实体店和微信小程序数据。

林清轩在后疫情时代建立了跨平台直播矩阵，利用不同平台的特性实现差异化的战略目标，取长补短、相互配合。另外，林清轩在短短半年时间内完成微信视频号直播从 0 到 1 的搭建，不仅成为全域智慧零售的重要环节，也为其他品牌在视频号开辟新的直播阵地提供了有效范式。

布局直播矩阵

2020 年的疫情使直播成为传统企业转型与自救的重要阵地，用创始人孙来春的话说，林清轩现在 "all in 数字化"，包括 "all in 短视频+直播"。

直播兴起初期，内容以娱乐性为主，直播最早和商业结合大多都是传播式的玩法，以某场直播作为话题事件，通过媒体进行投放，提前开始曝光、引流，而直播本身成为这场营销战争最终的转化载体。

随着各大电商纷纷入局，直播逐渐进入头部主播占领半壁江山的第二阶段。品牌为了上头部主播的直播间会付出高昂的费用，提供全网最低价的产品，以此换取可观的曝光量和品牌声量。然而，这种直播模式的中心化程度非常高，品牌不仅要向头部主播支付很大一笔费用，对这些主播过高的依赖也在无形中对流量的稳定性造成威胁。

这种畸形的合作模式很快引起了品牌的警觉，许多品牌的直播开始进入第三阶段，也就是去中心化的日常营销阶段。随着直播电商越来越成熟，消费者已经把看直播买东西当成了习以为常的购物方式，因此品牌开始建立自己的自有直播间，和消费者进行日常互动。只有常态化的直播才能建立安全、稳定的护城河。品牌开始迅速布局淘宝点播，2021 年开始布局抖音直播，也有意识地把自播和达播的比例控制在 6∶4 左右。

发展微信视频号

直播的单一形式往往伴随着流量成本的问题，某品牌负责人曾在一次公开分享中提到，货架电商直播的推广成本较高，还要面临同质化厮杀，而兴趣电商直播太依赖算法，不买流量，复购会很低，反馈也非常不稳定。公域平台的共性问题是，流量越来越贵且是 "一次性" 的。

此时，微信视频号的优势就显现了出来。基于微信生态的视频号品牌自播，更加依赖于品牌自有私域的基础。私域流量是品牌在视频号启动直播的支点，通过运营的杠杆撬动公域流量，再将公域流量沉淀进私域，形成正向循环，从根本上摆脱对投流的依赖。

当然，不同平台对于品牌来说都有着独特的价值。我们整理了林清轩在货架电商直播、兴趣电商直播和私域新零售直播的信息，并进行对比，如表 13-1 所示。

表 13-1　不同类型直播信息对比

	货架电商直播	兴趣电商直播	私域新零售直播
流量来源	公域流量	公域流量	私域流量+公域流量
目的	盘活线上存量客户，承接超级头部主播的流量(超级头部主播占销量一半)	拉新(日常新客比例为80%，大促新客比例为60%～70%)	盘活私域存量客户，赋能线下门店和导购
获客方式	投流、头部主播带货(达人佣金高达 50%～60%)	内容、投流、达播	以私域为基础的精细化运营
核心吸引力	可选范围大、一站式购齐、集中式服务	主题/兴趣推动	品牌势能
用户时长	—	45 秒左右	超过 1 分钟
客单价	天猫官方旗舰店 400～7500 元，自播 700～7800 元	300～7400 元	直播间 300 元左右，后链路小程序 700 多元，门店破千元

从直播间定位来看，林清轩在货架电商直播的主播主要是超级头部主播，目标是盘活线上存量用户，承接超级头部主播的流量。在兴趣电商直播中，其主要目的是获取新客，日常直播中新客比例为 80%，大促期间也有 60%～70%新客比例，客单价相对较低。

对于微信视频号直播来说，视频号能够和微信生态紧密结合，一方面盘活私域，另一方面从公域拉新，通过私域流量冷启动直播间，带来新的公域流量，再通过直播缩短私域流量转化链路，快速实现裂变和变现。

直播后链路还可以引流到私域，进一步到线下赋能导购和门店，导购通过"企微+直播"的方式拉近与顾客的距离，门店则可以通过"直播+小程序"的方式扩展承载能力，最大限度地实现转化目标。

如果说公域电商直播像一个大卖场，微信短视频直播则更像开在街边的品牌自有门店，不用面临激烈的货架竞争，但需要自身拥有一定的用户基础，以不断吸引新的人流。

相比于大卖场，自有门店更适合品牌对顾客进行精细化运营，通过体验和经营提升顾客价值。视频号直播的作用，正是让公域和私域、社交与成交得以有机结合，帮助企业建立自有的日常营销阵地。

不同运营方式的运营手段对比，如表 13-2 所示。

表 13-2 不同运营方式的运营手段对比

运营方式	自有门店	视频号直播间
获客手段	线下自然客流，基于地理位置	线上自然流量，基于用户地理位置和用户兴趣标签
	门店发传单	官方公众号、社群、导购企微、朋友圈推送直播信息
	户外广告	直播间付费投流
转化手段	店内促销	直播促销
	店内展示产品使用方法	直播展示产品使用方法
	根据客户习惯维系客情关系	根据用户标签实现个性化的精准营销
	产品小样、赠品	59.9 元 10 件新人尝鲜礼拉新引流
复购手段	引导用户办储值卡	通过小程序商城实现积分系统
	添加客户电话联系方式	直播引导客户添加视频号直播宠粉、社群领取更多优惠，促进复购

微信在 2020 年底推出视频号直播后，视频号直播带货的商业潜力逐渐显现。2021 年视频号直播带货金额增长了 15 倍，直播间平均客单价大于 200 元，整体复购率超 60%。越来越多的品牌看到了机会，开始入局视频号直播，2021 年的视频号直播中，商家自播占到 60%。

林清轩从 2021 年 9 月开始冷启动视频号直播，达到 4 个月直播 GMV 增长 570%，不到半年即稳定在每月 80 万～100 万元 GMV。平均用户时长超过 1 分钟，意味着直播间能够成功抓住用户的注意力。林清轩日常直播的场观平均每天维持在 2 万人，大促期间高达 10 万人/场，带来 10 万～12 万元成交额。新老客比例也维持在比较健康的 3：7 左右。

可以说，林清轩的视频号直播间无论是拉新、培育、转化，还是后链路的运营，都取得了不错的效果，视频号作为微信私域的重要节点，对用户链路起到了润滑的中转作用。

资料来源：盐焗小酥. 7500 字拆解林清轩：说透了的"数字化转型"还有什么秘密武器？[EB/OL]. (2022-06-10). https://mp.weixin.qq.com/s/BvC_eP-XfS1ixX0BSfsDuA.

案例思考题:

1. 请结合案例分析该品牌采取了怎样的数字营销策略?

2. 对比林清轩品牌传统的线下门店销售,微信视频号直播这种方式在品牌建立方面存在哪些优势?

3. 结合案例谈谈在采用微信视频号直播时,有哪些注意事项?

第14章 洞察营销新科技

第 14 章知识点

学习目标

- 了解元宇宙营销的虚拟场景、数字藏品和虚拟数字人
- 了解数字中台(包括数据中台、业务中台等)
- 了解私域运营(包括企业微信、App 运营等)
- 了解会话智能(包括 ASR 和 NLP 技术的应用等)
- 了解算法驱动(包括模型算法在营销端的应用等)

建设数字中国是数字时代推进中国式现代化的重要引擎，是构筑国家竞争新优势的有力支撑。做强做优做大数字经济。促进数字经济和实体经济深度融合，以数字化驱动生产生活和治理方式变革；打造智慧便民生活圈、新型数字消费业态、面向未来的智能化沉浸式服务体验。

——中共中央、国务院印发《数字中国建设整体布局规划》

引入案例
adidas 的元宇宙布局

数字经济的逐渐成熟催生了品牌运营方式的变革性转向。对于"互联网原住民"和逐步成为消费市场主力军的 Z 世代来说，他们的需求也日益朝着体验式、创造性、互动性方向发展，呈现出多样化态势。这一趋势下，adidas 利用元宇宙营销和构筑私域流量池等创新营销方式，深度触达 Z 世代，打造强大的品牌力。

(一) 虚拟形象

2022 年，adidas 与 Wolf3D 旗下元宇宙虚拟形象平台 Ready Player Me 合作推出了基于 AI 生成的虚拟化身创建平台 OZWORLD，旨在为用户提供在数字世界彰显个性自我的机会，鼓励用户探索自我真实表达。用户创建的个性化虚拟化身可适用于超过 1500 款元宇宙应用。

诞生于 OZWORLD 平台的 adidas 品牌虚拟数字人 Ozzy&Ozzie，是 Adidas Originals 将 OZWEEGO 系列鞋款作为灵感创造的虚拟形象。"他们"先后在日本东京和中国北京的城市中心裸眼 3D 大屏、美国纽约时代广场大屏幕等地标城市大屏上演"虚拟时装秀"。

(二) 数字藏品

adidas 于 2021 年推出了名为 "Into the Metaverse" 的 NFT(Non-fungible Token，非同质化通证)系列产品，该系列由 3 万个身着品牌服装的虚拟形象组成。与传统的商品销售不同的是，买家将获得"数字＋实体"的产品与体验：除了具有 NFT 商品独有权，还将会收到带有该 NFT 商品区块链地址的连帽衫等实体

商品。国内，adidas 旗下专注于年轻群体的运动时尚品牌 adidas neo 在数字藏品领域加码发力，于 2021年末在天猫推出了阿迪达斯国内首个数字藏品作品"玩乐土特产"系列。这一将实体商品与虚拟商品绑定的模式，也是当下品牌在元宇宙相对早期的阶段，为用户提供更具有实际价值的产品，以增强品牌力的一种玩法；它将品牌数字营销的创意边界无限拓展，通过创造新型社交话题，与 Z 世代群体形成了一种良性的社交互动。

除了推出 NFT 产品外，adidas 还在沙盒游戏 The sandbox——一个基于区块链技术开发的虚拟游戏生态系统里购买了 144 块虚拟土地，已经建立起了一座三层高的元宇宙商店供游客参观，在商店里面可以看到现实商品的展示照、NFT 产品的展示照及概念视频。

(三) 虚拟演唱会

受新型冠状病毒感染疫情影响，较大规模的线下活动无限期停摆。对于遭到重创的演艺行业来说，举办一场现场演唱会变得异常艰难，这也推动了线上演出行业的迅速扩张。虚拟空间概念的出现和关注热度的持续火爆，让更多品牌开始思考以虚拟空间为纽带，依托新技术、新场景打造创新内容与交互式的用户体验。依靠虚拟现实技术打造的虚拟演唱会逐渐受到市场追捧。

Adidas Originals 携手腾讯音乐娱乐集团旗下首个虚拟音乐嘉年华 TMELAND，开启"OZ 未来音乐会"。

虚拟演唱会开始前，用户可登录品牌小程序，系统通过用户的一系列问题的答案，生成独一无二的虚拟形象，总共拥有超过 10 亿种不同组合的虚拟形象。用户穿上喜欢的装扮，以虚拟形象加入虚拟音乐嘉年华现场体验活动，体验社交、购买等功能。虚拟形象作为视觉载体，向用户呈现系列产品虚拟时装秀，上身呈现本季全套鞋款与服装。演出嘉宾同样以虚拟形象现身，为观众带来酣畅、劲爆的表演。

但虚拟演唱会的普及仍面临阻碍。其一，用户习惯未建立：《新京报》的调查结果显示，仅 5.56%的观众愿意为线上演唱会花费 50 元以上；44.44%的用户选择了 10 元以下，线上演唱会的营利模式仍处于探索阶段，首要目标是建立付费模式，培养乐迷为好内容买单的习惯。其二，技术存在难点：在全球范围内的虚拟演出风口，目前都还处于一个相对前端的状态，主要的限制仍存在于技术层面。要实现较好的用户体验，还需要通过 XR、AI 及通信技术等方面的突破，尤其是对于虚拟演出最关键的云渲染和实时互动，目前还有诸多基础设施需要搭建。

资料来源：根据 Meta 元宇宙指北公众号文章《adidas neo 跃入元宇宙，这一份"未来感" Z 世代们会动心吗？》、MetaPost 公众号文章《腾讯×adidas 打造了一场"未来音乐会"》，AOM 亚洲户外公众号文章《adidas 虚拟人户外大屏首秀，元宇宙+户外广告真的炸了！》，HYPEBEAST 公众号文章《进入OZWORLD，adidas Originals 如何打造「流动体」虚拟演唱会？》梳理整合。

营销新科技是我们站在当下所能看到的未来，是驱动营销不断升级的新引擎。在数字化时代，企业面临着信息爆炸的挑战，营销方式也需要不断创新，以满足客户不断变化的需求。营销新科技也是大数据时代的产物，其与数据科学的结合，使营销不再是靠猜测，而是靠数据说话。通过技术手段对海量数据的挖掘、分析和应用，让企业可以了解客户的喜好、行为和需求，并在此基础上制定营销策略，提高营销效果。元宇宙营销、数字中台、私域运营、会话智能、算法驱动内容等科技的出现，让营销策略从单纯的推销转变为与客户进行更深入的交互和互动，使企业可以更好地洞察客户需求并为其提供精准的产品和服务。私域运营、会话智能等技术的应用，更是让企业可以实现与客户的一对一沟通和互动，从而更好地了解客户需求，提升客户忠诚度。企业可以借助人工智能技术，实现营销过程的智能化，提高工作效率和效果。洞察营销新科技不仅是企业营销数字化、精准化、智能化转型的必由之路，更是企业实现可持续发展的重要保障。

14.1　元宇宙营销：虚拟场景、数字藏品和虚拟数字人

元宇宙一词诞生于 1992 年的科幻小说《雪崩》，小说描绘了一个庞大的虚拟现实世界，在这里，人们的所有行为、活动由数字化身发出，并通过数字化身的相互竞争来提高自己的地位，如今看来，其描述的仍是超前的未来世界。

14.1.1　元宇宙营销的含义与特点

元宇宙是利用科技手段进行链接与创造的，与现实世界映射与交互的虚拟世界，具备新型社会体系的数字生活空间。一个真正的元宇宙产品应该具备八大要素，分别是身份、朋友、沉浸感、低延迟、多元化、随地、经济系统、文明，这些要素的加成能让元宇宙更加接近真实世界的体验。在 2025 年前，元宇宙主要以"社交+游戏体验"为前期主要布局方向，辅以部分 VR 观影、VR 购物体验、线上办公等突破口；到 2030 年，元宇宙将开始全面替代移动互联网乃至现实世界大部分功能，元宇宙将为全社会带来广阔增长空间。

实际案例　　**GUCCI 元宇宙营销**

在电商发展如火如荼的今天，线下门店成为许多消费者的试衣间，他们通过在线下门店试穿试戴并在线上购买的方式来节约购买时间以实现消费。在线下体验线上消费的过程中，一方面节省了用户试错的时间，另一方面刺激了用户的感官体验，以达到刺激用户消费的目的。

于是，GUCCI 携手 Snapchat，推出了 4 种风格的穿搭服务(见图 14-1)，用户可以在线试穿 GUCCI 运动鞋，用户在 Snapchat 上挑选鞋子时，只需要将手机对准自己的脚，就可以看见自己的试穿效果，如果满意可以立刻在线上完成购买。这一创新模式，既满足了用户追求的娱乐化，又实现了品牌的营销转化，一举两得。与传统电商模特试穿不同的是，GUCCI 利用虚拟技术进行试穿的方式，让用户实现身临其境的穿搭体验感，更容易刺激用户消费。同时，这种以虚拟技术为载体的营销形式，实现了品牌与用户之间的互动，加强了品牌与用户之间的联系，有助于为品牌谋求新的增长点。

同时，为了迎合当代年轻人喜欢晒体验、晒生活方式的社交习惯，GUCCI 打造了需要付费的虚拟试穿功能，让用户在支付约 80 元人民币后，可以拍照、拍摄小视频等进行分享，来彰显自己的消费主张与生活习惯，同时满足用户求新求奇的目的。

图 14-1　GUCCI 元宇宙营销

资料来源：兵法先生. 一文看懂 GUCCI 的元宇宙营销[EB/OL]. (2022-07-26). http://www.360doc.com/content/12/ 0121/07/27880450_1041427649.shtml.

14.1.2　元宇宙的产生与发展趋势

目前的元宇宙在不断地演变与发展，承载元宇宙概念的营销形式也千变万化，如《王者荣耀》拥抱元宇宙推出的虚拟偶像"无限王者团"，通过完美的虚拟形象实现了与用户之间的互动；中国东方演艺集团携手阿里文娱推出的《只此青绿》，这款数字藏品纪念票实现了数字化的发行、购买、收藏与使用于一体；GUCCI 基于 XR、VR 技术，建立起虚拟的穿戴体验，实现了品牌与用户之间的互动。当前元宇宙中所覆盖的技术、内容和社交多个维度都已经成为品牌营销的切入点。"游戏""社交虚拟空间""AR/VR 设备""NFT"及"数字虚拟人"为品牌营销提供了丰富多元的营销场景，更多新颖、有趣的营销形式，不断提升消费者体验，拉近用户与品牌的距离。

1. 数字经济与实体经济深度融合

各国经济的兴衰史一再证明，实体经济是国家强盛之本。每一次技术革命带来的不仅是生活方式的变化，更是产业升级的大机遇。发展元宇宙绝不是"脱实向虚"，而是实现数字经济与实体经济深度融合，从而切实赋能实体经济全面升级，让各行各业都能找到"第二曲线"新发展空间。元宇宙最关键的应用场景是产业场景。在元宇宙中，身处世界各地的人可以高效沟通与协作，全面联网的智能设备将有效联动，产业链协作将变得更加透明和高效。

在元宇宙时代，"万物互联"将逐步走向"万物互信"，再到"万物交易"和"万物协作"。在这个过程中，交易不仅在人与人之间发生，人与机器、机器与机器之间的交易也会频繁发生，到那个时候，产业必须整体升级，每个环节都必须实现完全的数字化。比如，每个智能硬件都需要有自己的数字身份，交易机制必须完全实现自动化，交易媒介必须是可编程的，支付方式应该是实时清算的。数字化技术给产业带来的变化绝非简单的技术升级，而是底层商业模式和产业链条的革新。元宇宙时代会有与现在完全不一样的产业图景和商业形态，数字经济与实体经济将深度融合。

2. 数据成为核心资产

在元宇宙时代，数据就是如同石油一样的核心战略资源。数据对生产效率的倍增作用日益凸显。基于数据的定制化产品和服务既让商业效率大幅提升，也让每个人的生活变得更好。每台终端设备无时无刻不在产生数据，数据总量呈指数级增长，而机器学习把数据的作用极度放大。同时，善用数据可以使公司获得巨大的收益，提升公司价值。

未来，在元宇宙中，中心化互联网机构垄断数据资产、滥用用户隐私数据的模式会终结，取而代之的是一个充分实现数据权益保护、数据资产化和要素化的全新经济体系。区块链技术可以作为"确权的机器"，提供一种极低成本的数据确权服务，并通过智能合约实现数据的交易和价值分配，从而让数据成为每个人真正的资产，让数据价值最大化。

3. 经济社群崛起壮大

自互联网出现以来，不少人只是聚集一些同好，并拉起一个社群，就能做出一些以往大公司无法做到的伟大成就。到了元宇宙时代，组织形态的升级是比资产形态和商业模式变革更加深层次的变化，"公司组织"将逐步衰落，开放、公平、透明、共生的"经济社群"有望成为主流的组织形态，组织目标转变为"社群生态价值最大化"，以组织变革的力量，助力各行业实现效率变革，开创更加公平、更加普惠、更加可持续的数字经济新范式。

当下，经济社群组织与区块链智能合约等自动化工具结合，出现了"收益农耕"等新型分配方式，以及 DAO(分布式自治组织)等新型治理模式，让数字贡献者真正参与到社群的治理中，使得社群治理规则更加公平、透明、有效，强化数字贡献者和平台的共生关系，吸引更多资源，扩大网络规模，形成正向循环的"飞轮效应"。

14.1.3 虚拟场景

虚拟场景完全基于互联网，参加者可以畅游虚拟环境，观看实时直播的在线研讨会，参观产品展台，观看产品演示和介绍，与会议方、演讲嘉宾、参展商在线交谈。虚拟场景可以提升用户的体验，通过虚拟技术，打造沉浸式、可视化、便利性的购物与体验新方式，像汽车领域，随着虚拟维修技术的出现，也可以大大降低新能源汽车维修的难度。

而虚拟展厅内容制作通过实时渲染制作的 3D 数字化展厅，实现更加清晰、轻量化、沉浸感互动体验，并且不受空间和地域限制，能 24 小时不间断接待全球区域网民，而不产生任何物料和人力成本。加入 AI 虚拟客服和客户虚拟形象元素，VR 元宇宙展厅中可打造符合企业形象的定制化 AI 虚拟客服，提供接待、解答和指引服务，每个客户也能通过的虚拟人快速制作中意的虚拟形象，以虚拟形象在元宇宙展厅中行走、跑步、跳跃、模拟试用产品等，甚至可以与感兴趣的其他虚拟形象语音交谈等。汽车之家与中国国际贸易促进委员会联合推进汽车行业的新型营销模式——VR 网上车展，共吸引了 16 个知名汽车厂商参与，参展车型超过 150 款。通过技术创新，汽车之家将原本只属于线下的车展整体迁移到互联网上，突破了地域、时间等线下客观因素的限制。用户通过手机 App，即可足不出户、随时随地以"身临其境"的方式在线参观车展。

14.1.4 数字藏品

数字藏品是通过区块链技术，对应特定的作品、艺术品等生成的唯一数字凭证，明确版权并可进行收藏。数字藏品具有以下五大特征。

(1) 唯一性：每个数字藏品在特定链上都具备唯一标识，以代表数字或现实世界中的某个资产对象。

(2) 不可分割：每个数字藏品自身都不可分割。

(3) 不可篡改：基于区块链不可篡改的特性，使得数字藏品本身属性及所有权信息、历史交易记录等，也不可篡改。

(4) 可验证性：区块链上信息公开透明，所有用户均可查询、验证数字藏品的所有权信息。

(5) 稀缺性：区块链数字藏品独一无二、权属明确，可永久保存，使其有更强的溢价能力。

数字藏品可兼容图片、音频、电子通行证等多种互联网内容格式，同时还具有盲盒、节日节点限定等丰富的活动和玩法。品牌通过多种多样的数字藏品，开辟品牌营销的新的增长路径。数字藏品是数字经济与元宇宙发展的产物，越来越多的作家、博物馆及车企等争相入局数字藏品市场，发售各类数字化纪念作品，兼具实用性、艺术性、稀缺性和收藏性。

现阶段，数字藏品价值得到应用并落地的商业价值主要体现在促进产品销售额上。其与潮流、艺术时尚等相结合，对年轻前沿的消费者形成较强的吸引力，品牌借力营销，实现品牌潮流时尚化与提升产品销量的双赢。比如，江小白数字藏品上线 3 分钟内即告售罄，同时，店铺单日访客量超出日常 10 倍以上的销售转化率，助力江小白拿下天猫平台当日酒类成交额排行榜 TOP4；品牌大使"奈雪女孩"也为"奈雪的茶" 6 周年活动在 72 小时带货 1.9045 亿元销售额，等等。

14.1.5 虚拟数字人

虚拟数字人是指采用图形渲染、动作捕捉、深度学习等计算机技术构建，以代码与数据形式运行,并具有外貌、表达、交互等多种人类特征的拟人化形象。与具备实体的机器人不同,虚拟数字人依赖显示设备存在,我们所知的很多虚拟人都要通过手机、计算机或者智慧大屏等设备才能显示。虚拟数字人具备以下三方面特征:一是拥有人的外观,具有特定的相貌、性别和性格等人物特征;二是拥有人的行为,具有用语言、面部表情和肢体动作表达的能力;三是拥有人的思想,具有识别外界环境、并能与人交流互动的能力。

虚拟数字人应用领域多元,落地场景日渐丰富,主要应用于文娱及服务行业。互联网技术虚拟数字人演进路线主要分为真人驱动和 AI 驱动(计算驱动),从表现形式上又分为 2D 虚拟数字人和 3D 虚拟数字人。目前大部分虚拟主持人、虚拟主播、虚拟偶像背后都有真人驱动作为支撑,实时渲染计算驱动虚拟数字人。基础技术方向主要涉及 NLP(自然语言处理)、CV(视觉)和 ASR(语音识别)、TTS(语音合成)和图形学技术。

虚拟数字人产业链上游是形象设计类、前期塑造类、制作工具类和 AI 类公司;中游是虚拟人厂商、综合类/互联网技术厂商、专长类 AI 厂商;下游主要是企业服务、文娱等各类公司。根据众调科技的预测,2030 年我国虚拟数字人整体市场规模将超过 2700 亿元。

实际案例 | **万科数字虚拟员工崔筱盼获 2021 年度万科公司优秀新人奖**

崔筱盼并非真人,却在工作中大显身手。

快速监测各类事项的逾期情况和工作异常,通过邮件向同事发出提醒,推动工作及时办理……在万科公司,承担这些工作的,是有着年轻女性形象的数字化虚拟员工"崔筱盼"。

"崔筱盼"的名字,源自她负责的提醒、提示工作,即"催"和"盼"。作为万科首位数字化员工,崔筱盼于 2021 年初正式入职。在系统算法的加持下,她很快学会了人在流程和数据中发现问题的方法,以远高于人类千百倍的效率在各种应收/逾期提醒及工作异常侦测中大显身手。而在其经过深度神经网络技术渲染的虚拟人物形象辅助下,崔筱盼催办的预付应收逾期单据核销率达到 91.44%。

万科集团创造崔筱盼的初衷,是希望赋予系统算法一个拟人的身份,以更有温度的方式与同事沟通,让数字世界与人类世界协同推动工作。

资料来源:趣创业 | 与"虚拟数字人"同行,你准备好了吗? [EB/OL]. (2022-02-25). https://www.sohu.com/a/525491471_121118998.

14.2　数字中台

在日益依赖数字的世界,伴随着技术范式的转变,企业迫切进行数字化转型。数字化转型是指企业利用大数据、人工智能、IoT、5G、区块链、元宇宙等技术,通过改善客户体验、改进产品及提高运营效能等来赢得客户,降低成本,形成和保持企业核心竞争力,推动企业业务的增长。

14.2.1　数字中台的定义

数字中台是基于云计算、大数据、人工智能、IoT(物联网)、5G、区块链、元宇宙等新一代技术架构打造的、持续演进的企业级业务能力和数据共享服务平台。它彰显了企业数字共享能力,以统一的标准和流程规范为企业提供了综合调度 IT 资源的平台。

数字中台由业务中台和数据中台两部分组成。业务中台是以业务领域划分边界,形成高内聚、低耦合的面向业务领域的能力中心。诸如用户中心、会员中心、商品中心、交易中心、营销中心、结算中心、库存中心、物流中心、店铺中心、消息中心、内容中心、客服中心、评价中心等。数据中台是数据整合和智能应用平台，其构建的数据模型，包括人货场(会员、商家、经销商、商品、店铺)等主题模型，浏览、下单、支付、评价等事件模型，以及进行统计分析并运用机器学习、深度学习等技术搭建标签、推荐、预测等算法模型。

　　数字中台是企业数字化转型的新基建，是数字营销的新驱动力，是企业 IT 治理自然演进的结果。数字中台概念最早由阿里巴巴提出，经过持续实践、迭代和演进，现在已经成为各大行业进行数字化转型的关键平台，也涌现了一系列以数字中台为核心的数据智能创业公司，比如聚焦房地产和快消领域的数字中台公司明略科技、云徙科技等公司，他们开发的 CDP+MA 等产品已在很多企业得到应用，并取得了良好的成效；聚焦汽车产业数字中台公司众调科技，该公司提出的客户数据中台 CDP、车联数据中台 VDP、网络数据中台 NDP 和内容数据中台 MDP 四大数据中台，以及模型算法 AI 平台，赋能车企构建完整"数字大脑"，并形成"一个大脑，两大引擎"的数据智能产品矩阵，为推动中国汽车产业数字化转型，赋能车企和经销商更好降本增效并提升销量，打造数智时代的核心竞争力贡献关键力量。

14.2.2　数字中台结合 4P 理论的应用——5P 动态策略组合

　　数智时代，数字中台革新 4P 理论为核心的传统营销方式，形成 5P(Platform+4P)动态策略组合。

　　(1) 产品(product)：传统营销通过以往经验、专家访谈、调研数据等方式对市场需求进行收集、分析与判断，形成产品策略，可能导致对用户需求的把握不全面；由于从设计到投产的周期较长，制定的产品策略可能存在滞后性，策略上的偏差导致试错成本高。在大数据+AI 的技术背景下，通过客户私域运营和社群顾客参与，利用用户数据平台、增长营销平台等，通过用户的使用数据、偏好数据，垂类媒体的舆论数据、评价点赞数据等，精准挖掘用户需求，及时捕捉用户反馈，制定精准的产品策略并进行实时跟踪、改进。上汽大通曾推出 C2B 模式，实现用户深度参与产品设计与配置方案。2016 年上汽大通发布 D90 概念车，提出打造"首款由用户参与开发和设计的汽车产品"，在产品开发过程中 60 万粉丝聚集于线上平台，由用户与设计师直接互动 5000 多万次，最终确定产品造型。

　　(2) 价格(price)：数字中台驱动的定价策略提供顾客参与机会，并基于大量数据、依靠算法模型，精准满足消费者需求、精准凸显产品定位、精准销售。

　　(3) 渠道(place)：传统营销在渠道选择上存在经验主义、渠道过长、客户思维缺失、数据断层、线上线下割裂的情况，而数据中台驱动的渠道策略可以实现更加精准化、扁平化、直联客户、数字协同、线上线下融合。

　　(4) 促销(promotion)：数字中台协助定制促销策略，实现效果化、个性化、内容化、社会化、移动化、算法化的促销策略动态自适应演进。在数智时代的客户经营中，企业通过数字中台实现将客户从公域引导至私域流量池，私域持续运营客户关系，进而私域流量反哺公域流量，实现营销内容在公域的精准投放。

实际案例 | 上汽大众车联数据中台

上汽大众是汽车主机厂进行数字化转型的积极实践者，它的车联数据中台是以车辆为核心的车联数据平台开发和应用场景建设项目。该车联数据中台整体架构如图 14-2 所示。

图 14-2　某车联数据中台整体架构

项目基于 CDH 等开源组件，利用市场营销、销售管理和客户生命周期管理等科学方法论，通过开发和部署数字解决方案，提供数据接入整合，数字资产沉淀，业务场景等功能和应用，实现从业务数据到业务价值的转化，为经销商数字化转型提供工具，为终端用户提供增值服务的数据支撑，推动企业数字化转型进程。

该车联中台项目主要包含数据基础、资产沉淀和场景应用三个主要模块，详细介绍如下。

1. 主数据建设和管理：数据中台的基础

项目接入了车辆、用户、用户行为埋点、车辆销售、车辆绑定激活、售后工单、车机、流量销售等众多业务数据源，数据接入后完成主数据建设和管理是项目重点之一。此过程中，将人、车、经销商等在多处可能需要共享的数据定义为主数据，从企业的各个业务流程中梳理出来并完成整合，按需进行抽取和计算，集中进行规范、分析、清洗等工作，在与业务部门达成一致后，将处理后统一的、完整的、准确的、获得认证的主数据存储在平台，作为平台数据计算的基础，支持各项数据提取工作、数仓开发工作和应用场景开发工作。

2. 建域建仓：数据资产化

数据资产沉淀是数字化转型的基石和数字化营销重要中间产出物之一，数据资产需要具有可控、有价值和可甄别等特性。

该项目基于一系列开源组件完成平台搭建后，对接入业务系统的数据表进行横向分层管理和纵向分域管理，从业务流程和数据应用的视角出发，对接入的数据进行梳理、提取和开发，划分中间表和业务数据域，创建数据资产如图 14-3 所示。

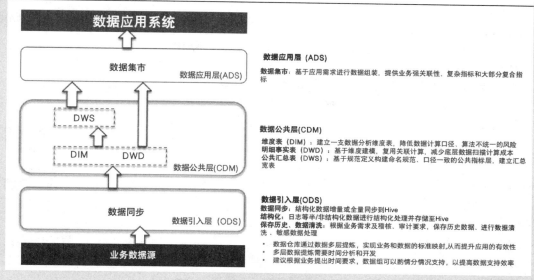

图 14-3 数据资产建设——数仓架构

3. 数据应用场景：数据价值化

数据应用场景是项目中实现业务价值转化的关键点，通过将营销与互联网技术相结合，利用数字化技术手段帮助企业实现个性化、精准化的营销目标。

该车联项目围绕企业数字化营销场景，为客户提供智能投放服务，帮助企业客户实现数字化、精细化的运营和高效增长。通过数据分析支持业务场景及策略的研发工作，基于获取的车联网数据、用户数据等，综合进行数据分析和数据挖掘，并基于线上数字化业务和传统线下业务的实际情况，从业务场景可行性、收益等多个维度进行分析，挖掘潜在业务场景，实现用户体验持续优化，业务场景持续扩充。已经落地的部分场景具体如下。

1) 各类业务报表

业务洞察即提供包括沙盘、数据报表在内的各种洞察手段。主要回答如下问题：谁购买，何时购买，购买什么；如何改善？谁使用什么服务？谁一直不使用？我们应该关注哪些客户以提高利用率？如何改善沟通/UX(用户体验)/UI(用户界面)方面的服务以确保更多的日活跃用户数量(DAU)？使用数据进行服务分析和改进，方便业务人员及时掌握业务动态，为其提供数据管理抓手。

2) 充电相关服务

针对纯电车，基于车辆上报的相关数据，统计能源车的停车充电量及充电时间，在收集终端上提供给 C 端用户查询，方便用户在手机端查看自己的历史充电量及充电时长，掌握整体的充电规律，提前预防车辆没电时来不及蓄电的情况，提高车辆利用率。同时对车主进行个性化的充电行为分析，并出具个性化的充电月报，为车主的充电统计提供数据的支撑。为企业在电车板块的用户服务、内部运营两方面提供管理和决策依据，打造一个能够便捷使用 App 控制车辆充电的贴心服务，保持客户黏性，增加客户活跃度，提高客户运营基数。

3) 售后线索下发

针对部分车型，在采集到车辆的累计里程、剩余保养里程、剩余保养天数后，可根据设定的计算规则，推测用户下次需进店进行保养的日期，在当前时间与预测进店日期间隔达到阈值时，生成线索，并下发各终端，根据数据状态，探索用户画像与用户使用服务的线索的关系，完成转化率最大化研究，提高下发线索阅读、平台预约率和返店率，为售后业务创造价值。售后线索生成及下发业务场景如图 14-4 所示。

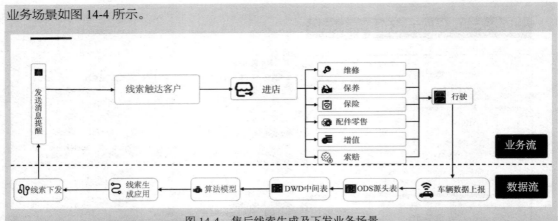

图 14-4　售后线索生成及下发业务场景

　　总之，此车联数据中台是一个比较典型的以车辆主体为核心的数据化营销项目，底层数据开发处理和上层应用之间相辅相成，共同服务于业务流程，着眼于各渠道数据的数据贯穿和价值呈现，同时通过各类监控报表持续跟踪数据的价值转换效果，从而促进螺旋上升趋势的形成，持续促进企业业务的数字化转型发展。

　　资料来源：根据众调科技内部资料整理。

14.3　私域运营

　　私域用户池是承接并容纳私域用户的"容器"，也是品牌与用户之间互动及关系的培养场。根据不同类型的平台产品的特点，私域用户池可划分为弱连接(如微信公众号、视频号等)、中连接(如社群等)、强连接(如 1v1 的企业微信导购等)三种类型，企业可根据发展需要和所处阶段进行布局。整体而言，企业与用户建立的连接强度越高，能为用户提供的价值就越大，最终能够获取的商业价值就越大。

14.3.1　私域运营的含义与特点

　　私域通常是指一个互联网私有数据(资产)积蓄的载体。这个载体的数据权益私有，且具备用户规则制定权，受社会法律约束与保护；同时，私域具有与公域、他域相互自由、广泛链接的能力与机制。营销场景下，私域是指品牌拥有可重复、低成本甚至免费触达用户的场域。私域业态是线上线下一体化的品牌自主经营阵地，也是品牌自主发展、全面掌握客户关系、线上线下联动的一个新业态。

　　商业发展至今，"流量"一直是商家首要面对的问题，更高的流量带来更高的曝光度和交易额。对于品牌和商家而言，线下购物中心和百货商场中熙熙攘攘的客流，线上电商大促会场中的活动流量等等，都是流量。商家在中心化电商平台所能够获取的流量主要分为搜索推荐的自然流量、广告付费流量和大促活动流量。商家想要在公域的流量池中获得曝光，需要支付费用和遵循平台的规则，如付费的广告流量、付费或免费的活动流量、搜索规则下的自然流量。其中，广告投放成为商家在中心化电商获取公域流量的核心驱动，商家想要持续的获得流量，持续的进行生意转化，就需要不断的投放广告，引导公域的用户进入店铺，继而通过运营完成用户的留存、转化和复购。然而，近年来，各类营销平台的快速发展和愈发激烈的竞品曝光，使得独立品牌的营销空间受到挤压。为了获得更多的营销曝光，企业只有持续加大公域营销的投入或高价购入更具优势的曝光栏位。同时，营销触点的剧增导致消费者注意力碎片化，有效线索比例降低，造成单客的营销成本持续上升。

相比公域运营，私域运营呈现以下特点。

(1) 更高效。为了提升品牌营销投放的效率，私域运营因其人群更准确、营销方式更细致而带来的更高效用而受到广泛关注。通常而言，私域流量池中大部分为曾表现出对品牌有兴趣的人群，因此虽然人群基数不如公域平台大，但是人群更加精准且有效线索更多。另外，私域运营相比公域投放，营销内容更有针对性与吸引力，可以进一步提升用户转化效率，缩短转化链路和用时。

(2) 更持久。私域营销与运营有利于品牌和经销商延长服务周期、减少用户流失，同时增加用户对于品牌的新鲜感并保持活跃，带来更具可持续性的价值。凭借更为丰富的用户数据积累，品牌可在私域运营的赋能下，有效建立用户忠诚度、反复触达用户、提供更多元且定制化的产品与服务等，以持续挖掘全生命周期的用户价值。

(3) 更广泛。由于海量的公域投放在获取优质线索上经济效益逐步降低，私域运营带来的积淀可以更深入理解核心用户的需求，强调品牌共鸣与用户联结，继而调整品牌曝光策略、针对性地触达有潜在意向的用户，联动公域实现更广泛、更精准的投放，同时通过建立核心用户对于品牌的强烈认同与忠诚，形成自发扩散，触达更广泛的人群。蔚来很好地做出了实践，并且证明了其有效性，其现有车主的推荐对潜在用户更有说服力，转化率更高，使得涟漪式传播可以形成良性循环，可持续地触达更广泛人群。高质量私域运营可带来更忠诚的用户群体，以实现涟漪式广泛传播，并为新业务拓展提供稳固的初始用户基盘。

14.3.2　私域运营的产生与发展

私域运营的概念是新的，但是私域的形态早已经存在。比如互联网还没有兴起的时候，销售人员一般就会记录一些客户的联系方式或者家庭地址，目的就是可以比较频繁地与客户进行接触。

对比传统营销，私域运营做出了以下改变。

(1) 对用户需求的了解更深入。传统营销几乎不和用户打交道，不交流，不互动，怎么了解用户、调动用户的情绪。

(2) 效率提升。为什么讲私域最好的载体是微信？因为微信触点多。多触点，多场景，多种内容形式，使营销整体效率提升。

(3) 用户心智建立更快。私域运营的品牌可以更快占领用户心智，而以前的品牌很难通过公域营销占领一类消费人群。

私域运营的兴起主要有以下原因。

(1) 互联网流量已经进入存量时代。红利已经见底，关键词的价格已经水涨船高，线上的获客成本也越来越贵。

(2) 互联网信息的透明化。产品的红利期越来越短，一个产品好卖后同质化竞品会越来越多，企业没有余力提升客户体验。

(3) 消费趋势的变化。在物质极大丰盈的时代，消费者已经从需求消费转向兴趣消费，电商则从搜索电商转往兴趣电商。随着购物场景碎片化，消费者人群通过消费行为表达心理感受，发生如下消费行为。①非计划性临时购买：在社交分享和内容驱动下，在社交过程中发现商品,体验感更好,且产品的针对性更强。②社交冲动型消费:与内容创作者达成情感共鸣,大多购买关系基于信任,多建立在升级的社交关系下。③单次下单:在直播电商、社群秒杀、KOL(关键意见领袖)推荐中,由于社交电商多夹带限时优惠,更多是一次性下单的冲动性购买。

(4) 消费者行为的变化。消费者已经从产品功能需求满足向心理、社交、价值观圈层的精神需求转变,消费者希望与品牌互动、共建,消费者也希望与其他消费者建立社交关系,这在公域平台无法实现。

(5) 传播技术的进步。传播渠道的去中心化已经成为趋势,营销和商业也会与时俱进,企业自媒体、企业自播已经成为企业的标配,消费者获取信息的方式多种多样,从图片、文字到视频,再到直播时代,消费者也更容易受其他消费者和其喜欢的 KOL 的影响。

(6) 决策成本与信任成本提高。商品极大丰富的今天,早已形成新的富饶环境。品牌和细分品类越来越多、越来越丰富,且价格都物美价廉的情况下,消费者的选择成本反而直线提升。这时,谁能降低用户的购买决策成本,就成为一个超强刚需。社交下的关系推荐,恰恰解决了这种刚需。

流量从哪里来?通过什么样的路径转化?如何实现流量的长期价值?这些问题一方面让商家固然看中当前占据主导地位的公域流量,不断优化流量漏斗转化模型,以提升流量的转化效率,另一方面商家也在主动寻求着新的流量经营方式,布局私域几乎已经成为所有商家的共识。

从整体发展来看,私域流量崛起是存量经济与成熟数字技术的叠加结果,而电商正是私域流量管理的发源地,电商流量采购成本增高、消费行为变迁、平台电商的增长红利消失,使所有企业都必须精细化运营,要从传统的"产品运营"看重"转化率"向"用户运营"看重"客户的终身价值"转变。"以用户为中心"的营销理念契合时代需要,精细化运作流量成为平台、品牌的共识。

14.3.3 私域运营的应用手段与效果

私域运维的是客户的终身价值,所以私域用户是品牌的重要资产。企业与客户直接对话,提供了更多市场反馈与决策依据;客户与企业品牌共建,客户忠诚度更高;可以利用客户的体验评测建立内容,影响其他客户;客户的转介绍与裂变为企业带来更大的价值。然而,在探索阶段,私域触点分散管理可实现私域营销快速起效,但也造成难以统一管理效果、拉齐客户体验的重大弊端。

因此,为最大化实现品牌价值,应协同内外部触点资源,围绕全生命周期用户需求统一布局,并将所有流量直接引流到触点收口阵地。其中,公域流量如社交媒体、新闻媒体、泛娱乐媒体、垂直媒体、电商平台等应先引流至私域,再将所有私域流量统一收口管理,以最大程度提升转化可能性,并为再次触达奠定基础。私域运营管理工具的选择应覆盖品牌全产品/服务,旨在通过全面覆盖,助力实现线索沉淀,并在后续通过有效激励策略保障用户持续活跃。

以企业微信为例,私域运营的应用手段与效果如下。

(1) 对外高能促进营销转化。一改过往销售服务人员与客户联结杂乱现象,企业微信使得客服通过有着服务项展示的专业形象添加客户,初期即建立积极的客户关系。随后在私域运营内容层面,标准化分标签群发模板可通过私聊、群聊、朋友圈"三管齐下",精准推送图文触达对应客户。同时，社群运营采取的分群标准化管理，有利于收集客诉、洞察客群需求与特征等。

(2) 对内强效提升客户管理。由于更高频次的交互，企业微信可获得更多的用户信息，品牌可基于此丰富用户标签与分级，进一步完成高效的线索分配管理。标准化的线索信息使企业 CRM 形成互联。同时，品牌在企业微信中拥有服务人员账号信息的透明合集，可外接可视化看板，对于品牌和经销商双方来说都由此得到更加翔实的服务质量监控，便于进一步管理。

(3) 未来实现公私域互联，成倍放大品牌价值。企业微信在两大方向上仍有看点。一方面，作为公私域之间的核心连接器，可持续挖掘公域线索，加速潜客孵化的效率、降低企业的转化成本；另一方面，可持续发力用户分级研究，向企业输入更为立体、精准的用户标签，协助企业建立更丰富的用户全生命周期画像，提升私域运营精准性与效率，促进最终的营销转化与价值变现。

(4) 运营中台形成配套。在构建全新触点管理体系的过程中，需基于数据整合能力建立运营中台以支持统一管理，主要包括内部能力中心的建立(如线索管理、内容运营等)与部门对接机制/流程的设计两大关键要素，以确保信息收集、策略制定和客户运营能够有效开展。运营中台的建立可合理利用内部共享资源，提升管理效率，在标准化流程支撑下，业务迭代与优化亦可稳步推进。

运营中台的形成应围绕用户运营的关键能力要素，同时考虑复用效率或通用性等，如线索管理、内容管理等初步具备跨部门多触点协同运作必要性的平台；应合理设计中台部门与前端业务部门的合作机制与运行流程，以便最大化管理效率，在保障响应质量的基础上提升需求总承接量，助力业务快跑。

实际案例　**凯迪拉克企业微信助力一线销售提升线索转化率**

2021 年，凯迪拉克决定推出企业微信，作为过程管理的数字化工具。针对企业微信的运行开展了经销商试点，取得了不错的成效，如图 14-5、图 14-6 所示。

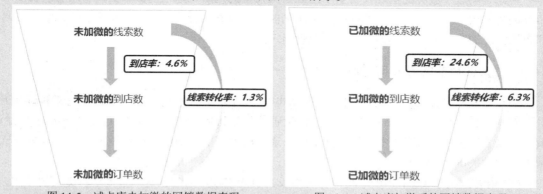

图 14-5　试点店未加微的网销数据表现　　图 14-6　试点店加微后的网销数据表现

从图 14-5 和图 14-6 反馈的数据可知，客户同意添加企业微信后，无论是到店率还是线索转化率都得到了大幅的提升。

在新型冠状病毒感染疫情肆虐的当时，如何成功地将线索转化？如何有效提高网销客户的到店率？如何减少高意向线索的浪费？如何避免因销售顾问经验不足导致客户流失？这些问题一直是困扰所有主机厂和经销商的难题。而从目前试点店的数据反馈来看，凯迪拉克的决定无疑是正确的。

那么，凯迪拉克企业微信又是如何做到到店率和转化率的双双增长的呢？

首先，区别于传统的微信，企业微信不仅仅是一款简单的社交工具。为提升经销商的邀约效率，解决经销商邀约技巧不足的问题，凯迪拉克企业微信推出了沟通助手小程序。用户可直接通过聊天对话框上的"素材中心"和"话术中心"进入沟通助手，里面有丰富的素材和参考话术。这些内容都是由内容中台统一进行源源不断地推送，既保证了内容的新鲜度也保证了内容的专业度。当经销商不知道如何破冰或者客户问题不知道如何应对时，可直接进入"话术中心"搜索对应的话术，也可直接在"素材中心"里搜索相应素材转发客户。

其次，人员频繁流失，客户被带走是很多经销商都会面临的问题。而通过企业微信则可以完美避开这个烦恼。因为企业微信里有一个功能：离职继承。顾问即使离职了，客户资源还会留存在企业微信。管理层凭借企业微信将这些客户资源进行重新分配，这样就大大减少了线索的浪费。

再次，凯迪拉克企业微信还可以根据顾问的邀约情况自动生成数据看板，结合清晰明了的图表，所有关键指标一目了然。这既节省了做报表的时间，还可随时随地查看最新数据，实时把控最新邀约情况，完美实现精细化管理。

最后，凯迪拉克企业微信还可以进行会话存档、客户画像、客户互动提醒，提供助销工具，承接来自品牌数字展厅和微信视频号的流量等等强大的功能。

这些功能无一不是直面经销商现实运营的痛点和难点，使得凯迪拉克企业微信为经销商的一线销售提供强大的助力。

现在，凯迪拉克已经明确将企业微信作为过程管理的一个重要工具，并开始全国推广。这并不是一条平坦大道，其间会遇到各种坎坷，但这是一条正确的道路。

资料来源：根据众调科技内部资料整理。

14.4 会话智能

会话智能这一服务的出现，告别了主观猜测为主的判断，基于全部事实，科学管理，获取市场洞见。通过基于全量会话数据的高速进化能力，服务销售管理，提供有关销售团队、交易和市场情况的重要见解，助力企业打造金牌销售团队！

14.4.1 会话智能的含义与特点

会话智能是人工智能(AI)分类下，一种从电话/远程会议/视频会议中获取特定见解的新型工具。它是一种软件运营服务(SaaS)。会话智能通过语音到文字转录(ASR)、自然语言处理(NLP)及自然语言理解(NLU)等技术提供了基本通话录音提供不了的功能，这些技术的成熟也是会话智能兴起的关键。

(1) 语音到文字转录(ASR)是将声音转换成文字的过程，同时也是一个多学科交叉的领域。它与声学、语音学、语言学、数字信号处理理论、信息论、计算机科学等众多学科紧密相连。由于语音信号的多样性和复杂性，语音识别系统只能在一定的限制条件下获得满意的性能，或者说只能应用于某些特定的场合。语音识别系统的性能大致取决于以下 4 类因素：①识别词汇表的大小和语音的复杂性；②语音信号的质量；③单个说话人还是多说话人；④硬件。

(2) 自然语言处理(NLP)是研究人与计算机交互的语言问题的一门学科。按照技术实现难度的不同，这类系统可以分成简单匹配式、模糊匹配式和段落理解式三种类型。以一个包含会话智能的辅导答疑系统为例，简单匹配式辅导答疑系统主要通过简单的关键字匹配技术来实现对学生提出问题与答案库中相关应答条目的匹配，从而做到自动回答问题或进行相关辅导。模糊匹配式辅导答疑系统则在此基础上增加了同义词和反义词的匹配。这样，即使按原来的关键字在答案库中找不到直接匹配的答案，但是假若与该关键字同义或反义的词能够匹配则仍可在答案库中找到相关的应答条目。段落理解式辅导答疑系统是最理想的，也是真正智能化的辅导答疑系统(简单匹配式和模糊匹配式，严格说只能称之为"自动辅导答疑系统"而非"智能辅导答疑系统")。但是由于这种系统涉及自然语言的段落理解，对于汉语来说，这种理解涉及自动分词、词性分析、句法分析和语义分析等 NLP 领域的多种复杂技术，实现难度很大。

(3) 自然语言理解(NLU)是所有支持机器理解文本内容的方法模型或任务的总称，也是会话智能中最核心的技术模块。其原理是用电子计算机模拟人的语言交际过程，使计算机能理解和运用人类社会的自然语言如汉语、英语等，实现人机之间的自然语言通信，以代替人的部分脑力劳动，包括查询资料、解答问题、摘录文献、汇编资料，以及一切有关自然语言信息的加工处理。NLU 在文本信息处理系统中扮演着非常重要的角色，同时也是推荐、问答、搜索等系统的必备模块。

14.4.2　会话智能的产生与发展趋势

会话智能从 20 世纪 60 年代初开始研究，由于 N. 乔姆斯基在语言学理论上的突破和此后各家理论的发展，以及计算机功能的不断提高，当下已经取得了一定的成果。初期的研究采用以口语语音输入，使计算机"听懂"语音信号，用文字或语音合成输出应答。方法是先在计算机里贮存某些单词的声学模式，用它来匹配输入的语音信号，称为语音识别。这只是一个初步的基础，还不能达到语音理解的目的。因为单凭声学模式无法辨认人和人之间、同一个人先后发音之间的语音差别，也无法辨认连续语流中的语音变化；必须综合应用语言学知识，以切分音节和单词，分析句法和语义，才能理解内容，获取信息。

20 世纪 60 年代至 70 年代初期，研究工作一直停留在单词的语音识别上，进展不大。直到 20 世纪 70 年代中期才有所突破，建立了一些实验系统，能够理解连续语音的内容，但是还限于少数简单的语句。

21 世纪开始，会话智能发生了巨大的变化，呈现以下两个明显特征。

(1) 系统输入。要求研制的会话智能系统能处理大规模的语音，而不是如以前的研究性系统那样，只能处理很少的单词和典型句子。

(2) 系统输出。鉴于真实地理解自然语言是十分困难的，对系统并不要求能对语音进行特别深层的理解，但要能尽可能输出有用且准确的信息，所以加强了两个方面的基础性工作，包括：①大规模语音库的研制工作：在系统中加入了经过不同深度加工的真实语音资料，提高语音识别的准确率；②大规模文本词典填充工作：在系统中加入数以万计的常用词汇搭配和口头句式，便于精确匹配语音处理结果，还原真实场景。

目前会话智能应用领域愈加广泛，处理场景也愈加丰富，极大提高了个人工作效率，为众多企业发展注入新的活力。

14.4.3　会话智能的技术应用

近几年，随着 ASR 语音转写的出现，录音笔市场开始翻天覆地的变化，科大讯飞研发了高智能的录音笔，该录音笔提供了 360° 全向收音与 120° 指向收音，前者适合多人会议或是多人受访的场合中使用，后者则适合单人采访或是视频会议中使用。相比传统录音笔造型简洁，但机身内部却具备蓝牙、Wi-Fi 功能，深藏了各种"武艺"，拥有强大的智能能力。

1. ASR 技术的应用场景

(1) 客服机构。企业设置的呼叫中心的智能转写功能，可实时记录客户咨询的问题。语音客服机器人可更好地查询和匹配应答，可以有效地解决简单且重复性的工作，降低企业成本。

(2) 教育培训机构。语音转写在教育培训机构中的应用包括中英文的口语评测，以及部分教育培训机器人的交互功能。

(3) 医疗行业。在医疗领域中，主要是用于电子病历的录入，医生在临床诊断时可将诊断信息实时转化成文字，自动录入医院诊疗系统，有效地提高了医生的效率。

(4) 金融行业。现阶段，已有一些银行通过运用 ASR 语音转写，实现了语音导航、语音交易、办理业务等基础服务。

2. NLP 技术的应用场景

(1) 定向广告。定向广告是一种在线广告，其根据用户的在线活动向用户显示广告。如今，大多数在线公司都使用这种方法，相关的广告仅向潜在客户展示。定向广告主要针对关键字匹配。每当智能设备捕捉到用户的语音中重复频率较高的词语，就会通过关键词匹配系统向用户推送定向广告。

(2) 语音助手。语音助手是使用语音识别、自然语言理解和自然语言处理来理解用户的口头命令并相应执行操作的软件。它是一个功能强大的聊天机器人，为大众的生活提供了许多便利。

实际案例 AI 试驾

随着数字经济时代的到来，以大数据、云计算、人工智能为代表的新技术的发展，正在推动各行各业的数字化转型。对于汽车行业来说，如何迎接数字化、智能化带来的新发展趋势，帮助汽车企业从容应对时代变革下的重重挑战，赢得市场机遇，成为重要课题。随着全行业对于数字化转型的探索进入"深水区"，我国汽车产业挑战和机遇并存。随着 AI 语音交互在汽车零售的应用场景不断丰富，"AI + 试驾"将为 B 端(企业用户)提供数据依托。

ASR+检核闭环，一切产品皆服务

造车新势力的崛起带动了汽车销售模式的转变，试乘试驾成为销售环节重要一环，短短 30 分钟的驾乘体验起着举足轻重的作用。语音识别(automatic speech recognition，ASR)，是将声音转化成文字的过程，相当于耳朵。可以有效的与业务流融合，打通信息孤岛，实现试乘试驾环节的全程可追溯，增强各节点企业及各部门的协调能力和应急能力。把试乘试驾服务流程中关键执行项目中的关键词导入 AI 试驾系统后台，通过这双"耳朵"匹配抓取关键词，对业务人员在试乘试驾场景中的执行能力形成检核机制，通过 AI 试驾系统检核闭环发现弱项，针对弱项进行改进，加强各服务节点优化迭代，以及各业务人员的综合服务能力提升。在通用旗下凯迪拉克燃油车和别克新能源汽车的销售中，在其直售模式下把 AI 试驾作为重要抓手工具，在 6 个月不到的周期中，业务人员试乘试驾流程中关键环节执行率从最初的 45%提升至 85%，替代传统模式下应对暗访和飞检的"应试教育"，逐渐转变成常态化综合服务能力的提升。

NLP+洞察触达，一切服务皆内容

企业要想在客户关系中赢得好感，保持黏性，除了做到服务越来越好，更要做到响应越来越快，AI 试驾系统在试驾环节与客户交流过程中，通过自然语言处理(natural language processing，NLP，是理解和处理文本的过程)直接触达客户需求，将数据传递给后台管理系统，让一线销售人员和管理者更加清楚地洞察客户的属性、行为偏好、需求、渠道来源及购买意愿。真正实现"以用户为中心"，采集消费过程中用户最为关心的内容点，针对 C 端(消费者、个人用户)实际需求内容，迅速做出战略调整以适应瞬息万变的消费市场，抢占先机。别克新能源汽车直售中，达到单月试乘试驾转化率 50%的成绩。与此同时，AI 试驾有效分担了业务人员和客户"斗智斗勇"的局面，只需安心做好服务，至于客户层面，安心交给 AI 系统即可，大大提升人效，实现数智赋能。

ASR+NLP 挖掘数据背后的商业价值，驱动业务发展

面对重重挑战，通过数据洞察、数据可视化、数据搜索等功能，制定解决方案，助力车企破局。搭建不同业务场景的数据报表和看板，赋予数据可视化的表达能力，多维度分析，给予决策者更直观的决策体验。通过目标性洞察和宽泛性洞察，自动分析数据特征，业务人员根据业务经验和分析思路，可以轻松实现多维度的数据洞察，通过不同组合的分析实现快速智能分析的目的，随时随地灵活取数，透彻进行每一次分析，进行预测预警，提高效率，实现数字化运营。对试乘试驾场景的核心指标与关键图表进行监控，智能监控预警，对移动指标进行详情分析与归因分析，及时发现问题，进行优化调整，迭代升级。

汽车行业数字化转型并非易事，如何真正实现"以用户为中心"，充分释放数字化营销的价值，需要车企内部及上下游通力合作，打通营销链路，实现全场景业务在线，发挥数据价值驱动智能运营，以数据可视化+数据洞察+数据搜索服务，推动行业数字化转型，为汽车产业高质量发展赋能。

资料来源：根据众调科技内部资料整理。

14.5　算法驱动

现代管理学之父彼得·德鲁克(Peter F. Drucker，1909.11.19-2005.11.11)，在其 1964 年出版的管理学著作《成果管理》(*Managing for Results*)中说，企业有且仅有两个基本功能：创新和营销。创新是什么？创新的核心就是你要能够不断地创造新的产品和服务。营销是什么？营销就是创造用户。企业其他的经营行为都是为这两件事情服务的。

营销的目的是创造用户，而移动互联网和大数据的来临，很多的用户行为都是可以被记录的，这就是大数据的价值。恰恰通过对数据的记录，通过数据，我们又可以感知现在，预测未来。当用户行为能够被记录，被测量，有数据作为其载体，营销也就开始进入一个全新的时代——算法时代。

传统工业时代营销讲 4P，即产品、价格、渠道、促销(推广)，通过这样的一个营销过程，将产品卖给消费者。而在移动互联网时代，这些要素不再是一个相互独立的流程，而是一个相互关联、互相交互、互相反馈的形态。一切营销运转均需要以市场需求和用户需求为中心，建立用户画像，分析用户真实痛点，并以此来改造你的产品或服务，继而打造创意内容，选择投放渠道，以及获取数据反馈，参与用户互动，由此建立全局系统的营销。

传统的市场营销很难精确掌握用户信息，更多地依赖渠道。对于用户需求，需要通过线下、电话等耗费人力的市场调研进行，且并不精确。在移动互联网时代，可以通过用户在互联网上的消费行为中产生的大数据来分析统计，从而找到消费者的真实痛点，这些痛点包括解决用户的升级刚需，改善用户的体验，为其创造出新的购买理由。同时，将产品势能拉高，通过粉丝圈层用户影响兴趣圈层用户，再辐射大众圈层用户。通过为用户赋能让其形成购买。

企业经营最核心的三件事情：经营产品、经营品牌、经营市值，实际上也就是做好营销这三件事情，即营销产品、营销品牌、营销市值。企业的一切行为都是围绕着营销展开的，所有的营销行为和活动投入应以其可创造的价值来衡量。

由此，新时代下的营销应当结合大数据基础和人工智能技术，实现科学与艺术的融合，精准可量化，并在此基础上由算法驱动建立起科学化的全局营销系统，引领营销进入算法时代。

实际案例　瑞幸咖啡：算法驱动用户营销自动化

2022年第二季度，由于上海、北京两个城市先后遭遇新型冠状病毒感染疫情，消费市场受到了较大冲击。根据国家统计局数据，2022年4～6月我国社会消费品零售总额的同比变化分别为下降11.1%、下降6.7%和增长3.1%，而以线下经营为主的餐饮行业首当其冲。

咖啡茶饮企业中，星巴克中国第二季度同店销售大幅下滑44%，奈雪的茶预计将出现营收下降、亏损扩大的情况。就在资本市场对咖啡茶饮第二季度的业绩展现出悲观和担忧情绪时，瑞幸咖啡的成绩可谓让人眼前一亮。

2022年8月8日晚间，瑞幸咖啡发布了新一季的财报。财报显示，瑞幸咖啡在2022年第二季度取得营收32.99亿元，同比增长72.37%，非美国通用会计准则(Non-GAAP)下，净利润为2.68亿元，同比增长169.97%。瑞幸咖啡的逆势表现，意味着其已经进入常态化增长的新阶段，回归到正循环的经营本质。

营销一直是瑞幸咖啡的强项，其可谓掌握了年轻人的流量密码。通过季节营销、IP联合、代言人选择等策略，瑞幸得以不断在公域出圈，在私域转化。目前瑞幸咖啡公众号粉丝已达3000多万人，私域用户突破2800万人。

(1) 瑞幸利用数字化营销，玩转私域运营。从私域增长的核心公式——"连锁盈利=客单价×利率×复购次数×活跃客户数×门店数"中，可以看出私域运营是以用户为中心的，增加复购次数是私域的关键所在，甚至可以说私域运营就是一门"复购"的艺术。要想做好数字营销，必须有一套自动化的系统，必须要能整合多个渠道的数据，建立自动化的营销流。

(2) 瑞幸通过建立多个自有用户流量池，以数据和技术驱动，多渠道触达用户，不断拉新、留存、提频，实现了卓有成效的精细化用户运营，推动业绩增长。

资料来源：

① 私域流量：深耕用户精细化运营，数字化提升用户价值[EB/OL]. (2021-06-23). https://www.sohu.com/a/473573566_120011497.)

② 瑞幸咖啡的私域自救，数字化营销将成标配[EB/OL]. (2022-08-09). https://www.bluehole.com.cn/news/details?id=4173.

实际案例　伊利股份：数据驱动智能化运营

在牧场，伊利股份通过赋能合作伙伴构建智慧牧场管理系统，利用物联网设备，实现科学、高效的养殖管理模式。"电子耳标"可以记录牛的身体指标、情绪状况、进食量、产奶、产犊，甚至是呼吸频率。而牧场管理人员打开手机App就可以实时查看每头奶牛的挤奶进度、挤奶量、采食状态、身体情况等，掌控奶牛健康体况，从而进行精准饲料投喂和健康护理。此外，牧场还基于全方位的数字化系统、智能化设备布控，通过大数据分析、智能自动识别等AI能力，对牧场各项生产活动进行实时分析和自动化、智能化识别干预，确保每一个环节合规，生产出来的每一滴奶都是最优品质的。

在工厂，伊利股份已在全国的所有工厂实现了智能化布局，通过引入 MES、SCADA 等系统，结合物联网、人工智能等技术，实现了从生产线到抽样检查，再到装箱，所有环节的密封无菌自动化智能生产。

在终端，伊利股份搭建了端到端大数据消费者智能洞察平台，洞察需求、收集反馈、预测市场，提升产品和服务品质。其大数据雷达平台，覆盖 420 多个数据源，有效数据量级达到全网声量的 95%。通过该平台，伊利股份能快速预测未来可能流行的产品口味、营养功能，同时实时关注来自不同地区、不同人群对产品的反馈评价，通过人工智能为产品迭代创新和服务品质升级提供依据，创造更多符合多元化和个性化需求的产品和服务。

伊利"数据驱动的抖音直播优化"从以往传统直播依赖头部主播，到现在思考"高效利用内容推荐机制，通过内容&运营吸引更多免费流量，是性价比最优的策略"。实现品牌资产、市场营销活动、直播运营的一体化整合。以抖音 FACT 数据为基础，叠加自主研发的数据化分析模型，实现创意场景搭建、投放和运营优化。

资料来源：伊利股份实现数据驱动智能化运营 打造"数字牛奶"[EB/OL]. (2022-05-18). http://www.cnfina.com/kuaixun/20220518_196910.html.

▌**即测即评**

请扫描二维码进行在线测试。

第 14 章习题

本章小结

本章主要介绍了数字营销领域的元宇宙营销，以及众多营销新科技。

元宇宙营销是近几年出现的新兴营销方式之一。它是基于元宇宙世界的虚拟场景、数字藏品和虚拟数字人开展营销活动，在虚拟世界创造丰富的用户体验。

从营销科技来看，近年来数字中台、私域运营、会话智能、算法驱动等新技术在营销领域的应用不断取得进展。数字中台是基于云计算、大数据、人工智能、IoT 等新一代技术架构打造的持续演进的企业级业务能力和数据共享服务平台，是企业数字化转型的新基建，是数字营销的新驱动力，是企业 IT 治理自然演进的结果。私域运营根据不同类型平台产品的特点，将用户划分为不同程度连接的类型，实现更高效、持久、广泛的营销。会话智能包括语音到文字转录、自然语言处理、自然语言理解等技术，能够应用于语音助手、定向广告等领域。算法驱动是指利用算法驱动营销策略的制定和开展，在数字化时代其成为智慧营销的必要手段。

思考题

1. 谈谈元宇宙营销落地的优势与困难点。

2. 数字中台、智能会话、私域运营融合了哪些新技术，又将为营销带来怎样的新机会？

3. 你认为一个合格的由算法驱动的营销系统应当具有什么特点？其在营销中能起到什么样的作用？

▌**案例研究**　**众调科技销售线索优化服务**

众调科技是一家聚焦汽车产业的数据智能科技公司，致力于打造人车全生命周期价值数智赋能平台，贯通汽车产业全链条，赋能营销端、车机端和自动驾驶端等领域。在针对汽车厂商的销售线索优化服务项目中,他们发现传统的汽车经销商销售线索管理混乱,管理质量普遍不高。遍布全国的经销商拥有着巨大的关于车型及消费者的线索信息,但这些信息并没有一套完整的、科学的、有效的方法对它们进行判断与利用。销售线索可以来源于线下的活动客户、主动来电的客户、汽车类网站电商用户,以及线上线下合作方涉及的客户,等等。在传统的客户管理系统中,由于销售线索管理的低效性,个体客户的基本信息、偏好,及其有关的消费行为都难以得到整合与筛选,不利于针对个体客户进行销售话术营销、广告营销等。

对此,众调科技利用大数据技术,提出系统化的线索优化模型,在此基础上进行数据挖掘、匹配和整合,对销售线索进行优化,分析消费者行为特征,制定更为精准的客户分级及营销策略。首先,通过众调科技构建的汽车大数据模型算法 AI 平台,集成各方的销售线索,并有效打通网上行为数据、移动行为数据、消费行为数据、车辆驾驶行为数据、社交网络数据等,结合应用模型与训练模型,判断需求的真实性。其次,结合内部已有客户、产品、企业的数据源,进行数据分析处理,挖掘客户的产品消费相关信息,如汽车类网站足迹、4S 电联信息、到店信息等,以及客户个人信息,如年消费能力和信用、基本属性、客户来源、网站足迹等。基于此,进行客户的标签构建,如通话、网络浏览时间,品牌、车系、车型偏好,价格偏好等,以及如消费能力和信用、兴趣爱好、基本信息、价格敏感等客户画像。最后,可以对客户进行分级分类,利用综合信息判断其购车的紧迫程度及购车意向等级,有针对性地、精准地进行销售话术营销及广告营销。

众调科技针对汽车行业进行的销售线索优化方案有三个方面的优势。第一,对于厂商和经销商来说,他们的工作成效都得到了提升。通过对客户等级的判断,有利于厂商优先跟进高质量的线索与客户,及时把握销售机会。第二,销售转化率提升。大数据针对个体用户的画像与标签构建,使得销售员们能够据此匹配更具说服力、更贴合需求的销售话术,更容易吸引消费者进行购买。第三,客户的满意度提升。客户的需求更容易、更快地被满足,减少了沟通的反复性,同时也降低了挑选、比较过程中的机会成本,这种更高效、更贴合消费者心理感受的服务更容易收获消费者的满意度。

资料来源:根据众调科技内部资料等相关内容改编。

案例思考题:

1. 结合案例谈谈新技术在营销活动中的应用。
2. 分析营销新科技给企业和消费者分别带来了怎样的影响?

第**15**章

政治营销

学习目标

- 了解政治营销的概念
- 掌握政治营销的 4P 模型
- 运用国际政治营销的方法讲好中国故事

第 15 章知识点

引入案例

太平洋岛国文莱国际政治营销结硕果

　　文莱在 16 世纪初是一个强盛的国家。19 世纪末，文莱沦为英国的保护国。1984 年 1 月 1 日文莱宣布完全独立。然而，文莱当时在国际社会缺乏知名度，国际媒介对它的报道不够客观、公允。为了提高文莱的知名度，文莱苏丹决定，开展国际公关。从 1987 年 11 月开始，英国山德威克顾问公司承接了文莱政府委托的政府公关项目，消除人们对于该国的不准确认识和错误理解。具体来说，文莱的做法主要表现在以下几个方面。

　　第一，依托山德威克顾问公司的全球组织，建立文莱新闻信息处，负责提供信息来源。山德威克顾问公司首先在所有东南亚国家的首都，以及巴林、伦敦、巴黎、东京、华盛顿等地建立文莱新闻信息处，并在文莱成立了新闻信息中心办公室，负责控制与协调各地区新闻信息处的工作。每个地区的新闻信息处负责密切关注世界各地对文莱的报道情况，并及时向文莱总部汇报。

　　第二，全面调查他国媒体的报道倾向，明确媒体外交面临的任务。文莱在山德威克顾问公司的帮助下，经过反复调查发现：他国媒体对文莱的报道几乎完全集中在苏丹一个人身上，而且都是一些道听途说，以讹传讹，过分集中在琐碎的小事上。通过对这一问题的深层调查，发现造成这一问题的主要原因在于缺乏准确的信息来源，因此，文莱就把工作重点放在建设国际信息网络和运作他国媒体上，畅通信息渠道，提供反映文莱形象的"国家形象套餐"。

　　第三，按照对象国民众的审美倾向设计风格，集中推出"国家形象套餐"。为了全面反映文莱各方面情况及发展，文莱新闻信息处办公室编制了参考书《文莱剪影》，介绍文莱的政治、经济、文化。宣传文莱的"言论广告"被译成阿拉伯语、日语和巴哈萨语(印尼语之一)，在 25 个国家的报刊上刊出，总发行量超过 600 万份，读者估计有 1500 万人。广告宣传使求购《文莱剪影》的订书单达 1.1 万张。为了有效地检验评估《文莱剪影》的效果，在专辑广告中附加《文莱剪影》一书的索取兑换券，如果读者寄回兑换券，可以索取《文莱剪影》一书，既加强了广告信息的吸引力，又能够提供有兴趣的人士取得更深入资料的机会。更重要的是，宣传材料一定要翻译成接受国民众的文字，甚至是方言。可见，在"国家形象套餐"的供给过程中，一切以接受国民众的需要、爱好、兴趣和情感为依据，尽量让他们在自己的文化背景下对外国的政治、经济、文化有深入的了解。

第四，利用外国媒体，制作精美的国家形象广告。文莱还注重开辟国际性刊物和其他媒体的阵地，比如美国的《新闻周刊》《国际先驱论坛报》《纽约时报》《巴尔的摩太阳报》，英国的《经济学家》，日本的《朝日新闻》等众多媒体都曾发表过介绍文莱的文章。在开展媒体外交的过程中，文莱十分重视加强国际媒体报道之间的协调，数十家媒体报道相互呼应，连成一体。同时，十分重视发挥驻外媒体服务处的积极性，一些具体的媒体外交权放手交给他们全权办理。

第五，积极安排其他国家的知名人士访问文莱。为了推动国际公众深入了解文莱，文莱新闻信息中心还出面组织国际人士到文莱参观访问。英国、日本、澳大利亚、美国，以及东盟国家、中东国家等的著名记者或记者团访问了文莱，使文莱逐渐为世界所认识和了解，一个风景秀丽、文化质朴的文莱形象逐渐种植在越来越多的国家和人民心中。

文莱这样一个既没有知名度又遭人误解的国家，仍然能够凭借媒体外交和国际公关，取得了如此显赫的成就。由此表明：媒体外交大有前途。从山德威克顾问公司的运作来看，其一切努力最主要的是为文莱建立正确的信息来源、渠道。其他国家的情况可能与文莱迥然不同，但是只要注意从各自的具体国情出发，充分利用本国媒体和他国媒体，为塑造良好的国家形象而努力，都能取得比较明显的效果。

资料来源：赵可金. 媒体外交及其运作机制[J]. 世界经济与政治，2004(4)：23.

政治营销学(political marketing)在西方已经发展成为一个新兴的学科，无论是在各级领导人的选举过程中，还是各级政府的管理、政策的制定、执政党的宣传，以及各国对外交往和国际关系中，政治营销学已被广泛使用。

著名的营销学大师菲利普·科特勒曾于1999年在《政治营销学手册》(*Handbook of Political Marketing*)一书中着重论述了政治营销学的内容、战略和效果(注1：《政治营销学手册》第三页)。《政治营销学手册》主编、著名政治营销学专家布鲁士·纽曼(Bruce Newman)教授在2002年创办了第一部政治营销学期刊(*Journal of Political Marketing*)，该期刊已被美国市场营销学会(American Marketing Association)列为学会推荐的专业期刊之一。欧洲营销学权威性学术期刊《欧洲营销学》(*European Journal of Marketing*)于2001年发表专刊介绍政治营销(第35卷，第9/10期)。与此同时，纽曼、菲利普·哈里斯(Phil Harris)、尼古拉斯·奥肖内西(Nicholas O'Shaughnessy)、斯蒂凡·汉诺伯格(Stephan Henneberg)等欧美著名政治营销学专家联合发起并于2002年在希腊雅典举办了首届"世界政治营销学年会"。此后，该大会继续不定期在世界各地举行。

近年来，对于政治营销学的研究也逐渐丰富和完善。2008年，赵可金与孙鸿合著的《政治营销学导论》由复旦大学出版社出版，引起了国内学术界关注。外交部原部长李肇星在该书序言中指出，以人为本，增强政策透明度，加强政府与民众的良性互动。那么，了解或研究一下政治营销学，或许也可为我们的工作提供一个新的视角。张哲馨博士翻译出版了纽曼教授的政治营销学专著《营销总统·选战中的政治营销》(*The Marketing of the President-Political Marketing as Campaign Strategy*)。2011年，孙鸿和赵可金合著的《国际政治营销概论》由北京大学出版社出版，这是政治营销学的跨国界、跨文化延伸。哈佛大学肯尼迪学院ASH中心主任托尼·赛奇教授(Anthony Saich)在该书序言中指出，联合国秘书长如果动用硬实力将无法达成任何协议，而依靠软实力和营销技能则能够促进各类议事日程的顺利展开。(原文：The Secretary General of the United Nations has no hard power through which he or she can get agreement and has to reply on soft powers and marketing skills to promote various agendas.)可见，政治营销在国内政治和国际关系中都起到积极的作用。2017年上海人民出版社出版了赵可金教授等翻译的欧洲学术权威读物《政治是如何营销的》(*Political Marketing – Theory and Concepts*)，这也是国内出版的最新政治营销学译著。

本章将首先介绍政治营销的起源、发展及定义，及其在美、英国家的现状，其次将介绍政治营销的相关概念、模型和策略。接下来将讨论政治营销学三大部分的现状，即选举政治营销、治理政治营销和国际政治营销，以及政治营销的发展趋势。鉴于政治营销学是一门新兴学科，本章介绍了相关的学术动态，以便了解政治营销的现状和趋势。

15.1 政治营销的起源、发展及定义

政治营销在民主政治中的应用可以追溯到古希腊雅典的直接民主。在公元前 4 世纪的雅典城邦制中，公民们和思想家们运用原始的集会形式进行民主思想的辩论与传播并直接管理公众事务。

200 多年前，美国的政治精英们已经开始使用多种方式和手段传播政见、进行竞选。1800年，约翰·亚当斯(John Adams)和汤姆斯·杰弗逊(Thomas Jefferson)就是在他们的农场上展开竞选活动的，联邦党及共和党分别使用路牌标语、手执口号及印刷小册子来推举候选人。当时的党报则成为宣传本党及其领袖和攻击竞选对手的主要手段，这一时期的政治传播和竞选手段已经形成政治营销的初级形式。

在美国民主政治 200 多年的发展过程中，政治营销作为一种政治技术不断地进化和提升，到 2000 年布什与戈尔的竞选时已发展成高科技的电子竞选、选民数据库、网上民意测验等。在2000 年的美国总统大选中，竞选宣传费和选举费达 30 亿美元(包括总统选举和两院选举)。布什和戈尔的总统竞选共花费 6 亿美元。布什在聘用政治顾问及说客方面上的花费将近 4200 万美元，民主党此次大约动员了 9 万名说客。几乎所有的参选人都在因特网上建立了自己的竞选网站。这也是美国政府首次同时进行网上投票测试。在 2004 年的大选中，布什竞选班子建立了一个包括 600 万名支持者的庞大数据库。

在理论研究方面，美国政治学家凯利(Kelly)在 1956 年出版的《职业公关和政治权利》(*Professional Public Relations and Political Power*)一书中着重研究了政治传播的发展过程，包括在 20 世纪 30 年代诞生并成长起来的第一家提供全套政治咨询的专业机构——"竞选公司"。凯利在这本书中第一次使用了"政治营销"这一专业词汇。1962 年美国学者怀特(White)在分析1960 年肯尼迪竞选战略的基础上，写出《打造总统 1960》(*The Making of the President 1960*)一书。1994 年纽曼(Newman)从营销学的角度，系统地建立了政治营销相关的概念和模型，并以1992 年克林顿总统竞选为案例，出版了《营销总统——政治营销的竞选战略》(*The Marketing of the President-Political Marketing as Campaign Strategy*)一书，从而将政治营销学提升到一个新的发展阶段。后来，纽曼又于 1999 年编写出版了世界上第一部《政治营销手册》(*Handbook of Political Marketing*)，并汇集了世界著名营销学家、政治学家及政治和媒体咨询专家对政治营销所涉及各方面所做的精品论述。它一经问世便成为西方国家政治营销领域的理论研究及实务的指导性工具。在该手册的序言中，纽曼对政治营销进行了以下定义：

"政治营销是由各类组织和个人将营销学的原理和程序应用于政治活动，这些程序包括候选人、政党、政府、政治游说者及利益团体，通过分析、研发、执行和管理政治战略，达到影响公众观点、推广政治理想、赢得选举、颁发律法及公投认可等目的，以满足人民和社会团体的需求"。

纽曼的定义借用了营销学的概念来界定政治营销的应用范围，而对政治营销本质未加说明。

依照美国营销学会(AMA)2004年8月提出的新定义,即"营销是一种组织职能和一系列过程,通过创造、交流和传送价值给消费者,以及管理客户关系,以满足该组织及其受益者的利益"。这一定义沿用了以前的"交换过程"的营销实质,而且增加了关系管理的内容。

德国学者汉诺伯(Henneberg)就是抓住营销的"交换"理念,给政治营销做了较为恰当的定义,他在2002年合编出版了《政治营销理念》(*The Idea of Political Marketing*)一书,书中定义如下:"政治营销是为社会利益而建立、维持和增强长期政治关系,以实现政治行为者和组织的目标。这一过程是通过相互交换和履行诺言来实现的"。并指出这一定义明确了政党与选民之间,以及任何政治活动双方之间的交换过程。如果将上述两个定义结合起来,则可得出较为完整的政治营销的定义:

"政治营销是一系列的政治关系的交换程序。这些程序包括候选人、政党、政府、政治游说者及利益团体,通过分析、研发、执行和管理政治战略,来影响公众观点、推广政治理想、赢得选举、颁发律法及公投认可等,以满足人民和社会团体的需求"。

2017年赵可金等人翻译了由丹麦、英国和德国的三位著名学者写的《政治是如何营销的》[①]。作为权威性专著,该书综合分析了已有学术界和美国营销协会(AMA)关于政治营销学的定义,得出了简明而概括的定义:**"政治营销是理解政治领域现象的观点,是通过选举、国会和政府市场的互动来实现政治价值交换以处理与利益相关方关系的方法。"**该定义既继承了"权利交换"说,又容纳政治营销三足鼎立的理论结构:从选举政治营销——政治权利代表的产生,到治理政治营销——政府治理和利益集团游说的权利交换,到国际政治营销——跨国界和跨文化的政治营销。

在下面一节里,将根据上述定义来介绍政治营销的相关概念、战略和管理方法。

15.2　政治营销相关概念及战略模型

1. 政治营销相关概念

广义上的政治营销4P概念,即"产品"(product)、"渠道"(place)、"传播"(promotion)、"民意"(polling)。

(1) 所谓产品,按照本章上一节的定义,在政治营销中,是指政治关系交换过程中的价值体现。政治营销的产品可以是竞选中候选人本身及其政治体系、政府和执政党的理念及相关政策、社会团体的政治目标或者是国际关系中的国家利益。以竞选为例,候选人所处战略地位、观念体系和所属党派、其个人形象及选民的支持等,这些综合起来将代表候选人的"产品"属性。

(2) 所谓渠道,是指政治市场中的沟通渠道。具体表现在政治营销中的群众基础,或称"草根力量"(grass-root efforts),它是政治营销的渠道和动力。在各类竞选过程候选人的支持者在各个阶层发动群众,疏通渠道,在城市、乡村各个区域广泛征集志愿者,在时间、精力和资金等方面支持、推动候选人。在国际政治舞台上,政治营销同样是通过各类渠道的力量来推动实现政治行为体的目标,例如,1971年10月25日第26届联合国大会以76票赞成(其中非洲国家占

---

① 书名原文为 *Political Marketing: Theory and Concept*,作者为罗伯特・奥姆罗德(Robert Ormrod),尼古拉斯・奥肖内西(Nicholas O'Shaughnessy)、斯蒂凡・汉诺伯格(Stephan Henneberg)。

26 票)、35 票反对、17 票弃权的结果，通过了阿尔巴尼亚和阿尔及利亚等 23 国提出的恢复"中华人民共和国在联合国组织中的合法权利问题"的提案，毛泽东主席说，是亚非拉朋友把我们抬进了联合国[①]。中国恢复了在联合国的合法席位，这是国际政治营销的成功范例，它与阿尔及利亚等 23 个中小国家的力量是分不开的。

(3) 所谓传播，是指政治营销所采用的大众传媒手段，通过传播而促成政治关系的交换过程。在当今现代化传媒工具广泛应用的民主社会中，任何一个政治行为体、政治家、利益团体、政党、政府乃至国家，都需要传播其政治产品(即政见、政策和形象等)，以达到其政治目的。在 2000 年之前，政治营销的主要传播手段有电视、广播电台、电话询问、直接邮递、报纸、杂志及其他传统的传媒介质。其中，电视为最有效的媒体。2000 年以来，随着互联网的普及和提高，大多数国家都已实施"电子政府"。互联网已成为执政和国际交往的重要传播媒介。

(4) 所谓民意，是指各种类型的民意测验和调研。政治营销过程，如果说前面 3 个 P(产品、渠道和传播)都是将政治信息传达给公众，那么民意测验和调研(第四个 P)则是将政治市场的情况反馈给各个政治行为体，从而为政治营销战略提供依据。它是一种快速而有效的政治营销调研方法，它以问卷形式来了解民众的要求和希望。

通常民意测验有以下几种形式。

① 基准调查：在政治营销战略的制定过程中，用来掌握民众基本情况和态度，为下一步调研打基础。

② 专题调查：针对一个或几个专题进行问卷调研，从而为政治营销的具体方案和措施提供依据。

③ 连续调查：为政治营销战略的评估和调整所做的定期民意测验。

④ 跟踪调查：对上次民意调查的结果进行重复的跟踪调查和评估。

⑤ 即时调查：在同一时点，对不同类型的政治营销对象进行横向的多个调研。

⑥ 投票出口调查：通常指公民投票后在某出口处进行的投票结果调研。

以上介绍了政治营销的 4P 核心概念：产品、渠道、传播和民意是制定和执行政治营销战略的基础。它们之间的相互关系可用政治营销模型来表示，如图 15-1 所示。该模型是由纽曼的竞选模型而引申至广义的政治营销上来的。

从图 15-1 可以看出，政治营销四要素是相互关联的一个体系。在这个政治关系的交换体系中各个要素是互相作用、密切关联的。这些互相作用可以是正面的(积极的)，也可以是负面的(消极的)。从图中可以看出政治营销战略是中心，它影响着交换体系的各要素和整个过程。政治营销正是要通过战略的制定和执行来影响四要素之间的应用，以达到政治行为体的交换目的。

2. 政治营销战略模型

政治营销战略是指政治行为体为了达到其政治目的而确定的目标，以及为实现这一目标所应采取的各项战略的组合。本章综合政治营销有关战略的论述，建立了下列政治营销战略制定和实施模型(见图 15-2)。

---

① 新华社客户端. 参考消息国庆特稿|亚非拉朋友把我们抬进了联合国 [EB/OL]. (2019-09-24.) https://baijiahao.baidu. com/s?id=1645563496529146081 & wfr =spider & for =pc.

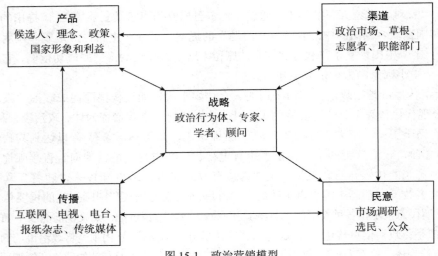

图 15-1 政治营销模型

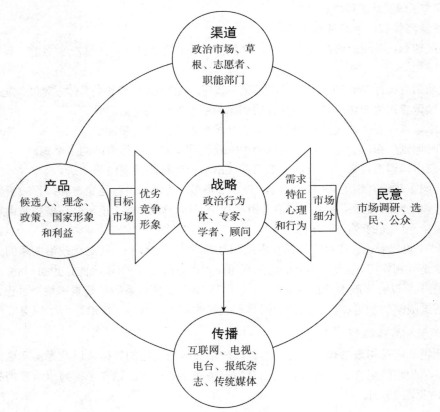

图 15-2 政治营销战略模型

一般在政治营销战略的制定过程中，首先，要对政治市场进行调研和细分，从而掌握营销对象的需求、特征甚至政治心理和行为。其次，政治行为体要对其产品进行定位，分析其产品所处优势和劣势、竞争状况，从而树立其政治形象，以适应目标市场。最后，政治行为体需建立相应的组织结构来执行和控制政治营销战略的实施。

15.3　政治营销的现状和发展趋势

政治营销的现状可分为三大部分，即选举政治营销、治理政治营销和国际政治营销。这三大部分研究反映了其跨学科研究的现状和发展趋势。

首先，作为政治营销的发展趋势，这种跨学科的研究还将不断加强相关领域的学术交流和互相促进。营销学、政治学、行政管理、社会学、传播学和国际关系学等学科的交叉和相互渗透，将带动诸学科相互借鉴，齐头并进。

其次，科学技术的发展，尤其是大数据、移动网、融媒体、元宇宙(metaverse)、人工智能等，已经改变了政治营销的实践。在选举政治营销方面，政治市场的区分细化、民意调研、媒体战的战略战术、投票行为的精准模式等，使选举政治营销竞争日趋激烈；在治理政治营销方面，电子政务的出现彻底解决了历史上"衙门难进"的问题，大大提高了公民与政府的沟通及公共产品交换的效率；在国际政治营销方面，全球化的趋势使得国内政治延伸至国际，政治营销直接影响到国家形象和国家利益的权利交换过程，国际政治营销成为国际关系中必不可少的政治工具。

最后，政治营销在三大部分的应用发展，增加了对政治营销的专业研究和教学的要求。在国内政府治理和对外事务中，政治营销是必不可少的工具。例如，在抗击新型冠状病毒感染疫情过程中，动态清零的政策是通过与公众的沟通互动，广泛的政治宣传和动员，使得公众自觉响应号召、接受公共卫生政策和公共产品，万众一心打好抗疫的持久战。在国际政治营销方面，中国共产党和各级人民政府都在努力"讲好中国故事"，作为提升国家形象和文化软实力的战略规划和战术手段，这些其实也都是政治营销作为工具的具体应用和表现形式。

课程思政	如何讲好"中国故事"

第一，讲好中国故事要用对方喜闻乐见的方式。传统的对外宣传多为单向输出。"宣传"一词的英文翻译 propaganda 在西方是个含义复杂的词汇。2013 年牛津大学出版《牛津宣传研究手册》(*Oxford Handbook of Propaganda Studies*)，其编者指出，"'宣传'更多地被理解为中性的……是 20 世纪跨学科的一种说服方法"。尽管"宣传"一词在理论上被定义为中性的，在西方的使用上仍然是带有贬义；而为了避免单方面的宣传灌输引起人们的厌倦和反感，宣传者逐渐采用双向信息交换的方式。

第二，讲好中国故事要与对方交心，即指讲故事的人与听众要通过心理沟通来实现双向的信息交换。马克思关于世界精神交往和权利交换的论述，是研究跨国界、跨文化的国际政治营销的理论基础。马克思根据 19 世纪社会政治经济的发展，揭示了世界精神交往的规律。马克思、恩格斯指出，"只有当交往成为世界交往并且以大工业为基础的时候，只有当一切民族都卷入竞争斗争的时候，保持已创造出来的生产力才有了保障。"这里所说的世界交往是所有民族都卷入的国际市场。他们还说，"物质的生产是如此，精神的生产也是如此。各民族的精神产品成了公共的财产……形成了一种世界的文学"。陈力丹教授在其专著《精神交往：马克思恩格斯的传播观》中指出，"马克思恩格斯不仅从物质与精神关系的角度……提出了许多与精神交往有关的看法。而他们考察交往活动的基本视角，则是世界交往，并以此来评判各种精神交往活动的历史地位和作用。"世界市场包括了物质交换和精神交往，"世界的文学"正是讲好中国故事的出发点。

15.4 国际政治营销及其应用

全球化网络和信息数字化的发展，从根本上改变了世界精神交往和权利交换的格局，促进国际宣传向国际政治营销方向转变。一是从"宣传者中心导向"向着"受众中心导向"转变。二是从意识形态宣传向政治行为引导转变。三是从无差异的普遍宣传向国别差异化的目标营销转变。四是从国际宣传的单向控制到双向沟通的精神交往转变。五是从无偿援助向经济合作共同发展的商业手段转变。国际政治营销来源于世界精神交往实践，经过案例研究探索其内在的规律性，上升到概念理论、分析框架和管理战略，从而反过来指导实践。基于此，我们可以将国际政治营销重新定位如下：

国际政治营销是政治团体、利益集团和国际组织通过建立、保持和提升长期的国际关系来达到其政治目的，并通过运用政治营销战略和策略组合来实现其诺言和权利交换的方法。

国际政治营销同样也可以用前面所提到的4P模型来分析。

1. 产品

国际政治营销中权利交换的起点是交换的产品。国际政治营销的产品战略是按市场需求来选择产品。截至2020年，中国已在162个国家(地区)建立了550所孔子学院和1193个中小学孔子课堂，绝大多数孔子学院是成功的，但在产品战略和教材选择上还可以优化和改进。在国际，孔子思想多被用于教育领域，而孙子战略则被应用于社会各领域，并有大量相关的英文专著，比如，《孙子兵法与营销战略》(*Sun Tzu: The Art of War and Marketing Strategy*)、《孙子兵法与职场女性》(*Sun Tzu: The Art of War for Women*)，等等。

2. 政治市场

与传统意义的市场营销一样，国际政治营销也要有市场区分、对象锁定、政治定位的战略规划。概括起来，包括有STPS四个环节：一是市场区分(market segmentation)，将营销对象划分在不同的地理和社会区隔范围内。二是对象锁定(objective targeting)，根据市场区分有针对性地锁定政治营销的对象。三是政治定位(political positioning)，确定在这些市场区隔中的战略定位。四是战略组合(strategic mixing)。联合国(UN)、世界贸易组织(WTO)、世界卫生组织(WHO)，以及欧洲联盟、东南亚国家联盟、亚太经济合作组织等区域合作与发展、多边和双边关系等都可视为政治营销的市场。

3. 民意调研

民意调研是政治营销的筹码。在国际关系中权利交换双方的博弈越来越变成一种"数据库的争夺战"。相应地，竞争的优势从对数据库的使用转向对数据库的研发(from data-base to data-mining)。数据挖掘即通过大数据的统计、在线分析处理、情报检索、机器学习、专家系统和模式识别等诸多方法来搜索隐藏其中的信息。在未来的国际政治营销中，谁掌握更多、更精确的数据信息，谁就将赢得国际交往的主动权。2020年民意调查权威机构"非洲晴雨表"(Afrobarometer)就非洲民众对中非合作的看法进行了调查。在接受调查的18个非洲国家中，59%的人认为中国在非洲的经济和政治影响大多是正面积极的。中国在基础设施建设和商业投资上的贡献，被认为是其在非洲获得正面形象的重要原因。例如，肯尼亚的蒙巴萨－内罗毕标轨铁路建设，是"一带一路"经济合作的成功案例。

4. 推广

国际政治营销的策略组合包括公共外交、公共关系和传播等营销手段。营销推广是与营对象双向交流的最后一公里。比如，讲好中国故事，可以从以下三方面来进行政治营销推广。

(1) 通过所在国的华人及对华友好人士、政要、精英和学者直接影响当地政府决策。

(2) 通过公共外交和公共关系间接游说，达到国际政治营销的权利交换目的。

公共外交(public diplomacy) 在英国称为文化外交(culture diplomacy)，主要指一国政府所从事的对外文化关系。与所在国的社会公共人物广交朋友，增进了解，增强信任和认同度，从而获得支持来游说其政府，是合法合理的公关实践。2020 年 7 月 3 日，美国百人团联名写公开信给时任总统特朗普和国会，题为 "China is not enemy(中国不是敌人)"。200 多名美国前政要、社会精英和学者签名(包括前驻华大使和哈佛大学的软实力之父约瑟夫·奈教授)，要求改变对华的敌对政策。

(3) 利用商业化的营销手段，营造政党支持局面。

本章小结

1. 政治营销是理解政治领域现象的观点，是通过选举、国会和政府市场的互动来实现政治价值交换以处理与利益相关方关系的方法。

2. 政治营销的 4P 包括 "产品"(product)、"渠道"(place)、"传播"(promotion)和 "民意"(polling)。

3. 政治营销学的现状可分为三大部分，即选举政治营销、治理政治营销和国际政治营销。

思考题

1. 什么是政治营销？请说明研究政治营销的必要性。

2. 政治营销的 4P 是什么？请根据营销学的原理，谈谈你对政治营销 4P 概念的认识。

3. 政治营销的三大组成部分是什么？请根据中国的国情举例说明这三部分的应用。

案例研究 政治营销帮助中国成功加入世界贸易组织(WTO)

中国是关贸总协定的 23 个创始国之一，并参加了第一轮、第二轮关贸总协定关税减让谈判。1949 年中华人民共和国成立后，由于历史原因中断了一段时间。1978 年，党的十一届三中全会后，随着改革开放的不断深化，中国政府于 1986 年 7 月 10 日正式提出申请，恢复中国在关贸总协定中的缔约国地位。1995 年，关贸总协定被世界贸易组织代替。经过漫长的近 16 年的谈判，中国于 2001 年 12 月 11 日成为世界贸易组织的第 143 个成员。

一、中国在加入世界贸易组织过程中遭遇的困难

中国作为关贸总协定 23 个创始国之一，却经过如此漫长的 16 年的谈判才能加入世界贸易组织。中国入世谈判可能是 20 世纪最困难的经济贸易谈判，因为它的实质是把全球最大的发展中国家纳入到全球市场经济体系当中来，其中的磨合、谈判及不可预见的因素太多了，除了经济因素上的谈判(例如关税和税率)之外，还有以下主要的原因。

1. 体制因素

中国的经济体制改革是世界贸易组织的最基本要求。政府经济体制改革本身就是一个制定新的政策和法律的政治过程。中国的经济体制改革始于 1978 年，当中国准备于 1986 年重新加入关贸总协定的时候，那时中国仍然使用不可能被一些世界贸易组织部长们所接受的 "计划经济" 的名称。直到 1992 年，邓小平同志在南方谈话中明确指出，市场经济不等于资本主义，社会主义也有市场。党的十四大明确提出，我国经济体制改革的目标是建设社会主义市场经济体制。这一经济体制改革使中国的入世谈判成为可能。经济体制改革同样也为中国国内政治体制改革铺好道路。

2. 国际社会阻力因素

中国加入世界贸易组织的最主要的阻力来自美国、欧盟国家和墨西哥。美国和中国于1999年11月15日最终达成双边协定。经过与美国国会的激烈争辩，美国众议院于2000年5月24日以237票对27票同意中国获得永久贸易国地位，接着美国参议院于2000年9月19日以83票对15票同意中国获得永久贸易国地位。

二、政治营销在中国加入世界贸易组织过程中的应用

在处理上述主要的问题时，我们可以看到国际政治营销学被应用于战略的制定和日常操作中。

1. 中国加入世界贸易组织的政治营销战略分析

尽管在中国加入世界贸易组织的过程中，中国还未使用"政治营销"的专业词语，但事后总结却能从政治营销学的角度分析出其营销战略。

首先，中国要对国际政治市场进行调研和细分，把世界贸易组织中的成员国划分成不同的层次，找出中国加入世界贸易组织的主要障碍在哪里。从而掌握营销对象的要求、特征甚至政治心理和行为。通过分析，中国政府认为：①绝大多数的发展中国家及发达国家都是支持中国加入世界贸易组织的。例如：巴基斯坦、阿拉伯联合酋长国等。②少数发达国家对中国的加入持怀疑态度，一方面担心中国的加入会对其本国经济造成巨大的冲击；另一方面，对中国不太了解，认为中国的社会主义体制下的市场经济体制改革不彻底，存在较大风险。③个别超级大国以此作为国际政治谈判的筹码。例如美国就要求在中国加入世界贸易组织之前要对中国的经济和政治体制进行改革。

其次，政治行为体要对其产品进行定位，分析其产品所处优势和劣势、竞争状况，从而制定相应的策略、树立政治形象，以适应目标市场。

最后，政治行为体需建立相应的组织结构来执行和控制政治营销战略的实施。中国政府为了加入世界贸易组织需要建立一个强有力的团队。

为了达到加入世界贸易组织的目标，针对以上的战略分析中国政府提出尽最大努力通过两种方法同时塑造国家形象：加强国内经济体制改革和为加入世界贸易组织而进行的全球营销，并实施了相应的解决方案。

第一，针对国际社会对中国的态度，中国政府提出：团结绝大多数支持中国的国家，继续巩固与这些国家的关系；争取少数对中国持怀疑态度的国家，用中国的共谋发展的诚意来改变这些国家对中国的认识，中国通过邀请国外代表团来中国参观，感受中国改革的变化，召开记者招待会等各种方式来向国际社会宣传中国"遵守规则、开放市场"的积极形象，表明中国的加入不但不会对世界经济造成负面的影响，反而会促进各国经济健康发展的前景；针对少数期望与中国进行政治交换的国家，中国要通过加强同这些国家的谈判来解决。

第二，充分发挥优势，改革不足，努力与国际社会接轨。1992年邓小平提出，"社会主义也有市场"，社会主义条件下也可以搞市场经济，宣布中国也是搞市场经济的，中国搞的是"社会主义市场经济"。通过中国经济改革发展的决心和事实向全世界表明了中国正在努力与世界接轨的态度，并且强调中国在搞市场经济的时候，更注重社会的公正、重视社会的公平。

第三，建立强大、有效的组织结构来执行和控制政治营销战略的实施。中国政府建立了由国务院领导、经贸部牵头、各部委支持的强大的改革队伍，对中国经济体制进行了大刀阔斧的改革，先后在外贸体制、金融、价格等诸多方面采取了实质性的改革步骤，建立了稳定、透明、可预见性的法律体系；加快转变政府职能，提高政策透明度；改革行政审批手续、减少行政干预。一方面搞市场经济，另一方面搞社会保障体系。中国的积极态度得到了世界贸易组织中成员国的肯定，最终使各国接纳了中国加入世界贸易组织。

2. 中国加入世界贸易组织的政治营销策略的应用

在中国加入世界贸易组织的营销过程中，主要采用的营销策略有如下几个。

(1) 媒体宣传。 媒体被认为是政治营销过程中的重要工具，主要用来向公众传达最新的资讯信息、传播政治行为体的主张、向对手施加压力，等等。例如在 1994 年从关贸总协定转为世界贸易组织(WTO)的时候，当时中国积极地争取成为世界贸易组织的创始成员国。那时候中国代表团做了很大的努力，希望在 1994 年 12 月 31 日之前能够"闯关"成功。与此同时中国也向关贸总协定和关贸的其他成员提出一个所谓的"最后通牒"的说法：如果中国在 12 月 31 日以前不能加入的话，中国将暂停谈判。这次"冲刺"后来没有成功，但是中国代表团成功地改变了整个谈判的氛围，改变了那种好像中国一定要加入关贸总协定的被动态势。

而美国也同样使用了媒体手段对中国政府施压，比如，他们说中国已经同意把关税降到发达国家的水平。实际上当时中国只承诺把关税从 42%降到 15%，而发达国家的水平是 3%，发展中国家的水平是 13%、14%、15%。所以，中国完全是发展中国家的水平。但是经过他们国内媒体的大肆宣传，美国的所有公众都认为中国代表团已经同意把关税降到发达国家的水平。这样一种误导在给克林顿政府赢得国内民众支持的同时，也给中国的谈判代表团造成了很大的压力。

(2) 高层互访。 高层互访在国际政治营销的过程中也是一个十分重要的手段，通过国家高层的交流更能对政治营销事件起到很好的促进作用，为营销事件向更好的方向发展寻求突破口。在中国申请加入世界贸易组织的过程中，中国国家主席、国务院总理等高层领导就曾多次到美国、欧洲及第三世界国家进行访问、交流。事实证明，这些访问活动为推动中国加入世界贸易组织起到了非常重要的作用。例如：1999 年 11 月在中国的入世谈判最为关键时期，时任国务院总理朱镕基就带领中国的谈判代表对美国进行了访问。而这次访问为中国取得入世的成功奠定了基础。

(3) 扩大进口。 经济贸易在外交中的重要性不言而喻，同样也是政治营销学的一个重要手段，中国在入世谈判的关键时候为了争取一些国家的支持就曾经使用这种营销手段。比如，中国国家领导人在对美国及欧洲国家的访问过程中除了政府官员的陪同，还带领了规模庞大的企业采购队伍，向这些发达国家抛出一个个数额巨大的订单。利用这种经济的手段，增强发达国家的信任和争取他们的支持。

3. 成功的政治交换

如前所述，政治营销是一系列政治关系的交换程序。与其他互利互惠的国际关系一样，中国加入世界贸易组织的政治交换的过程对每个参与者及世界贸易组织本身来讲都是双赢。

中国求发展，但是更要求统一。"一个中国"的原则是中国外交的基础，只有中国政治稳定、经济高速发展才能给世界各国提供一个广阔的发展空间。中国是一个有着超过 14 亿人口的大市场，这对于任何一个国家来讲都具有相当大的诱惑。但是由于历史原因，国民收入普遍偏低，没有太大的购买能力。如果要使这个市场活跃起来，首先要保持这个市场的稳定，使得中国能够全身心地投入搞建设。其次就是要培养这个市场，使老百姓的收入能够提高。在改革开放过程中，中国仅仅花费了十年时间就使得整个国家的人均收入翻了一番。这个过程美国花了 54 年，日本花了 35 年。中国能够加入世界贸易组织对其成员国也有非常积极的影响，中国加入世界贸易组织，需要降低关税壁垒，这意味着外商进入中国市场的门槛降低了；同时，由于取消对外商进入某些产业的限制，这意味着外商在中国投资的空间扩大了。从软环境上说，由于加入世界贸易组织，中国外贸政策的透明度也将进一步增加，外商在中国市场的活动可以在更规范的条件下进行。同样中国政府对基础设施的建设非常关注，在能源、水利、交通等方面都颁布了一些优惠政策。这些政策的改变促进了世贸组织成员国之间的经济贸易的健康、稳定地发展，使各成员国之间优势互补、公平竞争、共同发展。

资料来源：赵可金，孙鸿. 政治营销学导论[M]. 上海：复旦大学出版社，2008，有删改。

即测即评

请扫描二维码进行在线测试。

第15章习题

案例思考题：

1. 中国当年加入世界贸易组织面临哪些困难？

2. 请结合政治营销的 4P 对以上案例内容进行点评分析。

3. 中国加入世界贸易组织对中国和世界经济的发展带来了哪些深远影响？

参 考 文 献

[1] 阿德金斯. 善因营销：推动企业和公益事业共赢[M]. 逸文，译. 北京：中国财经出版社，2006.

[2] 艾·里斯，杰克·特劳特. 定位[M]. 北京：机械工业出版社，2013.

[3] Bernd H. Schmitt. 体验营销[M]. 北京：清华大学出版社，2004.

[4] 彼得·德鲁克，等. 德鲁克经典五问[M]. 鲍栋，等译. 北京：机械工业出版社，2016.

[5] 伯恩斯，布什. 营销调研[M]. 于洪彦，等译. 7版. 北京：中国人民大学出版社，2015.

[6] 布莱恩·克莱格. 看不见的顾客[M]. 北京：新华出版社，2001.

[7] 常永胜. 营销渠道：理论与实务[M]. 2版. 北京：电子工业出版社，2013.

[8] 晁钢令. 市场营销学[M]. 4版. 上海：上海财经大学出版社. 2014.

[9] 陈威如，余卓轩. 平台战略：正在席卷全球的商业模式革命[M]. 北京：中信出版社，2013.

[10] 陈信康，等. 服务营销创新研究专论[M]. 上海：上海财经大学出版社，2011.

[11] 陈永东. 企业微博营销：策略方法与实践[M]. 北京：机械工业出版社，2012.

[12] 程小永，李国建. 微信营销解密：移动互联时代的营销革命[M]. 北京：机械工业出版社，2013.

[13] 基斯·达格代尔，等. 智慧营销：精准销售新策略[M]. 陈青，等译. 上海：格致出版社，2011.

[14] 丹尼斯·克希尔. 内部营销[M]. 北京：机械工业出版社，2000.

[15] 邓镝. 营销策划案例分析[M]. 北京：机械工业出版社，2014.

[16] 邓·皮泊斯，等. 客户关系管理：战略框架[M]. 郑志凌，等译. 2版. 北京：中国金融出版社，2014.

[17] 菲利普·科特勒，凯文·莱恩·凯勒. 营销管理[M]. 15版. 上海：格致出版社，2016.

[18] 菲利普·科特勒，阿姆斯特朗. 市场营销：原理与实践[M]. 17版. 北京：中国人民大学出版社，2020.

[19] 菲利普·科特勒. 营销革命3.0：从产品到顾客，再到人文精神[M]. 北京：机械工业出版社，2011.

[20] 菲利普·科特勒. 营销的未来[M]. 北京：机械工业出版社，2015.

[21] 龚铂洋. 左手微博右手微信[M]. 北京：电子工业出版社，2014.

[22] 郭国庆. 市场营销学[M]. 7版. 北京：中国人民大学出版社，2022.

[23] 郭洪. 品牌营销学[M]. 成都：西南财经大学出版社，2011.

[24] 胡其辉. 市场营销策划[M]. 北京：高等教育出版社，2011.

[25] 纪宝成. 市场营销学[M]. 5版. 北京：中国人民大学出版社，2012.

[26] 江林. 消费者心理与行为[M]. 5版. 北京：中国人民大学出版社，2015.

[27] 姜旭平. 网络营销[M]. 北京：中国人民大学出版社，2012.

[28] John F.Tanner. 大数据营销：互联网+时代如何定位客户[M]. 北京：人民邮电出版社，2015.

[29] 约亨·沃茨，等. 服务营销[M]. 8 版. 北京：中国人民大学出版社，2018.

[30] 李杰. 奢侈品品牌管理——方法与实践[M]. 北京：北京大学出版社，2010.

[31] 加里·L. 利连，等. 营销工程与应用[M]. 魏立原，等译. 北京：中国人民大学出版社，2005.

[32] 李先国，杨晶. 销售管理[M]. 4 版. 北京：中国人民大学出版社，2016.

[33] 李严锋. 现代物流管理[M]. 4 版. 辽宁：东北财经大学出版社，2016.

[34] 梁文玲. 市场营销学[M]. 北京：清华大学出版社，2013.

[35] 刘向晖. 网络营销导论[M]. 3 版. 北京：清华大学出版社，2014.

[36] 刘寅斌. 互联网+社会化营销[M]. 北京：电子工业出版社，2015.

[37] 罗时万，等. 品牌经营学[M]. 南京：金陵书社出版公司，2003.

[38] 吕一林，陶晓波. 市场营销学[M]. 5 版. 北京：中国人民大学出版社，2014.

[39] 麦当那，等. 市场营销学全方位指南[M]. 张梦霞，等译. 北京：经济管理出版社，2011.

[40] 维克托·迈尔-舍恩伯格，等. 大数据时代[M]. 周涛，等译. 浙江：浙江人民出版社，2013.

[41] 迈克·莫兰，等. 搜索引擎营销：网站流量大提速[M]. 宫鑫，等译. 3 版. 北京：电子工业出版社，2016.

[42] 迈克尔·波特. 竞争优势[M]. 夏忠华，等译. 北京：中国财经出版社，1994.

[43] 迈克尔·所罗门，卢泰宏，等. 消费者行为学[M]. 10 版. 北京：中国人民大学出版社，2014.

[44] Mari Smith. 关系营销 2.0：社交网络时代的营销之道[M]. 张猛，于宏，译. 北京：人民邮电出版社，2013.

[45] 米歇尔·罗伯特. 超越竞争者[M]. 北京：机械工业出版社，2001.

[46] 倪自银. 新编市场营销学[M]. 2 版. 北京：电子工业出版社，2013.

[47] 钱旭潮，王龙，韩翔，等. 市场营销管理：需求的创造传播和实现[M]. 2 版. 北京：机械工业出版社，2010.

[48] 孙国辉，崔新健. 国际市场营销[M]. 2 版. 北京：中国人民大学出版社，2012.

[49] 唐·舒尔茨. 整合营销传播[M]. 北京：清华大学出版社，2013.

[50] W. 钱·金，勒妮·莫博涅，等. 蓝海战略：扩展版[M]. 吉宓，译. 北京：商务印书馆，2016.

[51] 王方华. 企业战略管理[M]. 2 版. 上海：复旦大学出版社，2015.

[52] 王方华. 市场营销学[M]. 2 版. 上海：格致出版社，2012.

[53] 王晓东. 国际市场营销[M]. 4 版. 北京：中国人民大学出版社，2015.

[54] 王秀娥，夏冬. 市场调查与预测[M]. 北京：清华大学出版社，2012.

[55] 王易. 微信营销与运营[M]. 北京：机械工业出版社，2013.

[56] 王跃梅，等. 服务营销[M]. 浙江：浙江大学出版社，2011.

[57] 温德，等. 聚合营销：与半人马并驾齐驱[M]. 解杜娟，等译. 北京：中信出版社，2003.

[58] 吴健安. 市场营销学[M]. 7 版. 北京：高等教育出版社，2022.

[59] 吴泗宗. 市场营销学[M]. 4 版. 北京：清华大学出版社，2012.

[60] 吴泗宗. 市场营销学[M]. 3 版. 北京：清华大学出版社，2008.

[61] 吴泗宗. 市场营销学[M]. 2 版. 北京：清华大学出版社，2005.

[62] 吴泗宗. 现代市场营销学[M]. 上海：同济大学出版社，2000.

[63] 肖怡. 零售学[M]. 3 版. 北京：高等教育出版社，2013.

[64] 徐飞. 战略管理[M]. 3 版. 北京：中国人民大学出版社，2016.

[65] 徐萍. 消费心理学教程[M]. 5 版. 上海：上海财经大学出版社，2015.

[66] 闫国庆. 国际市场营销学[M]. 3 版. 北京：清华大学出版社，2013.

[67] 杨慧. 市场营销学[M]. 3 版. 北京：中国社会科学出版社，2011.

[68] 于磊，元明顺，叶明海. 市场调查与预测[M]. 2 版. 上海：同济大学出版社，2014.

[69] 苑春林，杨晓丹. 互联网+长尾营销[M]. 北京：中国经济出版社，2016.

[70] 詹姆斯·赫斯克特，等. 服务利润链[M]. 北京：华夏出版社，2001.

[71] 张维迎. 博弈论与信息经济学[M]. 上海：格致出版社，2012.

[72] 张云起. 营销风险管理[M]. 4 版. 北京：高等教育出版社，2014.

[73] 赵国栋. 网络调查研究方法概论[M]. 2 版. 北京：北京大学出版社，2013.

[74] 朱立. 市场营销经典案例[M]. 2 版. 北京：高等教育出版社，2012.

[75] 庄贵军. 营销渠道管理[M]. 2 版. 北京：北京大学出版社，2012.

[76] 孙鸿，赵可金. 国际政治营销概论[M]. 北京：北京大学出版社，2011.

[77] 赵可金，孙鸿. 政治营销学导论[M]. 上海：复旦大学出版社，2008.

[78] 熊国钺. 市场营销学[M]. 5 版. 北京：清华大学出版社，2017.

[79] 王永贵. 市场营销[M]. 2 版. 北京：中国人民大学出版社，2022.

[80] 菲利普·科特勒. 营销革命 5.0：以人为本的技术[M]. 北京：机械工业出版社，2022.

[81] 菲利普·科特勒. 营销革命 4.0：从传统到数字[M]. 北京：机械工业出版社，2018.

[82] 菲利普·科特勒. 市场营销原理[M]. 17 版. 北京：清华大学出版社，2021.

[83] 凯文·莱恩·凯勒，沃妮特·斯瓦米纳坦. 战略品牌管理[M]. 何云，吴水龙，译. 5 版. 北京：中国人民大学出版社，2020.

[84] 钱旭潮. 市场营销管理：需求的创造与传递[M]. 5 版. 北京：机械工业出版社，2021.

[85] 杨洪涛. 市场营销：网络时代的超越竞争[M]. 3 版. 北京：机械工业出版社，2019.

[86] 滕大鹏. 移动互联网营销：策略、方法与案例[M]. 北京：人民邮电出版社，2017.

[87] 中国互联网络信息中心. 2015 年中国网络购物市场研究报告[R]. 北京：中国互联网络信息中心，2016.

[88] Ambar G. Rao, Melvin F. Shakun. A Quasi-Game Theory Approach to Pricing[J]. Management Science, 1972(01.18): 15.

[89] Darow Shaw. Journal of Political Marketing[M]. New York: Haworth Political Press, 2000.

[90] E. Jerome Mc Carthy, Stanley J. Shapiro & William D. Perreauh. Basic Marketing Sixth Canadian Edition[M]. Home wood: Richard D. Irwin, Inc., 1992.

[91] G. L. Lilien. A Modified Linear Learning Model of Buyer Behavior[J]. Management Science, 1974(1): 20.

[92] R. Duncan Luce. Inidividual Choice Behavior[M]. New York: Wiley, 1959

[93] Hennann Simon. Dynamics Of Price Elasticity and Brand Life Cycles: An Empirical Study[J]. Journal of Marketing Research, 1979(01.16): 4.

[94] Henneberg, S. C. Understanding Political Marketing[M]. New York: Praeger, 2002.

[95] Kellv. Professional Public Relations and Political Power[M]. Baltimore: Johns Hopkins University Press, 1956.

[96] McGimiss. The Selling of the presiden[M]. New York: Trident Press, 1969.

[97] Newman. B.I. The Marketing of the President-Political Marketing as Campaign strategy[M]. Sage, Thousand Oaks, California, 1994.

[98] Newman. B. I. Handbook of Political Marketing[M]. Thousand Oaks: Sage, 1999.

[99] Newman. B. I. The Mass Marketing of Politics[M]. Thousand Oaks: Sage, 1999.

[100] Philip Kotler, Kotler Neil. Political Marketing: Generating Effective Candidates, Campaigns, and Causes[M]. Thousand Oaks: Sage, 1999.

[101] R. Dorfman, P. O. Steiner. Optimal Advertising and Optimal Quality[J]. The America Economic Rebiew, 1954(1): 44.